Daniel Ichbiah · **Die Microsoft Story**

Bill Gates und das erfolgreichste
Software-Unternehmen der Welt

Aus dem Englischen von Patricia Künzel

Mit einem Kapitel über Microsoft
in Zentral- und Osteuropa von Christian Wedell

Aktualisierte Ausgabe

**WILHELM HEYNE VERLAG · MÜNCHEN**

HEYNE BUSINESS
Nr. 22/1001

Titel der amerikanischen Originalausgabe:
THE MAKING OF MICROSOFT
Erschienen 1991 bei Prima Publishing, Rocklin, Kalifornien

Kapitel 18–23 stammen aus der belgischen Ausgabe
(Daniel Ichbiah: LA GRANDE AVENTURE DE MICROSOFT,
Marabout, Alleur 1993) und wurden aus dem
Französischen von Anne Löhr-Gößling übersetzt

4. Auflage

Aktualisierte Taschenbuchausgabe im
Wilhelm Heyne Verlag GmbH & Co. KG, München
Copyright © der deutschen Ausgabe 1993
by Campus Verlag GmbH, Frankfurt/Main
Copyright © 1991 by Daniel Ichbiah
Copyright © Kapitel 18–23 1993 by Marabout, Alleur (Belgien)
Copyright © der deutschen Übersetzung von Kapitel 18–23
by Wilhelm Heyne Verlag GmbH & Co. KG, München
Printed in Germany 1996
Umschlagillustration: Action press, Hamburg
Umschlaggestaltung: Atelier Adolf Bachmann, Reischach
Herstellung: M. Spinola
Satz: Schaber Datentechnik, Wels
Druck und Verarbeitung: Presse-Druck Augsburg

ISBN 3-453-08161-7

# Inhalt

Danksagungen ........................................ 12
Vorwort zur deutschen Ausgabe .................... 13
Einführung .......................................... 22

Teil 1
**Vom Wunderkind zum Programmierer** .............. 25

Kapitel 1
William Henry Gates III. ............................ 27

Kapitel 2
Geburt einer Leidenschaft .......................... 29
    Die Computer Center Corporation ................ 31
    Bestrafte Piraterie ................................ 33
    Ein Jahr Pause .................................... 34
    Der Retter des Lakeside-Stundenplans ............ 35
    Traf-O-Data ....................................... 36
    TRW ruft .......................................... 39
    Studium in Harvard ............................... 41

Teil 2
**Es begann mit BASIC...** ........................... 43

Kapitel 3
BASIC für den Altair ................................ 45
    Der Altair von MITS: Der erste PC ................ 46
    Wer wagt, gewinnt den Altair .................... 48
    BASIC besteht die Prüfung ....................... 52
    Die Geburtsstunde von Microsoft ................. 54

Kapitel 4
Das erste Jahr ...................................... 57
    Probleme mit Piraten ............................. 58
    Ein Weltkongreß für den Altair .................. 61

Fortsetzung des Kreuzzugs gegen die Software-
piraten .......................................... 62
Microsoft nimmt Gestalt an ..................... 64

## Kapitel 5
Das Leben bei Microsoft .......................... 67
Miriam Lubow entdeckt die Software ........... 68
Bob O'Rear und die Unternehmenskultur von
Microsoft ....................................... 74

## Kapitel 6
Ein blühender Markt für Personal Computer ........ 76
Erfolgreiche Pioniere: Apple, Tandy und
Commodore ..................................... 78
Eine Fülle von Betriebssystemen und
Programmiersprachen ........................... 81
CP/M wird zum Standard ....................... 83

## Kapitel 7
Kazuhiko Nishi führt Microsoft in Japan ein ........ 86
Ein japanischer Unternehmer ................... 86
NEC baut einen Personal Computer ............. 88
Einer der ersten tragbaren Personal Computer ... 89
Die Wege von Gates und Nishi trennen sich ...... 90

## Kapitel 8
Heimkehr nach Seattle ............................ 93
Der 8086 ....................................... 96
Die SoftCard für den Apple II .................. 100
Ein neues ›Familienmitglied‹ .................... 102

## Teil 3
**Der IBM-PC und DOS** ............................ 103

## Kapitel 9
Das Projekt Chess ................................. 105
Big Blue wendet sich an Microsoft .............. 107
Das zweite Treffen ............................. 108
Kildall verpaßt seine Chance ................... 111
Microsoft nützt die Gelegenheit ................ 113

   Microsoft hat den Vertrag in der Tasche ......... 115
   Die Entwicklung beginnt ......................... 117
   Wärmeempfindliche Hardware .................. 120
   DOS ist fertig .................................... 124

**Kapitel 10**
Der Durchbruch von MS-DOS ...................... 128
   Der IBM-PC und seine Folgen ................... 134
   Der Kampf zwischen MS-DOS und CP/M ........ 135
   MS-DOS holt auf ................................. 136
   IBM-PC-kompatible Rechner ..................... 137

## Teil 4
**Die ersten Anwendungen: Multiplan und Word** .... 141

**Kapitel 11**
Der Aufstieg der elektronischen Tabellenkalkulation 143
   Der junge Chef von Microsoft ................... 144
   VisiCalc: Das erste Tabellenkalkulations-
   programm ........................................ 146
   Verkaufsschlager Tabellenkalkulationsprogramme 149
   Das Projekt ›Electronic Paper‹ ................... 150
   Menüs in Multiplan .............................. 153
   Multiplan kommt auf den Markt ................. 156
   Der Aufstieg von Lotus 1-2-3 .................... 158
   Der Kampf zwischen Multiplan und Lotus 1-2-3 .. 160
   Der Untergang von VisiCalc ..................... 161
   Kurs auf Europa ................................. 163
   Multiplans Erfolg in Europa ..................... 165
   Nur für den Export .............................. 166

**Kapitel 12**
Microsoft Word ..................................... 168
   Der Fünferclub ................................... 169
   Microsoft wird unter Jon Shirleys Führung
   erwachsen ....................................... 171
   WordStar: Das erste erfolgreiche
   Textverarbeitungsprogramm ..................... 173
   Microsoft fordert WordStar heraus ............... 175

Ein neuer Name und eine neue
Marketingstrategie ................................. 177
Word: Vor- und Nachteile ......................... 180
Word 1.1 ........................................... 182
Word 2.0 ........................................... 182
WordPerfect an der Spitze ....................... 184
Word 3.0 ........................................... 186
Microsoft auf Platz 2 ............................. 186
Word in Deutschland:
eine Bilderbuchkarriere .......................... 186
Word für den Mac: Der Erfolg stellt sich ein ..... 189
Word 3.0 für den Mac ............................ 192

Teil 5
**Microsoft brilliert mit Excel auf dem Macintosh** ... 195

Kapitel 13
Der Macintosh: Ein anwenderfreundlicherer
Computer ........................................... 197

Die Geburtsstunde der grafischen
Benutzeroberfläche ............................... 198
Die Stars im Xerox PARC ........................ 199
Jobs entdeckt die grafische Benutzeroberfläche .. 202
Die Entwicklung des Macintosh .................. 203
Multiplan für den Mac ........................... 205
Der Apple Lisa ................................... 206
Spannungen wegen MacBASIC .................. 207
Die Markteinführung des Macintosh ............ 208

Kapitel 14
Ein Tabellenkalkulationsprogramm der Superlative . 211

Ideen für Odyssey ................................ 211
Der erste Schritt .................................. 213
Kurswechsel: Excel für den Mac ................. 215
Apple unterstützt Jazz ........................... 218
Jobs zweifelt Excels Potential an ................ 219
Verspätung bei Jazz .............................. 221
Die Einführung von Excel ....................... 222
Werbung für Excel ............................... 227

Excel schlägt Jazz .............................. 229
Microsofts Triumphzug in der Welt des Mac ..... 231

Teil 6
**Windows** ......................................... 235

Kapitel 15
Warten auf Windows ............................. 237
  Die Gestaltung des Interface Manager ............ 238
  Die Ankündigung von Windows ................. 241
  Eine Verspätung mit fatalen Folgen .............. 243
  Die Schwächen der Konkurrenz ................. 244
  Weitere Verzögerungen ......................... 246
  Die Umstrukturierung .......................... 247
  Windows Paint und Windows Write ............ 250
  Windows an der Spitze der Prioritätenliste ....... 251
  Die Party ....................................... 253
  Anerkennung ................................... 255
  ... und Ablehnung .............................. 255
  Rekordverdächtig ............................... 258
  In Sachen Apple gegen Microsoft ................ 259

Kapitel 16
Excel für Windows ............................... 266
  Windows und der Presentation Manager ......... 267
  Sturm auf die Tabellenkalkulation ............... 269
  Excel für den PC ................................ 271
  Microsoft überholt Lotus ........................ 273
  Windows Excel wird eingeführt ................. 275
  Erste Reaktionen ............................... 277
  Kaufanreize .................................... 279

Teil 7
**Auf dem Weg in die Zukunft** ..................... 285

Kapitel 17
Das Wirtschaftswunder Microsoft ................ 287
  Der Gang an die Börse .......................... 288

**Kapitel 18**
Dr. Gates & Mr. Hyde .............................. 298
   Das Arbeitsklima bei Microsoft ................. 303
   Die Unternehmensphilosophie ................... 305
   Der ›Campus‹ von Redmond ..................... 306
   Motivationsstrategien ............................ 307

**Kapitel 19**
Die Magie von Windows 3.0 ....................... 309

**Kapitel 20**
Der Bruch mit IBM ................................ 313
   Windows oder OS/2? ............................ 316
   Windows 3.0 – Ein Verkaufsschlager ............. 319
   Vorwurf der Monopolisierung ................... 322
   IBM- und Apple-Strategien ...................... 324
   Der Anfang vom Ende .......................... 326
   Ungebrochener Aufschwung ..................... 330

**Kapitel 21**
New Age .......................................... 335
   *Information at your fingertips* .................... 335
   Technologien der Zukunft ....................... 337

**Kapitel 22**
1992 – Das Gewicht der Zahlen .................... 340

**Kapitel 23**
Persönlichkeitsfacetten eines Software-Fanatikers ... 347
   Der Tyrann ..................................... 347
   Der Junge ...................................... 348
   Das Genie ...................................... 349
   Der Hartnäckige ................................ 350
   Hans im Glück ................................. 350
   Der Visionär ................................... 351

**Kapitel 24**
Microsoft in Zentral- und Osteuropa
*von Christian Wedell* ............................. 356
   Vom Brückenkopf zur größten deutschen
   Softwarefirma .................................. 356

Microsoft is a drug .............................. 357
Die Etablierung von Microsoft in Deutschland ... 359
Software ist Standards ........................... 364
Software ist *funny characters* ................... 366
Software ist Distribution ........................ 370
Software ist Service ............................. 372
Die Windows-Story: Erfolgsfaktor
der Microsoft GmbH ........................... 375
Management ist Partnerschaft ................... 378
Microsoft Deutschland sucht Partner im Osten ... 383
Microsoft auf dem Weg ins vereinte Europa ...... 386

Anhang A
Die verschiedenen Versionen von DOS ............. 389

Anhang B
Schlüsseldaten in der Geschichte von Microsoft .... 396

Glossar ............................................. 417

Register ............................................ 435

# *Danksagungen*

Ich möchte gerne den nachstehend aufgeführten Menschen für ihre Unterstützung bei meiner Arbeit an diesem Buch danken. Sie zeigten bewundernswerte Geduld, Hilfsbereitschaft, Ehrlichkeit und Aufgeschlossenheit.

| | | |
|---|---|---|
| Paul Allen | Neil Konzen | Jeff Raikes |
| Jabe Blumenthal | Michel Lacombe | Charles Simonyi |
| Betsy Davis | Barry Linnett | Michel Suignard |
| Bill Gates | Miriam Lubow | Bernard Vergnes |
| Doug Klunder | Bob O'Rear | Steve Wood |

Bill Gates habe ich im Laufe meiner journalistischen Karriere mehrfach interviewt.

Dank gebührt auch Jean-Philippe Courtois, Elisabeth Floch und Dominique Kulig von Microsoft Frankreich sowie Pam Miller von der Firma Pam Miller Communications für die Organisation meiner Interviews mit den Programmierern.

Schließlich möchte ich allen Mitarbeitern der Bibliothek der Microsoft Corporation meinen Dank aussprechen, weil sie mir freien Zugriff auf Dokumente und Videobänder über die Geschichte des Unternehmens gewährten.

*Daniel Ichbiah*

# Vorwort zur deutschen Ausgabe

Was für eine merkwürdige Persönlichkeit! Bill Gates wird mit den verschiedensten Eigenschaftswörtern beschrieben. Er soll schüchtern und nett sein, verträumt wie jemand, dem noch nicht ganz der Absprung von der Welt der Kinder in die der Erwachsenen gelungen ist. Besonders Gestrenge könnten sogar versucht sein, diesen Mann nicht so ganz ernst zu nehmen, wenn er das Äußere eines ewig jugendlichen Studenten und bebrillten Intellektuellen auf dem sattgrünen Campus in Seattle zur Schau trägt und dabei an eine Kultur erinnert, die dem Rock'n'Roll und der Ökologie nähersteht als der Wall Street. Damit täte man Bill unrecht. Wer es sich erlaubt hat, diesen jungen Blondschopf von oben herab zu behandeln, hat dies übrigens bitter bereut.

Was soll man über jemanden sagen, der mit 30 Jahren zum Milliardär aufgestiegen ist und dessen Vermögen (7,5 Milliarden Dollar im Jahre 1992) ihn zu einem der reichsten Männer Amerikas macht? Was soll man über den Chef eines Unternehmens denken, dessen Wachstumsrate sich auf 50 Prozent (2,7 Milliarden Dollar im Juni 1992) beläuft und dessen Börsenwert mit 22 Milliarden Dollar den von General Motors übersteigt?

Zweifelsohne, der sanfte Bill ist begnadet. Er besitzt eine Art persönlicher Magie. Eine Ansammlung seltener Eigenschaften, die zusammengenommen das bilden, was man gemeinhin als Genie bezeichnet. Die Mischung ist in höchstem Maße verwunderlich, denn Gates verfügt über hohe menschliche Tugenden, die man häufiger bei Künstlern antrifft, und gleichzeitig über eine Geschäftstüchtigkeit, die Weitblick, Schlauheit und unglaubliche Sachkompetenz im Finanzwesen in sich vereint. Er kann sehr unbeteiligt, extrem kühl, freundlich und heiter wirken, wobei bei ihm wirkliche Freundlichkeit mit einer ständigen Verfügbarkeit einhergeht. Derselbe Mann entpuppt sich als einzigartiger Stratege, der seine außergewöhnliche Intelligenz bei allen sich ihm stellenden Problemen anwendet. Diese haben keine Chance, sich ihm zu entziehen: Gelassen und entschlossen untersucht er eine Situation bis ins kleinste Detail, bis er schließlich die Dinge aus einer so hohen Warte betrachten kann, daß er eine höchst scharfsinnige Lösung findet.

Bevor ich dieses Buch schrieb, habe ich Bill Gates ungefähr zehnmal interviewt, und ich hatte Gelegenheit, ihm etliche Male im Rahmen von Messen, Konferenzen und anderen Veranstaltungen zu begegnen. Was mich am meisten erstaunt hat, ist seine große Natürlichkeit, die Tatsache, daß er fast keine Vorurteile und keinen Hang zum mondänen Leben hat. Anläßlich der Comdex im Herbst 1989 faßte mich ein vergnügter Messebesucher mit einem schwarzem Hut auf dem Kopf an der Schulter und fragte mich fröhlich: »Hey! Wann kommt das Buch heraus?« Es war Bill Gates, die Nummer 1 der Software, der sich gerade wie ein Jugendlicher auf einem unterhaltsamen Fest amüsierte. Die Leichtigkeit, mit der man sich ihm nähern kann, ist bemerkenswert und hat sich bei verschiedenen Gelegenheiten bestätigt.

Gleichzeitig habe ich erlebt, wie Bill eine Mauer um sich herum aufgebaut hat – eine unsichtbare Mauer, die allerdings ebenso klar erkennbar ist wie die der Chinesen zum Schutz gegen die Mongolei. Dies geschah jedesmal, wenn ich versuchte, das Gespräch auf eine persönlichere Ebene zu bringen. Nach einem zweistündigen Interview, in dessen Verlauf wir die unterschiedlichsten Themen zu diesem Buch erörtert hatten, ließ ich mich dazu hinreißen, den Microsoft-Campus anzusprechen – einen wahrhaft idyllischen Ort, der an einen verwirklichten Kindertraum erinnert. Augenblicklich baute sich die Mauer auf, und der sanfte Bill machte dem reservierten, emotionslosen Geschäftsmann Platz. Ich hatte versucht, eine Grenze zu überschreiten, die nicht überschritten werden durfte.

Ein anderes Reizthema ist sein persönliches Vermögen. Er streift das Thema in aller Kürze, fast verärgert, und erklärt nur, daß er sich nicht im geringsten darum kümmert. Sein täglicher Zeitplan scheint die Wahrheit dieser Behauptung zu bestätigen. Er arbeitet weiterhin sehr hart, wie ein Besessener, sichtlich mehr um die Entwicklung der Software der Zukunft besorgt als um die Verwaltung seines Wertpapierbestandes. Mehr noch, er zeigt sich sparsam, reist gelegentlich in der Economy Class und ernährt sich zumeist von Pizzas zum Mitnehmen.

Für einen so wohlhabenden Mann ist Bills Hang für die kleinen Annehmlichkeiten des Lebens wenig ausgeprägt. Er liebt schnelle Autos, insbesondere der Marke Porsche – sein 959 hat ihn 300 000 Dollar gekostet und brächte heute vermutlich das Dreifache ein, wenn er ihn verkaufen würde. Der Wohnsitz, den er am Ufer des Lake Washington hat bauen lassen, kostete 25 Millionen Dollar, umfaßt sieben Gebäude und steht auf einem 14 000 m² großen Grundstück. Aber er ist vor allem funktionell. Neben einem Schwimmbad, einem Trampolin und einem Spielsaal gibt es dort einen Filmraum, einen Parkplatz für 20 Autos, eine Bibliothek mit 14 000 Büchern und einen Gartenpavillon, in dem ungefähr 100 Gäste zum Abendessen Platz finden. Die meisten Zimmer sind mit hochauflösenden Fernsehern ausgestattet; eine seiner neuesten Marotten besteht darin, ganze Bücherschränke mit digitalisierten Reproduktionen von Kunstwerken zu füllen, um Enzyklopädien zu erstellen. Bills Haus ist ein Vorgeschmack auf das futuristische, von Technologie und Medienvielfalt bestimmte Wohnen. Andere berühmte Magnate lieben es, Originale von Rembrandt oder van Gogh zu erwerben. Bill hingegen zieht es vor, die digitalisierten Kopien verschiedenster Kunstwerke zu sammeln. Besucher haben Zugang zu den Bildern, Filmen oder Tondokumenten, die sie interessieren: Sie brauchen lediglich den Computer zu bedienen. Der Privatbesitz von Bill soll sogar ein idealer Ort für eine Vorführung hochentwickelter Technologien für seine Kollegen werden. Ziel ist es, über die Gesellschaft der Zukunft nachzudenken, in der Informationen in all ihren Formen uneingeschränkt an die Menschen weitergeleitet werden. Einen solchen Hang zum Luxus kann man nur schwer auf die Launen eines Milliardärs zurückführen, wie dies üblicherweise getan wird. Dies ist um so schwieriger, als der führende Softwarehersteller sich bei seinen Ausgaben von einer lobenswerten Motivation leiten läßt: Er hat seinen Besitz aus Recycling-Holz aus einem ehemaligen Sägewerk bauen lassen und den Architekten angewiesen, nicht einen einzigen der auf dem Grundstück vorhandenen Bäume abzuholzen, ganz gleich, welche Kosten dadurch entstehen würden.

Was bringt Bill Gates dazu, sich bei der Arbeit derart zu verausgaben, wo er doch in aller Ruhe von einem der weltweit meistbeneideten Vermögen profitieren könnte? Nun, eine ihm eigene Vision. Ein extremes Vergnügen daran, Programme zu entwickeln und zu sehen, wie sie in den Alltag von Millionen Menschen eingeführt werden und es ihnen ermöglichen, immer genauere Analysen, immer formschönere Schriftstücke zu erstellen... Man muß sich vor Augen halten, daß Bill als Programmierer begonnen hat. Jeder, der diese Kunst aus der Nähe oder Ferne kennt, wird es bestätigen: Man kann eine unbeschreibliche Freude beim Verfassen dieser vielen Tausend Codezeilen empfinden, die sich am Ende zu dem zusammenfügen, was man Software nennt; eine sich ständig erneuernde Quelle der Freude. Zumal der Weg, der zum Endprodukt führt, manchmal einem Abenteuer in einem feindlichen Dschungel gleicht. Francis Ford Coppola hat zweifelsohne angesichts der furchtbaren Bedingungen während der Dreharbeiten zu ›Apocalypse Now‹ ähnliche Gefühle empfunden wie die ersten Teams bei der Entwicklung von Windows. Eine der Stärken von Bill Gates besteht darin, diese Begeisterung, die der Softwareentwicklung eigen ist, auf eine ganze Gruppe von Menschen zu übertragen, die schließlich aus Liebe zur Perfektion über sich selbst hinauswachsen. Bei Bill geht dieses Interesse an der Software übrigens weit über die einfache Begeisterung für die Programmierung hinaus. Er hat eine langfristige Vision für die Gesellschaft als Ganzes. Ein Journalist der Zeitschrift *Dr. Dobbs* hat einmal gewagt, ihm die heikle Frage zu stellen: »Glauben Sie, Träger einer Mission zu sein?« Die Antwort war außerordentlich direkt: »Ja.« Auf die Bitte, diese Idee etwas näher zu erläutern, fügte Bill hinzu: »Der PC ist das Werkzeug des Kommunikationszeitalters. Ein PC auf jedem Schreibtisch und in jedem Haus. Mit hervorragender Software. Und Industriestandards für die Software, um das zu erreichen. (...) Der Zufall will, daß ich gerne für diese Mission arbeite.« Bei anderer Gelegenheit hat er erklärt, daß Microsoft zur Entwicklung seiner Epoche beitrage und daß er vorhabe, in dieser Richtung fortzufahren.

Die Entwicklung, die Gates uns anbietet, ist friedlich, auch wenn sie sich in Form eines Handelskriegs äußert. Da jegliches menschliche Vorhaben notwendigerweise Führung braucht, stellen wir einfach fest, daß Bill bei weitem anderen Personen aus der großen Welt der Informatik vorzuziehen ist. Er verfügt über Weitblick, Menschenfreundlichkeit und Elan – Eigenschaften, die manchmal jenen fehlen, die auch gerne an erster Stelle stünden, ganz zu schweigen davon, daß sie nicht dieselbe Vorurteilslosigkeit und Gleichgültigkeit der Macht gegenüber besitzen.

Es existiert ganz offensichtlich auch eine Kehrseite. Die Konkurrenten von Microsoft – aber auch so manch enttäuschter Angestellter – beschreiben Bill Gates gerne als tyrannisch und machiavellistisch. In dem Maße, wie Menschen offene Bewunderung für die großen Persönlichkeiten der Geschichte äußern – Leonardo da Vinci, Roosevelt, Edison, aber auch Napoleon –, lassen es sich andere nicht nehmen, ihnen hegemonistische, herrschsüchtige Absichten zu unterstellen.

Aber dieser Teufelskerl hat auf alles eine Antwort.

Klagt man ihn an, daß er ein Software-Monopol errichten wolle, dann antwortet er einfach, daß der Wettbewerb überall vorhanden sei, daß er für alle hart sei, auch für ihn. Als Beweis führt er die Tatsache an, daß WordPerfect und Lotus weiterhin im Bereich der Textverarbeitung bzw. der Tabellenkalkulation eine Vormachtstellung innehaben.

Wirft man Microsoft vor, die ›Milchkuh‹ MS-DOS (das standardmäßige Betriebssystem für die PCs aller Hersteller) reichlich gemolken zu haben, so antwortet Bill, daß die große Verbreitung von MS-DOS das Entstehen eines umsatzträchtigen Markts für die Softwarehersteller ermöglicht habe. Mehr noch, dieser Verbreitungsgrad habe die Software-Industrie erst wirklich entstehen lassen.

Bei IBM hört man über Microsoft oft folgende Bemerkung: »Wir haben es ihnen ermöglicht, ein großes Unternehmen zu werden, als wir beschlossen, ihr MS-DOS-Betriebssystem auf unseren Mikrocomputern zu benutzen. Damals hatte Microsoft nur 32 Mitarbeiter. Heute sind es mehr als 10 000. Anstatt uns dankbar zu sein, haben sie sich gegen uns gestellt.« Diese Sichtweise ist berechtigt. Aber wenn wir genauer hinsehen, so zeigt sich, daß IBM mehrfach versucht hat, sich von Microsoft zu trennen und daß das Unternehmen aus Seattle sein Überleben nur der hartnäckigen Ausdauer und dem Scharfsinn von Bill Gates verdankt.

Nun hat IBM beschlossen, die Entwicklung der PC-Betriebssysteme – der grundlegenden Software für einen Computer – wieder selbst in die Hand zu nehmen. Bill Gates scheut sich nicht, seine Meinung zu diesem Thema deutlich kundzutun: Die Computerhersteller sollen sich nicht um die Software kümmern, ebensowenig wie Microsoft sich in die Herstellung von Computern einmischt.

Angesichts der Kritik, der scharfen Bemerkungen seiner Mitkonkurrenten oder mancher Marktanalytiker bleibt dieser gutmütige Mensch von stoischer Gelassenheit – ist er doch der Meinung, daß solche Attacken der Preis des Erfolges sind. Eine Bemerkung läßt er jedoch nicht durchgehen, nämlich, daß sein Erfolg dem Glück zu verdanken sei. Hierzu erklärt er, daß er oft enorme Risiken eingegangen sei und dort den Weg der Innovation gewählt habe, wo zahlreiche Konkurrenzunternehmen einen konservativeren Weg eingeschlagen hätten. Seine Mutter, Mary Gates, hat eine pragmatische Version der Tatsachen parat: »Bill hat das Glück gehabt, zur rechten Zeit am rechten Ort zu sein. Aber er ist vor allem ein unermüdlicher Arbeiter, der sein Unternehmen liebt.«

Dieses Buch wird – so hoffe ich – den Freunden der Software und der Mikroinformatik gefallen. Aber auch alle Unternehmenschefs dürften in ihm viel Stoff zum Nachdenken finden. Es scheint so, als ob Gates unbewußt oder bewußt nach einer Reihe von Prinzipien handelt, die offensichtlich früher oder später zum Erfolg führen. Diese Grundsätze treten im Verlauf der Geschichte, die auf folgenden Seiten erzählt wird, deutlich zutage.

Das erste Prinzip könnte man so zusammenfassen: »Ihr werdet mich nicht umgehen können.« Während seiner langjährigen Tätigkeit im Software-Bereich hat Bill bewirkt, daß Microsoft unerläßlich oder zumindest unumgänglich wurde. Sehr schnell wurde deutlich, daß kein größeres Unternehmen der Mikroinformatik arbeiten konnte, ohne den Faktor ›Microsoft‹ zu berücksichtigen. Als IBM sich 1983 weigerte, Windows zu unterstützen, hat Bill Gates ein Bündnis mit allen Herstellern von IBM-kompatiblen PCs geschlossen und so versucht, einen Industriestandard durchzusetzen, noch bevor Windows existierte. Im Laufe der Jahre war IBM gezwungen, Windows in seine Strategie einzubeziehen. Noch heute unterscheidet man zwei Arten von Unternehmen im Bereich der Mikroinformatik: solche, die Microsoft auf seinem Weg begleiten, und jene, die sich gegen diese Firma stellen. Eine gleichgültige Haltung gibt es nicht.

Das zweite Prinzip könnte man so formulieren: »Ausdauer macht sich bezahlt.« Abgesehen von wenigen Ausnahmen hat Microsoft nur selten unmittelbare Erfolge verzeichnet. Das Textverarbeitungsprogramm Word brauchte Jahre, um sich zu etablieren. Windows machte eine Durststrecke von fast sieben Jahren durch, bevor es zur grafischen Benutzeroberfläche der Wahl wurde. Andere hätten vielleicht unterwegs aufgegeben. Nicht so Bill Gates. Er gibt nie nach. Wäre er ein Tennisspieler, könnten wir wetten, daß er schließlich gewinnen wird, indem er langsam, aber sicher stärker wird als seine Gegner – wenn nicht heute, dann in der nächsten Saison. Die Zeit ist auf seiner Seite, und nichts bringt ihn von seinem Ziel ab. Jedesmal, wenn ein Produkt des Unternehmens Kritik ausgesetzt war – oft von kaum vorstellbarer Härte –, haben Gates und seine Begleiter geduldig die Situation untersucht, die Spezifikationen neu definiert, hart gearbeitet. Die folgende Version war leicht verbessert oder manchmal außergewöhnlich gut. Im Laufe der Zeit hat das Unternehmen aus Seattle ein wahrhaft beachtliches Know-how entwickelt.

Wenn Gates schließlich neben seinen seherischen Fähigkeiten ein weiteres Talent besitzt, so ist es die eigenartige Fähigkeit, den Geist der Zeit in sich aufzunehmen, wirklich zu verstehen, wo der Bedarf der Öffentlichkeit liegt und eine exakte Antwort auf die Forderungen seiner Zeitgenossen zu geben. Es bedarf eines großen Maßes an Ergebenheit, um eine so große geistige Offenheit an den Tag zu legen. Wenn die Fachjournalisten ein von Microsoft entwickeltes Softwareprogramm entdecken, kommt sehr häufig die Frage: »Aber warum hat die Konkurrenz noch nicht daran gedacht, so etwas anzubieten?« Genauso ist es. Manche Produkte wie Works oder Word scheinen heute selbstverständlich. Ihre Vorgehensweise, ihre äußere Form erscheinen fast natürlich. Andere Programmhersteller sind hier manchmal trotz ihres Talents gescheitert: Die ›geniale‹ Idee eines Programmierers überwältigte anscheinend seinen gesunden Menschenverstand, brachte Produkte hervor, die einem Anzug aus gutem Stoff glichen, der an den Schultern merkwürdig schlecht geschnitten oder an den Ärmeln zu kurz oder zu lang war. Dieser Sinn für Ausgewogenheit, den große Künstler besitzen, ist untrennbar mit der Persönlichkeit von Gates verbunden und findet sich in seinen Produkten wieder, die von seinen Mitarbeitern verfeinert werden. Wenn wir also wünschen, daß es weiterhin einen starken Wettbewerb im Bereich der Software gibt – und das ist sehr viel gesünder –, so müssen wir die anderen Softwarehersteller ermutigen, ebenfalls ein Ohr am Puls der Zeit zu haben und das zu ernten, was vorhanden und verfügbar ist für alle, wenn sie nur Vorurteile und vorgefaßte Meinungen über Bord werfen. Software ist eine eigenständige Kunst. Mit dem Aufkommen der Medienvielfalt wird sie das in immer stärkerem Maße sein, und dies wird zu einer Fusion zwischen Informatik, Kino, Musik, Bild und audiovisuellen Medien führen. Daher muß die Software die Erwartungen eines Publikums, eines kollektiven Geistes befriedigen und das zeitgenössische Streben widerspiegeln. Ebenso muß sie wie ein Kunstwerk zur Verschönerung des Lebens beitragen.

Das letzte Prinzip liegt in einem Wort begründet, das Bill im Laufe der Gespräche immer wieder wiederholt: Spaß. Er arbeitet nicht, er erobert keine Märkte – er amüsiert sich. Und das ist vielleicht der wesentliche Schlüssel zu seinem so besonderen Ansatz. Wie er selbst sagt: »Warum sollte jemand ein Unternehmen gründen und sich bemühen, großen Einfluß zu erlangen, wenn nicht, um Spaß zu haben?«

*Daniel Ichbiah*

# *Einführung*

1968 traf die Verwaltung der Lakeside School in Seattle eine scheinbar belanglose Entscheidung, die letztlich das Gesicht unserer modernen Gesellschaft verändern sollte. Obwohl sich die Computertechnologie damals noch in der Steinzeit befand, besaß diese Privatschule den Weitblick, ihren Schülern einen Computer zugänglich zu machen – ein Schritt, den viele Schulen bis heute noch nicht vollzogen haben, obwohl der Umgang mit dem Computer inzwischen so wichtig wie Lesen und Schreiben geworden ist.

Unter den Lakeside-Schülern, die am eifrigsten von dieser Chance Gebrauch machten, war ein Achtkläßler namens Bill Gates. Heute, etwas mehr als 20 Jahre später, leitet der Milliardär Bill Gates ein Software-Imperium namens Microsoft, dessen Zentrale in Redmond im US-Bundesstaat Washington mit seiner kreativen Atmosphäre einem Universitätscampus gleicht. In der Zwischenzeit hat sich in unserer Zivilisation ein Wandel vollzogen. Dieses Buch beschreibt die einzelnen Schritte dieser Entwicklung von den ersten Anfängen bis zur Gegenwart – eine Geschichte, die den versierten Computerfan genauso faszinieren wird wie den Technologieneuling.

Über weite Strecken hinweg spielt Software in dieser Geschichte die Hauptrolle. Erst die Software erweckt die Hardware zum Leben und vermittelt einem beinahe den Eindruck, der Computer könne denken. Sie ist das Lebenselixier unseres Informationszeitalters.

In vielerlei Hinsicht ist der Schöpfer eines Softwareprogramms ebenso ein Künstler wie ein Maler oder ein Schriftsteller. Es hängt von seinen Fertigkeiten und seiner Kreativität ab, ob ein Programm den Computer befähigen kann, eine breite Palette von gesellschaftlich nützlichen Aufgaben zu erfüllen. Ein schnelles, benutzerfreundliches Programm mit einem ansprechenden Erscheinungsbild kann den Anwender auch geistig stimulieren und sein ästhetisches Empfinden befriedigen.

In den vielen tausend Codezeilen eines Softwareprodukts stecken unzählige Stunden harter Programmierarbeit und kreative Problemlösungen. Der Code selbst ist zwar nur für Informatikfachleute aussagekräftig, doch alle Zeilen zusammen bilden ein Programm, das dem Benutzer am Bildschirm angezeigt wird. Dabei kann es sich um elektronische Tabellenkalkulation handeln, mit der der Anwender vor einer Entscheidung finanzielle Szenarios simuliert, um ein Textverarbeitungsprogramm, das bei Berichten und Geschäftskorrespondenz neue Qualitätsmaßstäbe setzt, oder um eine Datenbank, mit deren Hilfe Informationen und Zahlenmaterial strukturiert und auf dem neuesten Stand gehalten werden. Software – ein Werk der menschlichen Kreativität – verwandelt also den Computer – ein technisches Gerät mit einer Vielzahl von Schaltkreisen und einer Zentraleinheit (CPU) – in ein nützliches, interaktives und manchmal sogar unterhaltsames Werkzeug.

Von vielen Softwareprogrammen wurden inzwischen Millionen Exemplare verkauft. Microsoft Windows, Microsoft Multiplan, Microsoft Word, Lotus 1-2-3, dBASE, WordPerfect und WordStar sind nur einige Beispiele von vielen. Wenn ein Produkt so erfolgreich ist, dann hat es auf die Gesellschaft ebenso viel Einfluß wie ein künstlerisches oder literarisches Werk.

Diese neue Form der Kommunikation spielt seit den 80er Jahren eine zentrale Rolle im Geschäftsleben, und bis zum Jahr 2000 wird sie ein wesentlicher Bestandteil unseres Privatlebens sein. Voraussetzung dafür ist allerdings, daß Software-Anwendungen für den Durchschnittsbürger immer leichter zugänglich werden. Bill Gates wollte diese Vision verwirklichen, als er 1975 sein Unternehmen gründete. Heute spielt Microsoft eine führende Rolle in einem Prozeß des Wandels, der allmählich den Grad der Effizienz, der Automation und der Vernetzung in unserer Gesellschaft steigert.

Bill Gates ist natürlich nicht der einzige, der sich auf diese kühne Reise in die Zukunft gemacht hat. In der Computerbranche wimmelt es nur so von talentierten, schöpferisch begabten Menschen, deren Werke die Arbeitsweise aller verändern – vom Finanzanalysten bis zum Musiker. Unternehmen wie Apple, Compaq und Lotus, die innerhalb weniger Jahre Führungspositionen auf dem Markt erreichten, haben die Entwicklung der PC-Industrie maßgeblich beeinflußt. Andere, wie zum Beispiel die Wissenschaftler im Forschungszentrum von Xerox in Palo Alto, die die heute auf Macintosh-Computern und in Microsoft Windows verwendeten Benutzeroberflächen definierten, arbeiteten eher hinter den Kulissen, doch auch sie prägten unsere Gesellschaft nachhaltig.

Der Wachstums- und Fortschrittsmotor der PC-Industrie ist der harte Wettbewerb, der mit der Vorstellung des IBM-PC im Jahre 1981 begann und sich nach der Einführung des Apple Macintosh 1984 noch verstärkte. Heute ist Microsoft Marktführer im Bereich Software, steht jedoch unter starkem Wettbewerbsdruck von Firmen wie Lotus, WordPerfect oder Borland. Solange dieser Konkurrenzkampf andauert, wird Microsoft nicht Gefahr laufen, sich auf seinen Lorbeeren auszuruhen, sondern eine treibende Kraft in der Branche bleiben.

Und das alles begann mit einem Jungen, den die Software faszinierte...

# Teil 1

## Vom Wunderkind zum Programmierer

»Ich habe diesen Satz eines französischen Autors gelesen: ›Le plus difficile n'est pas de monter, mais en montant, de rester soi-meme.‹ [Das Schwierigste ist nicht, an die Spitze zu gelangen, sondern sich dabei selbst treu zu bleiben]. Das trifft voll und ganz auf Bill zu.«

*Miriam Lubow,*
*die sechste Mitarbeiterin von Microsoft*

## Kapitel 1

# William Henry Gates III.

Inmitten der malerischen Landschaft der Pazifikküste im Nordwesten der Vereinigten Staaten liegt, eingebettet zwischen den Gebirgszügen Olympic Range und Cascade Range, die ultramoderne Stadt Seattle. In Seattle sind Boeing und viele andere Flugzeugfirmen beheimatet. Vom 185 Meter hohen Space Needle aus hat man einen fantastischen Blick auf die umliegenden Wälder, Berge und Gewässer.

Die Familie Gates ist in dieser aufstrebenden Gemeinde sehr angesehen. William Henry Gates, Jr., ist ein bekannter Rechtsanwalt, dessen geistige Fähigkeiten und Integrität die respektvolle Bewunderung seiner Kollegen erregt. Seine Frau Mary, eine ehemalige Lehrerin, ist aktives Mitglied in den Ausschüssen vieler Wohltätigkeitsvereine.

William Henry Gates III. wurde am 28. Oktober 1955 als zweites Kind und einziger Sohn dieses Paares geboren. Bill verlebte eine ruhige Kindheit in einer wohlhabenden Familie. Er besuchte die Sonntagsschule der kongregationalistischen Kirche und sang im Kirchenchor. Er schloß sich auch den Pfadfindern an, obwohl er für diese Art von Aktivität nie besondere Begeisterung an den Tag legte.

»Er stammt aus einer großartigen Familie, die einen wundervollen Einfluß auf ihn, seine Bildung und Erziehung und seine Lebensphilosophie hatte«, sagt Miriam Lubow, eine der ersten Sekretärinnen von Bill Gates, die 15 Jahre lang für ihn tätig war.

Beim Abendessen unterhielten sich die Familienmitglieder angeregt über die Erlebnisse und Ereignisse des

Tages. »Es war das ideale Umfeld, um zu lernen«, erinnert sich Bill Gates.

Auch wenn seine Kindheit nach außen hin ganz normal erschien, war Bill eigentlich ein ungewöhnliches Kind, das viel Zeit gedankenversunken in seinem Zimmer zubrachte. Die Wissenschaft zog ihn an, und er zeigte vor allem eine ausgeprägte mathematische Begabung.

Er las viele der Bücher von Edgar Rice Burroughs über Tarzan und über die Marsbewohner, und er verschlang Biographien berühmter Persönlichkeiten wie Franklin D. Roosevelt, Napoleon und auch Lebensbeschreibungen großer Erfinder. Musik interessierte ihn nicht sonderlich. Der Posaunenunterricht wurde sang- und klanglos abgebrochen. Er zeigte kein Interesse für Philosophie und bezeichnete sich selbst statt dessen als ›Wissenschaftler‹.

Dieser zerbrechlich wirkende Blondschopf war ein begabter Schüler, der immer zu den Klassenersten gehörte. In Mathematik erreichte er beim akademischen Eignungstest die höchstmögliche Punktzahl.

Seine Englischlehrerin an der High School, Anne Stephens, war erstaunt über Bills bemerkenswertes Gedächtnis. Er lernte zum Beispiel einen dreiseitigen Monolog für eine Schulaufführung durch einmaliges Lesen auswendig. Sein Naturwissenschaftslehrer William Dougall erinnert sich, daß immer, wenn der Lehrer ihm nicht schnell genug voranschritt, »es Bill auf der Zunge zu liegen schien: ›Aber das ist ja sonnenklar.‹«

Die meisten Menschen, die Bill aus seinen Kindertagen kannten, waren sich in einem Punkt einig: Er hätte in jedem Beruf große Erfolge erzielen können. Bill verschrieb sich den Computern, deren gewerbliche Produktion erst zehn Jahre vor seiner Geburt begonnen hatte.

Als Schüler an der Lakeside School – einer Privatschule für die Mittel- und Oberstufe, die für intellektuelle Spitzenleistungen bekannt war – brüstete sich Bill seinem Lehrer gegenüber einmal, er werde eines Tages Millionär sein. Er unterschätzte sich.

## Kapitel 2

# Geburt einer Leidenschaft

Ende der 60er Jahre hielt der Computer seinen Einzug in die Geschäftswelt – auch wenn ein solches Gerät damals noch einen ganzen Raum füllte.

Mit einem Umsatz von über 3 Milliarden Dollar beherrschte International Business Machines den Markt und war weltweit praktisch der einzige Anbieter einer revolutionären, neuen Form der Informationstechnologie. Die Control Data Corporation verlangte von der Regierung, sie solle IBM Einhalt gebieten, und reichte daher beim US-Justizministerium eine Petition auf Eröffnung eines kartellrechtlichen Verfahrens gegen den Marktführer ein. Doch IBM war nicht aufzuhalten – bis sich eine Computerfirma eine Strategie ausdachte, mit der sie den Giganten zu überrumpeln hoffte.

Auf Anregung des Firmenchefs Ken Olsen baute Digital Equipment Corporation (DEC) den ersten Minicomputer, der kleiner und preiswerter als die IBM-Systeme war, aber dennoch die Bedürfnisse der meisten Unternehmen mit Leichtigkeit erfüllte. Durch das neue Produkt von DEC erweiterte sich der Kundenkreis der Computerindustrie um Tausende zusätzlicher Firmen. Sein durchschlagender Erfolg zwang IBM, ein paar Jahre später mit einem Konkurrenzmodell aufzuwarten.

Der Preis eines Computers überstieg das Budget der Lakeside School bei weitem, als sie 1968 ihre weitreichende Entscheidung traf. Also beschloß man, mit einem gewerblichen Eigentümer eines solchen Rechners einen Vertrag über die gemeinsame Nutzung der Hardware abzuschließen und ›Rechnerzeit‹ zu mieten. Per Fernschreibgerät konnten die Benutzer über die Telefonleitung mit dem Computer kommunizieren.

Zur Durchführung dieses Plans bat der Schulleiter die Müttervereinigung, finanzielle Mittel für den Kauf eines Fernschreibapparats und als Zuschuß zur Gerätezeitmiete zu sammeln. Der Club der Mütter leerte seine Kasse und investierte 3000 Dollar, damit jede Klasse der Lakeside School den Umgang mit dem DEC-Minicomputer PDP-10 lernen konnte, welcher der nahegelegenen Firma General Electric gehörte.

Im Herbst 1968 kam Bill Gates in die achte Klasse der Lakeside School und sein bester Freund, der fünfzehnjährige Paul Allen, in die zehnte. Als die Computerkurse im Januar 1969 begannen, entdeckten sowohl Bill als auch Paul sofort ihre Leidenschaft für das Programmieren. Kaum einer ihrer Lehrer wußte etwas über Computer, daher verlegten sich die beiden Jungen auf das Selbststudium und durchkämmten alle Handbücher, derer sie habhaft werden konnten. Sie waren fasziniert von den Möglichkeiten, die ihnen das Terminal eröffnete, und machten daher rasch Fortschritte. Ihren Lehrern schien es, als hätten die beiden eine natürliche Begabung für alles, was mit dem Computer und seinen zukünftigen Anwendungsmöglichkeiten zusammenhing.

Obwohl Paul und Bill unterschiedliche Klassen besuchten, vertiefte das gemeinsame Interesse an der Programmierung des PDP-10 ihre freundschaftlichen Bindungen. Oft schlich sich einer der beiden des Nachts ins Schulgebäude und mußte feststellen, daß der andere bereits am Terminal saß. Manchmal schwänzten sie den Sportunterricht, um mehr Zeit am Computer verbringen zu können.

Jeder der beiden entwickelte spezielle Interessen. Bill machte sich daran, Programme für praktische Anwendungen zu schreiben, während Paul die Feinheiten des Assemblercode faszinierten, einer maschinenorientierten Programmiersprache zur Steuerung aller Teile des Computers. Paul setzte sich intensiv mit den komplexen Einzelheiten von Assembler auseinander, und Bill schrieb derweil sein erstes Programm für ein Kreuzchen-und-Kringel-Spiel. In ihrer Begeisterung ließen die beiden Computergenies den PDP-10 mehrere tausend Spielverläufe simulieren, um herauszufinden, welche Strategien am besten funktionierten. Das Jahresbudget der Schule reichte jedoch für solche Experimente nicht aus, und nach sechs Monaten mußte Lakeside die Eltern um finanzielle Unterstützung zur Begleichung der Rechnung von General Electric bitten. Schließlich gewährte man Bill und Paul nur noch beschränkt Zugriff auf das System, da auch die finanziellen Möglichkeiten ihrer Eltern ausgeschöpft waren.

Die Programmierleidenschaft der beiden Jungen war ungebrochen. Obwohl man nur schwer Zugang zu einem Computer erlangte (solche Geräte gab es damals nur vereinzelt, und Rechnerzeit war teuer), stießen Bill und Paul bald durch Zufall auf eine Quelle, die ihnen die nahezu uneingeschränkte Nutzung eines Computer ermöglichte.

## Die Computer Center Corporation

Einige frischgebackene Akademiker von der University of Washington hatten gerade ein Unternehmen namens Computer Center Corporation (CCC) gegründet. Sie erwarben einen PDP-10 in der Absicht, Rechnerzeit an andere Unternehmen zu vermieten. Die Gründer von CCC unterzeichneten einen Vertrag mit Digital Equipment, nach dem DEC die Zahlungen für den Kauf des Geräts so lange stundete, wie CCC Programmfehler in der Software des PDP-10 entdeckte.

Programmfehler oder Bugs sind Anomalien in einem Computerprogramm, die zu falschem oder unverständlichem Programmverhalten führen. Beispielsweise werden dann fehlerhafte Buchhaltungs- oder Bestandsinformationen angezeigt, oder aber der Computer ›stürzt ab‹ und ist vorübergehend nicht funktionsfähig. Bei einem

Neustart gehen oftmals die an dem betreffenden Tag eingegebenen Daten verloren.

Zu jener Zeit wimmelte es in DECs PDP-10-Software nur so von Fehlern, was den DEC-Mitarbeitern und ihren Kunden großen Ärger bereitete. Für die jungen Ingenieure bei CCC dagegen war dies ein gefundenes Fressen, denn dadurch verzögerten sich ihre Zahlungen und die Inkassoabteilung von DEC ließ sie in Ruhe. CCC versprach, den Rechner zu kaufen, wenn er einmal verläßlich funktioniere, und inzwischen häufig Berichte über Programmfehler zu liefern.

Als Bill und Paul zum erstenmal vorstellig wurden, vernahmen die CCC-Ingenieure die Behauptungen der beiden Teenager, sie würden sich in der DEC-Programmierung auskennen, mit ziemlicher Skepsis. Bill stellte jedoch schon damals seine starke Überredungskraft unter Beweis und überzeugte CCC von der beiden Fertigkeiten und Wert für die Firma. Diese unterzeichnete einen Vertrag mit der ›Lakeside Programming Group‹, wie sich Bill und Paul nannten.

Als Gegenleistung für die Zeit, die sie am Rechner verbringen durften, mußten die beiden Schüler CCC regelmäßig Listen mit Programmfehlern der PDP-10-Software vorlegen, die auch in allen Einzelheiten die Umstände erläuterten, unter denen das System abstürzte.

Jeden Abend gegen 18 Uhr fand ein seltsamer Schichtwechsel statt. Die regulären CCC-Programmierer verließen nach getaner Arbeit das Büro; Bill, Paul und zwei weitere Schulkameraden – Rick Weiland und Kent Evans – radelten herbei und begannen in einem Raum voller Fernschreibmaschinen ihre Arbeit an vielen verschiedenen Programmen. »Wir blieben bis tief in die Nacht hinein auf, weil uns die Arbeit mit der Software so irrsinnig viel Spaß machte. Wir hatten viel Spaß«, erinnert sich Paul Allen.

Während dieser Zeit vertieften sie ihre Kenntnisse über die Feinheiten der Hardware und Software des Minicomputers. Sie füllten Dutzende von Seiten im CCC-

Protokoll mit Berichten über Systemabstürze. Bill Gates und Paul Allen waren wild entschlossen, jeden einzelnen Fehler im PDP-10 zu finden und unterwarfen die Programme peinlich genauen Prüfungen. Indem sie sich gründlichst mit jeder Operation dieses Rechners vertraut machten, wagten sie sich schließlich auf verbotenes Gelände vor.

## Bestrafte Piraterie

Normalerweise mußte ein PDP-10-Benutzer seinen Namen und sein Paßwort eingeben, um auf den Computer bzw. nur auf die für ihn zugänglichen Informationen zugreifen zu können. Mehr aus Freude am Knobeln als in bösartiger Absicht fand Bill eine Möglichkeit, den Paßwortschutz zu umgehen und so das Sicherheitssystem des Computers lahmzulegen. Dadurch erhielt er Zugriff auf Informationen, für die er nicht autorisiert war; worüber er damals vor Freude ganz aus dem Häuschen geriet – bis seine Faxen einen Systemabsturz bewirkten.

Die CCC-Ingenieure schäumten vor Wut. Sie erteilten Bill einen strengen Tadel und entzogen ihm seine Computernutzungsprivilegien. Dabei erfuhr er, daß der PDP-10 der University of Washington an Cybernet, einem landesweiten Computernetzwerk der Control Data Corporation (CDC), angeschlossen war. Trotz des Zwischenfalls mit CCC fühlte sich Bill herausgefordert, heimlich auch in dieses Netzwerk einzudringen. Er begann, die Struktur der CDC-Geräte und ihrer Programme zu untersuchen. Unter dem Vorwand, daß er für eine Prüfung lerne, ging er zur University of Washington und erhielt so detaillierte Informationen über den Aufbau des Netzwerks. Niemand schien sich Gedanken zu machen über die harmlosen Fragen eines Sechzehnjährigen, der jünger aussah, als er war.

Bills Plan funktionierte einwandfrei. Es gelang ihm, Cybernet zu knacken, und er installierte sein eigenes Programm im Hauptrechner, von wo aus es dann auf alle anderen Computer des Netzwerkes übertragen wurde.

Alles lief nach Plan, bis ein paar Minuten später alle Rechner abstürzten.

Bill wurde wieder ertappt – dank der ausgezeichneten Konstruktion des Cybernet-Systems, mit der sich die Sabotagequelle ausfindig machen ließ. Diesmal war er so ernüchtert, daß seine Computerbegeisterung vorübergehend abflaute. Bill Gates versprach, nie wieder einen Computer anzurühren, und während des vorletzten Jahres auf der High School hielt er Wort.

Währenddessen arbeiteten Paul Allen, Rick Weiland und Kent Evans weiter bei CCC und spürten Programmfehler in der PDP-10-Software auf. Die Liste geriet langsam außer Kontrolle; ihr Problemprotokoll hatte mittlerweile einen Umfang von 300 Seiten erreicht. Leider beschloß DEC schließlich, daß der Vertrag mit CCC nun lange genug Gültigkeit gehabt habe. Der Hersteller verlangte die Bezahlung der Rechnerzeit. Da CCC dies aber nicht konnte, mußte die Firma Konkurs anmelden.

Als der Mann, der die Stühle aus den CCC-Büros abholen sollte, die Räumlichkeiten betrat, stieß er auf drei fleißig am Bildschirm tätige Teenager, die sich nicht im geringsten um den Eindringling kümmerten. Selbst ohne Stühle fuhr die Lakeside-Gruppe mit der Arbeit fort. Auch die übrigen Möbel wurden fortgeschafft, doch nicht einmal das schreckte die Computerfreaks ab. Erst als die Rechner selbst beschlagnahmt wurden, gaben die Programmierer ihre Arbeit auf.

## Ein Jahr Pause

Nach den Ermahnungen der CDC-Ingenieure hielt sich Bill fast das ganze Jahr 1970 über von Computern fern. Er dachte über seine zukünftige berufliche Laufbahn nach, und die Wahl, die jetzt so eindeutig erscheint –

eine Vorreiterrolle in der Informationstechnologie –, war noch keineswegs getroffen.

Zu Hause kam Bill in erster Linie mit Juristen in Berührung. Viele der Freunde, die seinen Vater besuchten, waren rhetorisch gewandte Rechtsanwälte mit wirtschaftlichem und politischem Sachverstand. Sie kommentierten mit stichhaltigen Argumenten wichtige Angelegenheiten der Gemeinde, in der sie eine angesehene und einflußreiche Rolle spielten. Da nun seine Computerkarriere vorübergehend aus der Bahn geraten war, wandte sich Bill traditionelleren Wegen zu, und er begann, Pläne fürs College zu schmieden.

## Der Retter des Lakeside-Stundenplans

Das Programmieren verfolgte Bill Gates aber noch weiter auf der High School. Versierte DEC-Programmierer waren dünn gesät, und der Ruf der beiden jugendlichen Computergenies breitete sich über die Grenze nach Oregon aus. Im Dezember 1970 meldete sich eine Firma namens Information Sciences bei Bill und Paul und bot ihnen Arbeitsmöglichkeiten am PDP-10 als Gegenleistung für ihre Programmierkenntnisse.

Information Sciences überprüfte das technische Wissen der beiden Jungen und bat sie dann, ein Lohn- und Gehaltsabrechnungsprogramm in COBOL zu schreiben. Als Entgelt erhielten Bill und Paul Rechnerzeit im Wert von 10 000 Dollar, die sie im Laufe des Schuljahres aufbrauchten.

Im Juni 1971 fand die Lakeside School in dem Mathematikgenie Bill Gates mit seiner Computerbegeisterung den idealen Kandidaten für die Erstellung eines Stundenplanprogramms. Ein manueller Lösungsansatz war bei dieser Aufgabe äußerst kompliziert und führte unweigerlich zu überfüllten Klassen.

Gates lehnte jedoch ab. Er hatte noch nicht entschieden, welche Rolle das Programmieren in seinem Leben spielen sollte. Eine bizarre Kette von Ereignissen sollte ihn aber wieder an diese Aufgabe heranführen.

Ein Ingenieur, der gerade als Mathematiklehrer an die Lakeside School gekommen war, wurde mit der Entwicklung des Stundenplanprogramms betraut. Er kam bei einem Flugzeugabsturz ums Leben. Die Schulverwaltung fragte wieder Bill Gates und dazu noch Kent Evans, ob sie diese Programmieraufgabe übernehmen wollten. Dann verunglückte Kent tödlich beim Bergsteigen.

Zum Glück war Bill nicht abergläubisch. Sobald er den Schock über den Tod seines Freundes verwunden hatte, rief er Paul Allen zu Hilfe. Paul hatte im Juni gerade die High School abgeschlossen. Er half Bill bei der Erstellung des Stundenplanprogramms in FORTRAN. Paul erinnert sich daran, wie er und Bill Tag und Nacht in der ansonsten verwaisten Schule mit dieser Programmierherausforderung kämpften: »Es war wirklich ein interessantes Problem, da jeder Schüler andere Kurse besuchen wollte und wir sicherstellen mußten, daß alle Klassen die gleiche Stärke hatten. Es gab so viele Beschränkungen.«

Gates und Allen erhielten für diesen Auftrag Rechnerzeit im Wert von 2400 Dollar. Im Schuljahr 1971/72 benötigten sie mehrere Monate, um das beträchtliche Guthaben aufzubrauchen, das sich auf ihrem Zeitkonto angesammelt hatte.

Bei den späteren Verbesserungen an diesem Programm verband Bill Arbeit und Vergnügen und schrieb den Stundenplan so, daß er in jedem möglichen Fall in einem bestimmten Kurs als einziger Hahn im Korb von lauter liebreizenden Mädchen umringt war.

## Traf-O-Data

Im Herbst 1971 begann Paul Allen sein Studium an der Washington State University mit dem Hauptfach Informatik. Allen fühlte sich jedoch zur Arbeitswelt hingezogen, denn er glaubte, daß Gates und er ihre Talente in der

Praxis einsetzen konnten. Er erzählte Bill von einer interessanten Idee, die er mit Hilfe seines Freundes in die Tat umsetzen wollte.

In Seattle hatte man über einige Straßenkreuzungen Gummibänder gezogen, um den Verkehrsfluß zu analysieren. Ein Unternehmen im Süden der Stadt verband die Gummibänder mit kleinen grauen Kästen, die Lochkarten mit Verkehrsinformationen erstellten. Allen glaubte, daß es eine Möglichkeit geben müsse, diese Lochkarten mit Hilfe von Computern zu analysieren. Auf dieser Grundlage könnte man dann die Verkehrszahlen liefern, die Städte und Bezirke vorlegen mußten, wenn sie Mittel für Schnellstraßen erhalten wollten.

Bill gefiel dieser Gedanke. Die beiden wollten zunächst einen Rechner kaufen, mußten aber rasch feststellen, daß Minicomputer immer noch unerschwinglich waren. Dann stellte Paul, der viele Elektronikzeitschriften regelmäßig las, fest, daß Intel unter der Bezeichnung 8008 einen neuen Mikroprozessor auf den Markt gebracht hatte.

Bei einem Mikroprozessor handelt es sich um eine Miniaturversion der Prozessoren, die für das Funktionieren von Großrechnern unerläßlich sind. Der Prozessor (ob nun groß oder klein) verarbeitet die Daten, die in den Speicher des Computers eingegeben werden; er speichert z. B. den Text eines Briefs oder berechnet die Summen für die Aufstellung eines Etats. Die kalifornische Firma Intel hatte bereits 1969 Millionen mikroskopisch kleiner Schaltkreise erfolgreich auf einem einzigen Siliziumchip integriert, der eine Miniaturausgabe der Schaltkreise und Drahtverbindungen darstellte, die einst einen ganzen Raum gefüllt hatten. Intel nannte diesen Mikroprozessor 4004. Die Fähigkeiten des 4004 waren begrenzt; man hätte damit keine Software schreiben können. Daher wollte ihn Intel als Steuereinheit in Haushaltsgeräten und nicht in Computern einsetzen. Eine Nachfolgeversion des 4004 wurde 1972 vorgestellt. Doch auch bei diesem weitaus vielversprechenderen 8008 konnte man sich dennoch nur schwer vorstellen, wie er ein Computerprogramm verarbeitete, das eine nützliche Funktion erfüllte.

Paul war ganz begeistert vom 8008 und versuchte zunächst, Bill zu überreden, mit ihm zusammen ein Programmierwerkzeug für den Chip zu entwickeln. Sie entschieden sich für BASIC, eine Programmiersprache, die sie an der Lakeside School häufig benutzt hatten. Bill meinte jedoch, daß sich diese Mühe nicht lohne, da der Chip zu langsam sei. Er nahm richtigerweise an, daß die Leistung des Mikroprozessors nicht zur Unterstützung von BASIC ausreichte.

Paul stellte dann fest, daß sie mit diesem Chip einen rudimentären Computer zur Analyse der Verkehrsdaten aus den grauen Kästen auf den Straßen von Seattle entwickeln konnten. Für dieses Vorhaben gründeten die beiden Freunde ein Unternehmen, das sie Traf-O-Data nannten.

Sie kauften für 360 Dollar einen der ersten 8008-Chips aus der Produktion von Intel. Dann beauftragten sie einen Elektrotechniker mit dem Bau eines programmierbaren Geräts für Traf-O-Data. Dieser Vorfahr des Personal Computers konnte noch mit keinerlei anspruchsvollen Funktionen aufwarten. Die Drähte im Inneren waren irgendwie zusammengerollt, und auch das äußere Erscheinungsbild ließ sehr zu wünschen übrig. Das Gerät sollte ja nicht vermarktet werden, sondern lediglich als Werkzeug für die Programmierung des 8008 dienen.

Die Arbeitsteilung ergab sich ganz selbstverständlich; jeder der beiden Programmierer arbeitete an dem, was ihn am meisten interessierte. Paul, der immer noch an der Washington State University eingeschrieben war, entwickelte auf dem PDP-10 in Assembler ein Programm zur Simulation des 8008. Auf der Grundlage dieses Simulators schrieb Bill ein Programm zur Überwachung des Verkehrsflußes. Die Entwicklung nahm ungeheuer viel Zeit in Anspruch, denn schließlich war dies das erste Projekt seiner Art für das Traf-O-Data-Team.

Als Gerät und Programm fertig waren, lieferten die

Lochkarten aus den grauen Kästen in Seattle die Daten für den Traf-O-Data-Rechner. Paul und Bill schrieben auch an die für die Verkehrsüberwachung zuständigen Behörden in anderen Teilen der Vereinigten Staaten und in Kanada und boten ihnen ihre Verkehrsflußberichte an. Im Schuljahr 1972/73 nahm Traf-O-Data 20 000 Dollar ein; zu seinen Kunden gehörten beispielsweise der Bundesstaat Maryland und die kanadische Provinz British Columbia.

Im Präsidentschaftswahlkampf von 1972 trat George McGovern gegen Richard Nixon an. Als Eagle Scout fand Bill einen Sommerjob als Kongreßbote. Er kaufte 5000 McGovern-Eagleton-Plaketten zu einem Stückpreis von 3 Cent. Als Eagleton die Kandidatur als Vizepräsident für die Demokraten niederlegte, verkaufte Bill die Plaketten als Sammelstücke und verlangte bis zu 20,25 Dollar. Dabei verfeinerte er seine Verkaufsmethoden und perfektionierte seine Überredungskunst.

## TRW ruft

Im Januar 1973, mitten in Bills Abschlußjahr an der High School, ergab sich eine unerwartete Chance mit dem Rüstungsunternehmen TRW, das am Bau eines Computersystems zur Überwachung und Steuerung aller Staudämme im pazifischen Nordwesten der USA einschließlich des Columbia-Beckens beteiligt war. Mehrere PDP-10-Computer sollten den Strombedarf der Region analysieren und dann die von den Dämmen zu erzeugende Strommenge steuern. TRW schrieb die dafür erforderlichen PDP-10-Programme.

Seit einigen Monaten hatte das Unternehmen mit gravierenden Problemen zu kämpfen, die sich aus allen möglichen Programmfehlern in der PDP-10-Software ergaben. Da die Firma ihren Kunden aufgrund der Projektverzögerungen bald Entschädigungszahlungen hätte leisten müssen, hatte sie einen internationalen Hilferuf an alle PDP-

10-Experten gestartet. Man sah sich alle potentiellen Kandidaten an. In dieser kritischen Zeit entdeckte ein TRW-Techniker das Problemprotokoll von CCC, das eine unvorstellbar lange Liste bereits identifizierter PDP-10-Bugs enthielt. Er stellte auch fest, daß die Namen zweier PDP-10-Experten, Gates und Allen, auf beinahe jeder Seite erschienen. TRW schloß sich mit Information Sciences in Portland kurz, um eine Bestätigung für das Fachwissen dieser beiden Programmierer zu erhalten. Danach war es ein leichtes, sie ausfindig zu machen.

Die beiden Jungen stellten sich bei TRW vor. Paul Allen, der den College-Alltag satt hatte, war leicht zu überreden. Er interessierte sich zunehmend für eine Stelle in der Privatwirtschaft. Und das Schicksal wollte es, daß die Schüler der Lakeside School wahlweise ihr letztes Jahr mit einem Praktikum in einem Privatunternehmen abschließen konnten. Also beantragte Bill die Genehmigung, bei TRW zu arbeiten, die ihm auch prompt erteilt wurde. »Ich glaube nicht, daß sie in diesem Unternehmen wirklich wußten, wie jung wir waren«, erinnert er sich.

Wieder einmal setzten die beiden Programmierer ihre Fähigkeiten in ganz unterschiedlichen Bereichen ein. Allen arbeitete daran, das System nach einem Absturz wieder zum Laufen zu bringen, während Gates für Datenspeicherung und Laufzeitcode zuständig war.

Bei TRW lernten Gates und Allen John Norton kennen, dessen Fähigkeit, ein 5000 Seiten langes Listing des Betriebssystems auswendig zu lernen, sie in Erstaunen versetzte. Gates schreibt Norton die Verfeinerung seiner Programmierfertigkeiten zu. Norton überprüfte Gates' Code in seiner Anwesenheit und ließ ihn alles entfernen, was seiner Ansicht nach nicht logisch war oder vereinfacht werden konnte.

Trotz ihrer qualitativ hochwertigen Arbeit erhielten Paul und Bill den für Werkstudenten üblichen Lohn. »Man zahlte uns 165 Dollar die Woche«, sagt Paul. »Das war unsere erste bezahlte Arbeit. Wir hatten eine Wohnung in Vancouver und kaum Ausgaben, daher kam uns der Lohn großartig vor.« TRW konnte seinen Auftrag retten; Bill und Paul trugen viel zum letztendlichen Erfolg des Projekts bei.

Inzwischen hielten die beiden Freunde in ihrer Freizeit weiterhin Ausschau nach Interessenten für die Verkehrsstatistiken von Traf-O-Data. Im Frühjahr jenes Jahres setzte sie jedoch ein unerwarteter Konkurrent unter Druck: Die Bundesregierung hatte beschlossen, einen ähnlichen Service kostenlos anzubieten. Traf-O-Data stellte seine Geschäftstätigkeit ein.

Bill schloß die High School im Juni ab und bereitete sich aufs College vor. Im Sommer 1973 bot ihm die Firma Honeywell eine Stelle bei einer ihrer Tochtergesellschaften im Bundesstaat Washington an. Da Honeywell aber eigentlich an einem Vollzeitprogrammierer interessiert war, empfahl Bill Paul Allen, der die Stelle auch bekam.

## Studium in Harvard

Wenn Bill sich überlegte, was er mit seinem Leben anfangen sollte, kam ihm manchmal der Gedanke verlockend vor, sofort ein Unternehmen zu gründen. Dann wieder war er sich nicht sicher, welchen Weg er einschlagen sollte. Abstrakte Mathematik und Wirtschaftswissenschaften interessierten ihn am meisten, doch auch ein Jurastudium reizte ihn. Schließlich entschied er sich für Harvard. Ein paar Monate später ließ sich Paul Allen nach Boston versetzen.

Als Bill im Herbst 1973 mit dem Studium in Harvard begann, hatte er sich bereits für Jura entschieden. Seine Eltern waren von seiner Wahl begeistert und freuten sich, daß er der juristischen Laufbahn den Vorzug gegenüber seinem ›Teenagerhobby‹ gegeben hatte. Doch Bill war nicht mit ganzem Herzen bei der Sache. Er verbrachte Stunden beim Pokerspiel und in seinem Zimmer, wo er, in seinen eigenen Worten, »ein philosophischer und deprimierter Junge war, der sich vorzustellen versuchte, was er mit seinem Leben anfangen wollte«. Manchmal vergrub er sich in Romanen wie *Der Fänger im Roggen* von J. D. Salinger und *In diesem Land* von John Knowles, die ihn ansprachen, da sie sich mit der Realität des Erwachsenwerdens wider Willen auseinandersetzten.

In Harvard freundete sich Bill mit Steve Ballmer an, dessen intellektuelle Tiefe nur von seinem scharfsinnigen Witz übertroffen wurde. Steve stellte Bill seinen Freunden vor, indem er ihm in der Universitätscafeteria die Augen verband und ihn eine Rede über die Vorzüge des Computers halten ließ.

Abends und am Wochenende erhielt Bill häufig Besuch von Paul Allen. Sie diskutierten leidenschaftlich über die Aussichten einer möglicherweise zu gründenden Computerfirma. 1974 brachte Intel einen neuen Mikroprozessor auf den Markt, den 8080. Im Gegensatz zu seinen Vorgängern 4004 und 8008 eröffnete dieser Chip die Möglichkeit, Programme für Tausende von Benutzern zu schreiben. Diesmal wollte Intel den neuen Chip in großem Stil vermarkten.

Paul hatte eine Vision. Wie konnten sie die Herausforderung des Mikroprozessors meistern, dieser Erfindung, die den Prozessor eines Großrechners auf einer streichholzschachtelgroßen Fläche unterbrachte? Sie standen am Anfang einer Revolution, die sie keinesfalls versäumen durften. »Wir müssen ein BASIC für den 8080 schreiben«, sagte er zu Bill. Gates dachte lange und gründlich über eine solche Möglichkeit nach, konnte sich aber keine konkrete Anwendung vorstellen. Eigentlich müßten sie einen Computer um den 8080 herum bauen...

Einige tausend Meilen von ihnen entfernt, in Albuquerque, hatten sich ein gewisser Ed Roberts und sein Unternehmen namens MITS bereits an diese Aufgabe gewagt.

# Teil 2

## Es begann mit BASIC...

»Gates spielt für die Software die gleiche Rolle wie Edison für die Glühbirne – teils Erneuerer, teils Unternehmer, teils Verkäufer und Vollzeitgenie.«

*Aus der Zeitschrift ›People‹
vom 26. Dezember 1983*

## Kapitel 3

# BASIC für den Altair

1975 hielt eine Handvoll Hersteller – darunter IBM, DEC und Hewlett-Packard – auf dem Computermarkt die Zügel in der Hand. Zusammengenommen erwirtschafteten diese Firmen zwar Umsätze in Milliardenhöhe, doch stammten diese vor allem aus den Bereichen EDV-Großanlagen und Minicomputer. Sie hatten die Bedeutung der Mikroprozessoren und ihrer Einsatzmöglichkeiten noch nicht erfaßt. Dadurch ergaben sich große Chancen für Kleinunternehmen, die schon bald eine Technologie auf den Markt brachten, welche die Spielregeln für den Bau und die Nutzung von Computern drastisch ändern sollte.

Auch die Computerfachzeitschriften trieben diese Entwicklung stark voran. Noch bevor überhaupt ein Personal Computer auf dem Markt erhältlich war, weckten Magazine wie *Radio Electronics* und *Popular Electronics* das Interesse an den Möglichkeiten der Mikrocomputer. Viele Abonnenten erklärten Computer zu ihrem Steckenpferd, und überall in den Vereinigten Staaten schossen Amateurclubs aus dem Boden. Der bemerkenswerteste davon war der Homebrew Computer Club, der im März 1975 im kalifornischen Menlo Park das Licht der Welt erblickte und zu dessen Mitgliedern in der Anfangszeit die späteren Gründer der Firma Apple Computer, Steve Jobs und Steve Wozniak, gehörten. Als der erste Mikrocomputer vorgestellt wurde, bekundeten sofort viele tausend Hobbyprogrammierer ihr Kaufinteresse, das durch die monatlichen Berichte in der Fachpresse angeheizt worden war.

## Der Altair von MITS: Der erste PC

1974 baute ein kleines Unternehmen aus Albuquerque in New Mexico den ersten wirklich bedeutenden Personal Computer. Ed Roberts hatte 1968 die winzige Elektronikfirma MITS (Micro Instrumentation and Telemetry Systems) gegründet und stellte später Taschenrechner her. 1973 eroberte sich Texas Instruments mit einer aggressiven Preispolitik den Taschenrechnermarkt, und MITS mußte so stark unter diesem harten Wettbewerb leiden, daß Ed Roberts nur ein Jahr später am Rande des Konkurses stand. Roberts Pioniergeist weckte glücklicherweise sein Interesse am 8080-Chip, den Intel im April 1974 vorstellte. Roberts war davon überzeugt, daß dieser Mikroprozessor als Grundlage für einen Mikrocomputer dienen konnte, und beschloß, selbst ein solches Gerät zu bauen. Er taufte sein Produkt Altair. Die Zeitschrift *Popular Electronics,* die bereits seit sechs Monaten auf der Suche nach einem Knüller war, wollte den Rechner auf der Titelseite der Ausgabe vom Januar 1975 abbilden.

Die Zeitschrift kam Mitte Dezember 1974 mit einer auffälligen Schlagzeile in den Handel: DER ERSTE MINICOMPUTERBAUSATZ DER WELT, DER ES MIT HANDELSÜBLICHEN MODELLEN AUFNEHMEN KANN. Der dazugehörige Artikel beschrieb den Altair und enthielt ein an MITS adressiertes Bestellformular. Diese Ankündigung löste eine gewaltige Auftragslawine aus, die Roberts' Erwartungen bei weitem überstieg.

Nach der Beschreibung in *Popular Electronics* entsprach der Altair der Mindestdefinition eines Mikrocomputers. Hatte man ihn einmal zusammengebaut, sah er aus wie ein Blechkasten. Er besaß weder Tastatur noch Bildschirm; Dateneingabe und -ausgabe erfolgten über eine Schalttafel. Im Inneren befanden sich zwei Schaltkreisplatinen und eine Netzleitung. Die eine Platine enthielt den Prozessor einschließlich des 8080-Chip von Intel; die andere einen Speicher von 256 Bytes.*

Die Käufer des Altair mußten nicht nur 397 Dollar für

den Bausatz hinblättern, sondern brauchten zudem einen Lötkolben und eine gehörige Portion Geduld. Das Gerät mußte in stundenlanger Arbeit sehr sorgfältig Stück für Stück zusammengebaut werden. Nach der Montage trat ein weiteres Problem zutage: Dauerhafte Datenspeicherung war mit dem Altair nicht möglich. Außerdem war die Handhabung des Computers sehr kompliziert und erforderte Programmiererfahrung. Programme und Daten wurden über Kippschalter auf der Vorderseite des Geräts eingegeben. Die Befehle waren in Maschinensprache (in Zeichenfolgen aus Null und Eins) programmiert, was fundierte technische Kenntnisse und ein hohes Maß an manueller Geschicklichkeit voraussetzte. Beim geringsten Fehler mußte man ganz von vorne beginnen. Blinkende Lämpchen an der Vorderfront des Altair teilten die Rechenergebnisse mit. Beim Abschalten des Geräts gingen Programm und Ergebnisse verloren, denn der Altair besaß nur einen flüchtigen RAM-Arbeitsspeicher (Random Access Memory).

Trotz dieser Mängel war der Altair ein überraschend großer Erfolg, und er läutete die Mikrocomputerrevolution ein. Allein der niedrige Preis genügte, um die Computerfans von dem Gerät zu überzeugen. Ed Roberts konnte den Altair so preiswert anbieten, weil er mit Intel einen Stückpreis von 75 Dollar pro 8080 ausgehandelt hatte – ein Drittel des Listenpreises.

Roberts Kontostand, der sich üblicherweise im Sollbereich bewegt hatte, kletterte auf wundersame Weise in die schwarzen Zahlen, und er begann, sich eine finanziell gesicherte Zukunft auf der Grundlage eines stetigen Auftragsstroms auszumalen. Tausende von Computeramateuren, die immer von ihrem eigenen persönlichen Rechner geträumt hatten, bestellten blindlings ein nahezu unbrauchbares Gerät. Doch nur einigen wenigen – darunter Steve Dompier – gelang es schließlich, eine sinnvolle Ver-

---

* Ein Byte entspricht acht Binärzahlen oder ›Bit‹. Ein Byte stellt ein Zeichen dar wie z. B. einen Buchstaben des Alphabets.

wendung für den Altair zu finden. Dompier stellte fest, daß der Computer die Übertragung eines danebenstehenden Radioapparats störte; daher schrieb er ein Programm zur Steuerung der Frequenz und Dauer der atmosphärischen Aufladung und ließ den Computer auf diese Weise ›Fool on the Hill‹ von den Beatles über den Radio spielen. Bei einem Treffen des Homebrew Club im April 1975 gab er sorgsam per Schaltereinstellung jede Zeile seines Programms ein, und der Altair spielte den verblüfften Zuhörern das Lied vor.

## Wer wagt, gewinnt den Altair

An einem kalten Dezembermorgen des Jahres 1974 fiel Paul Allen auf dem Harvard Square zufällig die Ausgabe von *Popular Electronics* mit dem Artikel über den Altair-Bausatz in die Hände. Er eilte sofort zu Bill Gates, um ihm die unglaubliche Neuigkeit mitzuteilen. Es gab jetzt einen preiswerten Mikrocomputer! Er war ganz aus dem Häuschen über das, was da geschrieben stand: »Der erste Computerbausatz, der es mit handelsüblichen Modellen aufnehmen kann!« Die Zeitschrift erhielt den ersten aus einer Serie von Artikeln, die berühmt werden sollte: »Bauen Sie sich Ihren eigenen Altair-Computer!«

»Schau, jetzt passiert es! Hab ich das nicht vorausgesagt?« rief Allen. »Und wir verpassen diese Chance!« Der neunzehnjährige Gates verstand genau, was Allen meinte. Wie er in einem Interview mit Mark Stevens (*M.Inc.*, Dezember 1990) sagte, waren sich beide der Tragweite dieses Augenblicks bewußt. »Was uns noch mehr faszinierte als der Bausatz selbst, war die Erkenntnis, daß das Wunder des Personal Computer Wirklichkeit werden würde.«

Gates und Allen waren wild entschlossen, eine Programmiersprache für den Altair zu implementieren. Bei diesem Vorhaben konnten sie von ihren Erfahrungen mit dem 8008 im Rahmen von Traf-O-Data und von ihrer Arbeit mit BASIC an der Lakeside School profitieren. Sie wählten BASIC als Arbeitssprache, da es einfacher zu programmieren war als alle anderen Computersprachen und leichter zugänglich als der Maschinencode des Mikroprozessors. John G. Kemeney und Thomas E. Kurtz hatten BASIC 1964 mit dem Ziel entwickelt, das Programmieren so weit wie möglich zu vereinfachen, und daher war BASIC eindeutig die richtige Wahl für den Altair-Computer, der für die Allgemeinheit gedacht war.

In Albuquerque beobachtete Ed Roberts respektvoll, wie Bestellungen für den Altair aus dem ganzen Land eintrafen. Doch als das anfängliche Wunder nachließ, erkannte er, daß sein Computer nur dann für die größeren Kreise der Bevölkerung interessant war, wenn er eine einfache Programmiersprache mitlieferte. Nur einige wenige Menschen mit seltenen Fähigkeiten wagten sich an ganz rudimentäre Programmieraufgaben mit den Schaltern des Altair heran. Mit einer Art von BASIC könnte sich für das Gerät eine ganze Fülle neuer Anwendungsmöglichkeiten in geschäftlich interessanten Bereichen ergeben, so z. B. im Rechnungswesen, in der Buchführung oder der Korrespondenz. Die Vertriebsbeauftragten von Intel hatten Roberts gegenüber allerdings betont, daß der 8080 nicht leistungsfähig genug für eine Sprache wie BASIC sei. Roberts teilte diese Ansicht, hielt aber dennoch die Augen offen nach jemandem, der ihm das Gegenteil beweisen könnte.

Eine Woche nach der Lektüre des Artikels in *Popular Electronics* riefen Bill Gates und Paul Allen bei MITS an. Sie stellten sich als Vertreter einer in Seattle ansässigen Firma namens Traf-O-Data vor. Bill behauptete, ohne mit der Wimper zu zucken, daß er BASIC bereits für den Altair aufbereitet habe, und fragte Roberts, ob er an dieser Programmiersprache interessiert sei.

Ed Roberts betrachtete solche Angebote mit einer gewissen Skepsis; er hatte bereits mehrere erhalten. »Natürlich interessiere ich mich dafür«, erwiderte er. »Zeigen Sie mir, was Sie haben.«

Kurze Zeit darauf ging bei MITS ein Schreiben auf Traf-O-Data-Briefpapier ein, in dem Bill und Paul behaupteten, einen für alle 8080-Rechner geeigneten BASIC-Interpreter zu besitzen, den sie gerne über MITS in Form von Kassetten oder Disketten an Hobbyprogrammierer verkaufen würden. Sie schlugen eine Lizenzgebühr von 50 Cent pro Exemplar vor und baten Roberts um seine Stellungnahme.

Der Brief erregte Ed Roberts Neugier. Er eilte ans Telefon und wählte die Nummer auf dem Traf-O-Data-Briefkopf. Es meldete sich ein Internat in Seattle, in dem niemand etwas von einem BASIC-Interpreter wußte. Was sollte er von diesem anscheinend als Scherz gedachten Angebot halten?

Zum Glück erhielt er nochmals ein Lebenszeichen von Traf-O-Data. Bill und Paul hatten sich sehr bemüht, BASIC auf dem Altair zu implementieren. Ihr größtes Problem war zunächst, daß sie keinen Altair-Computer besaßen. Daher beschlossen sie, wieder auf eine Strategie zurückzugreifen, die ihnen bei Traf-O-Data gute Dienste geleistet hatte. Sie wollten den Altair-Mikroprozessor auf dem PDP-10-Großrechner im Aiken Computer Laboratory in Harvard simulieren. Paul beherrschte diese Kunst.

Kurz zuvor hatte ein gewisser David Osborne ein Handbuch verfaßt, in dem die Funktionsweise des 8080 in allen Einzelheiten erläutert wurde. Bill und Paul erwarben ein Exemplar davon, das zusammen mit dem Artikel aus *Popular Electronics* zum grundlegenden Nachschlagewerk für die beiden Programmierer wurde. Sie setzten sich mit den technischen Merkmalen des 8080 auseinander, und Paul versuchte, den DEC-Rechner so zu programmieren, daß er sich wie der Intel-Chip verhielt. Nach zweiwöchiger Arbeit hatte er einen Simulator für den Altair-Prozessor auf dem PDP-10 sowie einen Assembler für die Programmierung des Chips entwickelt. Ein solches Assemblerprogramm wandelt in Assemblercode abgefaßte Anweisungen in die zugehörige Maschinensprache um. Währenddessen schrieb Bill die technische Spezifikation für Altair-BASIC.

Die beiden Freunde hatten immer noch keinen 8080 zu Gesicht bekommen, als sie wieder bei Ed Roberts anriefen, um ihm mitzuteilen, daß die Implementierung ihrer Programmiersprache praktisch abgeschlossen sei. Diesmal bat sie Roberts, nach Albuquerque zu kommen und ihr Programm vorzuführen. Bill schluckte und erwiderte, sie könnten in knapp drei Wochen bei ihm sein.

Der Altair hatte eine maximale Kapazität von nur 4 Kilobyte (4K) oder ungefähr 4000 Zeichen. (In nicht einmal 10 Jahren sollten IBM-Computer und Kompatible mit 160mal mehr Speicher als das MITS-Gerät aufwarten.) Da die von Gates entwickelte Sprache zum Schreiben und zum Ablauf von Programmen dienen sollte, mußte er sein BASIC in weniger als 4K unterbringen. Glücklicherweise war er bereits versiert in der Erstellung von effizientem, knappem, fehlerfreiem Code.

Vier Wochen lang arbeitete Bill zwischen den Vorlesungen Tag und Nacht in seinem kleinen Schlafraum in Harvard und im Computerlabor. Er und Paul nickten manchmal vor dem PDP-10 ein. Die Schnelligkeit war besonders entscheidend, da nach Aussage von Roberts auch andere Firmen bereits an BASIC für den Altair arbeiteten.

Bill und Paul standen vor einem weiteren Problem: der Dateneingabe. Tausende von BASIC-Zeilen konnten unmöglich über die Schalter des Altair eingegeben werden. Als sie die Techniker bei MITS anriefen und fragten, ob sie eine Tastatur für das Gerät herstellen wollten, lachten diese über die Frage: Es bestanden keine derartigen Pläne. Die beiden Partner griffen auf das alte Traf-O-Data-Verfahren zurück und zeichneten Bills 8000 Zeilen Maschinencode auf Lochstreifen auf.

Wenn Bill und Paul ihre Arbeit objektiv betrachteten, nahm ihnen die Herausforderung, vor der sie standen, den Atem. Sie hatten noch nie mit dem Altair gearbeitet. Der Erfolg ihres Projekts hing weitgehend von der Zuverlässigkeit des 8080-Simulators ab, den Paul geschrieben hatte.

## BASIC besteht die Prüfung

Am Vorabend ihres Termins mit Ed Roberts im Februar 1975 arbeiteten die beiden Freunde bis tief in die Nacht hinein. Paul nahm eine Morgenmaschine nach New Mexico. Plötzlich kam ihm ein ernüchternder Gedanke: Sie hatten vergessen, den Code zum Laden ihres BASlC in den Speicher des Altair zu schreiben. Er begann damit, als das Flugzeug zum Landen in Albuquerque ansetzte.

Paul fühlte sich in Albuquerque wie in einem fremden Land. Die Bewohner dieser sonnenverwöhnten Stadt trugen leichte Freizeitkleidung und Cowboyhüte. Ein etwa 40jähriger Mann in einem Transporter hielt bei ihm und stellte sich als Ed Roberts vor. »Ich bringe Sie in unser Entwicklungslabor«, sagte er zu Paul, der großzügige Geschäftsräume in der Innenstadt erwartete. Da der Altair auf der Titelseite von *Popular Electronics* abgebildet war, stellte er sich MITS als Großunternehmen vor. Aber er sollte bald feststellen, daß er es mit einem kleinen Laden zu tun hatte, der zwischen einem Wasch- und einem Massagesalon eingepfercht war.

Als sie das ›Entwicklungslabor‹ betraten, sah Paul zum erstenmal einen fertig montierten Altair. Es handelte sich um ein fortschrittlicheres Modell mit 6K Arbeitsspeicher. Paul wollte BASIC sofort ausprobieren, aber Roberts versicherte ihm, daß es damit keine Eile habe.

Der in Harvard zurückgebliebene Bill wartete gespannt auf eine Nachricht über den Ausgang des Treffens. Er hegte keine großen Hoffnungen mehr. Es gab zu viele Unbekannte. Funktionierte Pauls Simulator richtig? Enthielt sein BASIC auch wirklich keine Programmfehler? An jenem Abend rief ihn Paul an und sagte beruhigend, daß sich alles zum Guten wenden würde, obwohl er selbst davon keineswegs überzeugt war.

Der kritische Augenblick kam am nächsten Tag in Roberts Büro. Paul fütterte den Streifenleser, den er an den Computer angeschlossen hatte, mit dem Lochstreifen.

Roberts machte ein skeptisches Gesicht. Die Minuten zogen sich in die Länge, während die Daten langsam in den Speicher des Altair geladen wurden.

Plötzlich reagierte der Altair und schrieb das Wort READY auf den angeschlossenen Fernschreiber. Dies bedeutete, daß der Rechner für ein in BASIC geschriebenes Programm aufnahmebereit war. »Es funktioniert!« rief Ed Roberts.

Paul war noch überraschter als Roberts – und sehr erleichtert! Er mußte jedoch noch beweisen, daß sein BASIC einwandfrei funktionierte. Die erste auf dem Gerät getestete Software stammte aus einem BASIC-Programmierbuch: die Simulation der Landung eines Raumschiffs auf dem Mond. Es war der erste praktische Einsatz für den Altair. Bills BASIC lief fehlerfrei, und Roberts war stark beeindruckt. Jetzt konnten die Verhandlungen beginnen; Roberts war bereit, sofort eine Bestellung aufzugeben.

Paul rannte zum Telephon und erzählte Bill von ihrem Triumph. Das war genau der Auftrieb, den der von Zukunftszweifeln geplagte Bill brauchte, und er stieß einen Freudenschrei aus.

Jedesmal, wenn sie später an diesen Augenblick zurückdachten, wunderten sie sich von neuem, daß Bills BASIC tatsächlich funktioniert hatte – in Anbetracht der Art und Weise, wie es entstanden war. Ein einziger Fehler hätte das Projekt zunichte gemacht. Wenn sie in dem Buch über den 8080 etwas falsch verstanden hätten oder wenn Pauls Simulator auch nur einen winzigen Fehler enthalten hätte, wäre nichts geschehen, als Paul den Code per Lochstreifen eingab.

BASIC spielte eine entscheidende Rolle für den Altair – und die ganze Branche. Jetzt konnten praktische Anwendungen in Bereichen wie Buchführung und Statistik entwickelt werden. Verständlicherweise beabsichtigte Roberts, BASIC so bald wie möglich vermarkten, doch Gates wollte der Software vor der Freigabe noch den letzten Schliff verleihen. Er blieb in Harvard, setzte sein

Jurastudium fort und verfeinerte sein BASIC auf dem Zentralrechner der Universität. Seine Professoren konnten sich gar nicht vorstellen, warum er so viele Stunden vor dem Computer saß.

Allen kehrte zu Honeywell zurück und hielt die Verbindung mit Roberts aufrecht, um ihn hinzuhalten, bis Gates sein BASIC verbessert hatte. Schließlich bot Roberts Allen eine Anstellung als Software-Entwickler für den Altair an. Er ging im Mai 1975 zu MITS. Im Alter von 22 Jahren wurde er zum Softwaredirektor befördert. Allen wiederum überredete Gates, mit Beginn der Sommerferien in Harvard zu ihm nach Albuquerque überzusiedeln. Gates arbeitete weiter an der Verbesserung von BASIC für en Altair, bevor diese Programmiersprache offiziell auf dem Markt eingeführt wurde.

Für die damalige Zeit war Gates' BASIC sehr zuverlässig. Bei einem Benutzerfehler wurde eine Fehlermeldung angezeigt. Bills BASIC führte nicht zu unrichtigen Ergebnissen oder, was noch schlimmer gewesen wäre, zu einem Absturz des Altair. Es war so ausgezeichnet, daß es sechs Jahre lang den Mikrocomputermarkt beherrschen sollte.

Die Dateneingabe in den Altair per Lochstreifen wurde automatisiert, aber Paul wußte, daß diese Lösung immer noch nicht vollkommen war – ideal wäre ein in den Altair eingebautes Diskettenlaufwerk. Er erzählte Bill von seiner Idee, und dieser nahm sich vor, die nötigen Veränderungen durchzuführen.

### Die Geburtsstunde von Microsoft

Für die Verhandlungen mit MITS gründeten Gates und Allen im Juli 1975 in Albuquerque, New Mexico, eine Personengesellschaft namens Micro-Soft (für ›microcomputer software‹; der Bindestrich wurde später fallengelassen). Ihr Gegenstand war die Entwicklung von Programmiersprachen für den Altair und andere Mikrocomputer, die bald auf dem Markt erhältlich sein würden. Es handelte sich um das erste Unternehmen, das sich ausdrücklich mit der Herstellung von Software für diese Art von Rechner befaßte.

Der erste Auftrag für Microsoft war die Programmierung von BASIC für den Altair. Mit Ed Roberts' Zustimmung leitete Paul Allen alle Verhandlungen im Namen von MITS. In diesem Vertrag gewährte Microsoft MITS eine Vertriebslizenz für Microsoft BASIC. Mit anderen Worten verkaufte Microsoft MITS im Grunde das Recht, seine Software zu nutzen und zu verkaufen, aber der Vertrag enthielt auch eine Klausel, die besagte, daß kein Hersteller, Entwickler oder Benutzer jemals hundertprozentiger Eigentümer der Software werden konnte. Diese wurde zur Grundlage der derzeit gültigen rechtlichen Beziehung zwischen Software-Entwicklern und denjenigen, die ihr Produkt verkaufen oder nutzen.

Der Vertrag mit Microsoft bestimmte auch, daß MITS den Verkauf von BASIC-Lizenzen an Dritte – zum Beispiel an andere Entwickler – fördern sollte. Der Käufer erhielt ein begrenztes Nutzungsrecht an der Software. Die Entwickler wurden als Mittler betrachtet, da sie die Lizenz von Microsoft an die Endbenutzer übertragen durften.

Ein Rechtsanwalt aus Albuquerque setzte den Vertrag auf, aber Bills juristischer Sachverstand spielte zweifellos eine wichtige Rolle in bezug auf die Genauigkeit und die geschickten Formulierungen des Vertrags, der sogar zum Vorbild für zukünftige Softwarelizenzabkommen wurde, da er Microsoft einen Eigentumsvorbehalt an seiner Programmiersprache einräumte, ganz gleich, wer in Zukunft das Produkt verkaufen oder benutzen würde.

Das erste für den Altair verkaufte BASIC hieß 4K BASIC und brauchte ein Drittel dieser Bytezahl an Speicherplatz. Es war also noch genug Kapazität für ein fünfzigzeiliges Programm vorhanden.

Zu Beginn des Studienjahres 1975/76 machte sich Bill auf den Weg von Albuquerque nach Harvard. Ein paar

Monate später kehrte er zurück, um wieder für MITS zu arbeiten, obwohl er immer noch offiziell als Student eingeschrieben war. Bill und Paul arbeiteten an einer soliden Softwarebasis für den Altair. Sie schrieben ein Assemblerprogramm zur Übersetzung von Assemblercode in Maschinensprache und gaben ihrem BASIC den allerletzten Schliff.

MITS entwickelte Speichererweiterungskarten für den Altair. Bill schrieb drei Monate lang an komplexen Programmen zur Überprüfung dieser Karten und mußte feststellen, daß keine einzige richtig funktionierte. Die Spannungen zwischen den beiden Freunden einerseits und Roberts andererseits nahmen zu, da letzterer seine Karten trotz ihrer offensichtlichen Mängel vertreiben wollte.

Ed Roberts spazierte oftmals an dem Staubsaugergeschäft und dem Nähmaschinenladen vorbei, der Paul Allens Softwareabteilung vom Verwaltungsbüro von MITS trennte, und spornte die beiden Programmierer an, Anwendungen für den Altair zu schreiben. Allen und Gates waren allerdings nicht von der Verläßlichkeit des Rechners überzeugt und drängten Roberts, die Qualität seiner Speichererweiterungskarten zu verbessern. Obwohl Roberts protestierte, wickelten sie die Buchführung von MITS lieber über einen Data General-Computer ab. Dem Altair fehlte auch ein Dateneingabemechanismus. Die Dateneingabe per Lochstreifen war eine Notlösung und ein Hindernis für die Vermarktung von Anwendungssoftware für professionelle Zwecke.

Paul bat Bill noch einmal, eine BASIC-Version für die Dateiverwaltung auf Diskette zu schreiben, doch Bill hatte andere Pläne im Kopf. Nachdem er nun Microsoft gegründet hatte, lag ihm vor allem die Expansion seines Unternehmens am Herzen, und dafür mußte er andere Mikrocomputerhersteller für sein BASIC gewinnen.

**Kapitel 4**

# Das erste Jahr

Disketten zur Programm- und Datenspeicherung für Personal Computer erschienen erstmals im Jahre 1972 auf dem Markt. Es handelte sich einfach um eine kleinere Ausgabe der Disketten, die seit 1956 in Rechnern verwendet wurden. Die neuen Diskettenlaufwerke waren unhandlich, aber immerhin komfortabler als andere Datenzugriffsmechanismen wie Magnet- oder Lochstreifenleser und Kassettenabspielgeräte, da sie direkten Zugriff auf die gewünschten Informationen ermöglichten, ohne daß der Benutzer zuvor andere Daten im ›Schnelldurchlauf‹ weiterspulen mußte.

Allen wußte, daß MITS für den Altair ein Diskettenlaufwerk anbieten mußte, und daher verstärkte er seine Bemühungen, Gates zum Schreiben der nötigen Softwareroutinen zu bewegen. Im Februar 1976 gab Gates, der immer noch in Harvard studierte, schließlich Allens Drängen nach. Er flog nach Albuquerque und vergrub sich mit einem Stapel gelber Notizblöcke im Hilton Hotel. Fünf Tage später tauchte er mit mehreren hundert Seiten Notizen wieder auf. Dann machte er sich daran, den Code in den DEC PDP-11 einzugeben, der der staatlichen Schule in Albuquerque gehörte. Nicht einmal eine Woche später war DiskBASIC für den Altair funktionsbereit. Paul Allen nennt das immer noch »eine wahre Meisterleistung in der Geschichte des Programmierens«.

Bei DiskBASIC verwendete Gates eine andere Methode für die Dateiverwaltung: Eine Dateizuordnungstabelle war für die Aufteilung des verfügbaren Platzes zuständig und verwaltete alle Dateien auf einer Diskette. Nach Aussage von Gates führte diese Methode zu einer ungleich höheren Datenzugriffsgeschwindigkeit. Dieses von ihm entwickelte Konzept wurde dann in den Computern der 80er Jahre sogar allgemein eingesetzt.

DiskBASIC war fertig, aber Diskettenlaufwerke kosteten immer noch sehr viel. Das erste preiswerte Diskettenlaufwerk (von Shugart) kam erst im Dezember 1976 in den Handel, doch seine Zuverlässigkeit ließ zu wünschen übrig. Die Ausrichtung der Köpfe war nicht stabil, so daß eine Diskette mit Daten, die ein Computer darauf abspeicherte, von einem anderen Rechner nicht gelesen werden konnte. Trotz dieser Nachteile leistete das nunmehr verfügbare, bequeme Speichermedium Diskette einen weiteren Beitrag zur allgemeinen Verbreitung von Anwendungssoftware wie Buchführungspaketen, Planungsprogrammen und Computerspielen. DiskBASIC wurde zur Programmiersprache der Wahl für solche Applikationen.

## Probleme mit Piraten

Seit Herbst 1975 besaß MITS das Exklusivrecht zum Vertrieb der Lizenz für Microsoft BASIC. Nach einigen Monaten mußte Microsoft jedoch feststellen, daß die Lizenzeinnahmen nur noch spärlich hereinflossen. Grund dafür war ein neues, heimtückisches Phänomen: illegales Kopieren von Software. Viele Hobbyprogrammierer kopierten BASIC ganz ungeniert bei den Treffen der Computerclubs und gaben es großzügig an alle Interessenten weiter.

Nach der Lektüre des Artikels in *Popular Electronics* waren viele Bestellungen für den Altair und spätere MITS-Produkte wie zum Beispiel Speicherkarten und Microsoft BASIC eingegangen. Übermäßige Lieferverzögerungen waren an der Tagesordnung, und darüber hinaus wiesen die MITS-Produkte eine ganze Reihe von Mängeln auf. Vor allem die Altair-Speicherkarten gaben Anlaß zur Enttäuschung, denn sie funktionierten einfach nicht. Um seine Karten dennoch loszuwerden, hatte sich

Roberts eines Marketingtricks bedient: Microsoft BASIC kostete alleine 500 Dollar, in Verbindung mit einer Speicherkarte aber nur 150 Dollar. Am Schluß standen die Computerbegeisterten mit einer funktionsuntüchtigen Speicherkarte und einer Mitteilung da, daß BASIC noch nicht fertig sei.

Mitte 1975 begann Ed Roberts eine Sonderaktion für den Altair. Der ›MITS Mobile Caravan‹ fuhr durchs ganze Land und hielt in größeren Städten, um den Mikrocomputer vorzuführen. Ziel war es, die Computerliebhaber zur Bildung von Altair-Benutzergruppen anzuspornen. Bald schon taufte man den blauen General-Motors-Lastwagen das ›MITSmobil‹.

Im Juni 1975 hielt der MITS Mobile Caravan vor Rickey's Hyatt House in Palo Alto. Die Mitglieder des Homebrew Computer Club hörten davon und beschlossen, sich in großer Zahl aufzumachen, um ihrer Unzufriedenheit über die nicht eingehaltenen Versprechen von MITS Ausdruck zu verleihen. Dann stellten sie fest, das der im ›MITSmobil‹ vorgestellte Altair mit BASIC ausgerüstet war, während sie immer noch auf ihre Exemplare dieser Programmiersprache warteten. Die Sprache wurde per Lochstreifenleser in den Speicher geladen und die Informationen auf einem Fernschreiber ausgedruckt. Das war der Tropfen, der für die Computerfans das Faß zum Überlaufen brachte. Die meisten von ihnen hatten wochenlang gewartet, nur um dann unbrauchbare Hardware zugeschickt zu bekommen, oder hatten immer noch nicht ihr BASIC erhalten, das sie schon lange bezahlt hatten.

Ein Mitglied des Homebrew Computer Club schnappte sich den Lochstreifen, der zu Boden gefallen war, und reichte ihn Dan Sokol, damit er BASIC von diesem Streifen kopieren konnte. Sokol nahm den Lochstreifen mit in die Arbeit und vervielfältigte ihn viele Male. Beim nächsten Treffen des Homebrew Computer Club verteilte er kostenlose Kopien von Microsoft BASIC. Er forderte alle auf, sie anderen Altair-Benutzern zukommen zu lassen, einschließlich der Mitglieder anderer Amateurcomputerclubs.

Als Bill Gates im Dezember 1975 von dem Vorfall erfuhr, tobte er vor Wut. Erstens minderte diese Softwarepiraterie seine Einnahmen, und zweitens enthielt dieses kostenlos verteilte BASIC Programmfehler, und er wollte vor der offiziellen Freigabe des Produkts alle ›Bugs‹ beseitigen.

Gates schrieb einen offenen Brief an die Hobbyprogrammierer, den David Bunnell im Februar 1976 in seinem Mitteilungsblatt für Altair-Benutzer veröffentlichte. Der Brief begann folgendermaßen: »Die meisten von Ihnen werden wohl wissen, daß Sie größtenteils mit gestohlener Software arbeiten. Hardware muß man käuflich erwerben, aber Software gibt man kostenlos weiter. Wen interessiert es, ob die Leute, die an ihrer Entwicklung gearbeitet haben, ihr Geld bekommen?«

Gates fügte hinzu, daß dieser Softwarediebstahl talentierte Programmierer davon abhalten könne, Programme für Mikrocomputer zu schreiben. »Wer kann es sich leisten, unentgeltlich zu arbeiten? Welcher Computerliebhaber ist bereit, drei Jahre seines Lebens auf die Programmierung, die Fehlersuche und die Dokumentation seines Programms zu verwenden, nur damit es dann kostenlos verteilt wird?«

Gates' mutiger Brief brachte die Sache auf den Punkt. Aber er stieß auf Ablehnung. Ein Computerclub drohte, ihn zu verklagen, weil er alle Hobbyprogrammierer als Diebe bezichtigt habe. Gates erhielt 300 Antwortschreiben auf seinen offenen Brief, aber nur wenige davon enthielten einen Scheck als Wiedergutmachung. Die meisten Schreiber waren wütend, und sie argumentierten – gelinde gesagt – nicht logisch. Sie behaupten, daß

1. BASIC implizit ein öffentliches Gut sei,
2. die Computerfans Altruisten und keine Diebe seien, und
3. ihre Systeme ohne BASIC nahezu unbrauchbar seien.

Wenn die zum Betrieb eines Computer erforderliche Software zu teuer sei, so ihre Begründung, dann sei es zulässig, sie für sich selbst und andere zu kopieren. Obwohl diese Argumentation jeglicher Logik entbehrt, haben die Softwarehäuser bis zum heutigen Tag mit dem Pirateriproblem zu kämpfen.

## Ein Weltkongreß für den Altair

1975 erreichte die mit dem Altair erzielte Umsatzhöhe die Marke von einer Million Dollar. Roberts hielt die Zeit für gekommen, durch einen dreitägigen ›Weltkongreß‹ von diesem schnellen Erfolg zu profitieren. David Bunnell, einem der ersten Mitarbeiter von MITS, oblag die Organisation dieser Veranstaltung, die vom 26. bis zum 28. März angesetzt war. Die Konferenz wurde praktisch sofort zu einem Fest zu Ehren des Mikrocomputers.

Gates hielt seine erste Rede in der Öffentlichkeit. Auf der Rednerliste standen auch Paul Allen, Ed Roberts und Ted Nelson. (Nelson sollte Ende der 80er Jahre Berühmtheit erlangen als einer der Väter von Hypertext, einem System, das Mehrfachverbindungen zwischen verschiedenen Arten von Informationen herstellen kann und darin stark dem menschlichen Gehirn ähnelt.) Die Diskussionen über die neuen Chancen, die der Mikrocomputer bot, dauerten bis spät in die Nacht. Microsoft BASIC war dabei ein häufiges Thema, vor allem wegen der Veröffentlichung von Gates' ›Offenem Brief an die Hobbyprogrammierer‹.

Trotz des ganzen Rummels hatte MITS mit gewaltigen Problemen zu kämpfen: Der Altair arbeitete nicht einwandfrei und konnte sich nur schwer gegen die wachsende Konkurrenz behaupten. Der im Sommer 1975 vorgestellte 8080-Rechner von IMSAI begann allmählich, den Altair zu überholen. Andere Hersteller wie Processor Technology und Cromemco traten auf den Plan. Da Ed Roberts den Mitbewerbern den Zutritt zum Altair-Kongreß verweigert hatte, mietete Processor Technology eine Suite im gleichen Hotel, um dort seine der Verlautbarung nach zuverlässigen Speicherkarten für den Altair vorzuführen. Roberts war erbost.

Roberts erkannte, daß sich Geschichte wiederholen könnte und daß er es wie in der Anfangszeit, als er Taschenrechner vertrieb, mit mörderischer Konkurrenz zu tun hatte. Als sich die Firma Pertec, die Minicomputer und Großrechner herstellte, wegen einer Übernahme von MITS an ihn wandte, hatte Roberts daher ein offenes Ohr für diesen Vorschlag, und bald wurden Verhandlungen aufgenommen.

### Fortsetzung des Kreuzzugs gegen die Softwarepiraten

Im April 1976 schrieb Gates einen zweiten offenen Brief, der ebenfalls im Altair-Mitteilungsblatt veröffentlicht wurde. Seine Wortwahl war diesmal milder, doch er verurteilte nach wie vor die Softwarepiraterie.

> Ein zweiter und letzter Brief:
> Seit der Veröffentlichung meines ›OFFENEN BRIEFS AN DIE HOBBYPROGRAMMIERER‹ habe ich unzählige Antworten erhalten und auch bei der von MITS organisierten World Altair Computer Convention vom 26. bis 28. März persönliche Gespräche mit Computerfans, Pressevertretern und Mitarbeitern von MITS geführt. Ich war überrascht, auf welch starke Resonanz mein Schreiben stieß, und ich hoffe, daß dies bedeutet, daß man sich ernsthaft Gedanken um die Zukunft der Software-Entwicklung und -Vermarktung an die Hobbyprogrammierer macht...
> Leider richteten sich die negativen Reaktionen auf meinen Brief zum Teil gegen mich persönlich oder – was noch weniger angebracht ist – gegen MITS. Ich bin kein Angestellter von MITS, und möglicherweise

teilt auch niemand in diesem Unternehmen meine Meinung hundertprozentig, aber ich glaube, daß alle froh waren, daß ich dieses Thema zur Sprache gebracht habe. Die drei negativen Antworten, die ich erhielt, wandten sich gegen die Aussage, daß ein großer Teil der Computerfans im Besitz gestohlener Software sei. Ich wollte damit andeuten, daß ein beträchtlicher Teil der Kopien meines BASIC, die gegenwärtig benutzt werden, nicht auf rechtmäßige Weise erworben wurden. Es lag mir aber fern, alle Computerfans als Diebe abzustempeln. Im Gegenteil, die Mehrheit von Ihnen sind meiner Ansicht nach intelligente und ehrliche Menschen, denen ebenso wie mir die Zukunft der Software-Entwicklung Sorge bereitet. Ich habe auch Briefe von Amateurprogrammierern erhalten, die Softwarediebstähle beobachtet haben und damit nicht einverstanden waren. Auch kleine Firmen haben mir geschrieben, die zögern, Software auf den Markt zu bringen, weil sie nicht glauben, daß genügend Menschen ihre Programme kaufen, als daß die Entwicklungskosten gerechtfertigt wären. Die derzeitige mißliche Lage ist vielleicht darauf zurückzuführen, daß viele nicht erkannt haben, daß weder MicroSoft noch irgendein anderes Unternehmen umfangreiche Softwareprogramme entwickeln kann, wenn sich der dafür nötige, immense Zeitaufwand nicht entsprechend bezahlt macht.

In seinem zweiten Brief schlug Gates auch einige Möglichkeiten vor, wie die Software-Entwickler sich gegen Piraten schützen könnten. Er meinte zum Beispiel, man könne die Programme auf Dauer im ROM (Read Only Memory) des Rechners speichern – im Festspeicher, der nicht gelöscht werden kann. Dadurch würde jedoch jede Korrektur von Programmfehlern, die nach dem Verkauf des Geräts an den Kunden entdeckt würden, unmöglich. Er sagte auch voraus, daß Tausende von Anwendungen in Sprachen wie seinem BASIC geschrieben werden würden. Abschließend meinte Gates, daß er damit die Diskussion über die Piraterie für beendet erachte.

Man wird sich unter anderem auch an Gates erinnern, weil er die Notwendigkeit des Softwareschutzes bereits in der Anfangszeit der Computerindustrie proklamierte. Seine Maßnahmen trugen dazu bei, daß sich allmählich der Gedanke durchsetzte, daß es sich bei einem Softwareprogramm um ein schöpferisches Werk handelt und daß es daher ebenso wie ein Musikstück oder ein literarisches Werk dem Urheberschutz unterliegen sollte.

## Microsoft nimmt Gestalt an

Gates fand nicht die Zeit, für Allen das gewünschte Disk-BASIC für den Altair zu schreiben, denn neben seinem Studium in Harvard versuchte er, Microsoft zum Erfolg zu verhelfen. Er wollte unbedingt BASIC an die führenden Mikrocomputerhersteller verkaufen, und er schrieb daher fast das ganze Programm selbst.

Wenn er nicht gerade an der Universität beschäftigt war oder programmierte, setzte sich Gates als leidenschaftlicher Fürsprecher für das neue Zeitalter der Mikrocomputer ein. Er traf sich mit Herstellern und versuchte, sie davon zu überzeugen, entweder Microsoft BASIC auf jedem ihrer Rechner zu verkaufen oder einem Computer um diese Sprache herum zu bauen. Wenn ein Unternehmen Vorbehalte gegen die Möglichkeiten des 8080 äußerte, überzeugte Gates es oft erfolgreich vom Gegenteil.

Trotz seiner Jugend hatte Bill Gates mit seinem Verkaufsgeschick sogar in den nobelsten Vorstandsetagen Erfolg. Gates schnitt BASIC auf die Bedürfnisse seiner wichtigsten Kunden zu, und bei Microsoft gingen daher erste Aufträge von so angesehenen Firmen wie General Electric, NCR und Citibank ein.

Gates erkannte bald, daß er sich nicht alleine um alles kümmern konnte, und begann daher mit dem Aufbau eines Programmiererstabs. Der erste Angestellte von Microsoft war der 21jährige Marc McDonald, der zusammen mit Bill die Lakeside School besucht hatte. Als McDonald im April 1976 zu Microsoft stieß, verfügte das Unternehmen nicht einmal über Geschäftsräume. Er mußte daher in seiner Wohnung an einem Terminal arbeiten. Er brachte Verbesserungen in BASIC 8080 ein, und sein Chef überprüfte jede seiner Codezeilen.

Inzwischen kamen neue Mikroprozessoren auf den Markt. Motorola bot den 6800 an; MOS Technology den 6502. Zilog stellte einen 8080-Nachbau namens Z80 vor.

Im darauffolgenden Monat engagierte Bill Gates einen zweiten Programmierer, mit dem er ebenfalls in der Lakeside School die Schulbank gedrückt hatte. Rick Weilands Aufgabe war es, eine BASIC- und eine COBOL-Version für den Motorola 6800 zu schreiben. Auch er arbeitete zu Hause. Marc McDonald zog inzwischen in die Büros von MITS um, wo er in Paul Allens Abteilung an einem DEC-Terminal saß. Ed Roberts war darüber nicht gerade erfreut.

Im August 1976 stellte Gates zwei weitere Programmierer ein: Albert Chu und Steve Wood, beide 24 Jahre alt. Wood hatte an der Stanford University, wo er gerade sein Studium abgeschlossen hatte, den Aushang des Stellenangebots von Microsoft gelesen.

Microsoft mietete seine ersten Büros – vier Räume im Stadtzentrum von Albuquerque. Steve Wood kam dort vor den Möbeln an. Mit einem Vertreter von Hewlett-Packard war ein Treffen vereinbart, bei dem die Möglichkeit der Lieferung von BASIC besprochen werden sollte, und daher setzten Rick Weiland und Marc McDonald alle Hebel in Bewegung, um noch am gleichen Abend Möbel herbeizuschaffen. Gates beaufsichtigte den Anschluß der Terminals an den in der öffentlichen Schule von Albuquerque stationierten DEC PDP-10. Innerhalb weniger Tage mauserte sich das Büro zu einem angemessenen Arbeitsplatz.

Steve Wood half bei der Programmierung von FOR-

TRAN; Weiland portierte derweil BASIC auf den 6502 von MOS Technology. Währenddessen nahm sich Gates der nötigen Verwaltungsaufgaben im neuen Unternehmen an. Er schrieb Gehaltschecks, füllte Steuerformulare aus, kümmerte sich um die Werbung des Unternehmens und reiste herum, um die Produkte von Microsoft zu vermarkten.

Im November 1976 verließ Paul Allen MITS und übernahm mit Gates die Führung bei Microsoft. Das Unternehmen nahm langsam Gestalt an.

Bill kehrte im Herbst 1976 nach Harvard zurück, doch es war offensichtlich, daß er nicht gleichzeitig sein Studium fortsetzen und sein expandierendes Unternehmen leiten konnte. Seine Prioritäten waren eindeutig. Im Dezember verließ er trotz der Einwände seiner Eltern die Universität und widmete sich mit ganzer Kraft dem Aufbau von Microsoft.

William Henry Gates, Jr., und Mary Gates fanden, daß ihr Sohn einen äußerst besorgniserregenden Weg eingeschlagen hatte, und noch mehr beunruhigte sie der Gedanke, daß er möglicherweise sein Studium nicht abschließen würde. Ihre Besorgnis war verständlich, wenn man bedenkt, daß die Mikrocomputerindustrie damals noch in den Kinderschuhen steckte und ihre Überlebensfähigkeit alles andere als gesichert erschien.

## Kapitel 5

# Das Leben bei Microsoft

Im Frühjahr 1977 zog Microsoft in offizielle Büroräume im achten Stockwerk des Two Park Central Tower in Albuquerque. Aus der luftigen Höhe der fünf Büros in Suite 819 blickten die Programmierer auf die Stadt herunter und malten sich in leuchtenden Farben die Zukunft ihres Unternehmens aus.

Zu jener Zeit hatte Microsoft sechs Mitarbeiter. Bill Gates und Paul Allen waren persönlich haftende Komplementäre; ihnen zur Seite standen die Programmierer Marc McDonald, Steve Wood, Bob Greenberg und Rick Weiland. Jeder von ihnen verbrachte unzählige Stunden mit der Verbesserung von BASIC, der Programmiersprache, die Microsoft auf jedem Gerät installieren wollte, das auf dem turbulenten Mikrocomputermarkt angeboten wurde.

Die Ausweitung der geschäftlichen Aktivitäten und der daraus resultierenden administrativen Aufgaben machten die Einstellung einer Sekretärin erforderlich. Miriam Lubow, eine 42jährige Mutter von vier Kindern, die wieder in das Arbeitsleben zurückkehren wollte, entdeckte die Zeitungsannonce, mit der Microsoft eine Sekretärin suchte. Sie bewarb sich um die Stelle.

Als Miriam Lubow zum Vorstellungsgespräch kam, wurde sie von Steve Wood begrüßt. Am Telefon hatte er sich als Geschäftsführer vorgestellt. Als sie ihn aber sah, kamen Zweifel in ihr auf. Er trug einen Schnurrbart und lange Haare und hatte während der Unterhaltung die meiste Zeit über die Füße auf den Tisch gelegt. Wood sagte zu Miriam Lubow, Microsoft suche eine vielseitige Kraft, die eine Art Mädchen für alles sein sollte. Trotz der ungewöhnlichen Atmosphäre im Unternehmen bot man ihr ein gutes Gehalt, und die Arbeit schien interessant zu sein.

Die letzte Sekretärin von Bill Gates war zwei Monate geblieben. Es handelte sich um eine schlanke, junge Frau mit einer langen blonden Mähne, und als Miriam Lubow sie sah, dachte sie: »Sie werden nie eine Frau meines Alters einstellen. Sie wollen bestimmt das hübscheste Mädchen, das sie finden können.« Was die scheidende Sekretärin sagte, war ebenfalls alles andere als ermutigend. Sie wollte Frau Lubow unbedingt warnen: »Ich glaube nicht, daß es Ihnen hier gefallen wird. Es ist furchtbar langweilig.«

An jenem Abend erzählte Miriam Lubow ihrem Mann von dem Vorstellungsgespräch mit Steve Wood. Sie sagte, daß die Büros von Microsoft sehr schön seien, daß sie *Software* entwickelten – ein Begriff, unter dem sich die Lubows nichts Rechtes vorstellen konnten – und daß sie ein sehr gutes Gehalt geboten hätten. Dennoch hielt sie ihre Chance, die Stelle zu bekommen, für sehr gering.

## Miriam Lubow entdeckt die Software

Eine Woche später meldete sich jedoch Steve Wood telefonisch bei Miriam Lubow mit der Mitteilung, daß sie am folgenden Montag anfangen könne, sofern sie immer noch an der Stelle interessiert sei. Aufgeregt sagte Miriam zu und dachte bei sich, daß sie früher oder später herausfinden mußte, was um Himmels willen Software eigentlich war...

Als Miriam an ihrem ersten Arbeitstag Paul Allen und den anderen Mitarbeitern gegenüberstand, fragte sie, wo der Chef sei. Man antwortete ihr, daß er sich auf einer Geschäftsreise befinde und in ein paar Tagen zurückkommen werde.

Miriam wunderte sich bald, bei was für einem Unternehmen sie da gelandet war. Die Türen zu allen Büros standen offen, und überall stolperte man über Computer. Die Programmierer hämmerten auf ihren Tastaturen herum und produzierten dabei schier endlose Dokumente, die sich in an Ziehharmonikas erinnernden Haufen auf dem Boden stapelten. Tag für Tag mußte Miriam gegen Mittag zum Computerzentrum der örtlichen Schule gehen und sogenannte *Listings* abholen. Endlich kam ihr die Erleuchtung: Was die Programmierer in ihre Terminals eingaben, erschien auf diesen gedruckten Listen auf dem Computer der Schule!

Nachdem sie ein paar Tage bei Microsoft gearbeitet hatte, erklärte Miriam ihrem Mann, daß es sich bei *Software* um Computerpapier handle, auf dem viele Zeichen stünden. Da auch ihr Mann mit keiner besseren Erklärung aufwarten konnte, widersprach er ihr nicht.

Als Miriam eines Morgens an ihrer Schreibmaschine saß, betrat ein Junge die Büros von Microsoft. »Hallo!« sagte er mit einem Grinsen, ging schnurstracks in das Büro des *Chairman* und begann, am Computer zu arbeiten. Miriam hatte strenge Anweisung erhalten, keine unbefugte Person in einen Raum zu lassen, in dem sich Computer befanden, und daher eilte sie in Woods Büro und erzählte ihm aufgeregt, daß irgendein Junge sich im Büro des *Chairman* breitgemacht habe. Ohne das geringste Anzeichen von Überraschung antwortete Steve kurz angebunden: »Das geht in Ordnung. Das ist kein Junge. Das ist unser Chef.«

»Was? *Das* ist Bill Gates?«

»Ja.«

Miriam kehrte leicht beunruhigt an ihre Schreibmaschine zurück. Fünf Minuten später stand sie wieder vor Steve Woods Schreibtisch. »Entschuldigen Sie bitte, Steve, aber wie alt ist er?«

»Einundzwanzig.«

Miriam Lubow erkannte, daß sie wirklich bei einem ganz besonderen Unternehmen gelandet war. An jenem Abend meinte ihr Mann, sie solle sich vergewissern, daß

Microsoft ihr am Monatsende auch das Gehalt zahlen könne.

Mit der Zeit wurde ihr klar, daß Microsoft Disketten verkaufte. Sie wußte, daß sich auf diesen Disketten etwas Wertvolles befinden mußte, aber sie konnte sich immer noch nicht recht vorstellen, was in diesen Büros wie von Zauberhand geschaffen wurde. Die Programmierer tippten den ganzen Tag etwas in ihre Rechner ein. Es war schon seltsam... Als sie versuchte, den Endausdruck auf den Listings aus der Schule zu lesen, war sie noch verwirrter. Was bedeuteten all die Wortketten, die ihr überhaupt nichts sagten? Im Büro hörte sie die seltsamsten Gespräche. Die Programmierer verwendeten pausenlos Fachausdrücke wie BASIC, FORTRAN und RAM und riefen Sachen wie: »Mein Programm ist abgestürzt.« Sie bemühte sich nach Kräften, diese Begriffe, die Tragweite der technischen Probleme und die Anweisungen, die ihr die Programmierer gaben, zu verstehen.

Mit Gates allerdings hatte sie keine Probleme. »Was mir immer an ihm gefiel war, daß man stets genau wußte, was er von einem wollte, wenn er einen um etwas bat. Er nahm sich immer die Zeit, eventuelle Fragen zu beantworten. Er konnte einem alles so erklären, daß man es auch verstand«, erinnert sich Miriam Lubow.

Sie mußte ihrem Chef viele Fragen stellen, aber Gates war ein geduldiger Lehrer. »Er sagte nie: ›Ach, das verstehen Sie doch nicht!‹ oder: ›Das ist für Sie zu technisch!‹ oder etwas Ähnliches. Nicht ein einziges Mal.« Manchmal verband sie einen Anrufer, der etwas wissen wollte, mit Bill und hörte sich dann dessen Erklärung an. In der Regel begrüßte Miriam Lubow den Anrufer dann ein paar Tage später im Büro in Albuquerque zur Vertragsunterzeichnung.

Bei ihrer täglichen Zusammenarbeit mit Gates erkannte Frau Lubow, daß sie es mit einem außergewöhnlichen Menschen zu tun hatte. Sein Gedächtnis ließ ihn praktisch nie im Stich; wie aus der Pistole geschossen konnte er jede Telefonnummer herunterrattern, nach der sie ihn fragte. Wenn er eine Seite durchlas, entdeckte er sofort eventuelle Tippfehler. Er verfügte zudem über herausragenden juristischen Sachverstand. Aufgrund seines zweijährigen Studiums in Harvard und der Unterstützung, die ihm sein Vater gegeben hatte, war es für ihn ein leichtes, oftmals komplexe juristische Fragen zu verstehen. Es kam nicht selten vor, daß Gates einen Vertrag, den sein Rechtsanwalt gewissenhaft für ihn aufgesetzt hatte, völlig umschrieb. Wollte er BASIC an einen potentiellen Kunden verkaufen, konnte Miriam Lubow oftmals sein Verhandlungsgeschick bewundern – er verhielt sich wie ein erfahrener Profi.

Gates fuhr jetzt einen schnellen grünen Porsche 911, und Miriam Lubow fischte regelmäßig Strafzettel wegen überhöhter Geschwindigkeit aus der Post. Sie erzählt, daß sie manchmal fast darauf gewartet habe, eines Tages in einer der Lokalzeitungen auf folgende Schlagzeile zu stoßen: MICROSOFT-CHEF WEGEN RASEREI HINTER GITTERN.

Vor allem aber sah Miriam Lubow, daß ihr Chef hart arbeitete – sieben Tage in der Woche. Manchmal verließ er sein Büro mehrere Tage lang nicht. Wenn sie morgens zur Arbeit kam, fand sie ihn häufig schlafend auf dem Boden. Wie eine Mutter machte sie sich Sorgen, wenn Bill das Mittagessen ausfallen ließ, und erinnerte ihn daran, daß er noch nichts gegessen habe. Wenn er Besuch hatte, beobachtete Miriam manchmal, wie die Stunden verstrichen, und sie ergriff dann die Initiative und rief ihren Chef an. »Bill, Sie sollten eine Mittagspause einlegen, denn Ihre Besucher haben vielleicht Hunger. Es ist schon fast 14 Uhr!« Nach ein paar Wochen fiel ihr auf, daß Bill schlicht und einfach zu essen vergaß, wenn er allein war. Sie machte es sich daher zur Gewohnheit, ihm zur Mittagszeit einen Hamburger zu holen.

Die Lubows betrachteten die Arbeit der Firma Microsoft jetzt allmählich mit größerem Respekt. »Nach nur sechs Monaten«, erinnert sich Miriam, »wußten wir, daß die Firma Großartiges vollbringen würde. Bei seinem Genie war das eigentlich unvermeidlich.« Eines Tages kam Miriam Lubows Mann ins Büro und sagte zu Bill: »Wenn Sie mal mit Ihrer Firma an die Börse gehen wollen, dann lassen Sie es mich wissen.«

Die Topmanager führender Unternehmen reisten nach Albuquerque, um sich mit Gates zu treffen. Vertreter der Unternehmenskultur der Ostküste kamen in steifen Geschäftsanzügen, während Bill als Zeichen seiner Jugend und der Informalität des amerikanischen Südwestens lässig gekleidet war. Der Gegensatz stach oftmals deutlich ins Auge.

Gates holte in der Regel Interessenten am Flugplatz ab. Wenn die Besucher Miriam Lubow vorher fragten, woran sie Gates wohl erkennen könnten, pflegte sie zu antworten: »Halten Sie nach einem 16jährigen Jungen mit Brille Ausschau, der geistig weggetreten zu sein scheint, als befände er sich in einer anderen Welt. Das ist er!«

Das Gebäude, in dem sich die Microsoft-Büros jetzt befanden, war nur wenige Autominuten vom Flugplatz entfernt. Wenn Bill auf Geschäftsreise ging, fuhr er seinen alten Porsche Baujahr 1974 zum Flughafen und ließ Miriam damit zurückfahren. Er gewöhnte sich jedoch an, so spät wie möglich aufzubrechen, damit er keine Minute mehr als notwendig im Terminal vergeudete. Daher mußte er häufig dem Flugzeug hinterherrennen, wenn das Bodenpersonal bereits die Gangway zurückschob. Wenn das Flugzeug um 10 Uhr startete, verließ Bill das Büro um 9.55 Uhr und raste zum Flughafen, ohne einen Gedanken an Geschwindigkeitsbegrenzungen und rote Ampeln zu verschwenden. Es war wie ein Spiel, in dem er gegen sich selbst antrat. »Ich gehe gerne bis zum Äußersten. Auf diese Weise kann man Höchstleistungen vollbringen.« Schließlich begann Miriam, Bill eine Abflugzeit anzugeben, die 15 Minuten vor der eigentlichen lag, damit sie sich nicht immer so um ihn sorgen mußte.

Miriam war für einen Großteil der Verwaltungstätigkeiten im Unternehmen zuständig, darunter Gehaltsabrechnung, Buchhaltung, Auftragswesen, Einkauf sowie allgemeine Schreibarbeiten. Sie machte es sich auch zur Aufgabe, das Arbeitsumfeld der Programmierer so komfortabel wie möglich zu gestalten. Damals gab es als einziges Getränk im Büro Kaffee, und eines Tages fragte Marc McDonald, ob man nicht auch Coca-Cola haben könne. Bill war von dieser Idee begeistert und schickte Miriam los, um ein paar Flaschen zu kaufen. Sie kam mit einem Sechserpack zurück. Fünf Minuten später waren alle sechs Flaschen leer, doch der Durst der Programmierer war keineswegs gestillt. Miriam wollte gerade loslaufen, um noch einen Sechserpack zu holen, als Bill sie zurückhielt und sie bat, statt dessen eine Getränkefirma zu beauftragen, zweimal wöchentlich Coca-Cola kastenweise zu liefern. Es wurde zu einer Tradition des Unternehmens, daß allen Mitarbeitern kostenlos Limonaden (und später auch Milch und Säfte) zur Verfügung standen.

Jeden Abend gegen 21 Uhr kamen die Hausmeister zur Reinigung der Büros. Eines Morgens betrat Marc McDonald sein Büro, begann wie ein Henkersknecht zu fluchen und wandte sich dann mit anklagendem Blick an Miriam und fragte sie, ob sie sein Programm weggeworfen habe. Sie antwortete, daß sie prinzipiell die Papiere der Programmierer nicht anrühre. McDonald brüllte, daß vor seinem Computer auf dem Boden ein Listing gelegen habe und daß es nun verschwunden sei. Miriam ging ein Licht auf: Die Hausmeister hatten ihre Reinigungsaufgaben sehr ernst genommen und alles weggeworfen, was sie auf dem Boden fanden. McDonald gingen dadurch viele Arbeitsstunden verloren; er mußte ganz von vorn anfangen. Von da an erhielten die Hausmeister den strikten Befehl, nichts zu entfernen, was sich nicht im Papierkorb befand, und sie waren eifrig bemüht, dieser Anordnung nachzukommen. Als sich kurze Zeit später die leeren Cola-Dosen in den Büros zu stapeln begannen, mußte Miriam den Hausmeistern erklären, was Abfall war und was nicht.

Nachdem Miriam ein Jahr bei Microsoft gearbeitet hatte, fand ihre Premiere als Computerbenutzerin statt. Die Programmierer zeigten ihr, wie man den Inhalt einer

Diskette auf eine andere kopieren konnte. »Wir hatten im Grunde zwei Produkte, BASIC und FORTRAN. Je nach den Wünschen des Kunden steckte ich also eine Diskette in einen Rechner, machte eine Kopie und verschickte sie. Ich kam mir ganz großartig vor!«

## Bob O'Rear und die Unternehmenskultur von Microsoft

Bob O'Rear begann am 8. Januar 1978 für Microsoft zu arbeiten (und ist immer noch für dieses Unternehmen tätig). Seine erste Aufgabe war die Bearbeitung von Microsoft BASIC für den Tandy TRS-80. Danach schrieb er mathematische Funktionen für FORTRAN.

Bob stellte fest, daß sich Microsoft sehr stark von seinem bisherigen Arbeitgeber unterschied. Bill Gates und Paul Allen kamen normalerweise um die Mittagszeit ins Büro, manchmal auch erst gegen vier Uhr nachmittags, und sie arbeiten sieben Tage in der Woche bis tief in die Nacht hinein. Wenn sich für den Vormittag ein Kunde angemeldet hatte, blieben sie über Nacht im Büro, um auch bestimmt rechtzeitig da zu sein.

O'Rear war ein Tagesmensch, der gerne zu normalen Zeiten arbeitete. Das kam den anderen Programmierern bei Microsoft seltsam vor. Wenn er gegen 9 Uhr ins Büro kam, war er anfangs erstaunt, Bill schlafend auf dem Boden vorzufinden. Beim ersten Mal reagierte er mit Panik. »O mein Gott, er ist ohnmächtig geworden! Wir müssen den Notarzt holen!« Doch bald gewöhnte er sich daran, daß er jeden Morgen über ein paar schlafende Kollegen steigen mußte.

Und schließlich paßte er sich auf seine Art und Weise an die Unternehmenskultur an. Er begann, um 3 Uhr nachts ins Büro zu kommen, wenn die anderen Programmierer gerade ihre Arbeit beendeten. Er gewöhnte sich auch an, wie die anderen barfuß zu arbeiten. Die Programmierer glaubten, daß sie es sich so bequem wie möglich machen mußten, damit sie sich voll und ganz der strengen Disziplin des Programmierens unterwerfen konnten.

Manchmal brachten sie ihre Eigenheiten aber in Schwierigkeiten. Bob O'Rear saß einmal in einer Winternacht um 4 Uhr morgens allein im Büro. Er ging zur Toilette in der Halle und mußte bei seiner Rückkehr feststellen, daß die Tür von Microsoft automatisch hinter ihm ins Schloß gefallen war. Da stand er barfuß mitten im Winter auf einem ungeheizten Gang und konnte nicht mehr in sein Büro zurück. Zum Glück hatte er genug Kleingeld bei sich, um von einem Münzfernsprecher im Gebäude aus zu telefonieren. Er weckte seine Frau und bat sie, ihn abzuholen.

Die Programmierer arbeiteten aus praktischen Überlegungen heraus in der Nacht. Microsoft entwickelte immer noch seine Programmiersprachen nach dem Verfahren, das Paul Allen für das erste Altair-BASIC verwendet hatte. Sie simulierten einen bestimmten Mikroprozessor auf dem PDP-11 der staatlichen Schule von Albuquerque. Da tagsüber viele Benutzer gleichzeitig an diesen Rechner angeschlossen waren und sich das auf die Geschwindigkeit des Computers auswirkte, beschlossen die Programmierer von Microsoft, nachts zu arbeiten, wenn die Nachfrage nach Rechnerzeit gering war. Dadurch konnten sie ihre Programmiereffizienz erheblich steigern.

## Kapitel 6

# Ein blühender Markt für Personal Computer

Gegen Ende 1976 kam es zum Streit um die Rechte für BASIC. Aufgrund der rückläufigen Auftragszahlen versuchte Ed Roberts, MITS an das kalifornische Unternehmen Pertec zu verkaufen. Er hielt auch die vertraglichen Bedingungen gegenüber Microsoft nicht ein, nach denen MITS ein nicht ausschließliches Nutzungsrecht für BASIC besaß und sich verpflichtete, diese Programmiersprache bei anderen Herstellen zu lizenzieren. Bei den Verhandlungen, die der Übernahme durch Pertec vorausgingen, behauptete Roberts, er habe BASIC als definitives Aktivum seines Unternehmen erworben, habe Microsoft dafür die vertraglich vereinbarte Lizenzgebühr in Höhe von 200 000 Dollar gezahlt und sei nun Eigentümer der Programmiersprache.

Am 22. Mai 1977 kaufte Pertec offiziell MITS auf. Zu jener Zeit verhandelte Microsoft gerade mit mehreren Firmen über die Lizensierung von BASIC, darunter auch mit Texas Instruments. Pertec dagegen nahm eine andere Haltung ein und weigerte sich, Dritten eine Lizenz für ›sein‹ BASIC zu gewähren.

Gates und Allen legten bei den Führungskräften von Pertec Widerspruch ein und drohten, nötigenfalls gerichtliche Schritte einzuleiten. Bei Pertec amüsierte man sich über das Selbstbewußtsein dieser ›Kinder‹ und war davon überzeugt, jeden eventuellen Rechtsstreit mit der Armee von Rechtsanwälten, die für das Unternehmen arbeiteten, zu gewinnen. Pertec nahm die Herausforderung von Microsoft an.

Eines Morgens erhielt Paul Allen eine gerichtliche Vorladung. Es wurde ihm mitgeteilt, daß Microsoft während der Dauer des Rechtsstreits keinerlei Zugriff auf Einnahmen aus dem Verkauf von BASIC 8080 habe. Microsoft mußte sich daher vorerst mit dem Geld zufriedengeben, das die Programme neueren Datums (BASIC 6502 und FORTRAN) einbrachten. Während der nächsten sechs Monate hatte das Unternehmen mit finanziellen Schwierigkeiten zu kämpfen. Das Problem verschärfte sich, als Konkurrenten wie North Star und Tiny ihre BASIC-Versionen auf den Markt brachten. Gordon Eubanks (der 1985 zum *President* des Softwarehauses Symantec gekürt wurde) schrieb BASIC E, machte es zu einem öffentlichen Gut und erlaubte jedermann, seine Software kostenlos zu kopieren.

Trotz seines juristischen Geschicks zögerte Gates nicht, seinen Vater in dieser Angelegenheit um Rat zu fragen. William Henry Gates, Jr., half gerne. Er gab Bill gute Ratschläge, versicherte ihm, daß sein Unternehmen gewinnen werde, und suchte einen talentierten Rechtsanwalt aus Albuquerque, der Microsoft vor Gericht vertreten sollte.

Das Verfahren dauerte sechs Monate; danach wurde der Fall einer Schiedsstelle vorgelegt. Das waren gute Nachrichten, denn es deutete auf eine rasche Entscheidung hin. Ein normales Gerichtsverfahren hätte mehrere Jahre gedauert. »Wir waren nervös«, gestand Paul Allen und wollte damit andeuten, daß man keine Prognosen anstellen konnte, wie das Schiedsgericht wohl das Gesetz auslegen würde.

Im Dezember 1977 gewann Microsoft den Rechtsstreit. Die Schiedsstelle ging besonders streng mit Pertec und Ed Roberts ins Gericht, weil sie sich nicht an die ursprünglichen Vereinbarungen mit Microsoft gehalten hatten. Sie nannte den Fall ›ein Paradebeispiel für Piraterie im Geschäftsleben‹ und entschied, daß MITS das Nutzungsrecht für BASIC besitze, Microsoft aber das Produkt nach seinem Gutdünken verkaufen könne.

Nach 1977 hatte Microsoft nach Aussage von Steve Wood nie mehr Geldsorgen.

## Erfolgreiche Pioniere:
## Apple, Tandy und Commodore

Der im Jahre 1975 mit dem Altair erzielte Erfolg gehörte der Vergangenheit an. Der MITS-Rechner ließ sich nicht mehr verkaufen, und Pertec erlebte bald schwere Enttäuschungen. IMSAI versuchte, mit einem professionelleren Gerät eine Monopolstellung auf dem PC-Markt zu erlangen, konnte aber die Qualitätsansprüche der Kunden ebenfalls nicht befriedigen und befand sich auf dem besten Weg in den Konkurs. Das waren schlechte Nachrichten für Microsoft, denn IMSAI hatte gerade eine Lizenz für FORTRAN erhalten und war nun nicht mehr in der Lage, seinen Zahlungsverpflichtungen nachzukommen.

Für den Erfolg der PC-Industrie waren zuverlässigere Rechner erforderlich. 1977 erschienen solche Geräte auf dem Markt: der TRS-80 von Tandy, der PET von Commodore und der Apple II.

Tandy war bekannt für seine landesweit tätige Fachmarktkette Radio Shack, die ein breites Sortiment elektronischer Geräte bot. Ein Kunde von Tandy versuchte den Marketingleiter John Roach davon zu überzeugen, daß das Unternehmen selbst einen Personal Computer herstellen müsse. Er zeigte Roach einen selbstgebauten Prototypen. Roach ließ sich überzeugen, erwartete aber vom TRS-80 keinen großen Anteil am Gesamtumsatz von Radio Shack. Er sagte, er wäre zufrieden, wenn Tandy in einem Jahr 3000 Personal Computer absetzen könne. Bald änderte er jedoch seine Meinung – allein im ersten Monat verkaufte Tandy 10 000 TRS-80!

Das erste BASIC für den TRS-80 stammte nicht von Microsoft. Es hieß Level I BASIC und war das Werk eines jungen Angestellten von Radio Shack. Gates versuchte, Tandy davon zu überzeugen, daß es für seinen Rechner eine professionellere Sprache brauche. Dafür wurde Microsoft BASIC in Level II BASIC umbenannt.

Auch die kanadische Firma Commodore, die auf ihrem ursprünglichen Markt – Taschenrechner – ähnliche Erfahrungen gemacht hatte wie MITS, begann, sich für Personal Computer zu interessieren. Der *President* des Unternehmens, Jack Tramiel, engagierte den Ingenieur Chuck Peddle, der bei MOS Technology den 6502-Mikroprozessor entwickelt hatte, und beauftragte ihn mit dem Bau eines Mikrocomputers. Daraus entstand der Commodore PET mit 16K Arbeitsspeicher, der wie auch der TRS-80 mit einer Tastatur und einen Bildschirm ausgerüstet war. Als der PET bei der ersten West Coast Computer Faire 1977 vorgestellt wurde, schlug er wie eine Bombe ein. Auch für diesen Rechner lieferte Microsoft die Programmiersprache BASIC.

Der Apple II, der ebenfalls anläßlich der ersten West Coast Computer Faire eingeführt wurde, hatte zwar keinen Bildschirm, konnte jedoch an ein Fernsehgerät angeschlossen werden. Hier handelte es sich um einen leistungsstarken Rechner, der sich deutlich von den amateurhaften Geräten vieler anderer Hobbybastler unterschied, die sich in den Herstellungsbereich gewagt hatten.

Steve Jobs hatte Steve Wozniak beim Homebrew Computer Club kennengelernt. ›Woz‹ arbeitete für Hewlett-Packard und hatte vergeblich versucht, diese Firma zum Bau eines Mikrocomputers zu überreden. Aus der Verbindung von Wozniaks Genie und Jobs' hohen Ansprüchen ging der Apple I hervor, den die beiden Freunde in Wozniaks Wohnung in Palo Alto bauten. Der Apple I erwarb sich sogar noch vor seiner Vollendung den Ruf der Zuverlässigkeit, was damals bei Mikrocomputern Seltenheitswert hatte.

Der 1977 vorgestellte Apple II war vom Design her anspruchsvoller. Mit seiner beigen Verkleidung und Tastatur sah er viel professioneller aus als die meisten der damals verfügbaren Computer. Er wog weniger als 15 Pfund und war daher leicht zu transportieren; sein Preis von 1350 Dollar machte ihn für die breite Masse erschwinglich. Im Inneren des Apple gab es sieben Erweiterungssteckplätze, die den Benutzern erlaubten, ihren Rechner mit bis zu sieben Erweiterungskarten für Grafik, Druck, Kommunikation usw. aufzurüsten.

Zu jener Zeit gelang es Jobs, den Finanzier Mike Markkula zur Bereitstellung von Risikokapital für Apple zu bewegen. Im Alter von 34 Jahren hatte sich Markkula in den Frühruhestand begeben, nachdem er mit Intel-Aktien ein Vermögen gemacht hatte. Er investierte 91 000 Dollar aus seinem Privatvermögen in das neue Unternehmen und fand Geldgeber für weitere 600 000 Dollar. Apple richtete sich weitläufige Büroräume im kalifornischen Cupertino ein. Das Unternehmen verfügte über alles, was man zum Erfolg braucht, sowohl im Hinblick auf die Produktqualität als auch in bezug auf die finanzielle Grundlage.

Als der Apple II 1977 bei der West Coast Computer Faire der Öffentlichkeit vorgestellt wurde, stahl ihm der Commodore PET die Show. Im Juni 1977 aber erschien die erste Anzeige für den Apple II in der Zeitschrift *BYTE,* und auch in anderen Computermagazinen wurden regelmäßig zweiseitige Anzeigen geschaltet. Parallel zu dieser Marketingkampagne erhielt der Apple auch viel verdientes Lob in der Presse als Rechner, den man nur einzustecken brauchte – und schon funktionierte er.

Ab Sommer 1978 war ein Diskettenlaufwerk für den Apple II erhältlich. Ende 1979 wurde dann ein Softwarepaket namens VisiCalc vorgestellt, das eigens für den Apple II geschrieben worden war und genau die Bedürfnisse vieler Manager erfüllte. Die aggressive Apple-Werbung und das auf diesen Rechner zugeschnittene VisiCalc begründeten den Erfolg des Apple II. Die Verkaufszahlen für den Apple II stiegen in gleichem Maße wie die von VisiCalc, das als erste Softwareanwendung bahnbrechenden Erfolg hatte. Die Kunden kamen in die Computerläden und erklärten, sie wollten VisiCalc und einen Rechner kaufen, auf dem dieses Programm laufe, und gingen mit einem Apple II nach Hause. Der Hersteller aus Cupertino wurde bald zur Nummer 1 auf dem

Mikrocomputermarkt und festigte so die Glaubwürdigkeit dieser jungen Branche.

Apple war ein idealer Kunde für die Firma Microsoft, die eine BASIC-Version für den im Apple II verwendeten 6502-Mikroprozessor entwickelt hatte. Im Herbst 1977 erhielt das Unternehmen aus Cupertino von Microsoft eine Lizenz für BASIC.

## Eine Fülle von Betriebssystemen und Programmiersprachen

Computersoftware ähnelt einer dreischichtigen Pyramide. Die Grundlage bildet das Betriebssystem, die Programmiersprachen stellen die mittlere Ebene dar, und die Anwendungssoftware baut dann darauf auf.

Als unterste Ebene der Pyramide steuert das Betriebssystem direkt den Mikroprozessor und Karten, die beispielsweise der Speichererweiterung dienen. Alle undankbaren Arbeiten hinter den Kulissen spielen sich auf dieser Ebene ab. Wenn ein Benutzer den Computer zum Beispiel anweist, Gehaltsinformationen auf einer Diskette zu speichern, sucht das Betriebssystem freien Platz auf diesem magnetischen Speicherungsmedium und schreibt dann die Daten dorthin. Das Betriebssystem ist in der Regel in *maschinenorientiertem* Assemblercode geschrieben, der gerade einen Schritt über der Maschinensprache liegt. Assembler unterscheidet sich stark vom normalen Englisch, und man benötigt dafür fundiertere Kenntnisse über die technischen Merkmale der Hardware.

Ein Betriebssystem spielt für das Funktionieren eines Computers eine maßgebliche Rolle. Es bestimmt, wie Daten in den Arbeitsspeicher eingegeben werden (zum Beispiel über eine Tastatur) oder wie sie aus dem Arbeitsspeicher entnommen werden (zum Beispiel auf eine Diskette).

1977 trieb die Kreativität wilde Blüten. Kaum eine

Woche verging, ohne daß ein neuer Mikrocomputer auf den Markt kam. Jeder Hersteller, der sich auf diesen blühenden Markt vorwagte, war überzeugt, sein Produkt sei besser als das der Konkurrenz. Daher wurden die Rechner oft mit ihrem eigenen Betriebssystem ausgeliefert. Die Firma Processor Technologies verwendete PT-DOS, Intel bot ISIS an, und auch Apple, Atari und Commodore verwendeten jeweils ihre eigenen Betriebssysteme.

*Prozedurale* Programmiersprachen wie COBOL, FORTRAN, Pascal und einige höherentwickelte Versionen von BASIC – die mittlere Schicht der Pyramide – stützen sich bei der Verwaltung von Diskettenlaufwerken oder anderen Speicherungsmedien (wie zum Beispiel Audiokassetten oder Festplatten) auf das Betriebssystem. Im Gegensatz zu Assembler gestatten die *Hochsprachen* wie BASIC, FORTRAN und COBOL dem Programmierer die Eingabe der Befehle zur Steuerung des Rechners in einer dem normalen Englisch ähnlichen Sprache. In BASIC werden beispielsweise Befehle wie PRINT (Drucken), READ (Lesen) oder WRITE (Schreiben der Daten auf Diskette) verwendet. In einer höheren Sprache geschriebene Programme müssen zur Übersetzung von Anweisungen wie PRINT oder READ in für den Mikroprozessor verständlichen Code *kompiliert* werden.

Zur Erweiterung seiner Produktpalette über BASIC hinaus führte Microsoft im Juli 1977 FORTRAN und später dann COBOL und Pascal ein. Diese Sprachen waren komplexer als BASIC, und Microsoft beschloß, sie für das Betriebssystem CP/M zu schreiben.

Die meisten Anwendungsprogramme werden in Programmiersprachen wie BASIC, COBOL oder Pascal geschrieben. Auf dieser dritten Ebene der Pyramide befinden sich die von der Öffentlichkeit verwendeten Programme wie Computerspiele, Textverarbeitung oder Buchführungspakete. Der Anwender von Software-Applikationen muß sich nicht um das Betriebssystem oder die Programmiersprache kümmern. Er wählt einfach nur Optionen aus einfach formulierten Menüs aus wie zum Beispiel ›Text ausdrucken‹.

Die Fülle der 1977 verfügbaren Betriebssysteme und die damit einhergehende mangelnde Standardisierung stellten ein Hindernis für die Expansion des Softwaremarktes dar. Software-Entwickler, die Programme für einen bestimmten Rechnertyp schrieben, konnten ihr Produkt nicht für andere Geräte verkaufen, da es auf diesen nicht lief. Microsoft hatte zwar BASIC mit Erfolg für viele verschiedene Rechner bearbeitet, doch bei den höherentwickelten Sprachen FORTRAN und COBOL erwies sich das als viel schwieriger.

Gates' DiskBASIC erfüllte einige der Funktionen, die normalerweise einem Betriebssystem oblagen, doch handelte es sich hier um einen Sonderfall. Die anderen Programmiersprachen von Microsoft waren für das Betriebssystem CP/M geschrieben. Wenn FORTRAN zum Beispiel Informationen auf einer Diskette lesen mußte, übertrug es diese Aufgabe CP/M, und das Betriebssystem suchte dann nach den entsprechenden Daten. Wenn die Programmiersprachen von Microsoft durchschlagenden Erfolg haben sollten, mußte CP/M zum Standardbetriebssystem für Mikrocomputer werden.

## CP/M wird zum Standard

CP/M war das Werk von Gary Kildall, der ebenfalls aus Seattle stammte. Er begann Ende 1973 mit der Arbeit an diesem Betriebssystem. Ein Jahr zuvor hatte Kildall an einem Schwarzen Brett einen Zettel gelesen, auf dem ein Mikroprozessor für 25 Dollar angeboten wurde. Nachdem er immer an Rechnern gearbeitet hatte, die ein ganzes Zimmer füllten, hielt er einen kleinen Chip mit der gleichen Kapazität für etwas sehr Aufregendes. Er kaufte sich einen Intel 4004 und schrieb zum Spaß ein paar kurze Programme. Für ernsthafte Entwicklungen jedoch reichte die Kapazität dieses Chip nicht aus.

Dennoch setzte sich Kildall mit Intel in Verbindung und wurde als Berater für dieses Unternehmen tätig. Als Intel den ehrgeizigeren 8008 vorstellte, schrieb Kildall dafür eine höhere Programmiersprache. Dann folgte der 8080, der sich wirklich für professionelle Arbeit eignete. Den gleichen Mikroprozessor verwendete MITS auch ein Jahr später bei der Entwicklung des Altair.

Gary Kildall machte sich nun daran, ein Betriebssystem für den 8080 zu schreiben, das er CP/M oder Control Program for Microcomputer nannte. CP/M lief auf jedem Rechner, der mit dem 8080 ausgestattet war. Sein Programmcode, der 3 Kilobyte Speicherplatz benötigte, übernahm alle für die Verwaltung eines Diskettenlaufwerks notwendigen Operationen. Kildall schrieb auch weitere Zusatzprogramme: einen Texteditor, ein Assemblerprogramm, einen Debugger sowie Dienstprogramme zum Kopieren von Dateien von einer Diskette auf die andere, zum Ausdrucken eines Dokuments usw.

Kildall verkaufte sein Betriebssystem zunächst über Kleinanzeigen in *Dr. Dobbs Journal*. 1976 gründete er dann die Firma Digital Research (ursprünglich Intergalactic Digital Research) mit dem Ziel, sein System direkt an Hersteller zu vertreiben, damit sie es zusammen mit ihren Rechnern verkaufen konnten. Sein erster Kunde war das Unternehmen GNAT Computers, das für 90 Dollar eine CP/M-Lizenz erwarb. Als Shugart das erste 5,25-Zoll-Diskettenlaufwerk für 390 Dollar vorstellte, setzte CP/M zum Höhenflug an. In nicht einmal einem Jahr hatten sich mehrere Dutzend Hersteller für dieses Betriebssystem entschieden, und Digital Research erhielt für die Lizenz an IMSAI sage und schreibe 25 000 Dollar. Kildalls Unternehmen nahm im ersten Jahr 60 000 Dollar ein, und der Umsatz stieg in den nächsten fünf Jahren stetig.

Das in New York beheimatete Handelsunternehmen LifeBoat Associates trug dazu bei, daß CP/M Ende der 70er Jahre zum Industriestandard wurde. LifeBoat war aus einem Club von CP/M-Benutzern hervorgegangen, der im Laufe der Zeit mit dem Vertrieb von Software begann und einen Katalog für CP/M-Programme veröffentlichte. Microsoft bot sein FORTRAN und sein COBOL in diesen Katalog an. Es ist das Verdienst von LifeBoat Associates, daß der Softwaremarkt wirklich in Bewegung kam.

Durch die Existenz eines Vertriebskanals für Hunderte von CP/M-Programmen übernahm dieses Betriebssystem eine führende Position auf dem Markt. Auch Hersteller wie North Star Computers und Processor Technology adaptierten CP/M für ihre Rechner.

1977 beschloß Gary Kildall, CP/M weiter zu verbessern. Er zog einen kleinen Teil des Programmcode heraus und nannte diesen BIOS (Basic Input Output System). Bei BIOS handelte es sich um jenen Teil von CP/M, der Treiber und andere Software zur Verwaltung der Peripheriegeräte wie Bildschirm, Diskettenlaufwerk oder Drucker enthielt. Das übrige Betriebssystem konnte unverändert auf jedem beliebigen Rechner laufen; nur BIOS mußte in Anpassung an den jeweiligen Computer neu geschrieben werden. Jetzt ließ sich CP/M ohne weiteres auf viele verschiedene Rechnerarten portieren.

Als Gates und Allen beschlossen, CP/M für ihr FORTRAN und COBOL zu verwenden, hatten sie sich in weiser Voraussicht an den im Entstehen begriffenen Standard angekoppelt. Demzufolge konnte ein in Microsoft FORTRAN oder Microsoft COBOL geschriebenes Programm auf vielen verschiedenen Computern laufen. Ende der 70er Jahre verwendeten die Branchenführer wie Apple, Tandy und Commodore weiterhin ihre eigenen Betriebssysteme, doch viele andere Unternehmen – darunter neugegründete Mitbewerber wie Zenith, Sharp und Sirius – sprangen auf den CP/M-Zug auf.

## Kapitel 7

# Kazuhiko Nishi führt Microsoft in Japan ein

### Ein japanischer Unternehmer

Bei den Programmiersprachen für Personal Computer genoß Microsoft 1978 eine unangefochtene Vormachtstellung. Der Umsatz des Unternehmens belief sich im Geschäftsjahr 1977 auf 500 000 Dollar. Als Großfirmen wie Texas Instruments beschlossen, mit ihren eigenen Mikrocomputern auf den Plan zu treten, bestellten sie dafür Microsoft BASIC. Unter all den verschiedenen Rechnertypen und Betriebssystemen schien Microsoft BASIC das einzige stabile Element zu sein.

1978 hatte Kazuhiko Nishi – von seinen Freunden Kay genannt – zwei Dinge mit Bill Gates gemeinsam: das Alter (22) und die Leidenschaft für Personal Computer. Lange bevor sie sich kennenlernten, hatten Gates und Nishi erstaunlich parallele Wege zurückgelegt.

1973 trat Bill Gates in die Fußstapfen seines Vaters und begann mit seinem Jurastudium in Harvard. 1976 kehrte er der Universität den Rücken und gründete sein eigenes Unternehmen. Zur gleichen Zeit war Kazuhiko Nishi an der angesehenen Waseda-Universität in Tokio eingeschrieben und strebte eine berufliche Laufbahn an der Privatschule seiner Eltern an. Zwei Jahre später brach auch er sein Studium ab und stürzte sich kopfüber in die Mikrocomputerbranche. Er gab ein Mitteilungsblatt für hartgesottene Hacker heraus, das so erfolgreich war, daß Nishi die Computerzeitschrift *ASCII* aus der Taufe hob. Seine Firma ASCII Company begann auch allmählich mit dem Vertrieb von Software.

Nishi wollte den Schöpfer von Altair BASIC kennenlernen, dessen Ruf bereits über die Landesgrenzen hinausgedrungen war. Er rief bei der Auskunft an und verlangte die Nummer von Microsoft in den Vereinigten Staaten. »Sie müssen mir die Stadt sagen«, antwortete die Stimme am anderen Ende der Leitung.

Nach kurzem Nachdenken fiel Nishi ein, daß MITS seinen Sitz in New Mexico hatte. Er bat die Auskunft, es in Albuquerque, der größten Stadt dieses Bundesstaates, zu versuchen. Nishi erhielt die gewünschte Telefonnummer und rief sofort bei Microsoft an. Er verlangte den Präsidenten des Unternehmens und wurde zu Gates durchgestellt. Nishi erklärte, er sei an BASIC interessiert und bereit, Gates ein First-Class-Ticket für einen Flug nach Japan zu schicken.

Gates spürte, daß dieser junge Mann, der ebenfalls sein Studium abgebrochen hatte, um sich den Mikrocomputern zu widmen, vom gleichen Schlag war wie er selbst. Dennoch erklärte er, er habe nicht die Zeit für eine Reise nach Japan. Schließlich vereinbarten die beiden ein Treffen bei der nächsten National Computer Conference.

Ein paar Monate später kam Nishi in die USA und traf sich dort mit Gates. Sie unterhielten sich acht Stunden lang und entdeckten, daß sie beide die Vorstellung teilten, daß eines Tages Großunternehmen den Markt mit Millionen von Personal Computern überschwemmen würden. Gates träumte davon, daß Microsoft als erstes Softwarehaus am Platze die damit einhergehende Nachfrage nach Software befriedigen würde. Bevor sie auseinandergingen, beschlossen beide, sich eingehend mit den Themen und Trends im Bereich der Mikrocomputer zu beschäftigen. Nishi bot sich als Repräsentant für Microsoft in Fernost an, und die beiden jungen Männer unterzeichneten einen Vertrag von einer Seite Länge, um diese Vereinbarung formell zu bekräftigen.

## NEC baut einen Personal Computer

Nach seiner Rückkehr nach Japan fiel Nishi ein, daß er einen leitenden Manager der NEC Corporation namens Kazuya Watanabe kannte, der sein Interesse an Mikrocomputern bekundet hatte. Nishi frischte den Kontakt zu diesem Manager wieder auf und überredete ihn, sich mit Gates in den Vereinigten Staaten zu treffen.

Als Watanabe am Flughafen von Albuquerque ankam, beunruhigten ihn die beiden eilfertigen jungen Männer, die in einem Porsche gekommen waren, um ihn abzuholen. Allerdings gefielen ihm ihre Begeisterung und die Arbeit, die Microsoft bereits für andere Firmen geleistet hatte. Bei seiner Rückkehr nach Tokio versammelte er die Führungsspitze von NEC um sich und beschrieb die einmalige Chance, die sich dem Unternehmen hier bot: die Herstellung des ersten japanischen Personal Computer. Watanabe verkündete, daß er sich bei der Konstruktion dieses Rechners der Unterstützung von Microsoft versichern werde – eines jungen, in Japan unbekannten Unternehmens. Zu einer Zeit, als der japanische PC-Markt noch in den Kinderschuhen steckte, stellte ein solches Projekt für ein etabliertes Unternehmen wie NEC ein ziemliches Risiko dar. »Microsoft beeinflußte unsere Entscheidung maßgeblich«, sagte Watanabe in einem Interview mit dem *Wall Street Journal* (27. August 1986). »Meine Meinung war immer, daß nur junge Leute Software für Personal Computer entwickeln konnten – Leute, die keine Krawatte trugen und während der Arbeit Cola tranken und Hamburger in sich hineinstopften. Nur solche Menschen konnten den Personal Computer zu einem adäquaten Werkzeug für andere junge Menschen machen.«

1979 brachte NEC seinen NEC PC 8001 heraus. Der Erfolg stellte sich bald ein, und alle profitierten davon – sowohl das japanische Unternehmen als auch Gates und Nishi, die als Redner zu japanischen Computerfachmessen eingeladen wurden, um über die Zukunft der Mikrocomputertechnologie zu sprechen. Bald wurden die beiden als ›Wunderkinder‹ bezeichnet, die den Personal Computer nach Japan gebracht hatten.

Nishi war jedoch nicht nur technisch versiert und redegewandt, sondern auch für japanische Verhältnisse naßforsch und respektlos. Er begann, Unsummen für haarsträubende Dinge auszugeben, um die traditionell konservative japanische Geschäftswelt zu schockieren. Zu Besprechungen flog er in einem gemieteten Hubschrauber, und er übernachtete in den luxuriösesten Hotels. Nishi stellte pausenlos die Regeln in Frage, nach denen etablierte Geschäftsleute lebten. Man erzählte sich sogar, er würde manchmal während seiner Sitzungen mit Topmanagern auf dem Boden einschlafen.

## Einer der ersten tragbaren Personal Computer

Ende 1981 verkündete die Firma Hitachi, sie sei dabei, eine neuartige Flüssigkristallanzeige für bis zu acht Textzeilen zu entwickeln, und plane die Massenproduktion dieses Produkts. Kazuhiko Nishi, der erste Ideen für einen wahrhaft professionell nutzbaren tragbaren Computer sammelte, war von dieser Idee begeistert. Ihm fehlte lediglich ein Geldgeber. Nishis angeborene überschäumende Begeisterung tat ein übriges.

Auf einem Flug von San Francisco nach Tokio saß Nishi zufällig in der Ersten Klasse neben Kazuo Inamori, dem Chef des großen japanischen Keramikkonzerns Kyocera Corporation. Nishi fing ein Gespräch mit diesem Manager an und erzählte ihm von seiner Idee eines tragbaren Computers. Inamori war bald überzeugt, daß es sich hier um eine einmalige Gelegenheit handele, und versprach die Unterstützung von Kyocera für dieses Projekt.

Im Januar 1982 marschierte Kay in Gates' Büro und breitete auf dessen Schreibtisch die Konstruktionszeichnung des Prototypen eines tragbaren Computers mit der Flüssigkristallanzeige von Hitachi aus. Er teilte Gates mit, Kyocera sei bereit, dieses Gerät herzustellen. Nach der Überprüfung der Zeichnungen kam Gates zu dem Schluß, daß dies tatsächlich ein sehr interessantes Projekt sei, und er und Nishi begannen, die Konstruktion auszufeilen.

Im April 1982 flog Nishi nach Fort Worth, Texas, um Tandy/Radio Shack einen Prototypen des neuen Computers vorzuführen. Er traf sich mit dem damaligen *Vice President* des Unternehmens, Jon Shirley, der später *President* bei Microsoft werden sollte. Kays Präsentation überzeugte, und Shirley übernahm im Namen von Tandy die Vermarktung dieses neuen Rechners.

Gates und Nishi entwickelten also den ersten tragbaren Mikrocomputer überhaupt. Kyocera stellte das Gerät her, und drei Unternehmen kümmerten sich um die Vermarktung: NEC in Japan, Olivetti in Europa und Tandy in den USA, wo der tragbare Computer als Radio Shack Model 100 verkauft wurde.

## Die Wege von Gates und Nishi trennen sich

Die Zusammenarbeit zwischen Microsoft und Kazuhiko Nishi dauerte bis 1986.

Bill Gates fand es immer schwieriger, seine Freundschaft mit Kay und seine Enttäuschung über Nishis unvorhersehbare Entscheidungen unter einen Hut zu bringen. Man war nie gegen Überraschungen gefeit. Eines Tages erfuhr Bill, daß Kay für eine Million Dollar einen Fachmann für Spezialeffekte engagiert hatte, damit dieser einen lebensgroßen, elektronischen Dinosaurier für eine Fernsehshow baute, in der für Microsoft-Produkte geworben wurde. Dieses High-Tech-Monster sollte vor dem Shinjuku-Bahnhof im teuren Viertel von Tokio ausgestellt werden. Gates teilte Nishi in einer Reihe von Telexen mit, daß er ganz und gar nicht mit diesem Projekt einverstanden sei. Seiner Meinung nach sei das Geld besser in konventionelleren Maßnahmen zur Verkaufsförderung aufgehoben.

Der Tropfen, der das Faß zu Überlaufen brachte, ließ nicht lange auf sich warten. 1983 wurde Gates auf dem Flughafen von San Jose wegen eines dringenden Anrufs ausgerufen. Nishi benötigte seine Hilfe. Er erklärte, daß er aus einer Laune heraus Aktien eines vielversprechend erscheinenden amerikanischen Unternehmens im Wert von 275 000 Dollar gekauft habe und daß ihn der Broker nun zur baldmöglichsten Zahlung dieser Summe auffordere. Wieder einmal waren die freundschaftlichen Bindungen stärker, und Gates half Nishi aus der Klemme.

Als sich Microsoft auf den Gang an die Börse vorbereitete, bot Gates Nishi eine Vollzeitstelle und großzügige Aktienbezugsrechte an, doch dieser lehnte ab. »Bill Gates verlangt hundertprozentige Loyalität und auch, daß man sich ihm unterordnet. Ich habe sehr gerne mit ihm zusammengearbeitet, doch ich möchte ihm nicht meine Seele verkaufen.«

Im März 1986 flogen die beiden Männer gemeinsam von Sydney nach Tokio. Nach einer 30stündigen, ermüdenden Diskussion, die von heftigen Auseinandersetzungen überschattet wurde, beschlossen sie, getrennte Wege zu gehen.

Microsoft stellte Susumu Furukawa von der ASCII Corporation (Nishis Firma) als Leiter der offiziellen Microsoft-Niederlassung in Japan ein. Dieser Schritt vertiefte die Kluft zwischen Microsoft und Nishi. »Wenn Wildwestmanieren herrschen, dann wird Billy the Kid zum Star. Aber Microsoft wurde zu einer Armee, und Kay spielte immer noch Billy the Kid. Kay ist kein General, der eine Armee führen kann«, erläuterte Furukawa. Fast unmittelbar nach seinem Weggang warb Furukawa 18 Mitarbeiter von ASCII ab, womit er Nishi so erzürnte, daß dieser seinen ehemaligen Partner öffentlich beschimpfte. Gates tat dies mit einem traurigen Achselzucken ab. »Der Kerl hat sein Leben ruiniert. Er hat eine halbe Million Schulden und ich ein Vermögen von zig Millionen – klar, daß ihn das verbittert«, erklärte er gegenüber dem *Wall Street Journal.*

»Für einen Japaner hat Kay vielleicht mehr Ähnlichkeit mit mir als jeder andere Mensch, den ich kenne. Aber er kannte einfach seine Grenzen nicht.«

## Kapitel 8

# Heimkehr nach Seattle

Ende 1978 hatte Microsoft seine erste Million verdient und den Umsatz im Vergleich zum Vorjahr verdoppelt. Das Unternehmen beschäftigte 13 Mitarbeiter und war immer noch in Albuquerque ansässig. Zum Jahresbeginn stellte Microsoft seine fünfte BASIC-Version vor. Allen und Gates waren gemeinsam für die Geschäftsleitung verantwortlich, wobei Allen die Entwicklung neuer Software-Werkzeuge überwachte, während Gates sich um die Beziehungen zu den Herstellern und die täglichen Managementaufgaben kümmerte.

Viele Vertreter der PC-Industrie rieten Gates, mit seinem Unternehmen ins kalifornische Silicon Valley umzuziehen. Diese Gegend hatte sich als fruchtbarer Nährboden für Computerfirmen und insbesondere für Halbleiterhersteller erwiesen, seit William Shockley 1955 die Firma Fairchild Semiconductor gegründet hatte. 1968 verließ Robert Noyce Fairchild und hob Intel aus der Taufe. In nur 11 Jahren waren neben Eukalyptusbäumen, Sequoien und Palmen in diesem sich über 3360 Quadratkilometer erstreckenden grünen Tal etwa 3500 Fabriken aus dem Boden geschossen. Einige der größten Computerfirmen – Intel, Apple, Fairchild und Hewlett-Packard – entstanden in dieser Region südlich der Bucht von San Francisco. Es gab dort viele Millionäre unter 40. Gegen Ende der 70er Jahre öffneten im Silicon Valley jede Woche drei bis vier neue Unternehmen ihre Pforten.

Das ›Tal des Siliziums‹ war aus mehreren Gründen attraktiv. Man fand dort viele Hochtechnologiefirmen auf engstem Raum, und von der Stanford University und der University of California in Berkeley strömten ständig neue, talentierte und risikofreudige Akademiker auf den Arbeitsmarkt.

Paul Allen wollte jedoch in den Bundesstaat Washington zurückkehren. Gates war diese Entscheidung mehr oder weniger gleichgültig, denn in erster Linie lag ihm das Wachstum von Microsoft und die Entwicklung immer ausgefeilterer Programmiersprachen am Herzen. Allen beschloß daher, sich die starken Familienbande seines Freundes zunutze zu machen. Er sprach mit Gates' Eltern und überredete sie, ihrem Sohn die Rückkehr nach Seattle nahezulegen. Allen erläutert auch andere Gründe, die ihn zu diesem Schritt bewogen:

> Unser Unternehmen expandierte immer weiter, doch es fiel uns schwer, Mitarbeiter nach Albuquerque zu locken, denn das liegt mitten in der Wüste... Wir fragten uns, ob wir in Albuquerque bleiben oder in den Raum San Francisco ziehen sollten, wo damals so viel passierte,... Oder sollten wir vielleicht nach Washington zurückkehren? Ich hatte damals dreieinhalb Jahre in Albuquerque gelebt, und es zog mich allmählich wieder nach Hause. Im Silicon Valley bleiben die Mitarbeiter meist nicht länger als ein oder zwei Jahre bei einem Unternehmen; häufige Wechsel sind an der Tagesordnung. Wir dagegen wünschten uns mehr Kontinuität. Wir stammten zudem aus Seattle und vermißten beide unsere Familien. Wenn man eine Zeitlang in der Wüste gelebt hat, sehnt man sich wieder nach Bäumen und Wasser. Wir hatten keine Probleme, Mitarbeiter für den Raum Seattle zu gewinnen, denn dort lebt es sich gut.

Im Sommer 1978 teilte Gates seinen Mitarbeitern mit, daß er Microsoft nach Seattle verlegen wolle. Erst da erfuhr Miriam Lubow, daß Bill aus dem pazifischen Nordwesten der USA stammte. »Aber warum wollen Sie aus Albuquerque fort, Bill?«

»Ich möchte zurück nach Seattle, wo meine Freunde leben und wo es Wasser gibt!« (Eine Leidenschaft, der Bill in New Mexico nicht nachgehen konnte, war das Wasserskifahren.)

Die meisten Mitarbeiter folgten dem Unternehmen nach Seattle. Miriam Lubow allerdings blieb in Albuquerque, da die Firma ihres Mannes dort ihren Sitz hatte. Bevor Bill New Mexico verließ, dankte er ihr für ihre Unterstützung und bat sie, doch so bald wie möglich nachzukommen. »Wenn Sie jemals wieder bei uns arbeiten wollen, werden wir immer einen Platz für Sie finden«, versprach er.

Einstweilen setzten Gates, Allen und Steve Wood, der immer noch als Geschäftsführer tätig war, ein Zeugnis für Miriam auf. Sie schrieben, ihr Aufgabenbereich habe Gehaltsbuchhaltung, Buchführung, Einkauf und Auftragsbearbeitung umfaßt. Ein paar Jahre später wurde in der Microsoft Corporation für jede dieser Funktionen eine eigene Abteilung eingerichtet.

Microsoft mietete neue Geschäftsräume in der alten National Bank in Bellevue, einem Vorort von Seattle. Wieder einmal befanden sich die Büros im achten Stock, in Suite 819. Der Umzug war für Januar 1979 geplant.

Marc McDonald und Paul Allen reisten im Dezember nach Bellevue, um die Büros so weit vorzubereiten, daß die übrigen Mitarbeiter sofort nach ihrer Ankunft ihre Arbeit aufnehmen konnten. Microsoft kaufte einen Computer vom Typ DEC 20, der Ende des Monats ausgeliefert werden sollte. DEC weigerte sich jedoch, Microsoft ein Zahlungsziel einzuräumen, mit der Begründung, das Unternehmen sei dafür nicht groß genug. Gates mußte daher vom Geschäftskonto 200 000 Dollar abheben, was das Guthaben um ein Drittel verringerte.

Bald waren alle Angestellten nach Bellevue übergesiedelt. Wie nicht anders zu erwarten, holte sich Gates auf dem Weg von Albuquerque nach Seattle viele Strafzettel wegen überhöhter Geschwindigkeit. Jetzt mußten sie nur noch einheimisches Personal anheuern.

In absoluten Zahlen konnte Seattle nicht gerade mit vielen Programmierern aufwarten. Da aber Boeing seinen Sitz dort hatte und bedeutende Universitäten nicht weit entfernt lagen, gab es viele kluge Köpfe, die man anwerben konnte.

Paul Allen sagt über Seattle: »In einer solchen Gegend verbringt man einen großen Teil des Jahres drinnen. Wir machten immer Witze darüber, daß diese Atmosphäre förderlich für das Programmieren sei. Man sitzt an seinem Terminal und schaut in den Regen hinaus.« Bei den Einstellungen standen Begabung und Begeisterung im Vordergrund. »Wir verlangten nicht unbedingt ein abgeschlossenes Studium oder ähnliches«, sagt Allen. »Wir stellten bevorzugt Leute ein, die das Programmieren liebten. Formelle Qualifikationen waren für uns weniger wichtig als Begeisterung und Programmiertalent.«

## Der 8086

Intel hatte im April 1978 unter der Bezeichnung 8086 einen neuen Chip vorgestellt. Im Vergleich zu seinen Vorgängern bot er sehr viel mehr Leistung und Speicherkapazität. Beim 4004 von 1969 und auch beim 8008 von 1972 hatte Intel den Haushaltsgerätemarkt im Auge gehabt. Nach dem unerwarteten Erfolg des 8080 als Computerchip begann Intel ernsthaft mit der Entwicklung eines Prozessors, der wirkliche Datenverarbeitung bieten konnte. Die Techniker von Intel konstruierten den 8086 in dem Bewußtsein, daß auf dem Mikrocomputermarkt erste Anzeichen eines Booms zu erkennen waren.

Bei dem Intel 8080, der im Altair und auch in den IMSAI-Rechnern verwendet wurde, handelte es sich um einen 8-Bit-Mikroprozessor. (*Bit* ist die Kurzbezeichnung für *binary digit*.) Ein Bit ist die kleinste Informationseinheit, die ein Digitalcomputer speichern kann, und es kann entweder den Wert 0 oder 1 annehmen. Digitale Computer verwenden das duale oder binäre Zahlensystem, das nur aus 0 und 1 besteht. In diesem System ist die Grundzahl 2, d.h. es wird immer nur angegeben, ob eine bestimmte Zweierpotenz vorhanden ist oder nicht. Die Stelle ganz rechts hat einen Wert von $2^0$, mit jeder Stelle weiter nach links erhöht sich der Exponent um 1. Die Werte von 2 werden entweder mit 0 oder 1 multipliziert. Im Binärsystem entspricht ›1‹ beispielsweise 1 x $2^0$, und das ist gleich 1 mal 1 oder 1; ›101‹ wird folgendermaßen umschrieben: (1 x $2^2$) + (0 x $2^1$) + (1 x $2^0$), und das ist gleich 4 + 0 x 2 + 1, oder 5 etc. Ein 8-Bit-Prozessor kann eine aus 8 Bit bestehende Anweisung auf einmal verarbeiten. Er kann auch mit Zahlen von 0000 0000 bis 1111 1111 (0 bis 255) arbeiten. Zur Darstellung von normalen Buchstaben, Ziffern und Symbolen wurden bestimmte Regeln aufgestellt. Nach den ASCII-Regeln (American Standard Code for Information Interchange) liegen die Buchstaben A bis Z zwischen ihren binären Entsprechungen von 65 bis 90. Die meisten Software-Anwender müssen sich niemals mit diesen theoretischen Überlegungen auseinandersetzen; für Programmierer dagegen sind sie von entscheidender Bedeutung.

Bei dem 8086 handelte es sich um einen 16-Bit-Mikroprozessor, der in einer Programmieranweisung Zahlen bis zu 1111 1111 1111 1111 (65 535) verarbeiten konnte. Aber das war nicht alles. 8-Bit-Chips wie der 8080, der 6800 und der 6502 litten an einem einschneidenden Handikap: Sie konnten nur 64 Kilobyte Hauptspeicher (64 000 Byte oder Zeichen) adressieren. Das war nicht viel, wenn man bedenkt, daß im Hauptspeicher das Betriebssystem, die Anwendung und die von der Anwendung verarbeiteten Daten Platz finden mußten. Ein mit einem Textverarbeitungssystem erstellter Geschäftsbrief kann beispielsweise 2000 Byte Speicherkapazität in Anspruch nehmen. Der 16-Bit-Prozessor 8086 war attraktiv, da er 1 Megabyte Speicher (1 Million Byte) adressieren konnte.

Intel zeigte Microsoft seinen neuen 8086-Chip, und Bill Gates' Unternehmen bekundete deutliches Interesse an der Entwicklung von BASIC für den neuen Mikroprozessor. Microsoft mußte sich nun entscheiden, ob es weitere Sprachen für 8-Bit-Computer entwickeln oder auf 16-Bit-Computer mit Prozessoren wie dem 8086 umschwenken wollte. Gates wählte die technische Herausforderung, da er darin eine zusätzliche Chance sah, Microsoft eine Vorreiterposition in der Branche zu verschaffen.

»Einverstanden, Ihr BASIC ist in drei Wochen fertig«, sagte Gates.

Der Vertreter von Intel war verblüfft.

»Hören Sie. Machen Sie keine Witze. Meinen Sie, Sie könnten es uns in neun Monaten liefern?«

Gates beriet sich mit seinen Partnern.

»Nein, wir können das tatsächlich in drei Wochen schaffen.«

Die Entwicklung von BASIC für den 8086 begann im Herbst 1978 und dauerte schließlich sechs Monate. Zuerst simulierte Microsoft –wie mittlerweile üblich – den Chip auf einem DEC PDP-11. BASIC 8086 war im Frühjahr 1979 fertig. Wieder einmal hatten die Programmierer von Microsoft die Sprache von A bis Z entwickelt, ohne jemals den eigentlichen Chip gesehen zu haben.

Zur gleichen Zeit arbeitete ein anderer Informatiker in Seattle mit dem 8086. Tim Patterson hatte gerade sein Informatikstudium an der University of Washington abgeschlossen und eine Stelle bei der kleinen Firma Seattle Computer Products angenommen. Patterson war fasziniert von dem 8086-Mikroprozessor und begann, dafür eine Karte zu entwickeln. Er integrierte diese dann in einen Mikrocomputer und verwendete dabei den gleichen Bus wie einst der Altair. (Ein Bus ist der Weg, über den Steuersignale intern im Computer übertragen werden. Es handelt sich hier um eine elektrische oder elektronische Verbindung zwischen den Karten, die den Lautsprecher, das Diskettenlaufwerk etc. verwalten.)

Im Mai 1979 erfuhr Patterson, daß Microsoft nach Bellevue umgezogen war. Er stattete also dem Unternehmen einen Besuch ab, stellte sich bei Paul Allen vor und fragte, ob Microsoft ein Programm entwickelt habe, mit dem er sein Gerät testen könne. Programmierer wie Job O'Rear waren hocherfreut über das Auftauchen von Patterson. Da sie noch immer keinen 8086 zu Gesicht bekommen hatten, baten sie ihn, sofort seinen Rechner zu holen und ihr BASIC 8086 zu testen.

Tim Patterson überquerte die Brücke, die über den Lake Washington nach Bellevue führte, stellte seinen Rechner auf und installierte BASIC 8086 von Microsoft. Eine Woche später funktionierte das Programm mit Pattersons Karte.

»Es ist wirklich spannend«, meint Bob O'Rear, »wenn man lange Zeit etwas simuliert hat und es dann tatsächlich auf dem Chip laufen läßt, für den das Programm bestimmt ist. Es ist ein großer Augenblick, wenn das Programm zum erstenmal auf dem Bildschirm erscheint und tatsächlich funktioniert.«

Kurze Zeit später lud die Firma LifeBoat Associates Microsoft ein, sich mit ihr einen Stand auf der National Computer Conference (NCC) in New York zu teilen. Microsoft wiederum schlug Patterson vor, BASIC 8086 auf seinem Computer vorzuführen.

Bei der Ankunft in seinem Hotel in der Nähe des Central Park fand O'Rear Partystimmung vor. Bill Gates und Paul Allen schossen Raketen aus dem Fenster ihres Hotelzimmers. Die Mitarbeiter von Microsoft konnten sich nur selten eine Arbeitspause gönnen, und wenn sie schon einmal die Gelegenheit dazu hatten, dann nützten sie das auch weidlich aus.

Während der NCC lernte Tim Patterson die Programmierer von Microsoft besser kennen. Sie kamen auf Betriebssysteme und Dateiverwaltung zu sprechen. Die Microsoft-Angestellten erläuterten, wie BASIC mit der Dateizuordnungstabelle arbeitete, was Patterson ungemein interessierte, denn sein Hauptanliegen war damals die Entwicklung eines eigenen Betriebssystem für den 8086.

Zum Abschluß der Conference gab Microsoft eine Party in einer vom Unternehmen gebuchten Suite. Kay

Nishi kam zusammen mit anderen Vertretern japanischer Unternehmen spätabends in New York an. Da Nishi kein Zimmer reserviert hatte, ließ Gates jemanden bei der Rezeption anrufen mit der Bitte, für die Nachzügler ein paar Zusatzbetten aufzustellen. Als der Hoteljunge mit sieben Betten herbeieilte, fragte er Chris Larson von Microsoft: »Brauchen Sie wirklich sieben Betten?«

Larson dachte einen Augenblick lang nach und erwiderte: »Mm, warten Sie mal – acht wären besser!«

Am Ende schliefen 15 Gäste in jener Suite, zum Teil in Betten und zum Teil auf dem Fußboden. Die Microsoft-Programmierer waren das ja schließlich gewöhnt!

## Die SoftCard für den Apple II

1979 erreichte der Jahresumsatz von Microsoft mit 2,5 Millionen Dollar eine neue Rekordmarke. Weltweit bewegten sich die Verkaufszahlen von Microsoft BASIC langsam auf die Grenze von einer Million Exemplare zu. Die Zukunft sah rosig aus für Bill Gates und Paul Allen.

Allens Team hatte zahlreiche Programmiersprachen für den 8080-Prozessor entwickelt; unabhängige Programmierer hatten mit Hilfe dieser Sprachen viele Anwendungen geschrieben. Allen war jedoch enttäuscht über die Tyrannei der Hardware, wie er sich ausdrückte. Er wollte, daß Microsoft in den Softwaremarkt des Apple II vorstieß, was dem Unternehmen bisher noch nicht gelungen war. Diese Rechner, die weggingen wie die warmen Semmeln, verwendeten den 6502-Chip und ein hauseigenes Betriebssystem (eine Taktik der Firma Apple, um die Benutzer an sich zu binden). Programmiersprachen wie Microsoft FORTRAN oder Microsoft COBOL liefen daher nicht auf dem Apple II, denn sie basierten auf dem Betriebssystem CP/M und dem 8080- oder dem Z80-Prozessor. Dies frustrierte auch andere Entwickler von CP/M-Anwendungen, denn sie konnten ihre Programme nicht ohne weiteres auf den Verkaufsschlager unter den Mikrocomputern portieren.

Microsoft zog die Entwicklung eines Programms zur Übersetzung von 8080-Code in 6502-Code in Erwägung, aber Paul Allen hatte eine viel bessere Idee. Er wollte mit seinem Team eine Karte entwickeln (die sogenannte SoftCard), mit deren Hilfe 8080-Programme auf dem Apple II laufen konnten.

Allen kannte zufällig genau die Person, die dieses Projekt in die Hand nehmen konnte: Neil Konzen, der als Schüler die Welt der Computer für sich entdeckt hatte, als sich sein Bruder einen Apple II kaufte. Neil bereitete es Vergnügen, Microsoft BASIC 6502 ›auseinanderzunehmen‹ und Merkmale einzubauen, die seiner Meinung nach in der ursprünglichen Fassung fehlten. Nachdem er von Microsofts Umzug nach Bellevue gelesen hatte, wurde er bei der Firma vorstellig. Microsoft stellte ihm ein Büro zur Verfügung und gestattete ihm, sich den Quellcode von BASIC 6502 anzusehen, so oft er das wünschte. Konzen war Microsoft für sein Entgegenkommen dankbar, und daher nutzte er die Privilegien, die er in seinem Büro in Bellevue genoß, für die Entwicklung eines BASIC-Programmeditors, der später in die Produktpalette von Microsoft aufgenommen wurde. Nun bot Paul Allen Konzen eine Teilzeitstelle mit der Aufgabe an, die für die Apple-II-SoftCard erforderlichen Programme zu schreiben.

Die SoftCard für den Apple II verwendete einen Z80-Mikroprozessor und gewährte Zugriff auf Microsoft BASIC und das Betriebssystem CP/M und somit auch auf Zehntausende von Softwareapplikationen. Allein im ersten Jahr wurden 20 000 SoftCards abgesetzt. Insgesamt wurde die SoftCard auf mehr als 100 000 Apple-Systemen installiert. Sie war so beliebt, daß der Apple II 1982 zum Personal Computer mit dem größten CP/M-Benutzerstamm wurde.

## Ein neues ›Familienmitglied‹

Im Juni 1980 kam Steve Ballmer, einer vor Bills Freunden aus der Zeit in Harvard, als Assistent der Geschäftsleitung zu Microsoft. Zuvor hatte er sein Studium in Harvard abgeschlossen, einige Zeit an einem MBA-Programm an der Stanford University teilgenommen (es aber dann abgebrochen) und in der Marketingabteilung von Procter & Gamble gearbeitet. Eine der größten Heldentaten von Ballmer in diesem Unternehmen war sein neues Design für die Schokoladenkuchenbackmischung Duncan Hines, die jetzt statt im Hochformat im Querformat bedruckt wurde, auf diese Weise mehr Regalplatz beanspruchte und so die Konkurrenz im wahrsten Sinne des Wortes verdrängte.

Microsoft wuchs rasch. Angesichts des Erfolgs von VisiCalc überlegten sich Bill Gates und Paul Allen, ihre Aktivitäten über die Programmiersprachen hinaus auf Anwendungssoftware auszuweiten.

Bisher hatte noch keiner der führenden Hersteller sich für den Bau eines 8086-Rechners entschieden. Nun aber braute sich am anderen Ende des Landes in der Sonne Floridas bei IBM etwas zusammen.

# Teil 3

## Der IBM-PC und DOS

»Die Software-Industrie ist typisch amerikanisch. All die ursprünglichen technologischen Fortschritte stammen aus diesem Land. Die USA sind der größte Softwaremarkt. Und die Atmosphäre, die in diesem Land herrscht, machte diese Entwicklung möglich. Aus diesem Grund konnten unsere ursprünglichen Kunden einschließlich IBM so vorurteilslos mit dem 25jährigen Chef einer kleinen Firma irgendwo im Bundesstaat Washington zusammenarbeiten. Sie hielten es damals vielleicht für verrückt, aber sie sagten: ›Hey, wenn er so viel über Software weiß, dann kennt er sich vielleicht auch in anderen Dingen aus.‹«

*Bill Gates in der Zeitschrift ›Money‹*
*vom Juli 1986*

## Kapitel 9

# Das Projekt Chess

Als die Führungsspitze von IBM 1980 vom Erfolg von Apple, Tandy und Commodore hörte, begann sich der Gigant für Mikrocomputer zu interessieren.

Das von John Opel geleitete Unternehmen war unangefochtener Marktführer in der Computerwelt und erzielte einen Jahresumsatz von 28 Milliarden Dollar. Von manchen verehrt, von anderen gefürchtet hatte die Firma den Spitznamen ›Big Blue‹ erhalten, da ihre vielen tausend Manager traditionell blaue Anzüge trugen. IBM stand so deutlich an der erster Stelle, daß die Presse seine Konkurrenten (DEC, Honeywell, Control Data, Burroughs, Data General, Wang und Sperry) als die ›sieben Zwerge‹ bezeichnete.

IBM bildete mehrere Ausschüsse zur Untersuchung der Chancen, die sich auf dem PC-Markt boten. Eine dieser Arbeitsgruppen hatte Frank Cary, dem Vorgänger von John Opel, die Akquisition von Atari vorgeschlagen. Während dieser Präsentation stellte Cary die entscheidende Frage:

»Ist das die beste Firma?«
»Nein.«
»Wer ist die beste?«
»Apple.«
»Warum sollte IBM nicht das Beste kaufen?«

Da Apple nicht zum Verkauf stand, stellte man bei IBM Überlegungen in eine andere Richtung an. Ein Vorschlag lautete, daß IBM mit seinen mehreren hunderttausend Beschäftigten ohne Schwierigkeiten die technischen Spezifikationen und die Software für einen Mikrocomputer intern entwickeln könnte.

Bill Lowe teilte diese Ansicht nicht. In dem Vorschlag, den der Laborleiter der Systemabteilung von IBM dem Topmanagement unterbreitete, stellte er einen Aspekt heraus: Die Unternehmensgröße könnte für Big Blue ein Hindernis auf einem raschen Veränderungen unterworfenen Markt darstellen. Ein internes Entwicklungsprojekt würde üblicherweise von der Konstruktionsphase bis zum fertigen Produkt mindestens vier Jahre dauern. Ein Grund für diese Verzögerung seien die umfangreichen Qualitätssicherungsverfahren bei IBM. Die Welt der Mikrocomputer entwickle sich zu schnell weiter, als daß eine solche Verzögerung akzeptabel sei; schließlich lagen nur vier Jahre zwischen der Einführung des primitiven Altair und der Präsentation des ausgeklügelten Apple II.

Bill Lowe schlug vor, daß die für dieses Projekt verantwortliche Gruppe von der bei IBM üblichen Vorgehensweise abweichen müsse. Das PC-Entwicklungsteam solle aus Programmierern und Verkaufs- und Marketingexperten bestehen, die alle nach Belieben für die Hardware und Software externe Lieferanten auswählen könnten. Der scheidende *President* Frank Cary brachte diese Vorgehensweise mit der Frage auf den Punkt: »Wie bringt man einem Elefanten den Steptanz bei?«

John Opel unterstützte Bill Lowes Vorschlag. Auch er war davon überzeugt, daß die Zeit für die Vorstellung eines Personal Computers reif sei. Für ›Projekt Chess‹ durchforstete Lowe die konservativen Ränge bei IBM sorgfältig nach Menschen, die ein gewisses Maß an Kreativität zeigten. Viele davon besaßen bereits eigene Personal Computer. Diese ›Sonderlinge‹ ertrugen die Hänseleien ihrer Kollegen, die sich dem Erfolg der Großrechner oder Mainframes verschrieben hatten.

Die Mitglieder des Teams für das Projekt Chess fanden sich in Boca Raton in Florida in einem der Forschungs- und Entwicklungszentren von IBM zusammen. Projektleiter war ein älterer Topmanager namens Jack Sams.

Sams und seine Kollegen waren bescheiden genug, um die Strategie einer anderen Erfolgsfirma, nämlich Apple, zu untersuchen. Obwohl Apple sehr viel kleiner war als IBM, hatte sich dieses Unternehmen rasch den Spitzenplatz in der PC-Industrie erobert. Zwei Dinge wurden im Rahmen dieser Untersuchung deutlich: Apple hatte die Software-Entwicklung durch eigenständige Anbieter ermutigt und eine offene Architektur geschaffen und hatte so das Wachstum einer Sekundärindustrie gefördert. Viele Hersteller hatten sich durch die Entwicklung von Karten für den Apple II einen Namen gemacht. Das Projektteam stellte seinen Aktionsplan auf. IBM sollte genau die gleichen Maßnahmen ergreifen, die Apple zum Erfolg geführt hatten. Jetzt mußten sie nur noch die IBM-Führungsspitze überzeugen, und das war keine geringe Herausforderung.

## Big Blue wendet sich an Microsoft

Die Mitarbeiter des Projekts Chess untersuchten die damals populären Computer, insbesondere den Apple II, den Commodore PET und den Tandy TRS-80. Dabei stießen sie immer wieder auf den Namen eines Softwarehauses: Microsoft. Das Know-How dieses Unternehmens war anscheinend in der Welt der PC-Programmiersprachen anerkannt. Microsoft BASIC war zum Standard geworden. Außerdem hatte sich der Umsatz dieser Firma seit ihrer Gründung Jahr für Jahr verdoppelt. IBM war beeindruckt.

Jack Sams rief bei Bill Gates an und erklärte, daß er sich mit ihm treffen und ein eventuelles Entwicklungsprojekt besprechen wolle. Könne er irgendwann in nächster Zeit bei Microsoft vorbeikommen?

Gates war erstaunt, daß ihn ein solcher Gigant aus der Computerbranche anrief. Natürlich war er über Jack Sams' Besuch erfreut. Schließlich – so dachte er bei sich – könnte es ja sein, daß sich IBM eventuell für Microsoft BASIC interessiere.

Im Juli 1980 statteten Sams und ein anderer IBM-Mitarbeiter Microsoft einen Besuch ab. Zur Feier des Tages trugen Gates, Allen und Ballmer sogar Anzug und Krawatte. Die IBM-Leute stellten relativ allgemeine Fragen nach Personal Computern und den von Microsoft entwickelten Programmiersprachen. Sie schwiegen sich über ihre eigentliche Absicht aus; offiziell bezeichneten sie ihr Projekt nur als Marktstudie. Sams und seine Kollegen baten Gates dann, ihnen zu erklären, wieso Microsoft all seine Computerprogramme so schnell entwickeln könne. Die Besucher aus einer anderen Unternehmenskultur verließen Microsoft mit einem kurz angebundenen »Rufen Sie uns nicht an. Wir melden uns bei Ihnen«.

Gates und Allen hatten es schon mit den Vertretern vieler Computerfirmen zu tun gehabt. Die Mikrocomputerindustrie war noch jung und bestand aus Menschen, die ihre Karten relativ direkt und offen auf den Tisch legten. IBMs geheimnistuerische, vorsichtige Art kam ihnen seltsam vor.

## Das zweite Treffen

Im August meldete sich Jack Sams wieder bei Gates und fragte, ob man sich nochmals treffen könne. »Wie wäre es mit nächster Woche?« fragte Gates. »Wir sitzen in zwei Stunden im Flugzeug«, antwortete der Vertreter von IBM. Gates sagte sofort einen Termin mit Atari-Chef Ray Kassar ab. Schließlich war Atari zwar ein Riese in der Welt der Personal Computer, IBM hingegen der größte Computerhersteller der Welt.

Gates, Allen und Ballmer trafen sich mit den IBM-Mitarbeitern. Gleich zum Auftakt bat sie Sams, eine Erklärung zu unterschreiben, daß sie alle während des Treffens zur Sprache kommenden Punkte streng vertraulich behandeln würden. Der Text enthielt auch eine Klausel, die es Microsoft untersagte, jemals gerichtlich gegen IBM vorzugehen. Die jungen Männer unterschrieben, ohne zu zögern; sie wollten unbedingt mehr erfahren.

»Unser Unternehmen hat noch nie ein so ungewöhnliches Projekt gestartet«, verkündete der Leiter der IBM-Abteilung für Unternehmensbeziehungen. Auch Bill Gates hatte den Eindruck, daß sich Microsoft noch nie auf eine so seltsame Sache eingelassen hatte.

Dann stellten die IBM-Vertreter die Pläne für das Projekt Chess vor. Sie wollten wissen, wie sie rasch einen Personal Computer auf den Markt bringen könnten, auf dem bereits weitverbreitete Software laufen könne. Die Codebezeichnung für diesen Rechner lautete Acorn. Sams erklärte, er sei überzeugt, daß IBM hier seine üblichen Wege verlassen müsse. Man könne einen Mikrocomputer nur dann innerhalb eines Jahres auf den Markt bringen, wenn man einen Standardmikroprozessor wie den Intel 8080 verwende und die Entwicklung der Software externen Zulieferern überlasse. Dann folgten die entscheidenden Fragen: Könne Microsoft die Programmiersprache BASIC für den ROM-Festspeicher schreiben, wenn ihm IBM die Spezifikation eines 8-Bit-Rechners zur Verfügung stelle? Falls ja, wäre dies bis zum April 1981 möglich?

Bill Gates bejahte beide Fragen. Er unterstrich jedoch, daß er einen 16-Bit-Mikroprozessor wie den Intel 8086 vorziehen würde. Der 8086 weise enorme Vorzüge gegenüber dem 8080 auf. Seine Kapazität belaufe sich auf 1 Megabyte im Vergleich zu 64 Kilobyte beim 8080. Er sei schneller als ein 8-Bit-Chip. Da IBM die Unternehmen als Zielgruppe ins Auge gefaßt hatte, wiederholte Gates nachdrücklich, daß die Hardware um den 8086-Prozessor herum gebaut werden sollte.

Gates und Allen waren überzeugt, daß die Zukunft den 8086-Computern gehörte, und Microsoft bereitete sich entsprechend vor. Seit nahezu zwei Jahren hatte man Informationen über den neuen Intel-Chip gesammelt und dabei natürlich als erstes eine spezifische BASIC-Version für diesen Prozessor entwickelt. Im Herbst 1979 hatte Microsoft dann nach einem Auftrag von Convergent Technologies mit der Entwicklung von FORTRAN 8086 begonnen.

Sams und sein Begleiter hörten sich Gates' Argumente an. Im Augenblick gehörte der Markt den 8-Bit-Rechnern. Einige Hersteller meinten, daß eine Umstellung auf 16-Bit-Computer unnötig hohe Investitionen verursachen würde. Gates jedoch wußte, daß ein Prozessor wie der 8086 den Programmierern ehrgeizigere Software-Projekte ermöglichte. Er vertrat die Ansicht, daß IBMs Vorstoß in die Welt der Personal Computer ein günstiger Zeitpunkt für die Einführung des 16-Bit-Rechners sei. Die Mitarbeiter des Projekts Chess beschlossen, Gates' Analysen in die Empfehlungen einzuarbeiten, die sie der Geschäftsleitung von IBM vorlegen wollten.

Am Ende der Besprechung unterschrieb Gates einen Vertrag, in dem er sich verpflichtete, für IBM die Beschreibung des Designs eines Computers auszuarbeiten, auf dem die von Microsoft entwickelten Sprachen laufen könnten. Die Männer aus Boca Raton hatten bei ihrer Rückkehr nach Florida ein Grobkonzept eines Konstruktionsplans für einen 16-Bit-Rechner in der Hand.

Zur gleichen Zeit schlugen andere Arbeitsgruppen von IBM Lösungen vor, die die Emulation des Anweisungssatzes der IBM-Großsysteme durch einen Mikrocomputer zum Gegenstand hatten. Projekt Chess erhielt grünes Licht und Gates einen aufregenden Anruf von Jack Sams: Die Chancen für eine Zusammenarbeit standen gut. Sams fügte hinzu, daß er aufgrund der Fülle der vorliegenden Probleme eine Mannschaft aus fünf IBM-Mitarbeitern zu Microsoft entsenden wolle, die technische und rechtliche Fragen sowie Marketingaspekte mit den entsprechenden Microsoft-Angestellten besprechen solle. Auf diese Weise könne man vier oder fünf verschiedene Bereiche auf einmal abdecken. Gates war ein bißchen enttäuscht, da er sich normalerweise selbst um all diese Angelegenheiten kümmerte. Bis zur Ankunft der fünf IBM-Vertreter hatte er jedoch ebenso viele Mitarbeiter zusammengetrommelt, darunter einen Rechtsanwalt aus Seattle, der schon für Microsoft tätig gewesen war.

Man schrieb September 1980. Sams fragte Gates und

Allen, ob Microsoft nicht nur BASIC, sondern auch FORTRAN, Pascal und COBOL für das Projekt liefern könne. Die BASIC-Version müsse bis zum nächsten April fertig sein. Gates erklärte, daß sie zunächst ein Betriebssystem finden müßten. BASIC konnte unabhängig von allen anderen Softwareprogrammen laufen; doch die aktuellen Versionen von Microsoft FORTRAN und COBOL basierten auf CP/M.

## Kildall verpaßt seine Chance

Die Wahl von CP/M als Betriebssystem schien vernünftig zu sein, da es damals eine Vormachtstellung am Markt innehatte. Außerdem ging das Gerücht um, daß die Firma Digital Research, die CP/M entwickelt hatte, gute Fortschritte mit der 8086-Version CP/M-86 mache.

Als die Vertreter von IBM Gates fragten, ob Microsoft ihnen CP/M verkaufen könne, griff Bill zum Telefonhörer, wählte die Nummer von Gary Kildall bei Digital Research und teilte ihm mit, daß er mit einem sehr wichtigen Kunden in Verhandlungen stehe, der Kildall so bald wie möglich sehen wolle. Digital Research Inc. expandierte damals rasch, und der 40jährige Kildall war nicht besonders beeindruckt von Gates' Anruf, bat Gates ihn doch häufig, sich mit Herstellern zu treffen, die an CP/M interessiert waren.

Als die IBM-Mitarbeiter in Pacific Grove ankamen, befand sich Kildall auf Geschäftsreise. Seine Ehefrau Dorothy McEwen begrüßte die vier Manager von IBM. Vor Beginn der Besprechung verlangten sie von ihr, die gleiche umfassende Geheimhaltungserklärung zu unterzeichnen wie zuvor Gates, Allen und Ballmer. Dorothy McEwen gefiel das nicht. Der Vertrag legte fest, daß rechtliche Schritte gegen IBM ausgeschlossen wären, selbst wenn Ideen, von denen man bei Digital Research erfahren hatte, später in einem IBM-Produkt auftauchten. Bei dieser Vereinbarung handelte es sich jedoch um eine reine

Formsache, die negative Erfahrungen der Vergangenheit erforderlich gemacht hatten. Das Unternehmen hatte eine Entdeckung der IBM-Labors in bestimmte Produkte integriert und wurde dann von einer kleinen Firma verklagt, die etwa zur selben Zeit auf ähnliche Erkenntnisse gestoßen war. Dennoch riet der Rechtsberater von Digital Research Dorothy McEwen, die Erklärung nicht zu unterschreiben. Das Gespräch endete in einer Sackgasse. IBM war nicht bereit, ohne die Unterzeichnung der Geheimhaltungsverpflichtung mit Digital Research in Verhandlungen zu treten.

Als Kildall bei seiner Rückkehr von dem Vorfall erfuhr, erklärte er sich ohne weiteres zur Unterzeichnung der Erklärung bereit. Zu jener Zeit führte Digital Research jedoch ernsthafte Verhandlungen mit Hewlett-Packard, und diese Chance erschien ihm weitaus lukrativer zu sein als die Möglichkeit der Zusammenarbeit mit IBM. In der damaligen, auf den 8-Bit-Mikroprozessor abgestimmten Form eignete sich CP/M zudem nicht für den IBM-PC. Digital Research arbeitete zwar an der Version CP/M-86 für den 8086-Prozessor, doch war man bereits ein Jahr mit dem Projekt in Verzug. Eine Fertigstellung bis April schien völlig ausgeschlossen zu sein. Auf jeden Fall scheute sich Kildall anscheinend vor der Ressourcenbindung. Warum die Eile? Kildall und seine Frau steckten in den Vorbereitungen für eine einwöchige Kreuzfahrt in der Karibik, und daher beschlossen sie, ihre Entscheidung bis nach dem Urlaub zu vertagen.

Den IBM-Managern paßte diese Verzögerung nicht. Sie bedrängten Kildalls Unternehmen einige Tage lang, doch die beiden Parteien konnten sich schlicht und einfach nicht einigen. Und da Kildall aufgrund des Erfolgs von CP/M bis über beide Ohren in Arbeit steckte, versäumte er es, IBM zurückzurufen. Schließlich wandten sich die Mitarbeiter des Projekts Chess wieder an Bill Gates.

## Microsoft nützt die Gelegenheit

Bis 1978 hatte zwischen Digital Research und Microsoft eine stillschweigende Aufteilung des PC-Softwaremarkts bestanden. Digital Research lieferte das Betriebssystem, Microsoft die Programmiersprachen. Doch 1979 hatte Digital Research sich nicht mehr an diese Übereinkunft gehalten und weitere Programmiersprachen in sein Sortiment aufgenommen. Im Gegenzug erwarb Microsoft die Lizenz für die Nutzung des UNIX-Betriebssystems von AT&T und begann im Februar 1980 mit der Entwicklung. Das Gerücht, daß Digital Research versuche, eine andere BASIC-Version als die von Microsoft zu erwerben, um diese mit dem Betriebssystem CP/M-86 zu verkaufen, sorgte für zusätzliche Spannungen zwischen den beiden Unternehmen.

Dennoch bemühte sich Microsoft wochenlang, Digital Research zur Teilnahme an dem IBM-Projekt zu bewegen. Microsoft wollte Zugriff auf den CP/M-Code, den Digital Research für den 8086 entwickelte, um so seine Programmiersprachen FORTRAN, COBOL und BASIC für CP/M auf einem 8086-Rechner anzupassen. Digital Research weigerte sich, den Code zur Verfügung zu stellen, was die Vermutung erhärtete, daß langfristig keine Zusammenarbeit mit Microsoft in bezug auf die Programmiersprachen mehr vorgesehen war. Da sich Digital Research zudem der Unterzeichnung der Vorabvereinbarung mit IBM widersetzte, schien CP/M-86 nicht für die Verwendung auf dem IBM-PC bestimmt zu sein.

Am Abend des 28. September 1980 hielten Gates, Allen und Kay Nishi in Gates' Büro eine denkwürdige Besprechung ab. Sie diskutierten ausführlich über die Möglichkeiten, selbst ein Betriebssystem für IBM zu schreiben. Sie sprachen auch über die möglichen Hindernisse. Microsoft erstickte bereits fast in Arbeit. Das Projekt enthielt gewisse Risikofaktoren: IBM setzte strenge Fristen und hatte sich das Recht vorbehalten, die Vereinbarung jederzeit wieder rückgängig zu machen.

Nishis impulsives Wesen beschleunigte jedoch die Entscheidungsfindung. Wie sich Gates erinnert, war er der erste, der ausrief: »Wir müssen's machen! Wir müssen's machen!« Gates meint rückblickend: »Kay ist eine schillernde Persönlichkeit, und wenn er an etwas glaubt, dann steht er mit seiner ganzen Überzeugung dahinter. Er stand auf, brachte seine Argumente vor, und wir sagten einfach ›Ja!‹.«

Gates und Allen sprachen dann über die Einzelheiten. Sie stellten sich ein Betriebssystem vor, das 30K Speicherplatz benötigte. Microsoft hatte nicht genügend Zeit, um ein System dieser Größenordnung zu entwickeln, daher schien die Anpassung eines bereits bestehenden Systems ratsamer. Da fiel Allen der Name Tim Patterson ein, der gerade ein 8086-Betriebssystem für seinen von Seattle Computer Products (SCP) gebauten Computer fertiggestellt hatte.

SCP konnte Pattersons Rechner nicht ohne Betriebssystem verkaufen. Im April 1980 war Patterson des Wartens auf die 8086-Version von CP/M überdrüssig und beschloß, die Sache selbst in die Hand zu nehmen. Er schrieb ein Betriebssystem und nannte es QDOS als Abkürzung für ›Quick and Dirty Operating System‹. Patterson kannte CP/M in- und auswendig; er gestaltete sein QDOS so, daß für das System von Digital Research geschriebene Programme sich leicht auf sein Betriebssystem portieren ließen.

Im Oktober 1980 nahm Allen mit Patterson Kontakt auf und teilte ihm mit, daß Microsoft sein DOS gefiel und daß man dieses Betriebssystem an Computerhersteller verkaufen wolle. Allen sagte, sie hätten bereits einen Interessenten, dessen Identität er nicht preisgeben wolle.

Microsoft zahlte SCP eine gewisse Summe für das Recht, QDOS zu verkaufen. Obwohl der genaue Betrag nicht bekannt ist, deutet doch einiges darauf hin, daß Microsoft dieses Betriebssystem für weniger als 100 000 Dollar erwarb. Der Vertrag sah zudem jedesmal zusätzliche Zahlungen vor, wenn die Lizenz einem anderen Hersteller übertragen wurde.

In der ersten Septemberhälfte erarbeiteten Gates und seine Partner einen Vorschlag, mit dem sie IBM überzeugen wollten, daß Microsoft die vier von Big Blue gewünschten Programmiersprachen und das Betriebssystem entwickeln könne. Gates achtete darauf, daß der Brief zusätzliche Argumente zugunsten einer offenen Architektur enthielt.

## Microsoft hat den Vertrag in der Tasche

Als Gates, Allen und Ballmer im Oktober 1980 nach Boca Raton flogen, bereiteten sie sich auf einen der entscheidendsten Augenblicke ihres Lebens vor.

Bei der Ankunft in Miami fiel Bill Gates plötzlich auf, daß er vergessen hatte, sich eine Krawatte umzubinden! Obwohl sie bereits spät dran waren, parkten sie ihren Mietwagen vor einem am Weg gelegenen Warenhaus und warteten, bis es öffnete. Bill kaufte eine Krawatte, und sie setzten ihre Reise nach Boca Raton fort.

Bei ihrer Ankunft auf dem IBM-Gelände wurden die drei Männer aus Seattle in ein kleines Besprechungszimmer geführt, wo 14 IBM-Techniker auf sie warteten. Während der Verhandlungen schlug Gates vor, daß es angesichts der knappen Fristen besser sei, wenn Microsoft den gesamten Softwareentwicklungsprozeß selbst überwache. Die Experten aus Boca Raton bombardierten ihn mit Fragen, denen er sich ruhig und überlegen stellte.

Don Estridge, ein hochgewachsener, warmherziger Mann, war zum Leiter des Projekts Chess ernannt worden. Er interessierte sich sehr stark für Personal Computer und besaß selbst einen Apple II. Bill Lowe hatte sich für ihn entschieden, da er Exzentrik – zumindest für IBM-Verhältnisse – mit einem unerschütterlichen Ruf der Treue dem Unternehmen gegenüber und Selbstbeherrschung in sich vereinte. Estridge und Gates verstanden sich auf Anhieb gut miteinander.

Während des Mittagessens saß John Opel zufällig neben Estridge. Als die Frage zur Sprache kam, ob Microsoft das Betriebssystem für den PC entwickeln solle, erkundige sich Opel: »Ist Bill Gates der Sohn von Mary Gates?« Es stellte sich heraus, daß John Opel und Mary Gates lange Zeit zusammen im Vorstand der Wohltätigkeitsorganisation United Way gesessen hatten – wieder einmal ein glücklicher Zufall!

Microsoft und IBM unterzeichneten ihren Vertrag am 6. November 1980. Es wurde vereinbart, daß Microsoft eine bestimmte Anzahl an Softwareprogrammen für den Chess-Rechner liefern solle und diese Produkte nach einer bestimmten Frist nach Erhalt des ersten Chess-Prototypen und eines funktionstüchtigen Joystick ausliefern werde. Diese Zeitspanne lag zwischen 96 Tagen für die Erweiterungen von Microsoft BASIC, das Teil des ROM-Festspeichers werden sollte, und 257 Tagen für FORTRAN. Der Vertrag enthielt auch Lieferfristen für bestimmte Zwischenprodukte, Testprogramme und Dokumentationsunterlagen. Microsoft und insbesondere Bill Gates sollten bei der Konstruktion der Hardware mit Estridges Team zusammenarbeiten. IBM kontaktierte auch Personal Software und bat diese Firma, VisiCalc für den IBM-PC zu adaptieren.

Die Kooperation zwischen IBM und Microsoft wich deutlich von der üblichen Vorgehensweise des Computerriesen ab. Der Branchenführer mit einem Jahresumsatz von 28 Milliarden Dollar bat ein kleines Unternehmen, das jährlich lediglich ein paar Millionen einnahm und von einem 25jährigen geleitet wurde, um seine Unterstützung bei einer bedeutenden Neuentwicklung. Diese Zusammenarbeit sollte maßgebliche Auswirkungen auf die Zukunft beider Firmen und auch auf die gesamte PC-Industrie haben.

Zunächst mußte Microsoft die Funktionsfähigkeit seines DOS-Betriebssystems erweitern – eine gewaltige Aufgabe für die Programmierer. Zudem hatte es der blaue Riese eilig: Die erste Version mußte im Januar 1981 bei IBM vorliegen. Gates erzählt, er habe bei der Vorlage des IBM-Zeitplans für das Projekt feststellen müssen, daß Microsoft bereits vor Beginn seiner Arbeit drei Monate im Verzug war.

## Die Entwicklung beginnt

IBM bestand auf strengen Sicherheitsvorkehrungen für das PC-Projekt. Gates reservierte dafür den abgelegensten Raum am Ende eines Gangs in den Geschäftsräumen von Microsoft im achten Stock. Die Arbeitsbedingungen waren alles andere als ideal. Der kleine, schmale Raum maß knapp drei auf zwei Meter und hatte weder Fenster noch eine Lüftungsanlage.

Eine Wand des Büros, in dem DOS entwickelt wurde, grenzte an die Geschäftsräume einer Wertpapiermaklerfirma. IBM machte sich größte Sorgen, daß Informationen an die Öffentlichkeit dringen könnten, und bestand darauf, daß die Tür zu diesem Büro immer verschlossen war und alle Geräte und Unterlagen, die in irgendeiner Weise etwas mit dem Projekt Chess zu tun hatten, in diesem Raum verbleiben mußten. IBM stellte spezielle Safes zur Aufbewahrung der Dokumente zur Verfügung und schickte eilends einen Mitarbeiter, der diese aufstellen sollte. IBM verlangte sogar, daß die Decke mit Hühnerdraht abgesichert werden sollte, um sich so vor Eindringlingen aus dem darüberliegenden Stockwerk zu schützen, doch so weit wollte Microsoft dann doch nicht gehen.

Microsoft erhielt den ersten Prototypen des IBM-PC Ende Oktober am Wochenende nach dem Thanksgiving Day. Big Blue hatte sich schließlich nicht für den 8086, sondern für den Intel 8088 entschieden. Der 8088 funktionierte genauso wie der 8086, war aber geringfügig langsamer. Er konnte zwar intern 16 Bit im gleichen Moment verarbeiten, aber nur Pakete von je 8 Bit an die Peripheriegeräte abgeben.

Bob O'Rear, der für die Entwicklung von MS-DOS verantwortlich war, machte sich unverzüglich an die Arbeit. Seine erste Aufgabe bestand darin, das rudimentäre Betriebssystem, das Microsoft bei Seattle Computer Products eingekauft hatte, in ein professionelles Softwareprogramm umzuwandeln. (Pattersons QDOS hieß offiziell zunächst SCP-DOS und dann 86-DOS, und erhielt schließlich von Microsoft die Bezeichnung MS-DOS.) Die Spezifikationen für den Rechner lagen jedoch noch nicht vollständig vor, und O'Rears Aufgabe erwies sich als äußerst knifflig. Darüber hinaus hatte Microsoft noch nicht alle Einzelheiten des zu entwickelnden Betriebssystems definiert. In Anbetracht der Tatsache, daß IBM die Auslieferung des Programmcodes für den März angesetzt hatte, muß man sagen, daß es sich um ein äußerst ehrgeiziges Projekt handelte.

In dem winzigen, fensterlosen Raum begannen O'Rear und Mike Courtney, die Software auf einem PC-Prototypen zu schreiben, der eine Fläche eines ganzen Schreibtischs füllte. Daneben benutzten sie noch einen Intel-Computer mit einer Festplatte. Die beiden Geräte erzeugten so viel Wärme, daß die Hardware seltsame Reaktionen zeigte. Die beiden fleißigen Programmierer versuchten, sich so gut wie möglich mit der Situation anzufreunden. IBMs Forderung, daß die Tür immer geschlossen bleiben sollte, erwies sich als undurchführbar. Wenn Steve Ballmer vorbeikam, um sich nach den Projektfortschritten zu erkundigen, schloß er sorgfältig die Tür hinter sich, doch kurz darauf öffnete sie O'Rear wieder, da die Hitze unerträglich wurde.

Das größte Problem war die Abstimmung des von Seattle Computer Products erhaltenen Betriebssystems mit dem BIOS, das IBM schrieb. Die Sache wurde noch zusätzlich verkompliziert, da Tim Pattersons DOS auf 8-Zoll-Disketten verfügbar war, der IBM-Rechner jedoch 5,25-Zoll-Disketten verwendete. Microsoft mußte das neue Diskettenformat definieren und dann eine Möglichkeit finden, wie es das Betriebssystem von dem alten auf das neue Format übertragen konnte. Auch die Methode der Datenspeicherung auf 8-Zoll-Diskette verursachte Probleme.

Bei Seattle Computer Products (SCP) arbeitete Patterson eng mit den Entwicklern von Microsoft zusammen und nahm die von ihnen geforderten Änderungen vor. Er wußte immer noch nicht, wer der geheimnisvolle Kunde war. Eines Tages erhielt SCP jedoch einen seltsamen Telefonanruf von einem IBM-Mitarbeiter, der Fragen über DOS stellte. Etwas überrascht baten die SCP-Leute den Anrufer um seinen Namen, aber der erwiderte nur verlegen: »Ach, das tut nichts zur Sache«, und legte auf.

Jeden Tag wurden Pakete zwischen Seattle und Boca Raton hin- und hergeschickt. Zur Beschleunigung der Kommunikation wurde ein Elektronic-Mail-System zwischen IBM und Microsoft eingerichtet – keine geringe Leistung, da Seattle und Boca Raton jeweils am entgegengesetzten Ende der Vereinigten Staaten liegen. Boten pendelten ständig zwischen den beiden knapp 6500 Kilometer entfernten Städten hin und her, und auch Bill Gates reiste häufig nach Boca Raton. Er gewöhnte es sich an, im Flugzeug zu schlafen und bei der Ankunft gleich wieder an die Arbeit zu gehen. Manchmal flog er sogar am gleichen Tag hin und zurück.

Ein Jahr war vergangen, seit Gates in Albuquerque zu seiner Sekretärin Miriam Lubow gesagt hatte: »Ich weiß, daß Sie eines Tages nach Seattle kommen werden!« Nun sollte er recht behalten. Im Winter kam zuerst Miriam alleine nach Seattle; ihre Familie folgte dann später. »Wenn man einmal eng mit Bill zusammengearbeitet hat«, sagt Frau Lubow, »dann hält man es nicht mehr lange ohne ihn aus. Er versteht es so gut, die Energie und Inspiration der Menschen zu wecken.« Während der ersten Woche ihres Aufenthalts zeigte sich Seattle nicht gerade von seiner besten Seite. Der Nebel war so dicht, daß sie erst nach sieben Tagen die Geschäfte in unmittelbarer Nähe ihres Hotels erkannte.

Miriam Lubow hatte Gates immer als einen sehr lässig gekleideten Menschen gekannt, doch eines Morgens sah sie ihn in einem dreiteiligen Anzug zur Arbeit kommen. Sie traute ihren Augen nicht, verbiß sich aber das Lachen. Zehn Minuten später kamen drei Männer in Jeans und Tennisschuhen mit dicken Aktentaschen. Um ein Haar hätte Miriam Lubow sie nicht ins Büro gelassen, weil sie sie für Vertreter hielt, die ihre Waren an der Haustür verkaufen. Als einer der Männer sagte, sie kämen von IBM, war Frau Lubow verwirrt: Warum waren diese Vertreter eines nüchternen Großunternehmens so unkonventionell gekleidet? Plötzlich fiel es ihr wie Schuppen von den Augen: Die Ingenieure aus Boca Raton hatten sich an Gates' Stil angepaßt, während Gates versuchte, sich nach ihren Gepflogenheiten zu richten. Als sie die drei Besucher in Bills Büro führte, starrten sich alle überrascht an und brachen dann in Gelächter aus.

## Wärmeempfindliche Hardware

Neben der drückenden Hitze stellte sich den Programmierern ein weiteres Problem: Die Hardware arbeitete immer noch nicht zuverlässig. Manchmal verbrachte das Microsoft-Team Stunden mit der Suche nach einem Softwarefehler, nur um dann festzustellen, daß es sich eigentlich um ein Hardwareproblem handelte. Die PC-Kommunikationskarte reagierte in unpassenden Augenblicken oder schrieb unverständliche Informationen in den Speicher.

Am 5. Januar 1981 beschrieb Bob O'Rear in einem Brief an Lou Flashinski von IBM die ganze Tragweite der Probleme:

> Lieber Lou,
> Während der letzten Wochen haben wir bei Microsoft fleißig auf dem Hardwareprototypen an der Ent-

wicklung des 86-DOS gearbeitet. Zunächst schien die Hardware zufriedenstellend zu funktionieren, aber im Laufe der Zeit wurde deutlich, daß das System nicht einwandfrei arbeitet. Gespräche mit Ingenieuren in Boca haben ergeben, daß anscheinend die Wickelverbindungen der Leiterplatten des Prototyps die Problemursache sind. Offenbar löst sich die Verbindung manchmal, wenn sich das System erwärmt, was dann zu unvorhersehbaren Problemen führt.

Aufgrund der Arbeitsweise, die bei der Entwicklung eines Betriebssystems auf einem Prototypen gefordert ist, dauert es zuweilen leider mehrere Tage, bis festgestellt werden kann, ob es sich um einen Hardware- oder einen Softwarefehler handelt. Solche Störungen sind bereits mehrfach aufgetreten. Wir können zwar immer noch die Lieferfrist für DOS und die Standardversion von BASIC-86 (12. Januar) einhalten, haben aber keinerlei zeitlichen Spielraum mehr.

Morgen erwarten wir Ken Rowe von der Ingenieursmannschaft in Boca mit einer neugedruckten Version der derzeit verwendeten Wire-Wrap-Platten. Wenn diese einwandfrei funktionieren, können wir meiner Meinung nach den zeitlichen Rahmen einhalten. Jedes weitere Hardwareproblem würde allerdings zu gewissen Verzögerungen bei einem bereits knapp bemessenen Zeitplan führen.

Mit freundlichen Grüßen<br>Robert O'Rear, Projektmanager

Im Februar 1981 lief MS-DOS erstmals auf dem Prototypen. Diesmal brachte Bob O'Rear in einem Schreiben an Pat Harrington von IBM seine Besorgnis über die unzureichende Geschwindigkeit des Rechners zum Ausdruck:

Wir haben hier Tests durchgeführt, die darauf schließen lassen, daß der Prototyp nicht schneller ist als der Apple II... Wir wissen nicht genau, ob das Gerät die Speichergeschwindigkeit der Endversion aufweist, sind jedoch äußerst besorgt, da bei der ersten Bewertung des Prototyps in PC-Fachzeitschriften dieser Aspekt wahrscheinlich im Vordergrund stehen wird. Wenn wir nicht einen Rechner bieten können, der schneller als die 8-Bit-Geräte arbeitet, müssen wir gleich zu Anfang mit schlechten Kritiken rechnen.

Kurze Zeit später erhielt O'Rear eine Antwort von Don Estridge:

Betreff: Software-/Hardwareprobleme
Meines Wissens nach wurden die in Ihrem Schreiben angesprochenen Probleme beseitigt. Bitte halten Sie mich über eventuell auftretende weitere Schwierigkeiten auf dem laufenden. Ich möchte Ihnen für Ihre Anmerkungen und Ihr Engagement für die Einhaltung des Zeitplans (März) danken. Wie am 10. Februar 1981 telefonisch besprochen, wird Sie IBM in diesen Bemühungen unterstützen, indem wir die volle Verantwortung für die Entwicklung der Testserien für 86-DOS und die BASIC-86-Erweiterungen übernehmen, vorausgesetzt, wir erhalten die erforderliche Dokumentation. Außerdem bittet IBM Microsoft um die Angabe eines alternativen Lieferdatums für BASIC-86, damit Sie sich voll auf den für März vorgesehenen Lieferumfang konzentrieren können. Wir danken Ihnen ebenfalls für Ihren Kommentar zur Performance des Prototypen. Nach Aussage der IBM-Techniker wird die Leistung des Endprodukts der 8088-Architektur entsprechen.

Noch ein weiteres Hardwareproblem verlangsamte die Entwicklung. Das BIOS von IBM konnte nicht mehr als 64K adressieren. Jeder Versuch von DOS, mehr Bits zu adressieren, führte zu einem Systemabsturz. Erst im April gelang es Bob O'Rears Team, die Problemursache zu ermitteln.

IBM bot bereitwillig die nötige Unterstützung an, untersuchte sofort jedes Hardwareproblem und reagierte schnell. Falls nötig, entsandte der Computerriese Techniker nach Seattle zur Lösung von Problemen, auf die Microsoft aufmerksam gemacht hatte. Dennoch erläuterte Bob O'Rear schließlich in einem Schreiben, daß die Programmierer 60 Tage verloren hätten, bevor der von ihnen verwendete Prototyp richtig funktionierte. Außerdem erhielt Microsoft die Karte für den Joystick erst Ende Februar. Aus diesen Gründen geriet das BASIC-Projekt in Verzug.

Am 5. und 6. März versuchten Mel Hallerman und Dave Stuerwald von IBM gemeinsam mit Gates und O'Rear, Möglichkeiten zu finden, wie Microsoft die Auslieferung der Software beschleunigen könne. Sie stellten einen neuen Zeitplan auf, mit dem sich Microsoft einverstanden erklärte. Gates und O'Rear machten jedoch deutlich, daß sie auch diese neuen Fristen nur einhalten könnten, wenn die Hardware zuverlässig arbeitete.

Im April 1981 wechselte Tim Patterson von Seattle Computer Products zu Microsoft. Endlich erfuhr er, wer der Kunde war, und diese Mitteilung beeindruckte ihn tief. Patterson erkannte, daß SCP nicht groß genug war, um ein solches Projekt durchzuziehen, und betrachtete es als logisch, daß Microsoft die Führungsrolle übernommen hatte.

Je weiter das Projekt voranschritt, desto häufiger quetschten sich O'Rear und die anderen Programmierer in das winzige Büro und arbeiteten ohne Unterlaß die ganze Nacht hindurch. Für kurze Zeit stieß Neil Konzen zu ihnen, um die Grafikroutinen für BASIC zu programmieren. Neben dem Intel-Entwicklungsgerät standen jetzt zwei Prototypen in diesem Raum. Jeder dieser Computer erzeugte Wärme und die Temperatur stieg zeitweilig auf fast 40 °C, was die Zuverlässigkeit der Hardware noch weiter verringerte. Die Programmierer ließen jetzt die Tür die ganze Zeit über offenstehen.

IBM schickte in regelmäßigen Abständen Kontrolleure nach Bellevue, um zu überprüfen, ob sich Microsoft an die vereinbarten Sicherheitsvorkehrungen hielt. Die Programmierer mußten also ständig auf der Hut sein. Sie dachten sich ein System aus: Sobald ein IBM-Mitarbeiter auftauchte, lief einer ihrer Microsoft-Kollegen ans Ende des Gangs, um sie zu warnen. Eines Tages jedoch versagte dieses Warnsystem. Ein Inspektor aus Boca Raton mußte zu seiner Überraschung feststellen, daß die Tür offenstand und sich Teile des Computers auf dem Gang befanden. Er verlangte eine Erklärung von Steve Ballmer.

Das Team aus Boca Raton zögerte nicht, Bill Gates an eine unangenehme Möglichkeit zu erinnern: Es sei jederzeit möglich, das Projekt zu stornieren. IBM drohte, in diesem Fall bei Microsoft anzurufen und die sofortige Rücksendung aller vertraulichen Materialien zu verlangen. Microsoft ließ sich das nicht zweimal sagen. Von da an wurden die Sicherheitsvorkehrungen bis aufs I-Tüpfelchen genau eingehalten. IBM verstärkte ebenfalls sein Überwachungssystem.

Im Laufe der Zeit wurden die Programmierer ihres strengen Arbeitsplans überdrüssig. Wenn Bob O'Rear nicht gerade programmierte, verhandelte er mit etwa 20 Leuten aus Boca Raton. Der Stress nahm immer mehr zu. Nur einmal gönnten sich die Programmierer trotz heftiger Proteste von Gates und Allen eine Pause und flogen übers Wochenende nach Florida, um dem Start der Weltraumfähre beizuwohnen.

### DOS ist fertig

Während der Entwicklung des PC stand Microsoft IBM die ganze Zeit beratend zur Seite. Bob O'Rear machte sogar einen Vorschlag, welche Farbe das Gerät haben sollte.

Am 11. Juni 1981 spezifizierte Microsoft in einem Brief an IBM, wie groß der Speicher eines Personal Computers mindestens sein sollte. IBM plante ein Gerät mit 16K Hauptspeicher. Wieder einmal versuchte Microsoft, IBM davon zu überzeugen, daß es sich nicht um das unterste Ende des Marktes kümmern, sondern für den Chess mindestens 64K RAM und für die nächste Version 128K Hauptspeicher vorsehen sollte. Microsoft argumentierte, daß die Unterstützung vieler verschiedener Hardwarekonfigurationen durch die Software sehr schwer zu bewerkstelligen sei. Damit auf dem Gerät COBOL, BASIC und Assembler liefen, bräuchte man mindestens 64K RAM. Für Pascal und FORTRAN sei ein Hauptspeicher von 128K erforderlich. Außerdem überzeugte Microsoft IBM davon, daß das Gerät mit einem Diskettenlaufwerk ausgestattet werden müsse und nicht nur mit Kassettenlaufwerken. Um seinen Kunden zufriedenzustellen, integrierte Microsoft in sein BASIC einige Optionen, die IBM für unerläßlich hielt, wie zum Beispiel den Joystick und das Kassettenlaufwerk. Der Gigant mußte jedoch bald feststellen, daß sich die Geschäftswelt überhaupt nicht für diese Elemente interessierte.

Mitte 1981 hatte Microsoft 100 Angestellte, von denen 35 auf irgendeine Weise einen Beitrag zum IBM-Projekt leisteten. Bei IBM arbeiteten 450 Beschäftigte an der Entwicklung des PC. Die Arbeitsmethoden von IBM hatten einen starken Einfluß auf die später von Microsoft aufgestellten Normen. Da IBM die Software höchst ausgefeilten Tests unterwarf, war nach Aussage von Gates die Qualität der Microsoft-Programmiersprachen für den 8086-Prozessor besser als alles, was man jemals für 8-Bit-Computer ausgeliefert hatten.

In Verbindung mit den technischen Prüfungen, die Gates als ›drakonisch‹ bezeichnete, führte IBM Qualitätstests durch, bei denen Benutzer als ›Versuchskaninchen‹ dienten. Auf diese Weise blieb IBM auch nicht der geringfügigste Programmfehler verborgen. Normalerweise wären mehrjährige Tests durch die Endbenutzer erforderlich gewesen, um ein derartiges Qualitätsniveau zu erreichen. Nach der Kooperation mit IBM änderte Microsoft seine Systeme zur Bewertung der Produktqualität, seine Projektplanung, seine Sicherheitsvorkehrungen und viele andere Verfahren.

Manchmal jedoch machte man sich bei Microsoft Sorgen, IBM könne das ganze Projekt abbrechen. Das Unternehmen war dafür bekannt, viele Produkte entwickelt zu haben, die dann nie auf dem Markt angeboten wurden. Im Juni deutete die Zeitschrift *InfoWorld* in einem Artikel an, daß IBM an einem Mikrocomputer arbeite. Als Steve Ballmer entdeckte, daß Informationen an die Öffentlichkeit gedrungen waren, war er wütend auf diese Zeitschrift und dachte voller Besorgnis daran, wie Estridge und seine Kollegen wohl reagieren würden. Die Schuld lag jedoch nicht bei Microsoft; das geschäftige Treiben in Boca Raton hatte die Aufmerksamkeit der Presse erregt.

Bis zur letzten Minute arbeitete Microsoft an der Verbesserung der PC-Software. Die Version 1.0 von MS-DOS bestand aus 4000 Zeilen Assemblercode und nahm 12 Kilobyte Speicherplatz in Anspruch.

Schließlich nahm IBM das von Microsoft geschriebene Betriebssystem ab, und MS-DOS wurde zum offiziellen Betriebssystem für den IBM-PC. Bei den weiteren Verbesserungen von Microsoft BASIC zögerte Gates nicht, höchstpersönlich Hand anzulegen. Er erinnert sich daran, wie er immer noch weitere Merkmale hinzufügte bis zu dem Augenblick, in dem BASIC in den ROM-Speicher übertragen wurde.

Schließlich fand Microsoft in einer Julinacht des Jahres 1981 heraus, daß sich IBM für die offizielle Vorstellung seines Personal Computer rüstete. Gates und sein Team feierten dieses Ereignis in einem vornehmen Restaurant in Seattle.

Die Programmierer mußten noch die Compiler für Pascal, FORTRAN, COBOL und Assembler für den IBM-PC fertigstellen und machten sich daher wieder an die Arbeit. Alles in allem schrieben die Microsoft-Entwickler über 250K Code für das Betriebssystem sowie die Programmiersprachen BASIC, Pascal und Assembler für den 8088. Kurz darauf folgten die Compiler für FORTRAN und COBOL.

Jetzt mußten sie nur noch das Urteil des Marktes abwarten.

## Kapitel 10

# Der Durchbruch von MS-DOS

IBM stellte seinen ersten Personal Computer am 12. August 1981 der Öffentlichkeit vor. Am nächsten Tag berichteten alle wichtigen Publikationen über diese Neuigkeit. Der Artikel im *Wall Street Journal* begann folgendermaßen: »International Business Machines Corp. wagte einen kühnen Vorstoß auf den Personal-Computer-Markt. Nach Meinung von Experten könnte der Computerriese innerhalb von zwei Jahren die Führungsrolle in dieser jungen Branche übernehmen.« Die Preisspanne reichte von nur 1565 Dollar für die 16K-Basisversion bis zu stolzen 6000 Dollar für ein grafikfähiges Modell mit allen Schikanen. Der Reporter stellte fest, daß die Spitzenmodelle wahrscheinlich eine Bedrohung für Apple, Tandy Radio Shack, Commodore, Hewlett-Packard und andere PC-Hersteller darstellten, und fügte hinzu, Expertenanalysen hätten ergeben, »daß die IBM-Geräte sich anscheinend besser als die Modelle der Konkurrenz für umfangreichere Aufgabenstellungen und die Darstellung von Informationen in deutlichen, klar definierten Bildern eignen.«

Wie der Verfasser erläuterte, basierte der IBM-PC auf einem Intel 8088-Mikroprozessor, der schneller sei als die Chips der Mitbewerber. Unter anderem könnten folgende Softwareprogramme auf dem neuen Rechner laufen: VisiCalc (›ein Finanzprognoseprogramm der Firma Personal Software Inc.‹), das Textverarbeitungsprogramm EasyWriter, drei Buchführungspakete der Firma Peachtree Software Inc. sowie eine Kommunikationsverbindung zu Datenbanken wie Dow Jones News und The Source.

Der Artikel berichtete zudem, IBM werde neue Vertriebskanäle erschließen und seine Rechner über Sears, Roebuck & Co. und Computerland verkaufen. Bei den Reaktionen der Konkurrenz wurde unter anderem Tandy-Chef John Roach wie folgt zitiert: »Ich halte dies nicht für eine bedeutende Entwicklung«, während der *President* von Apple, A. C. (Mike) Markkula laut *Wall Street Journal* die Neuigkeit begrüßte, daß auf diese Weise der PC-Markt für alle Computerhersteller erweitert werde.

Zwei Monate später war der IBM-PC im Laden erhältlich. Das erste Modell hatte gerade ein Diskettenlaufwerk und 64K Arbeitsspeicher. Der 320K-Rechner mit zwei Diskettenlaufwerken sollte erst im Mai 1982 herauskommen.

In den Augen der Branchenkenner war der IBM-PC ein Rechner der ›dritten Generation‹. Als erste Generation galt der 1975 von MITS vorgestellte Altair 8080 und einige ›Nachahmermodelle‹, die unter der Bezeichnung S-100-Rechner zusammengefaßt wurden. (S-100 hieß der Bus des Altair.) S-100-Rechner waren in erster Linie für Hobbybastler gedacht. Die zweite Generation waren die vollständig montierten 8-Bit-Geräte, wie Apple, Tandy und Commodore sie herstellten. Bei diesen Rechnern enthielt der Festspeicher BASIC – ein Konzept, das IBM emulierte. Diese Rechner bewirkten einen Boom in einer neuen Softwarekategorie – der sogenannten ›Produktivitätssoftware‹, für die VisiCalc das Paradebeispiel war. Die dritte Generation begann mit dem IBM-PC, einem vom weltweit führenden Computerhersteller unterstützten 16-Bit-Computer, der eindeutig auf die Geschäftswelt abzielte.

Apple begrüßte diesen übermächtigen Konkurrenten mit Humor und Höflichkeit. Im Oktober 1981 schaltete das Unternehmen eine ganzseitige Anzeige im *Wall Street Journal* unter der Überschrift ›Willkommen IBM. Ernsthaft.‹

> Willkommen auf dem aufregendsten und bedeutendsten Markt seit Beginn der Computerrevolution vor 35 Jahren.

Und Glückwünsche zu Ihrem ersten Personal Computer.
Wenn man einer Person einen leistungsfähigen Computer zur Verfügung stellt, dann kann man so ihre Arbeits- und Denkweise und die Art, wie sie lernt, kommuniziert und ihre Freizeit verbringt, verbessern.

Apple fügte hinzu, man hoffe, IBM werde sich als verantwortungsbewußter Mitbewerber erweisen und zur Verbreitung dieser amerikanischen Technologie auf der ganzen Welt beitragen.

Das Magazin *BYTE* stellte im Oktober 1981 die Ergebnisse der ersten Vergleichstests für den IBM-PC vor. Der Autor vermeldete mit Überraschung, daß IBM mit Softwarelieferanten zusammenarbeite, die sich bereits einen Namen in der Mikrocomputerindustrie gemacht hätten und anderen Entwicklern alle zur Anwendungsprogrammierung erforderlichen Informationen sowie anderen Herstellern die zur Entwicklung von Peripheriegeräten benötigten Daten zur Verfügung stelle. IBM habe damit die auf dem Minicomputer- und Mainframe-Sektor gepflegte Isolation durchbrochen. Für externe Beobachter sei das ein gutes Zeichen.

Es komme aber noch besser: Eine so überaus nüchterne und professionelle Firma wie IBM biete eine Karte an, mit der man einen Joystick an den PC anschließen könne! Zweifellos deute dies auf einen tiefgreifenden Wandel hin – oder wie der Folksänger Bob Dylan etwa zwei Jahrzehnte zuvor vorausgesagt habe: »The times, they are a-changin'.« Das Tüpfelchen auf dem I sei der Preis: Der IBM-PC koste nicht viel mehr als der Apple II Plus. »Für diejenigen unter uns, die Giganten nicht leiden können, ist der IBM Personal Computer ein Schock«, schrieb der *BYTE*-Journalist.

Ich dachte eigentlich, der Riese würde stolpern, weil er die von der Öffentlichkeit gewünschten Eigenschaften über- oder unterschätzte, und eigensinnig darauf beharrte, daß sein System inkompatibel mit dem Rest der PC-Welt bleiben müsse. Aber IBM ist keineswegs gestolpert; statt dessen ist der Gigant mit einem Satz seiner Konkurrenz um Längen voraus.

Mit uncharakteristischer Offenheit verkündete IBM, man wolle externe Entwicklungen ohne jegliche Einschränkung fördern. Don Estridge versprach die Veröffentlichung eines IBM-Handbuchs mit der vollständigen Spezifikation dessen, was er bereits den Industriestandard nannte. Es solle jedem zur Verfügung stehen, der Karten für den PC entwickeln wolle. Er sagte auch, daß IBM ein offenes Ohr für Softwarevorschläge habe. Da sich IBM immer dem Grundsatz verschrieben hatte, die Eigeninitiative seiner Mitarbeiter zu fördern, wurde die Belegschaft ermutigt, in ihrer Freizeit Programme zu entwickeln. Sollte sich IBM für die Vermarktung eines dieser Produkte entscheiden, würde ihr Urheber Lizenzgebühren erhalten.

Microsoft beteiligte sich selbstverständlich am Softwarerennen. Es warf sofort MS-DOS, Assembler, BASIC, FORTRAN, Pascal und zwei Anwendungen (ein Abenteuerspiel und ein Lernprogramm zum Umgang mit der Tastatur) auf den Markt.

Bald schon tauchte ein Konkurrenzprodukt zu MS-DOS auf: Digital Research arbeitete an einer CP/M-Version für den IBM-PC. Zunächst schien es, als sei dieses CP/M-86 eine Bedrohung für das Betriebssystem von Microsoft, doch dies war nicht der Fall. Die für CP/M auf 8-Bit-Rechnern entwickelten Anwendungen liefen nicht unter CP/M-86. MS-DOS und CP/M saßen also im gleichen Boot: Um die Nachfrage nach einem der beiden Betriebssysteme zu stimulieren, mußten neue Applikationen entwickelt werden.

Gary Kildall hatte durchaus Grund zur Aufregung, als er das neu eingeführte MS-DOS untersuchte. Zu seiner großen Überraschung enthielt es die gleichen Systemanweisungen wie CP/M. Tim Patterson hatte sich CP/M als Vorbild für sein DOS genommen, und Microsoft hatte es aus einem einfachen Grund für sinnvoll gehalten, in dieser Richtung weiterzugehen: Die von Microsoft entwickelten höheren Programmiersprachen liefen unter CP/M, und daher war ihre Anpassung an das neue Betriebssystem viel einfacher, wenn dieses auf CP/M beruhte.

In der nächsten Ausgabe des vierteljährlich erscheinenden Mitteilungsblatts von Microsoft unterstrich Paul Allen öffentlich diese Ähnlichkeiten zu CP/M und schrieb, der Erhalt der Kompatibilität zu den CP/M-Systemaufrufen ermögliche eine relativ problemlose Konvertierung der für den 8080 und den Z80 geschriebenen Programme.

Die Kompatibilität zu CP/M wurde zu einem Schlüsselfaktor für den Erfolg von MS-DOS. Unmittelbar nach der Einführung des IBM-PC konnte Microsoft eine breite Softwarepalette für dieses Gerät anbieten. Einige der beliebtesten CP/M-Programme wie die Verkaufsschlager WordStar und dBASE waren eine unabdingbare Voraussetzung für die Anbindung der jetzigen Benutzer an den IBM-PC. Schon bald erschienen diese Programme in MS-DOS-Versionen.

Kildall jedoch teilte diese Ansicht nicht uneingeschränkt. Er hielt die starke Ähnlichkeit zwischen MS-DOS und CP/M für glatten Diebstahl. Eine Zeitlang spielte er mit dem Gedanken, IBM zu verklagen. Big Blue antwortete, daß man nichts von den Ähnlichkeiten zwischen den beiden Systemen wisse, und die beiden Parteien einigten sich schließlich in einem außergerichtlichen Vergleich. IBM willigte ein, das zukünftige 16-Bit-CP/M von Digital Research auf seinem PC anzubieten. Auf diese Weise seien CP/M-86 und MS-DOS gleichgestellt. In Wirklichkeit war dies jedoch nicht der Fall.

Die offizielle Position von IBM lautete einmal, daß man kein bestimmtes Betriebssystem für den IBM-PC vorschreiben wolle und CP/M-86 oder das UCSD p-System von Softech Microsystems genauso unvoreingenommen zu verkaufen beabsichtige wie MS-DOS. Eine Maßnahme verriet jedoch, wie es wirklich um diese oberflächliche Offenheit bestellt war: IBM änderte die Bezeichnung für Microsoft DOS in PC-DOS. Die drei magischen Großbuchstaben besaßen eine gewisse Anziehungskraft. Einige Benutzer sprach zwar das Betriebssystem von Digital Research an, doch der Preis machte diese Attraktivität zunichte, denn CP/M-86 kostete viermal soviel wie MS-DOS (240 Dollar im Vergleich zu 60 Dollar). Bill Gates wußte, daß es nur von Vorteil für ihn sein konnte, wenn er mit IBM Niedrigstpreise vereinbarte, während Digital Research aufgrund seiner marktbeherrschenden Stellung meinte, den Preis in die Höhe schrauben zu können. Schließlich verzögerte sich auch noch die Fertigstellung von CP/M-86. IBM konnte dieses Betriebssystem erst im April 1982 anbieten, und somit hatte Microsoft den Markt über sechs Monate lang für sich.

Dennoch fand CP/M als dominantes System für 8-Bit-Computer in der Fachpresse Unterstützung. In dem Mitteilungsblatt des in Dallas ansässigen Marktforschungsunternehmens Future Computing taufte man den IBM-PC ›CP/M-Player‹ und deutete damit an, daß es bald viele CP/M-Anwendungen geben werde. *InfoWorld* äußerte sich am 20. Juli 1981 sehr pessimistisch über die Zukunft von MS-DOS. In einem Artikel auf der ersten Seite hieß es, daß Firmen wie Xerox und Borroughs sich bereits für einen harten Wettbewerb auf dem Mikrocomputermarkt rüsteten. »Im Gegensatz zu IBM würde keine dieser Firmen zögern, CP/M von Digital Research als Betriebssystem zu verwenden. IBM könnte daher mit einem Konkurrenzsystem dastehen, für das es aber wenig oder keine Softwareprogramme zur Anbindung von Kunden gibt«, lautete die Schlußfolgerung.

Andererseits erhielt Microsoft beträchtliche Unterstützung von LifeBoat Associates, dem Softwarehändler, der sich einst leidenschaftlich für CP/M eingesetzt hatte. Der Chef von LifeBoat, Tony Gold, nannte die Einführung des IBM-PC »das möglicherweise bedeutsamste Ereignis in der Geschichte der Mikrocomputer«. Ein weiterer Mitarbeiter von LifeBoat meinte, daß IBM dem Personal Computer, den die Öffentlichkeit bisher lediglich als Spielzeug der Amateurprogrammierer betrachtet habe, Legitimität verliehen habe. MS-DOS sei bereits der Industriestandard für 16-Bit-Computer. LifeBoat gab die Aufnahme von Verhandlungen mit mehreren Anbietern von MS-DOS-Applikationen bekannt. Ab November 1981 hoffe man, etwa hundert speziell für den IBM-PC entwickelte Programme in den Katalog aufnehmen zu können.

Anfangs stifteten die verschiedenen Namen für das PC-Betriebssystem etwas Verwirrung. Microsoft nannte sein Produkt MS-DOS; IBM dagegen taufte es PC-DOS und fügte zur Unterscheidung von MS-DOS einige IBM-Dienstprogramme hinzu. LifeBoat Associates vertrieb das System unter der Bezeichnung Software Bus 86 oder SB-86. Später erwarben andere Hersteller Lizenzen und verkomplizierten die Situation noch mehr: Zenith nannte das System ZDOS; Compaq wählte den Namen Compaq DOS. Schließlich setzte Microsoft durch, daß alle Hersteller die Bezeichnung MS-DOS verwendeten. Nur IBM weigerte sich.

## Der IBM-PC und seine Folgen

Der IBM-PC gab der Entwicklungstätigkeit im Softwarebereich zusätzlichen Antrieb. Als die 8-Bit-Mikroprozessor den Markt beherrschten, gab es drei Arten von Software-Anbietern:

– Entwickler von Betriebssystemen wie Digital Research mit seinem CP/M;
– Anbieter von Programmiersprachen wie Microsoft;
– Anwendungsentwickler wie Software Arts (VisiCalc) und MicroPro (WordStar).

Für die Programmierer war es oft nicht leicht, Betriebssystem, Anwendung, Daten und Grafiken in den verfügbaren Speicherplatz von 64K zu pressen.

Der Grafikspeicher des IBM-PC befand sich im adressierbaren Bereich des Computers. Mit Hilfe von bestimmten Anweisungen des 8088 konnte man Animationen auf den Bildschirm zaubern. Auf diese Weise konnten zum Beispiel Bill Gates und Neil Konzen leichter in wenigen Stunden an einem Sonntagnachmittag Demonstrationsprogramme mit Grafik für den IBM-PC schreiben. Beim Apple hingegen ließen sich nur schwer Programme mit guten Grafiken erstellen.

Microsoft machte aus MS-DOS eine Schnittstelle, die Anwendungen und Programmiersprachen von der Hardware abkoppelte. Mit anderen Worten konnte ein nach den MS-DOS-Konventionen geschriebenes Programm theoretisch auf jedem von MS-DOS unterstützten Gerät laufen. Dadurch konnte Microsoft sein DOS Hunderten verschiedener Herstellern anbieten, die wiederum notwendige kleine Änderungen an ihrer Hardware vornehmen mußten.

## Der Kampf zwischen MS-DOS und CP/M

Nach der Einführung des IBM-PC war fast zwei Jahre lang unklar, ob MS-DOS oder CP/M den Sieg auf dem Mikrocomputermarkt davontragen würden. Manche Software-Entwickler beschlossen abzuwarten, welche Tendenzen sich auf dem Markt durchsetzen und für welches Betriebssystem sich die Hardware-Konkurrenten von IBM entscheiden würden. Einige Magazine wie zum Beispiel *InfoWorld* weigerten sich, MS-DOS ernstzunehmen. Als diese Zeitschrift für ihre Januarausgabe 1982 die besten Produkte des Jahres auswählte, liefen neun der zehn Spitzenprogramme unter CP/M. Erst im März 1982 ließ sich *InfoWorld* dazu herab, den Vergleichstest für ein MS-DOS-Programm vorzustellen.

Microsoft predigte immer wieder und wieder, daß MS-DOS die problemlose Anpassung von CP/M-Programmen erlaube. Viele CP/M-Anwendungen waren in Hochsprachen wie Microsoft BASIC, FORTRAN und COBOL geschrieben. Das Unternehmen aus Seattle erläuterte, daß es all diese Sprachen für MS-DOS gebe und es daher ganz einfach sei, die CP/M-Anwendungen auf das neue Betriebssystem zu portieren.

Andererseits unterstützten bestimmte Firmen massiv CP/M. Im März 1982 griff die Vendex Corporation Microsofts Idee mit der SoftCard auf – diesmal zum Nachteil von MS-DOS. Vendex bot Baby Blue an, eine Karte, mit der CP/M-Programme auf dem IBM-PC laufen konnten!

Auch Digital Research blieb inzwischen nicht untätig. Es gelang dem Unternehmen, bestimmte Hersteller dazu zu überreden, ihre Geräte sowohl mit dem 8080 als auch mit dem 8086 auszustatten. Dadurch schien CP/M mehr Vorteile zu bieten als MS-DOS, das ein anderes Dateiformat verwendete.

## MS-DOS holt auf

Nicht einmal ein Jahr nach der Ankündigung des IBM-PC hatte sich eine beträchtliche Anzahl von Herstellern um MS-DOS geschart, darunter Compusystems, IBM, Intel, SCP, Sirius, Tecmar, Victor, Wang, Zenith, Panasonic, Hitachi und NEC. Microsoft verhandelte auch mit Sanyo, Toshiba, Texas Instruments, Commodore, Canon und Sord – und zwar in den meisten Fällen mit Erfolg.

In dem Maße, wie IBM seinen PC verbesserte, zog auch Microsoft mit der Weiterentwicklung von MS-DOS nach (vgl. Anhang A).

Die Markteroberung durch MS-DOS legte Anfang 1983 an Tempo zu, als die Firma Lotus ein Tabellenkalkulationsprogramm vorstellte, das ausschließlich unter MS-DOS lief. In nur drei Monaten wurde Lotus 1-2-3 zum meistgekauften Softwarepaket und definierte einen neuen Standard für Tabellenkalkulationsprogramme bei 16-Bit-Rechnern, was dem Markt der MS-DOS-Geräte starken Auftrieb gab.

Im Laufe der Jahre vergrößerte sich der Abstand zwischen MS-DOS und CP/M. 1984 bestand kein Zweifel mehr an der Führung von MS-DOS. Im Dezember 1984 veröffentlichte Future Computing die Ergebnisse einer Umfrage bei 375 Händlern. Auf die Frage »Welches PC-Betriebssystem verwenden Sie am häufigsten?« nannten 81 Prozent der Befragten MS-DOS.

Im Juni 1986 verkündete Microsoft, daß die Hälfte seines (nunmehr auf 60,9 Millionen Dollar geschätzten) Jahresumsatzes aus dem Verkauf des Betriebssystems stamme. Dieses Einnahmen legten den Grundstock zur finanziellen Stabilität von Microsoft. Ende der 80er Jahre war die Zahl der verkauften MS-DOS-Rechner auf 30 Millionen gestiegen.

In aller Bescheidenheit vertritt Tim Patterson die Ansicht, daß eigentlich der Name IBM dem System zum Erfolg verholfen habe. Bill Gates dagegen meint, Microsoft habe sich einer großen Herausforderung gestellt und die Präsenz von IBM allein hätte nicht ausgereicht, um MS-DOS zum Standard zu machen. Microsoft habe dafür auch hart arbeiten müssen.

## IBM-PC-kompatible Rechner

Im Jahre 1983 erblickten die sogenannten ›IBM-Kompatiblen‹ das Licht der Welt: Personal Computer, die den gleichen Mikroprozessor wie der IBM-PC verwenden und MS-DOS unterstützen und auf denen die gleiche Software wie auf dem IBM-PC läuft.

Viele bedeutende Computerhersteller wie zum Beispiel Texas Instruments, Wang, Philips, NEC, ITT, Hewlett-Packard, DEC und Olivetti gaben alle Hoffnungen auf erfolgreichen Wettbewerb mit IBM auf und entschieden sich für die Kompatibilität.

Wie der Sanyo MBC 550, der Tandy TRS-80 2000 und der Wang PC zeigen, hatte die Kompatibilität 1984 jedoch noch nicht höchste Perfektion erreicht. Die Computermagazine veröffentlichten mit Testprogrammen ermittelte Kompatibilitätindizes. Bei der Comdex 1983 stellte Sperry Univac stolz die Tatsache heraus, daß der Sperry PC zu 98 Prozent mit dem IBM-PC kompatibel sei. In den nächsten Jahren sollten sich jedoch die Unterschiede zwischen den IBM-kompatiblen Geräten zunehmend verwischen oder überhaupt nicht mehr spürbar sein.

Die Hardwarehersteller konnten IBM Marktanteile abjagen, indem sie ›Mehrleistungen‹ boten in bezug auf Geschwindigkeit (wie der PC 6300 von AT&T), mehr Erweiterungssteckplätze für Karten (wie der VP von Columbia Data Products) oder Tragbarkeit (wie der Compaq-PC).

Von allen kompatiblen Rechnern stellte der Compaq Portable die größte Überraschung dar. Rod Canion, der Gründer dieses texanischen Unternehmens, hatte Benutzer des IBM-PC befragt, welche Aspekte sie persönlich an diesem Personal Computer verbessern würden. Die meisten wünschten sich unbedingt ein tragbares Gerät, und daher tat sich Canion bei der Finanzierung der Produktion eines tragbaren PC mit Ben Rosen zusammen, der auch das Startkapital für die Lotus Development Corporation bereitgestellt hatte. Compaq stellte einen qualitativ äußerst hochwertigen Rechner her, der auch die härtesten Tests bestand: Ein Mitarbeiter hatte die ehrenvolle Aufgabe, den Computer mit aller Kraft gegen die Wand zu werfen und zu überprüfen, ob er dann noch funktionierte.

Der im Januar 1983 eingeführte Compaq Portable war so erfolgreich, daß er im ersten Jahr dem Unternehmen einen Rekordumsatz von 111 Millionen Dollar bescherte. Nach nur drei Jahren stand Compaq auf der *Fortune*-500-Liste der größten Unternehmen der Vereinigten Staaten und brach damit den bisherigen Rekord der Firma Apple, die fünf Jahre gebraucht hatte.

Eines war sicher: Nahezu 99 Prozent der installierten

PCs verwendeten MS-DOS als Betriebssystem. Ende 1983 hatte Microsoft 500 000 Exemplare von MS-DOS verkauft (etwa 400 000 davon über IBM).

Der nächste Beitrag von Digital Research zum Markt für Betriebssysteme war die Multitasking-Version Concurrent CP/M-86. Ein Rechner mit einem Multitaskingsystem kann parallel zwei oder mehr Aufgaben abarbeiten, z. B. gleichzeitig eine E-Mail-Nachricht empfangen, ein Dokument ausdrucken und in einem Tabellenkalkulationsprogramm arbeiten. CP/M-86 hätte vielleicht eine Chance gehabt, wenn einige der großen Hersteller wie Lotus, Ashton-Tate oder MicroPro beschlossen hätten, ihre Software auf dieses System zu portieren. Ohne Lotus 1-2-3, dBASE oder WordStar machte Multitasking aber nicht viel Sinn. Digital Research standen einige äußerst schwierige Jahre bevor.

Da sich MS-DOS fest etabliert hatte, wandte Bill Gates seine Aufmerksamkeit Microsoft-Anwendungen wie Multiplan, Microsoft Word und Microsoft Chart zu. Seine unmißverständliche Botschaft lautete: Microsoft ist »der führende Name auf dem Softwaremarkt«.

# Teil 4

## Die ersten Anwendungen: Multiplan und Word

»Die meisten Menschen sind in einer bestimmten Sache besonders gut... Bill ist anders, denn er kann mehr als eine Sache gut. Das ist eine sehr seltene Gabe... Bill bringt in so vielen Gebieten Spitzenleistungen, daß er aus der Masse herausragt.«

*Charles Simonyi,*
*seit 1981 bei Microsoft*

## Kapitel 11

# Der Aufstieg der elektronischen Tabellenkalkulation

Bei einer Computerkonferenz in Boston im Oktober 1981 spielte Peter Rosenthal von Atari die Bedeutung der Geschäftswelt als Zielgruppe für Personal Computer herunter. Von einem Spiel wie Space Invaders seien 2,5 Millionen Exemplare verkauft worden, von der am weitesten verbreiteten Geschäftssoftware – VisiCalc – dagegen nur 150.000. Rosenthal hatte keine Ahnung, welchen Erdrutsch der IBM-PC auslösen würde. Big Blue erzielte 1981 beachtliche Ergebnisse und brachte 13 000 der neuen PCs an den Mann oder die Frau. 1982 hingegen ließ sich noch viel besser für IBM an. Die Administration von Präsident Reagan ließ Großunternehmen weitaus mehr Freiheiten als frühere Regierungen. Im Januar stellte das US-Justizministerium ein 13 Jahre zuvor gegen IBM eingeleitetes Kartellverfahren ein. Für den Computergiganten war das eine große Erleichterung; solange das Schwert der möglichen Aufsplittung über dem Konzern gehangen hatte, war ein vorsichtigeres Vorgehen erforderlich gewesen. Nun, da die Gefahr gebannt war, stand einer massiven Eroberung des amerikanischen PC-Markts nichts mehr im Wege.

IBM baute ein neues Werk für automatisierte Massenproduktion und senkte die Preise aller seiner Produkte. Seinen direkten Konkurrenten in der Welt der Mainframes wie zum Beispiel der Firma Amdahl, die IBM-kompatible Rechner herstellte, stand ein schwieriges Jahr bevor. Magnuson Computer Systems mußte Konkurs anmelden; National Advanced System versuchte nicht länger, mit IBM zu konkurrieren, sondern verbündete sich statt dessen mit den Japanern und verkaufte nunmehr Hitachi-Hardware. In nicht einmal 18 Monaten kletterte der Kurs der IBM-Aktie um 60 Punkte nach oben und trug so zu einem Anstieg des Dow Jones Industrial Average bei.

Der expandierende Riese führte neue Taktiken ein. Die Verwendung des Intel-Mikroprozessors im IBM-PC war der Beginn einer neuen Strategie der Zusammenarbeit mit externen Zulieferbetrieben. Ende 1981 erwarb IBM – ein Neuling im Akquisitionsgeschäft – 12 Prozent der Intel-Aktien. IBM kaufte auch Aktien der Firma Rolm, die modernste Fernsprechvermittlungssysteme herstellte, und rüstete sich für einen Vorstoß auf den Telekommunikationsmarkt, wo sich ein anderer Gigant – AT&T – breitgemacht hatte.

Selbst die optimistischsten Beobachter wunderten sich über den ausgezeichneten Absatz des IBM-PC. Nach nicht einmal einem Jahr wurden jeden Monat 30 000 solcher Rechner verkauft. Doch es war noch zu früh, um IBM zum Sieger zu erklären. Auch andere Computer wurden erstaunlich gut aufgenommen, so zum Beispiel der einen Monat vor dem IBM-PC eingeführte Osborne. Adam Osborne glaubte an eine starke Nachfrage nach tragbaren CP/M-Computern mit Profi-Software. Innerhalb eines Jahres wurden 100 000 Osborne-Rechner abgesetzt. Dann jedoch ließ die Beliebtheit des Osborne genauso schnell nach, wie sie entstanden war, denn diesem Rechner fehlte eine wichtige Eigenschaft: Er war nicht MS-DOS-kompatibel.

## Der junge Chef von Microsoft

Anfang 1982 erschien Bill Gates erstmals auf dem Titelblatt von *Money,* und Miriam Lubow sorgte dafür, daß jeder Microsoft-Mitarbeiter ein Exemplar dieser Zeitschrift erhielt. Sie erwähnte Bill gegenüber, daß sie das Foto für sehr gelungen hielt. »Bill, haben Sie das gesehen? Das Foto ist einfach fantastisch! Es gefällt mir ausnehmend gut!«

»Wirklich? Ich sehe so jung darauf aus.«

»Bill, Sie *SIND* jung! Was erwarten Sie denn, Sie sind doch erst 27!«

Doch Bill sah eigentlich immer noch jünger aus, als er war. Ein paar Monate später ging er abends mit einigen Mitarbeitern zum Essen, darunter auch Miriam. Bill bestellte ein Bier, und die Bedienung wollte seinen Ausweis sehen. Miriam erinnert sich: »Wir mußten alle lachen, denn er wird *immer* gefragt, ob er schon über 21 ist.«

Der junge Chef von Microsoft arbeitete härter denn je. Der allmittägliche Hamburger war zu einer solchen Gewohnheit geworden, daß er fast schon süchtig danach war. Eines Tages lud Bill einige Angestellte anläßlich des Geburtstags seiner neuen Sekretärin Linda zum Essen ein. Miriam Lubow war ebenfalls wieder mit von der Partie. Sie gingen in ein vornehmes Restaurant, und jeder bestellte Wein und ein Gericht von der Tageskarte. Bill dagegen verlangte zu seinem Wein einen Hamburger.

»Will er wirklich einen Hamburger essen?« dachte Miriam bei sich. »Aber Bill, das hier ist ein feines Restaurant. Warum bestellen Sie nichts anderes?« drängte sie ihn.

In gespielt jämmerlichen Ton erwiderte Bill: »Aber ich mag Hamburger doch *so* gerne!« (Ein paar Jahre später wurde Gates Vegetarier, »um meine Disziplin willkürlich auf die Probe zu stellen«.)

Mitte 1981 stellte Microsoft sein Rechnungswesen auf Computer um. Früher hatte die Frau von Steve Wood die Bücher per Hand geführt; jetzt erledigte ein kleiner Tandy-Computer diese Aufgaben. Für ein Unternehmen, das Seite an Seite mit Giganten wie IBM arbeitet, war die Verwaltung von Microsoft immer noch recht unprofessionell organisiert. Und die Tatsache, daß es keinen Finanzberater gab, erwies sich als teurer Spaß für Gates: Von dem 1981 erwirtschafteten Gewinn von 1 Million Dollar flossen 500 000 Dollar ans Finanzamt. Gates sagte, die

Leitung des Unternehmens nehme ihn so sehr in Anspruch, daß er keine Zeit habe, sich um die Ausnützung von Steuervorteilen zu kümmern. Als Lohn für seinen Beitrag als Steuerzahler erhielt er ein Glückwunschschreiben von Präsident Reagan – ein schwacher Trost.

Im Mai 1982 war Microsoft mit der Vollendung der ersten Anwendung beschäftigt – eine enorme Umstellung für ein Unternehmen, das sich bisher in erster Linie auf Programmiersprachen konzentriert hatte. Gates blieb keine Zeit für Managementaufgaben, daher bat er im Juli 1982 den Tektronix-Manager James Towne, bei Microsoft die Zügel in die Hand zu nehmen. Towne wurde der erste *President* des Unternehmens.

Bei der ersten Anwendung von Microsoft – Multiplan – handelte es sich um ein Tabellenkalkulationsprogramm, das mit VisiCalc in Wettbewerb treten sollte, dem über alle Systeme hinweg unangefochtenen Führer im Softwaremarkt.

## VisiCalc: Das erste Tabellenkalkulationsprogramm

Ein MBA-Student aus Harvard, Dan Bricklin, hatte sich VisiCalc 1977 ausgedacht. Dieser 26jährige Programmierer war einerseits ein typischer Vertreter der Generation der 60er Jahre, träumte andererseits gleichzeitig davon, ein Unternehmen zu gründen und sich in der Geschäftswelt einen Namen zu machen. In Harvard lernte er die vielen Simulationen der realen Geschäftswelt kennen, anhand derer die Universität den Studenten Managementkenntnisse vermittelte. Bei der Bearbeitung dieser Geschäftsvorfälle aus der Praxis stellte er fest, daß die manuelle Neukalkulation der Finanzdaten ihn viel zu viel Zeit kostete. Zur Erleichterung seiner Aufgaben schrieb er kurze BASIC-Programme auf dem universitätseigenen PDP-10. Er erkannte jedoch, daß es für Manager und Finanzanalysten kein allgemeines Kalkulationsprogramm zur Lösung der alltäglichen Geschäftsprobleme gab, und beschloß daher, ein Programm zur Automatisierung dieser täglich anfallenden Berechnungen zu schreiben.

Bricklin befragte mehrere Professoren in Harvard um Rat. Seine Professoren für Produktion und Rechnungswesen waren von seiner Idee begeistert, aber sein Finanzprofessor räumte dem Projekt keinerlei Chance auf dem Markt ein. Dennoch riet er Bricklin, mit Dan Fylstra zu sprechen, der gerade die Firma Personal Software gegründet hatte, die Softwareprogramme für Privatleute anbot. Fylstra gefiel Bricklins Idee, und er stellte ihm einen Apple II zur Verfügung, damit Dan ein Programmmodell entwickeln konnte. Am darauffolgenden Wochenende erfand Dan Bricklin das erste elektronische Tabellenkalkulationsprogramm.

Bricklins Programm stellte mit Hilfe eines Rasters ein Kalkulationsblatt auf dem Bildschirm dar. Die Zeilen des Rasters waren numeriert; die Spalten mit Buchstaben gekennzeichnet. Jedes Feld an der Schnittstelle einer Zeile und einer Spalte wurde mit dem jeweiligen Buchstaben und der entsprechenden Zahl bezeichnet – A1, B2, C4 etc. Der Benutzer konnte Werte oder Formeln in diese Zellen eintragen. Der Befehl ›ADD(A1...A4) in B5‹ beispielsweise wies das Tabellenkalkulationsprogramm an, die Werte in den Zellen A1, A2, A3 und A4 zu addieren und das Ergebnis in Zelle B5 anzuzeigen. Änderte der Benutzer den Wert in einer Zelle, dann berechnete das Programm automatisch alle Werte in der Tabelle neu. Der Prototyp brauchte für die Neukalkulation von 100 Zellen ungefähr 20 Sekunden.

Bricklin zeigte sein Programm einigen Freunden, die ihn ermutigten, sein Projekt, das er VisiCalc taufte, weiterzuverfolgen. Daraufhin tat er sich mit Bob Frankston zusammen, einem Programmierer, den er sieben Jahre zuvor kennengelernt hatte. Bricklin schrieb die Spezifikation für die Software; Frankston entwickelte sie in Assemblercode. Die beiden Freunde gründeten das Unternehmen Software Arts, das die Rechte an VisiCalc hatte.

Sie unterzeichneten einen Vertrag mit Dan Fylstra, der den Vertrieb ihres Programms über Personal Software festlegte.

Als VisiCalc im Mai 1979 erstmals bei der West Coast Computer Faire der Öffentlichkeit vorgestellt wurde und einige Monate später auf der National Computer Conference zu sehen war, zeigte das Publikum deutliches Interesse, schien jedoch nicht sonderlich beeindruckt. Offiziell kam VisiCalc im Oktober 1979 in den Handel. Fylstra stellte es Mitarbeitern der Firma Apple vor, aber diese schienen nicht unbedingt am Verkauf des Produkts interessiert zu sein.

Der Finanzier Ben Rosen erkannte die Möglichkeiten, die in diesem Tabellenkalkulationsprogramm steckten, und lobte VisiCalc in seinem Mitteilungsblatt für Kapitalanleger in den höchsten Tönen. Plötzlich wurde die Öffentlichkeit neugierig auf dieses Programm. VisiCalc schuf bald einen Markt für Mikrocomputer. Kunden, die VisiCalc erwerben wollten, gingen in einen Computerladen und kauften sowohl das Programm als auch den dazugehörigen Rechner. Dan Bricklins Programm war der erste Verkaufsschlager in der Geschichte der PC-Software.

Zunächst lief VisiCalc nur auf dem Apple II, was sich äußerst positiv auf die Verkaufszahlen dieses Rechners auswirkte. Im September 1980 schätzte der Hersteller aus Cupertino, daß 25 000 Apple II (etwa ein Fünftel des Gesamtabsatzes seit 1977) in erster Linie für VisiCalc eingesetzt wurden. Manche zogen einen Vergleich zwischen diesem Programm und der Ed-Sullivan-Show Ende der 40er Jahre, die zu spektakulären Umsatzzuwächsen bei Fernsehgeräten geführt hatte.

Software Arts portierte sein Programm später auf andere Rechner wie den TRS-80, den Atari 80, den Mikrocomputer von Hewlett-Packard und den Commodore PET. 1981 vergewisserte sich IBM, daß bei der Vorstellung des PC auch eine geeignete Version von VisiCalc verfügbar war. Vier Jahre nach der Firmengründung beschäftigte

Software Arts 125 Mitarbeiter und erzielte einen Jahresumsatz von 10 Millionen Dollar.

## Verkaufsschlager Tabellenkalkulationsprogramme

Mit der Erfindung von VisiCalc hatte Dan Bricklin ein latentes Bedürfnis der Geschäftswelt geweckt. Manager auf der ganzen Welt erkannten sogleich, daß dieses Programm für sie wie geschaffen war. Lange Zeit war ihnen nur eine von zwei gleichermaßen unattraktiven Optionen offengestanden, wenn sie bei Berechnungen zur Lösung geschäftlicher Probleme Hilfe benötigten: Sie konnten entweder die DV-Abteilung bitten, ein Programm für einen Mainframe von IBM oder Control Data zu schreiben, oder Hunderte von Berechnungen mit dem Taschenrechner erledigen. Nun aber konnten sie mit Hilfe von VisiCalc ihr ›Modell‹ definieren und alle Kalkulationen auf dem Apple II in ihrem eigenen Büro durchführen.

VisiCalc enthielt alle Standardformeln des Rechnungswesens und erlaubte dem Benutzer, Simulationen durchzuführen und gleichzeitig zu beobachten, wie sich die Veränderung eines Wertes auf Hunderte anderer Werte auswirkte. Was würde geschehen, wenn die Gehälter um 5 Prozent anstiegen, die Preise dagegen um 1 Prozent? Wie würde sich der Kauf einer Maschine zur Kosteneinsparung langfristig auf den Gewinn auswirken? VisiCalc berücksichtigte jedesmal die neuen Daten und errechnete die Antwort. Als die Manager erkannten, daß dieses Softwarewerkzeug ihnen die Entscheidungsfindung auf der Grundlage fundierter Informationen erleichterte, bestellten sie sofort sowohl das Tabellenkalkulationsprogramm als auch einen Personal Computer. Als führendes Programm in dieser Kategorie ließ VisiCalc nicht nur den Absatz des Apple in die Höhe schnellen, sondern auch die Verkaufszahlen in der gesamten PC-Industrie.`

Der Erfolg elektronischer Tabellenkalkulationsprogramme schien unausweichlich zu sein. Da Software Arts VisiCalc nicht für den CP/M-Markt anbot, erschien bald auch ein anderes, für CP/M entwickeltes Tabellenkalkulationsprogramm namens SuperCalc. Dahinter stand die Firma Sorcim (›Micros‹ rückwärts gelesen). Auch dieses Programm, das Computer Associates wenige Jahre später einkaufte, war höchst erfolgreich.

## Das Projekt ›Electronic Paper‹

Als Bill Gates und Paul Allen beschlossen, daß sich Microsoft nun auch mit der Entwicklung von Anwendungen befassen sollte, wandten sie sich selbstverständlich zuerst einem Tabellenkalkulationsprogramm zu. Die Geburtsstunde des Projekts Electronic Paper schlug im Jahre 1980.

Von entscheidender Bedeutung war die Strategie, die Microsoft wählte, um VisiCalc und SuperCalc zu schlagen. Man entschied sich für ein Tabellenkalkulationsprogramm, das auf möglichst viele verschiedene Rechner portiert werden konnte, denn damals konnte man unmöglich voraussagen, ob die IBM-PC-Architektur zum Industriestandard werden würde oder nicht. Mehrere, ganz unterschiedliche Rechner hatten es der Öffentlichkeit angetan: der TI-99 von Texas Instruments, der Osborne und der UNIX-Computer der Fortune Corporation (die heute nicht mehr existiert). Außerdem bekundeten einige von Microsofts Kunden wie Zenith oder Datapoint starkes Interesse an einem Tabellenkalkulationsprogramm für ihre eigenen Rechner.

Die damals beliebtesten Tabellenkalkulationsprogramme eigneten sich zudem nur jeweils für eine Rechnergattung. Das in Assembler geschriebene VisiCalc lief nicht unter CP/M, SuperCalc nicht unter dem Apple-Betriebssystem. Der Weg schien vorgezeichnet zu sein. Das Tabellenkalkulationsprogramm von Microsoft sollte auf alle handelsüblichen Betriebssysteme von CP/M über Apple DOS und

UNIX bis hin zu MS-DOS portiert werden. Zur Erleichterung der Anpassung an eine so breitgefächerte Plattform beschloß Microsoft, sein Programm in der höheren Programmiersprache C zu entwickeln. Gates und Allen waren davon überzeugt, daß Electronic Paper mit dieser Strategie zur Nummer 1 unter den PC-Tabellenkalkulationsprogrammen werden würde.

Microsoft zog für die Spezifikation des neuen Programms Paul Heckel als Berater hinzu, der zunächst jede auch noch so winzige Einzelheit von VisiCalc und Super-Calc unter die Lupe nahm. Gates mißfielen vor allem die von VisiCalc gewählten Zellenbezeichnungen A1, B2, C12 usw., die ihn an das Spiel ›Schiffe versenken‹ erinnerten. In Electronic Paper hießen die Spalten C1, C2, C3 etc. (C für *column*) und die Zeilen L1, L2, L3 usw. (L für *line*). Zur Bezeichnung der Zellen dienten Kombinationen wie L1C1, L2C2 und L14C3.

Aus der ersten Spezifikation erstellte ein Programmierer namens Mark Mathews einen Prototypen für Electronic Paper. Die endgültige Entwicklung des Produkts, das einmal Multiplan heißen sollte, legte Microsoft in die Hände des neu hinzugewonnenen Fachmanns Charles Simonyi.

Simonyi stieß am 6. Februar 1981 zu Microsoft und wurde Leiter des Geschäftsbereichs Anwendungen. Ihm eilte ein außergewöhnlicher Ruf voraus, denn er kam aus dem Palo Alto Research Center (PARC) von Xerox. Bei den Programmierern der Spitzenklasse stand Xerox PARC in hohem Ansehen, da in diesem Forschungszentrum einige der revolutionärsten Ideen in der Informatik das Licht der Welt erblickt hatten. Diese Konzepte wurden einige Jahre später auf den Apple-Computern Lisa und Macintosh, im Programm GEM von Digital Research sowie in Microsoft Windows umgesetzt.

Anfang der 60er Jahre hatte sich Simonyi in seiner Heimat Ungarn autodidaktisch die Kunst des Programmierens in Maschinensprache auf einem klapprigen, rudimentären Computer namens Ural II beigebracht. Seine

Programmierbegabung führte ihn zuerst nach Dänemark, dann zur University of California in Berkeley und schließlich zur Promotion an der Stanford University.

Xerox PARC konnte Charles Simonyi 1972 für sich gewinnen. Zunächst arbeitete er dort an Bravo, einem Textverarbeitungsprogramm für den Alto-Rechner der Firma Xerox. Nach Aussage von Simonyi bot Bravo als erstes System das WYSIWYG-Konzept (What You See is What You Get = Was Sie sehen, bekommen Sie auch) und Mausunterstützung – elf Jahre vor dem Macintosh.

Obwohl Xerox mit Erfolg talentierte Mitarbeiter aufspürte, die dann in neue Bereiche vorstoßen sollten, gelang es dem Unternehmen nicht, diese intellektuellen Goldgruben in seinen Labors in marktfähige Produkte zu verwandeln. Die besten Ingenieure kehrten einer nach dem anderen dem Xerox PARC den Rücken und wandten sich praktischeren Aufgaben zu.

Für Simonyi war es 1980 an der Zeit, das Xerox-Forschungszentrum zu verlassen. Beim Mittagessen reichte ihm ein ehemaliger Kollege, Bob Metcalfe, der soeben 3Com gegründet hatte, eine Liste mit Leuten, die er wegen einer Arbeitsstelle kontaktieren sollte. Ganz oben stand der Name Bill Gates.

Im November traf sich Simonyi mit Bill Gates und Steve Ballmer. Bereits nach fünf Minuten wußte er, daß er bei Microsoft arbeiten wollte. »Es war mir klar, daß Bill wußte, was Sache war.« Aus Höflichkeit nahm Simonyi einige der bereits vereinbarten Vorstellungstermine wahr, und jedesmal war er überrascht, wie sehr sich die Erwartungen von Gates von denen der anderen Firmen unterschieden. Simonyi erkannte sofort, daß die von diesem jungen Mann aus Seattle entwickelten Softwareprogramme die Branche maßgeblich beeinflussen würden.

Als sich Simonyi bei Xerox verabschiedete, fragte ihn eine der Sekretärinnen, zu welchem Unternehmen er gehen werde. Zu ihrer Überraschung nannte er Microsoft – eine Firma, von der sie noch nie zuvor gehört hatte. Er zeigte ihr eines der Mitteilungsblätter des Unternehmens aus Seattle mit einem Foto des Chefs auf der letzten Seite. Ohne Brille sah Bill Gates aus wie ein Schuljunge, der über seinen Hausaufgaben sitzt. Die Sekretärin konnte sich das Lachen nicht verbeißen: »Charles, was tun Sie da bloß? Sie arbeiten doch hier für das beste Forschungslabor der Welt!« Sie wollte ihn vor dem schwerwiegenden Fehler bewahren, für ›diese Kinder‹ zu arbeiten.

Gleich nach seiner Ankunft bei Microsoft versuchte Simonyi, zwei seiner ehemaligen Kollegen für sein Team zu gewinnen. Einer davon arbeitete bei Convergent Technology. Auf dem Weg zu dieser Besprechung schlugen Simonyi und Gates das *Wall Street Journal* auf und entdeckten, daß AT&T Convergent Technology gerade einen Auftrag in der Größenordnung von einer Milliarde Dollar erteilt hatte. Es war also nicht der günstigste Tag, um einen der Convergent-Programmierer abzuwerben, aber die beiden wagten dennoch einen Vorstoß. Obwohl Microsoft bereits ein sehr attraktives Angebot mit hohem Gehalt und großzügigen Aktienbezugsrechten ausgearbeitet hatte, wollte der Ingenieur Convergent Technology nur ungern verlassen und lehnte ab. Auch der andere Freund von Simonyi schlug Microsofts Angebot aus. Simonyi war sehr wütend. »Ich ärgerte mich schwarz, weil ich ihnen nicht begreiflich machen konnte, was für eine Chance sich ihnen da bot!«

## Menüs in Multiplan

Als Simonyi die Verantwortung für das Projekt Multiplan (wie Electronic Paper jetzt genannt wurde) übernahm, erbte er die von Paul Heckel durchgeführte Untersuchung. Als neuer Mitarbeiter hielt er drastische Veränderungen in bereits verabschiedeten Spezifikationen für deplaziert und behielt daher die Bezeichnungen L1 und C1 etc. für Zeilen und Spalten bei.

Zur Programmierung steuerte Simonyi jedoch einige Vorschläge bei. Sein Lieblingsprojekt waren die sogenannten Menüs. Diese ›Speisekarten‹ spielten seiner Meinung nach eine maßgebliche Rolle, wenn der Benutzer den Überblick über ein Softwareprogramm behalten sollte. Im November 1983 erläuterte er sein Konzept in einem Interview mit der Zeitschrift *PC World*.

> Mir gefällt diese augenfällige Analogie zu einem Restaurant. Nehmen wir einmal an, ich gehe in ein französisches Restaurant, kann aber kein Französisch. Die Umgebung ist ungewohnt für mich, und ich fühle mich unsicher. Ich möchte mich nicht blamieren und bin daher irgendwie angespannt. Da kommt ein sehr stattlicher Ober auf mich zu und redet mich auf französisch an. Ich bekomme feuchte Hände.
> So ähnlich fühlen sich wahrscheinlich ein Buchhalter oder eine Buchhalterin, wenn sie sich an einen Computer setzen müssen... Wo ist hier nur der Rettungsanker?
> Der Rettungsanker ist die Speisekarte. Ich kann im Restaurant auf irgendein Gericht auf der Karte deuten, und dann kann mir nichts passieren. Ich bekomme vielleicht nicht, was ich mir wünsche – man serviert mir möglicherweise Schnecken –, aber wenigstens verliere ich nicht das Gesicht.
> ...Aber stellen Sie sich vor, Sie wären in einem französischen Restaurant ohne Speisekarte – das wäre doch einfach schrecklich.
> Mit Computerprogrammen verhält es sich genauso – man braucht eine Speisekarte oder ein Menü. Menüs sind anwenderfreundlich, denn die Benutzer sehen darauf ihre Optionen und müssen nur noch darauf deuten. Sie müssen nicht nach etwas suchen, das sie nicht finden können, und sie müssen keinen Befehl eintippen, der vielleicht nicht stimmt.

In diesem Artikel machte sich der Journalist von *PC World* über die Schwächen der Menüs lustig: »Es gibt auch andere Möglichkeiten. Man könnte beispielsweise auch sagen: ›Das sind die drei Gerichte auf der Tageskarte. Weitere Auskünfte erteilt Ihnen der Ober.‹«

Simonyi geht auf den Witz ein:

> Ich möchte die Analogie nicht überstrapazieren, aber ich weiß, worauf Sie hinauswollen. Als ich in die Welt der Mikrocomputer vorstieß, erkannte ich, daß Menüprogramme in der Regel aus vielen Menüs bestehen, und daß die Programmstruktur oft an einen Irrgarten erinnert. Es ist so ähnlich wie bei einem Abenteuerspiel... Einige Programme haben fünf, sechs oder sieben Menüs, und um von einem zum nächsten zu gelangen, drückt man zum Beispiel Control-C. Es werden sogar Karten erstellt, auf denen die verschiedenen Menüs über Kanäle miteinander verbunden sind, so wie die Karten von Nordamerika aus der Sicht eines Entdeckers aus dem 16. Jahrhundert. Manchmal rechnet man fast damit, daß gleich ein kleiner drohender Drache erscheint, wenn man sich für den falschen Weg entscheidet. Das ist verrücktes Zeug.

Simonyi definierte ein Software-Element, das Berühmtheit erlangen sollte: die Menüs in Multiplan. Sie erschienen in Form von zwei Zeilen am unteren Bildschirmrand und trugen leicht verständliche Bezeichnungen wie ›Berechnen‹ oder ›Druck‹. Wenn der Benutzer einen Menübefehl wie ›Druck‹ auswählte, eröffnete Multiplan ein Untermenü. Mit der Escape-Taste konnte der Benutzer zum vorherigen Menü zurückkehren.

Multiplan bot weitere Neuheiten. Der Anwender konnte mit diesem Programm Informationen mehrerer Arbeitsblätter in einer neuen weiteren Tabelle zusammenfassen. Aus zwölf Monatsrechnungen ließ sich beispielsweise eine Gesamtjahresrechnung erstellen. Um das Schreiben von Formeln zu erleichtern, bot Multiplan die Möglichkeit zur Benennung einer Zellgruppe. Der Gesamtumsatz konnte daher mit einer bestimmten Bezeichnung belegt werden, wie zum Beispiel SUMME (UMSATZ).

Sobald Simonyi die Produktspezifikation abgeschlossen hatte, reichte er die Aufgabe an das Programmiererteam weiter. Es bestand aus Doug Klunder und Bob Mathews, die bei Bedarf von vier anderen Software-Entwicklern unterstützt wurden. Microsoft hatte Klunder erst vor kurzem direkt aus dem College angeworben.

Nach der ursprünglichen Spezifikation sollte Multiplan auf möglichst viele verschiedene Rechner portiert werden. 1981 stand jedoch die Arbeit für IBM auf der Prioritätenliste von Microsoft ganz oben. Gates erzählte den Teams aus Boca Raton vom Multiplan-Projekt und hörte sich ihre Reaktionen aufmerksam an. Damals wollte IBM vor allem den Käufern eines IBM-PC mit 64K Hauptspeicher eine Reihe von Softwareprogrammen bieten. Der Computerriese hatte Unsummen in die Werbung für diese PCs mit begrenzter Kapazität gesteckt. Don Estridge und seine Mannschaft vertraten die Ansicht, daß sie ihr implizites Versprechen einer ganzen Palette von Softwareprodukten für diesen Rechner halten mußten, und sie bestanden daher darauf, daß Multiplan weniger als 64K Arbeitsspeicher einnehmen dürfe. Microsoft gab den Wünschen seines Hauptkunden nach, doch verkomplizierte diese Einschränkung die Aufgabe der Programmierer weitaus mehr als erwartet. Ein paar Jahre später erwies sich diese Entscheidung als schwerwiegender Fehler.

## Multiplan kommt auf den Markt

Im Frühjahr 1982 erhielt IBM die PC-Version von Multiplan. Das Tabellenkalkulationsprogramm bot 64 Spalten und 256 Zeilen und benötigte lediglich 64K Speicherkapazität. Aus undurchsichtigen internen Gründen verzögerte IBM die Aufnahme von Multiplan in seinen Anwendungssoftwarekatalog. Die offizielle Begründung lautete, daß der Geschäftsbereich, der die Software erhalten hatte, sie gemäß der internen Gepflogenheiten einer Reihe von strengen Tests unterzog. Zu seiner Überraschung hörte Doug Klunder jedoch nichts über irgendwelche Probleme mit Multiplan. Anscheinend hielt Big Blue dieses Tabellenkalkulationsprogramm für unbedeutend und rührte lieber weiterhin kräftig die Werbetrommel für die MS-DOS-Version von VisiCalc.

Die erste Multiplan-Version, die tatsächlich (im August 1982) der Öffentlichkeit vorgestellt wurde, lief auf dem Apple II. Kurz darauf stellte Microsoft eine CP/M-Version des Programms vor.

Gates verkündete, daß jeder, der jemals mit einem Taschenrechner gearbeitet hatte, auch mit Multiplan umgehen könne und nannte seine Anwendung ein Tabellenkalkulationsprogramm der zweiten Generation. Er versuchte, VisiCalc und SuperCalc als veraltet hinzustellen.

Die IBM-Version von Multiplan wurde im Oktober 1982 eingeführt und direkt von Big Blue vertrieben. Zum Zeitpunkt der endgültigen Freigabe der Version für den IBM-PC hatte Multiplan zwei Jahre Entwicklung und Betatests hinter sich. (In einem Betatest arbeiten Benutzer in einer realitätsnahen Umgebung mit der Software, bevor sie offiziell auf dem Markt erhältlich ist.)

Jeff Raikes, der im November 1981 von Apple Computer zu Microsoft gewechselt hatte, trug die Verantwortung für die Vermarktung von Multiplan. (Er sah Bill Gates so ähnlich, daß manch einer sagte, er sei wohl sein Klon.) Raikes organisierte die größte Werbekampagne, die Microsoft bis dahin durchgezogen hatte.

Die Presse überschüttete Multiplan mit Lob. Die Zeitschrift *Software Review* bewertete das Programm in allen Kategorien mit ›ausgezeichnet‹ und gratulierte Microsoft zu seinem leicht erlernbaren, anwenderfreundlichen und leistungsstarken Produkt. »Bei der Entwicklung von

Multiplan stand anscheinend ein einziges Ziel im Vordergrund: VisiCalc die Marktführerschaft abzujagen«, hieß es in diesem Artikel, der zu dem Schluß kam, daß Multiplan auch alle dafür nötigen Eigenschaften mitbringe. Im Dezember 1982 verlieh das Wochenmagazin *InfoWorld* Multiplan den Titel ›Software des Jahres‹. Im Januar 1983 verkündete Apple offiziell seine Unterstützung für Multiplan.

Als die Verkaufszahlen von VisiCalc im Januar 1983 die Marke von 500 000 Stück erreichten, erlitt Software Arts einen schweren Rückschlag. Fylstras Unternehmen VisiCorp (ehemals Personal Software) verklagte Bricklins Software Arts wegen der Rechte an VisiCalc. Fylstra kritisierte Bricklin und Frankston, weil sie ihr Tabellenkalkulationsprogramm nicht früher auf den Markt gebracht hätten und es somit versäumt hätten, Konkurrenten wie SuperCalc und Multiplan Einhalt zu gebieten. Der Rechtsstreit zwischen Software Arts und VisiCorp schien Microsofts Position bei der Vorstellung von Multiplan zu verbessern.

## Der Aufstieg von Lotus 1-2-3

Drei Monate später verdrängte jedoch ein anderes Tabellenkalkulationsprogramm VisiCalc von der Spitzenposition: 1-2-3, ein Produkt der Lotus Development Corporation.

Der damals 32jährige Mitch Kapor hatte Lotus im Jahre 1982 gegründet. Bevor er sich für die Kunst des Programmierens zu interessieren begann, war Kapor ein Fan der psychedelischen Rockmusik gewesen, hatte als Diskjockey gearbeitet und später transzendentale Meditation unterrichtet (daher der Name Lotus). 1979 hatte er zwei Software-Anwendungen für VisiCorp geschrieben: das Statistikpaket VisiTrend und das Geschäftsgrafikprogramm VisiPlot. Wie vertraglich vereinbart, erhielt er aus dem Verkauf der beiden Programme eine Lizenzgebühr von jeweils 33 Prozent. Da sich VisiCorp dieser kostspieligen Übereinkunft entledigen wollte, bot das Unternehmen Kapor den Rückkauf der Rechte an diesen beiden Programmen an. Er ging auf VisiCorps Angebot in Höhe von 1,7 Millionen Dollar ein.

Kapor konnte nun seinen nächsten Coup landen: ein Tabellenkalkulationsprogramm, das Zahlen in Grafiken umsetzte. Er lernte Jonathan Sachs kennen, einen Programmierer, der gerne alleine arbeitete und herausfordernde Programmieraufgaben liebte. Sachs hatte selbst eine Idee für ein neues Tabellenkalkulationsprogramm und hielt nach einem Partner Ausschau, der ihm bei der Vermarktung behilflich sein konnte. Sachs und Kapor waren sich einig, daß ihr ›Spreadsheet‹ Zahlen in Grafiken umsetzen sollte. Mitch Kapor gründete Lotus in der Überzeugung, daß ihr Programm alle Rekorde brechen würde. Jonathan Sachs war sich da nicht ganz so sicher, aber dennoch verbrachte er die nächsten zehn Monate seines Lebens damit, Lotus 1-2-3 in Assembler für den IBM-PC zu entwickeln.

Während dieser Zeit zeigte Kapor dem Finanzier Ben Rosen eine Prototypversion von 1-2-3. Der Chef von Sevin Rosen Management erkannte sofort, welches Potential in dieser Software steckte, und investierte 600 000 Dollar in Lotus. Sie überzeugten auch andere Geldgeber, und schon bald waren nahezu 3 Millionen Dollar in Kapors Unternehmen geflossen. Kapor stattete den Werbeetat mit mehreren Millionen Dollar aus – eine noch nie dagewesene Summe. Er sorgte auch dafür, daß sein Produkt in der Presse nicht zu kurz kam. In den führenden Finanzblättern des Landes erschienen noch vor der Markteinführung von Lotus 1-2-3 lobende Artikel.

Lotus zeigte 1-2-3 erstmals im November 1982 auf der Comdex in Las Vegas. Charles Simonyi war dabei: »Als ich 1-2-3 zum erstenmal sah, wußte ich, daß uns harte Zeiten bevorstanden. Das war ziemlich offensichtlich.« Während die Fähigkeiten von Multiplan aufgrund der von IBM geforderten Obergrenze von 64K beschränkt waren, zielte 1-2-3 speziell auf 256K-Rechner ab und bot somit eine breite Funktionspalette. Es war ausnehmend schnell bei Neukalkulationen und enthielt Werkzeuge zur Dateiverwaltung. Bereits in den ersten Tagen nach der Markteinführung gingen bei Lotus Aufträge im Wert von über einer Million Dollar ein.

Drei Monate nach der Freigabe im Januar 1983 hatte Lotus 1-2-3 VisiCalc vom Thron gestoßen und war zur Nummer 1 auf dem Markt geworden – und auf dieser Spitzenposition blieb das Programm auch nahezu ohne Unterbrechung.

## Der Kampf zwischen Multiplan und Lotus 1-2-3

Im Februar 1984 stellte Microsoft die erweiterte Version 1.1 von Multiplan für den PC vor, die den gesamten Speicher eines PC adressieren konnte und daher für umfangreichere Arbeitsblätter geeignet war. Die Version 1.1. lief auf fast hundert verschiedenen Systemen, darunter der IBM-PC, der Apple II, der Commodore 64, der Osborne, der TI-99, der Rainbow-100 von DEC, der B20 von Burroughs, der Professional Computer von Wang, der JB3000 von National Panasonic, der Xerox 820 und etliche UNIX-Rechner. Multiplan war in mehr als ein Dutzend Sprachen übersetzt worden; es gab beispielsweise Versionen in Deutsch, Französisch, Italienisch und Spanisch. Selbst die John-F.-Kennedy-Bibliothek verwendete dieses Tabellenkalkulationsprogramm, da es als einziges auf dem dort eingesetzten Datapoint 8645 laufen konnte.

Microsoft stellte sogar eine japanische Multiplan-Version her. Als Mitsubishi eine Version für seinen 16-Bit-Rechner unter CP/M-86 verlangte, paßte Microsoft das Programm entsprechend an. Dies war keine leichte Aufgabe für die Programmierer, denn das japanische Kanji-Alphabet besteht aus über 10 000 Zeichen!

Microsoft hatte somit sein ursprüngliches Ziel erreicht:

Multiplan lief auf einer breiten Palette von Systemen – vielleicht auf mehr Geräten als jede andere Anwendung. Viele Hersteller verkauften Multiplan direkt mit ihren Rechnern. Inzwischen blies jedoch das auf die spezifischen Bedürfnisse des IBM-PC zugeschnittene Lotus 1-2-3 zum Angriff auf den Markt. IBM war der Ansicht, daß 1-2-3 für den IBM-PC die gleiche Rolle spielen könne wie VisiCalc für den Apple II. Ende 1984 zeichnete sich der Erfolg von 1-2-3 deutlich ab. Mit einem Umsatz von 157 Millionen Dollar rangierte die Lotus Development Corporation auf Platz 1 unter den Softwarehäusern; Microsoft dagegen erzielte 125 Millionen Dollar Umsatz.

Simonyi erkannte, daß Microsoft den falschen Weg eingeschlagen hatte, was teilweise auf die Forderung von IBM nach einem Programm mit weniger als 64K Speicherbedarf zurückzuführen war. »Wir beschäftigten uns einfach die ganze Zeit über mit dem falschen Problem.« Simonyi bedauert, daß Microsoft die wachsende Popularität von leistungsstarken Geräten mit mehr Speicherkapazität nicht voraussah und sein Produkt nicht auf das gehobene Marktsegment ausrichtete, sondern statt dessen im unteren Ende steckenblieb.

Microsoft setzte verschiedene Strategien ein, um Multiplan im Wettbewerb gegen Lotus 1-2-3 zu unterstützen. Anfang 1984 stellte das Unternehmen ›schlüsselfertige‹ Modelle für Finanz- und Budgetplanung vor und bot als Ergänzung ein Lernprogramm an. Doch im Laufe der Jahre vergrößerte sich die Kluft zusehends. 1-2-3 blieb beharrlich an der Spitze; Multiplan dagegen konnte sich gerade unter den ersten Dreißig behaupten, verlor jedoch zunehmend an Boden.

### Der Untergang von VisiCalc

Im Herbst 1984 gewannen Dan Bricklin und Bob Frankston ihren Prozeß gegen Dan Fylstra. VisiCorp mußte Software Arts 500 000 Dollar Schadenersatz und Zinsen zahlen. Doch der langwierige Kampf gegen VisiCorp hatte auch das siegreiche Unternehmen sichtlich geschwächt. Der Markteintritt von 1-2-3 war ein schwerer Schlag für VisiCalc gewesen, dessen monatliche Verkaufszahlen zwischen Anfang 1983 und Ende 1984 von 20 000 auf 2500 Stück fielen. VisiCorp dagegen hatte sich nicht von dem Mißerfolg des Programms VisiOn erholt, in das man 10 Millionen Dollar investiert hatte, und mußte Anfang 1985 Konkurs anmelden. Zur gleichen Zeit unterbreitete Ashton-Tate, der Hersteller von dBASE II, seinem angeschlagenen Mitbewerber Software Arts ein Übernahmeangebot.

Ein paar Tage vor dem zur Vertragsunterzeichnung angesetzten Termin mit Ashton-Tate traf Dan Bricklin auf dem Flug zur SoftCon-Konferenz zufällig Mitch Kapor. Kapor fragte ihn nach dem Stand der Dinge. »Es könnte besser gehen«, erwiderte Dan. Die beiden Firmenchefs unterhielten sich, und Kapor bot Bricklin schließlich die Übernahme von Software Arts an. Die Akquisition kostete 800 000 Dollar; Lotus mußte zudem einen Verlust von 2,2 Millionen Dollar übernehmen. So endete ein Unternehmen, das die einflußreichste Software in der Geschichte der Mikrocomputer hervorgebracht hatte. Software Arts reihte sich in die lange Liste der Firmen ein, die nach einem hervorragenden Start an Schwung verloren hatten – hinter MITS, IMSAI und Osborne. Bricklin arbeitete eine Zeitlang als Berater für Lotus, bevor er ein neues Softwarehaus namens Software Garden gründete.

Laut Dataquest wurde 1986 Lotus 1-2-3 dreimal so häufig verkauft wie Multiplan (750 000 gegenüber 275 000 Exemplaren). Die Absatzzahlen der Lotus-Tabellenkalkulation bewegten sich auf die 2-Millionen-Grenze zu, während es Multiplan insgesamt auf etwa 1,2 Millionen brachte. In jenem Jahr entfiel nach Aussage von InfoCorp bei allen Softwareprogrammen für den gewerblichen Sektor über alle Systeme hinweg allein auf Lotus 1-2-3 ein Marktanteil von 17,6 Prozent. Lotus 1-2-3 fegte Multiplan schließlich vom amerikanischen Markt und hatte bei den Tabellenkalkulationsprogrammen mit 80 Prozent in den Vereinigten Staaten praktisch eine Monopolstellung inne.

Ende der 80er Jahre erreichten die Verkaufszahlen von Lotus 1-2-3 die Marke von 5 Millionen – ein Rekord, der nur schwer zu übertreffen sein wird.

## Kurs auf Europa

Dennoch war Microsoft mit seiner Strategie, Multiplan zu einem möglichst umfassend einsetzbaren Programm zu machen, nicht völlig falsch gelegen. Trotz seiner geringeren Bedeutung auf dem amerikanischen Markt erwies sich Multiplan im Ausland als durchschlagender Erfolg.

Anfang der 80er Jahre vertrat die belgische Firma Vector International die Interessen zweier Softwarehäuser in Europa: Microsoft und Digital Research. Vector konzentrierte seine Aktivitäten vornehmlich auf die Digital-Software; dies ging sogar so weit, daß 1982 viele europäische Computerhersteller Interesse für CP/M-86 bekundeten.

Im Frühjahr 1982 wurde Bob O'Rear mit dem Auftrag nach Europa entsandt, Microsofts Angelegenheiten auf diesem Kontinent zu ordnen. Das erste Ziel seiner Reise war Großbritannien, wo er einen einzigartigen Markt vorfand. Der Bestseller unter den Rechnern war die Schöpfung von Lord David Sinclair. Er hatte bereits 300 000 Sinclair-Rechner verkauft – dreimal so viel wie Commodore und zehnmal so viel wie Apple oder Tandy. Bob O'Rear führte noch gründlichere Untersuchungen durch. Wie in den USA schien auch in Europa die Spitzenposition von Apple mit einem Marktanteil von 50 Prozent unerschütterlich zu sein. Auf Platz 2 lag Commodore mit 30 Prozent. Von IBM sprach noch niemand.

O'Rear erzielte einen ersten Erfolg bei Victor, einem britischen Computerhersteller mit einer Lizenz für CP/M-86, denn er konnte das Unternehmen zur Umstellung auf MS-DOS überreden. In Frankreich rühmte er Herstellern wie Bull, R2E und Léanord gegenüber die Vorzüge des Betriebssystems von Microsoft. Gleichzeitig überwachte er die Übersetzung der BASIC-Handbücher ins Französische und Deutsche.

Im August 1982 überquerte Jeff Raikes den Atlantik, um in Europa eine Werbekampagne für Multiplan zu starten. Er landete mit seiner Freundin in Calais, wo er sich einen Wagen mietete. Nach nur fünfminütiger Fahrt erlitten sie einen Unfall, und Jeffs Begleiterin mußte ins Krankenhaus eingeliefert werden. Ein schlechtes Omen für die Zukunft des Microsoft-Tabellenkalkulationsprogramms in Europa! Doch dann gab es gleich in zweifacher Hinsicht ein Happy End. Jeff Raikes und Bob O'Rear nahmen den Zug von Calais nach Paris, wo sie sich mit Joachim Kempin von Apple trafen (der ein paar Monate später zu Microsoft überwechselte und dort den Aufbau der deutschen Niederlassung übernahm). Kempin unterzeichnete einen Vertrag, der besagte, daß Multiplan zusammen mit dem Apple II verkauft werden sollte. Ein paar Tage später machte Jeff Raikes seiner Freundin noch im Krankenhaus einen Heiratsantrag.

Sogleich wurde mit der Anpassung von Multiplan an die verschiedenen europäischen Sprachen begonnen, und Charles Simonyi, Doug Klunder und die anderen Programmierer entdeckten einige der Eigenheiten dieses Kontinents: Die verschiedenen Länder verwendeten unterschiedliche Methoden zur Kennzeichnung von Dezimalzahlen, unterschiedliche Währungssymbole und Datumskonventionen. Außerdem wimmelte es in manchen Sprachen nur so von Buchstaben mit Akzenten oder Umlauten.

Bob O'Rear erkannte, daß Europa keine Einheit bildete und Microsoft somit unmöglich seine Geschäfte von einer einzigen Zentrale in einem Londoner Vorort aus steuern konnte. Er kam zu dem Schluß, daß sich Microsoft auf drei Hauptmärkte konzentrieren sollte: Deutschland, Frankreich und Großbritannien. Bill Gates genehmigte die Eröffnung einer Niederlassung in jedem dieser drei Länder.

## Multiplans Erfolg in Europa

In Europa entwickelte sich Multiplan allerdings wesentlich besser als in den USA. In Deutschland beherrschte Multiplan neben Lotus 1-2-3 bis zur Einführung von Microsoft Excel für Windows im Jahre 1987 eindeutig den Markt für Tabellenkalkulationsprogramme. Zum einen mag dies an der frühen Verfügbarkeit einer deutschsprachigen Version gelegen haben. Das deutsche Multiplan erschien 1983 als erste professionelle deutschsprachige Tabellenkalkulation. Zum zweiten erleichterte der Markterfolg des Schwesterproduktes Microsoft Word in Deutschland Multiplan den Erfolg. Während Word in den USA stets hinter WordPerfect abgeschlagen den zweiten Platz auf der Rangliste der meistverkauften Textverarbeitungsprogramme einnahm, ist Microsoft Word in Deutschland seit seiner Einführung 1983 mit Marktanteilen von heute über 50 Prozent deutlicher Marktführer. Die ähnliche Bedienbarkeit von Word und Multiplan – vor allem die fast identische Menüstruktur beider Programme – haben viele Anwender in Deutschland zur Standardisierung auf Microsoft-Produkte veranlaßt. So wurden Multiplan und Chart in Deutschland ein wenig zu Trittbrettfahrern des Shooting-Stars Word. Auf der anderen Seite gelang es der deutschen Microsoft-Niederlassung, durch enge Kooperation mit deutschen unabhängigen Softwarehäusern eine Fülle von Branchenlösungen auf der Basis von Multiplan auf den Markt zu bringen. Dabei lieferten kleinere Softwareschmieden vor allem für Handwerk und Mittelstand eine Vielzahl von berufsspezifischen Lösungen, die als vorgefertigte Kalkulationsblätter oder Unterprogramme allen Multiplan-Anwendern zur Verfügung standen. Einige dieser Zusatzprogramme lieferte Microsoft im Rahmen von Marketingprogrammen selbst aus, andere wurden von den deutschen Softwarehäusern selbst vertrieben. Diese Politik der Marktdurchsetzung eines eigenen Produktes durch die Förderung eines Sekundärmarktes mit Zusatzanwendungen unabhängiger Programmierer entwickelte Microsoft in Deutschland später bei dem Multiplan-Nachfolger Excel erfolgreich weiter.

So teilten sich Lotus 1-2-3 und Multiplan in Deutschland den Markt auf, wobei Multiplan vor allem in kleinen und mittleren Unternehmen zum Einsatz kam, während die stärker auf die US-amerikanische Wirtschaft und Technologie ausgerichteten Großunternehmen Lotus 1-2-3 häufig den Vorzug gaben. Im Juni 1987 kontrollierte Microsoft mit Multiplan nach einer Untersuchung von Faulkner rund 60 Prozent des deutschen Marktes für Tabellenkalkulationsprogramme, vor Lotus 1-2-3.

## Nur für den Export

Multiplan 2.0 für den PC wurde im Oktober 1985 vorgestellt. Die neue Version bot unter anderem Mausunterstützung. Im Januar 1987 folgte dann Multiplan 3.0, eine Mehrbenutzerversion mit extrem schneller Neukalkulation, die bis zu acht Arbeitsblätter gleichzeitig bearbeiten konnte. Alles in allem war Multiplan 3.0 doppelt so schnell wie die Vorgängerversion.

Das Marketingteam von Microsoft überlegte sich lange, ob man Multiplan 3.0 auf den Markt bringen sollte. Man dachte, das Programm sei am Ende seiner Karriere angelangt, und fragte sich, ob man es in Zukunft noch in den Vereinigten Staaten anbieten sollte. Schließlich wurde vor allem aufgrund des Erfolges im Ausland beschlossen, Multiplan nicht aufzugeben. Ende 1989 erschien sogar noch eine vierte Hauptversion, die als Multiplan 4.0 sowohl für MS-DOS als auch für das Betriebssystem OS/2 angeboten wurde und heute nochmals überarbeitet als Version 4.2 vertrieben wird. In Deutschland nimmt Multiplan heute nach Microsoft Excel, Borlands Quattro und Lotus 1-2-3 in der Liste der meistverkauften Kalkulationsprogramme für MS-DOS den vierten Rang ein. Dabei hält Multiplan einen Marktanteil von rund 7 Prozent, sein Nachfolger Microsoft Excel ca. 49 Prozent.

In den USA war Multiplan dem Untergang geweiht, da man sich zunächst bei der Zielsetzung verkalkuliert hatte. Bill Gates zeigte jedoch die seltene Fähigkeit, aus seinen Fehlern zu lernen, und machte sich daran, den Erfolg seiner Konkurrenten mit einem eigenen Produkt zu wiederholen. Microsofts Gegenangriff auf dem Markt der Tabellenkalkulationsprogramme begann im Jahre 1985 mit dem bereits erwähnten Nachfolger Excel.

## Kapitel 12

# Microsoft Word

1983 waren bei mehr als 2,9 Millionen Menschen Computer im Einsatz – im Vergleich zu gerade 300 000 im Jahr 1980. Der IBM-PC hatte 1982 seine Konkurrenten Apple, Tandy, Commodore und DEC in bezug auf die Verkaufszahlen hinter sich gelassen. Als IBM 1984 den mit einer Festplatte\* bestückten PC XT vorstellte, schnellte der Absatz noch weiter in die Höhe. Die Schere zwischen IBM und anderen PC-Herstellern mit anderem Standard öffnete sich so weit, daß nur noch Apple im Rennen bleiben konnte.

MS-DOS gab es inzwischen für mehr als 60 Computersysteme. Die Hersteller schickten sich ins Unvermeidliche und propagierten die ›IBM-Kompatibilität‹ ihrer Rechner, auf denen für den IBM-PC geschriebene Software laufen konnte. In Wirklichkeit waren diese Produkte jedoch noch nicht hundertprozentig kompatibel mit dem IBM-PC, was den Benutzern immer wieder recht unangenehme Überraschungen bescherte.

Für die Softwarehäuser war der IBM-PC ein Geschenk des Himmels. 1982 gaben die Anwender eine Milliarde Dollar für Software aus. Das Marktforschungsinstitut Future Computing prognostizierte eine Verdoppelung des Umsatzes im Jahresverlauf. Als unmittelbare Folge der Entwicklungen auf dem Hardwaremarkt überstieg das Marktvolumen für IBM-PC-Programme erst-

---

\* Ein Laufwerk mit einer eingebauten Dauerspeicherplatte, die 10 Megabyte faßt (30mal mehr als eine Diskette). Ab Ende 1984 gab es 20-Megabyte-Festplatten; zu Beginn der 90er Jahre verfügte die Stardardplatte eines PC über eine Kapazität von bis zu 320 Megabyte.

mals den Umfang des Softwaremarktes der Konkurrenzsysteme.

IBM sonnte sich in seinem Erfolg. Das Unternehmen eilte von einem Rekord zum nächsten: Der Gesamtumsatz erreichte mit 34 Milliarden Dollar einen neuen Höchststand, und Big Blue hatte bereits 20 Prozent des US-Marktes für gewerblich genutzte Personal Computer an sich gerissen. Apple dagegen war nach seinem ersten Mißerfolg, dem Apple III, ins Wanken geraten.

### Der Fünferclub

Im Jahre 1983 beherrschten vier Softwarehäuser den Markt: VisiCorp, Microsoft, Digital Research und MicroPro. Lotus schloß sich kurze Zeit später diesem Quartett an.

1983 war VisiCalc mit 500 000 Exemplaren immer noch die meistgekaufte Anwendungssoftware und hatte seinem Hersteller Software Arts Umsätze in Höhe von mehr als 10 Millionen Dollar beschert. Nun aber verdrängte Lotus 1-2-3 VisiCalc aus dem Kreis der Gewinner. Dieses Programm war so erfolgreich, daß die Lotus Development Corporation 1983 gleich nach Microsoft auf Platz 2 unter den Softwareanbietern aufrückte. Den Kunden gefiel vor allem die Neukalkulationsgeschwindigkeit von Lotus 1-2-3. Um die bestmögliche Leistung auf einem IBM-PC zu erzielen, modifizierte der Entwickler von 1-2-3, Jonathan Sachs, das MS-DOS-Betriebssystem ohne zu zögern an den Stellen, wo es ihm zu langsam erschien. Bill Gates war von dem Auftauchen solcher ›hardwareabhängiger‹ Applikationen nicht gerade begeistert. Er hielt es für nicht besonders sinnvoll, wenn die Anwendungen sich direkt an die Hardware ankoppelten, anstatt auf die Leistungen von MS-DOS zurückzugreifen, denn so bestand die Gefahr, daß sie in neuen Konfigurationen nicht mehr richtig funktionierten.

Doch bei allen Weiterentwicklungen des PC blieb

Lotus 1-2-3 unangefochtener Spitzenreiter. Es wurde vielmehr eines der Standardprogramme zur Überprüfung der IBM-Kompatibilität anderer Rechner.

Abgesehen von Apple mit seinem eigenen Betriebssystem spielte Digital Research auf dem IBM-unabhängigen PC-Markt die erste Geige. Das Unternehmen rechnete bis 1983 mit einer Umsatzsteigerung auf 40 Millionen Dollar, doch statt dessen verlor es weiterhin an Boden gegenüber Microsoft. Das Betriebssystem CP/M-86 für den IBM-PC kam zu spät in den Handel. Im Sommer des Jahres 1983 schätzte die im kalifornischen Los Gatos beheimatete Marktforschungsgruppe Yates Ventures die installierte CP/M-Basis bei 16-Bit-Rechnern auf insgesamt 500 000. DOS lag vorne mit 550 000 auf dem IBM-PC installierten PC-DOS-Systemen und 100 000 MS-DOS-Systemen auf IBM-kompatiblen PCs.

Schon sehr bald geriet Digital Research aufgrund des Preises ins Hintertreffen. CP/M-86 kostete bis zu achtmal so viel wie DOS, bot aber nicht einen so viel größeren Funktionsumfang, als daß sich dieser Unterschied rechtfertigen ließ. Digital Research probierte verschiedene Strategien aus, um den unangefochtenen Marktführer Microsoft vom Thron zu stoßen. Zunächst senkte man den Preis von CP/M-86 auf ein Viertel. Dann versuchte das Unternehmen, eine Reihe von Herstellern dazu zu überreden, CP/M-86 standardmäßig auf ihren Geräten zu installieren. DEC, Televideo, Hewlett-Packard, Data General und Honeywell ließen sich auf diesen Vorschlag ein, beschlossen aber, gleichzeitig auch MS-DOS für ihre Rechner anzubieten. Die Würfel waren gefallen: DOS hatte gewonnen. Dies wurde deutlich, als Digital Research heimlich mit der Entwicklung von Anwendungssoftware für DOS begann. Paradoxerweise galt CP/M-86 in Expertenkreisen als das überlegene Produkt, das zudem auch in einer Multitasking-Version erhältlich war. Die Benutzer zogen jedoch DOS aufgrund seiner höheren Verarbeitungsgeschwindigkeit und seiner größeren Benutzerfreundlichkeit vor.

1983 waren von Microsoft BASIC mehr als eine Million Exemplare verkauft worden, und dies hatte einen Umsatz von 15 Millionen Dollar in die Kassen von Microsoft gebracht. Das Unternehmen hoffte, beim Gesamtumsatz bald die Marke von 50 Millionen Dollar zu erreichen, indem es neben seinen Sprachen und MS-DOS eine vollständige Anwendungspalette offerierte. In der Zeitschrift *Business Week* vom 9. Mai 1983 erklärte Bill Gates, Ziel seines Unternehmens sei es, »alle [PC-]Software der Zukunft aus einer Hand anzubieten«.

Die Geschäfte liefen großartig für dieses Softwaregenie, sowohl in bezug auf seine Firma als auch hinsichtlich seines Privatvermögens. Zu jener Zeit tätigte der begnadete Programmierer, der es zum Vorsitzenden eines Unternehmens gebracht hatte, sogar einige der besten Investitionen der damaligen Zeit. Anfang der 80er Jahre hatte Gates 40 000 Dollar in Technologieaktien angelegt, die er für unterbewertet hielt (darunter auch Aktien der Firma Apple). Im Laufe der nächsten Jahre stieg der Wert seines Portfolios auf eine Million Dollar. Von diesem Gewinn kaufte er sich für 780 000 Dollar ein Haus mit Blick auf den Lake Washington und einem Hallenswimmingpool von mehr als 9 Metern Länge.

## Microsoft wird unter Jon Shirleys Führung erwachsen

Gates war allerdings nicht zufrieden mit James Towne, den er ein Jahr zuvor als *President* engagiert hatte. Seiner Meinung nach legte Towne bei der Leitung von Microsoft während dieser aufregenden Phase nicht genügend Enthusiasmus an den Tag. Aufgrund seiner Nonchalance erhielt Towne nur 11 Monate nach der Einstellung seine Entlassungspapiere.

Jetzt wählte Gates den Mann, der den TRS-100 auf dem Markt eingeführt hatte (einen tragbaren Computer, den Microsoft auf Kazuhiko Nishis Initiative hin konstruiert und Tandy dann vermarktet hatte; vgl. Kapitel 7): Jon Shirley, *Vice President* bei Tandy. Diesem 45jährigen Topmanager, hinter dessen zurückhaltender Art sich beispiellose Beharrlichkeit und einzigartiges organisatorisches Geschick verbarg, wurde das stetige Wachstum der Firma Tandy zugeschrieben.

In Microsoft fand Shirley ein Unternehmen, dessen Umsatz sich Jahr für Jahr verdoppelte, bei dem aber in der Verwaltung so katastrophale Zustände herrschten, daß eine Neustrukturierung bitter notwendig war. Steve Ballmer, Gates' Freund aus Collegezeiten, mühte sich ab, Rechnungswesen, Personalwirtschaft und einige andere Funktionen unter einen Hut zu bekommen. Trotz seiner guten Absichten, seines persönlichen Charismas und seiner grenzenlosen Energie konnte Ballmer nur mit größter Mühe sein Schiff zwischen den Klippen hindurchsteuern. Im Finanzwesen herrschte die reine Anarchie. Der DV-Leiter fragte sich pausenlos, welche Geräte er kaufen konnte. Einige Programme wurden nicht schnell genug produziert, um die Nachfrage zu befriedigen; die Geschäftsleitung erhielt keine ausreichenden Informationen. Shirley mußte auch feststellen, daß die Buchführung auf einem der kleinen Tandy-Rechner erledigt wurde, die er früher einmal verkauft hatte! Das Buchführungsprogramm war alles andere als geeignet für ein Unternehmen mit nahezu 50 Millionen Jahresumsatz; nicht einer der für eine rasch expandierende Firma unerläßlichen Kontrollmechanismen existierte.

Sobald er sich von seinem Schock erholt hatte, begann Jon Shirley, ein wenig Ordnung in die Organisation zu bringen. Er stellte einen Finanzleiter ein, verfaßte Regeln zum Ausfüllen von Verwaltungsformularen und orderte einen Zentralrechner für Lagerwirtschaft und Buchführung. Steve Ballmer wurde zum Leiter der Marketingabteilung ernannt.

In einem Interview, das Shirley kurz nach seinem Amtsantritt gab, sah er seine Aufgabe darin, Bill Gates so zu unterstützen, daß dieser sich so gut wie möglich auf

Forschung und Entwicklung konzentrieren könne. Shirleys fantastische Umsetzung dieses Ziels trug wesentlich dazu bei, daß Microsoft zu einem ausgereiften Unternehmen wurde.

Im Personalbereich war Shirley ein glühender Verfechter des Delegierens. Seiner Ansicht nach konnte man nur durch die Ausbildung exzellenter Führungskräfte ein Großunternehmen aufbauen. Bei der Jahreshauptversammlung von Microsoft beschrieb er seine Vorstellung von einem idealen Mitarbeiter und erklärte, die Beschäftigten von Microsoft seien Menschen, »die etwas in Bewegung setzen können«.

## WordStar: Das erste erfolgreiche Textverarbeitungsprogramm

Im April 1983 stellte Microsoft seine zweite Anwendung vor: ein Textverarbeitungsprogramm, das dem Marktführer WordStar die Show stehlen sollte.

Für jeden, der Texte verfassen muß, bedeutet die Arbeit mit einem Textverarbeitungssystem eine ungeheure Zeitersparnis. Der Text wird nicht mehr wie bei einer Schreibmaschine direkt auf ein Blatt Papier geschrieben, sondern mit Hilfe der Computertechnologie im Arbeitsspeicher des Rechners und auf Diskette abgespeichert. Der Benutzer kann den Text ändern und formatieren und nach Belieben ausdrucken. Im Arbeitsspeicher können zahlreiche Textänderungen vorgenommen und dann auf Diskette gespeichert werden, ohne daß der Benutzer das gesamte Schriftstück neu tippen muß. Das spart Zeit und bewahrt den Benutzer vor frustrierenden Erfahrungen.

Die ersten Textverarbeitungsprogramme gab es Ende der 70er Jahre auf speziell dafür entwickelten Schreibautomaten. Ganze Heerscharen von Sekretärinnen lernten den Umgang mit Visiotext von IBM oder ähnlichen Geräten von Wang, Lanier und CPT.

1978 kehrte Seymour Rubinstein, der den bevorstehenden Zusammenbruch von IMSAI voraussah, diesem PC-Hersteller den Rücken und gründete das Softwareunternehmen MicroPro. Er engagierte einen Programmierer, der WordMaster schrieb, einen Texteditor für Software-Entwickler auf PC-Basis. Rubinstein steckte sein gesamtes Vermögen in dieses Programm und hatte am Abend vor der Produkteinführung nicht einmal mehr genug Geld für ein Hotelzimmer, so daß er in der U-Bahn übernachten mußte.

Glücklicherweise verkaufte sich WordMaster auf Anhieb gut und brachte Zehntausende von Dollar in die Kassen von MicroPro. Angespornt durch diesen Erfolg begannen Rubinstein und sein Kollege mit der Entwicklung eines Textverarbeitungsprogramms für die breite Masse. WordStar erschien Mitte 1979 und kletterte ohne Schwierigkeiten auf die Führungsposition. Einige Journalisten nannten dieses Programm den Goldesel der CP/M-Welt. (Von VisiCalc, dem anderen Verkaufshit der Anfangszeit, existierte keine CP/M-Version.)

Nach der Markteinführung des IBM-PC begann MicroPro mit der Konvertierung seiner ursprünglich in Assembler 8080 für 8-Bit-Rechner geschriebenen Software auf die neuen 16-Bit-Rechner. Dies führte zu einer WordStar-Version, die auf dem IBM-PC genauso wie einst auf CP/M-Rechnern lief. In der IBM-Welt erlangte WordStar rasch die gleiche Beliebtheit wie bei CP/M-Benutzern. 1982 konnte MicroPro verkünden, daß der Absatz seines Textverarbeitungsprogramms die Millionenschwelle überschritten hatte.

WordStar hatte jedoch einen gravierenden Nachteil – es war sehr kompliziert. Für einfache Aufgaben wie Löschen von Text oder Speichern auf Diskette mußte man schwierige Tastenkombinationen kennen. Um eine Zeile zu löschen, mußte der Benutzer gleichzeitig die Control-Taste sowie die Buchstaben Q und Y drücken. Mit Control, K und D konnte man ein Dokument auf Diskette abspeichern. Wer WordStar beherrschen wollte, mußte etwa 30 solcher Kombinationen auswendig lernen.

Bei einigen WordStar-Benutzern machten sich erste Anzeichen der Ungeduld bemerkbar. Da und dort wurde in Artikeln angedeutet, daß Nachfrage nach einem Textverarbeitungsprogramm bestünde, das die Anwender von Ctrl-QY und anderen verwirrenden Prozeduren befreie. In einem im Oktober 1983 in *Softalk* veröffentlichten Leitartikel hieß es beispielsweise, daß es den freien Gedankenfluß hemme, wenn man so komplizierte Methoden zur Textbearbeitung einsetzen müsse.

## Microsoft fordert WordStar heraus

Bei der Entwicklung eines Konkurrenzprodukts zu WordStar zog Microsoft all diese Faktoren in Betracht. Charles Simonyi integrierte dabei einige ungewöhnliche Konzepte in dieses Programm, das ursprünglich Multi-Tool Word hieß.

WordStar war in Assemblercode programmiert. Im Gegensatz dazu sollte MS-Word (wie die Software schließlich genannt wurde) wie auch Multiplan in der höheren Programmiersprache C geschrieben werden. Es sollte die gleiche Benutzerschnittstelle wie Multiplan besitzen, und viele Befehle sollten genauso lauten wie in den Multiplan-Menüs. Selbstverständlich sollte es unter MS-DOS laufen.

Word sollte auch das erste Textverarbeitungsprogramm sein, das Fettdruck, Unterstreichungen, Kursivschrift sowie Hoch- und Tiefstellungen auf dem Bildschirm darstellte. Der Bildschirm konnte in verschiedene Ausschnitte oder ›Fenster‹ unterteilt werden, so daß der Benutzer mehrere Dokumente gleichzeitig laden konnte. Zudem speicherte Word gelöschten Text in einem ›Papierkorb‹, damit der Anwender versehentlich gelöschte Passagen wieder in den Text zurückholen konnte. Ein besonders innovatives Merkmal von Word war die Maus – eine kleine, an den Computer angeschlossene Zeigevorrichtung. Wenn man sie über die Schreibtischplatte rollte, bewegte sich ein kleiner Pfeil auf dem Bildschirm. Mit der Maus konnte der Benutzer Text markieren und dann löschen, ändern oder Ergänzungen einfügen.

In WordStar mußten die Anwender jedes Dokument einzeln formatieren. Word dagegen bot Druckformatvorlagen, in denen bestimmte Zeichen- und Absatzformate gespeichert waren, die man dann für jedes beliebige Dokument verwenden konnte. Der Benutzer konnte zum Beispiel eine Druckformatvorlage mit der Bezeichnung BRIEF erstellen und sie für verschiedene Geschäftsbriefe heranziehen, so daß die gesamte Korrespondenz im gleichen Format erschien.

Microsoft bot in Word auch die Möglichkeit der Proportionalschrift, wie sie auf den gerade auf dem Markt erschienenen Laserdruckern verwendet wurde. Die hierzu erforderliche Programmierung war äußerst kompliziert, insbesondere angesichts eines so kleinen Marktsegments, doch Gates bestand darauf, da er die wachsende Bedeutung dieser Drucker erahnte. Er wußte, daß Microsoft dieses Merkmal von Anfang an in Word integrieren mußte, da eine spätere Modifikation sich sehr schwierig gestalten würde. Word war somit das erste Softwareprogramm, daß beinahe druckreife Dokumente erstellen konnte. Man konnte nicht nur Laserdrucker, sondern auch Drucksatzsysteme anschließen.

Schließlich sollte Word auch nicht alle Verbindungen zur Vergangenheit oder Gegenwart abbrechen. Es war so programmiert, daß es mit WordStar erstellte Dateien lesen (und demzufolge modifizieren) konnte.

Nach der Festlegung der Spezifikationen für Word machte sich Simonyi Mitte 1982 sogleich an die Arbeit. Unterstützt wurde er dabei von dem Programmierer Richard Brodie.

Multi-Tool Word wurde auf der Comdex in Atlanta im Frühjahr 1983 vorgestellt. Alle Anwesenden waren überrascht, daß es nun ein Textverarbeitungsprogramm mit einer Maus gab. Im Juni beschrieb das Magazin *Softalk* seinen ersten Eindruck von einer Vorabversion des Programms und sparte dabei nicht mit Lob.

## Ein neuer Name und eine neue Marketingstrategie

Im Sommer 1983 änderte Microsoft den Produktnamen. Ursprünglich hatten Bill Gates, Charles Simonyi und Jeff Raikes eine Produktfamilie geplant, deren Mitglieder alle Multi-Tool heißen sollten. Multiplan war das erste Programm aus dieser Familie. Demzufolge hätte das Textverarbeitungsprogramm Multi-Word heißen müssen. Eine Datenbank, die sie Multi-File nennen wollten, befand sich im Forschungsstadium. Dann mußten sie feststellen, daß einige dieser Namen bereits durch Warenzeichen geschützt waren, und entschieden sich daher für Multi-Tool Word. Der neue Kommunikationsleiter Rowland Hanson war von diesen langen Namen nicht begeistert. Er schlug eine weitaus simplere Lösung vor: »Verwenden wir doch einfach Microsoft. Nennen wir sie einfach Microsoft Plan, Microsoft File, Microsoft Word.« Gates hielt das für eine großartige Idee. Umfragen hatten ergeben, daß der Name Microsoft in der Öffentlichkeit noch relativ unbekannt war – vor allem im Vergleich zu Apple. Die neue Namensgebungsstrategie würde die Produktbezeichnungen vereinfachen und den Bekanntheitsgrad des Unternehmens steigern.

Die Kampagne für das neue Softwareprogramm legte Microsoft in die Hände der Werbeagentur Doyle Dane Bernbach aus San Francisco. Dies war ein Bruch mit der Vergangenheit, als die Konsumenten aus in Computermagazinen veröffentlichten Produkttests von neuen Programmen erfuhren. Wenn sie mehr wissen wollten, mußten sie sich das Programm bei einem Händler vorführen lassen.

Als neuen taktischen Schachzug beschloß Microsoft, 450 000 Demonstrationsdisketten und ein zwölfseitiges Begleitlehrheft zu verteilen. Diese kostenlosen Demo-Versionen zeigten alle Programmerkmale, nur konnten die Anwender keine Dateien speichern oder ausdrucken lassen.

Diese Disketten wurden über die Zeitschrift *PC World* an den Mann oder die Frau gebracht, deren Chef David Bunnell ehemals das Altair-Mitteilungsblatt herausgegeben hatte. Bunnell bereitete ein Sonderheft über die 1200 führenden Softwareprogramme auf dem Markt vor. Ursprünglich wollte er jedem Exemplar eine Diskette mit vier oder fünf Programmen verschiedener Softwarehäuser beilegen. *PC World* hätte jedem Anbieter je nach dem von dem betreffenden Programm benötigten Speicherplatz einen entsprechenden Prozentsatz der Herstellungskosten dieser Disketten in Rechnung gestellt.

Als erstes wandte sich *PC World* an Microsoft. Jeff Raikes aus der Marketingabteilung war so begeistert von dieser Idee, daß er beschloß, die ganze Diskette für Microsoft zu verwenden, obwohl dies insgesamt 350 000 Dollar kosten würde – mehr als vierzigmal so viel wie der übliche Preis für eine ganzseitige Anzeige (8000 Dollar).

Rowland Hanson schloß sich Raikes' Meinung hundertprozentig an. In seiner früheren Position als Marketingleiter bei Neutrogena hatte er diese Art der Verkaufsförderung kennengelernt. Er verglich das Angebot einer Demo-Diskette mit der in der Kosmetikindustrie beliebten Praxis, kostenlose Proben anzubieten. Aus eigener Erfahrung wußte er, daß dies eine sehr wirksame Methode zum Aufbau eines treuen Kundenstamms war. Hanson erkannte das ungeheuere Potential dieser Verkaufstechnik in der Welt der Software. Seiner Ansicht nach war es entscheidend, daß die Kunden den Nutzen eines Produkts aus eigener Erfahrung beurteilen konnten.

Microsoft und *PC World* beabsichtigten ursprünglich, jedem Exemplar des Sonderhefts eine Diskette beizulegen. Da man jedoch befürchtete, daß einige dieser Disketten aus den Zeitungsregalen gestohlen werden könnten, beschloß man, daß nur die 100 000 Abonnenten von *PC World* die Diskette mit der Sonderausgabe erhalten sollten. Damit hatte man eine ideale Zielgruppe gefunden, denn nach einer Untersuchung besaßen 95 Prozent der Abonnenten dieser Zeitschrift einen IBM-PC mit DOS als Betriebssystem.

Microsoft und *PC World* wußten, daß Disketten empfindlich auf elektrische Ladungen, Wärme und Feuchtigkeit reagieren. Manchmal werden sie schon durch bloßes Verbiegen unbrauchbar. Daher testete man 17 verschiedene Verfahren zum Schutz der Datenträger. Damit schließlich die Postangestellten nicht der Versuchung erlagen, sich das Geschenk anzueignen, verpackte man das Sonderheft von PC World in eine feste Plastikhülle, die gleichzeitig das Knicken der Diskette verhinderte. Nach all diesen Maßnahmen erhielt *PC World* nur bei 1,5 Prozent der ausgegebenen Disketten Reklamationen, wohingegen David Bunnell mit einer Umtauschrate von 10 Prozent gerechnet hatte.

Das 464 Seiten starke Sonderheft erschien im November 1983. Nach der Titelgeschichte ›1200 Programme für den IBM-PC‹ folgte eine lange Bestsellerliste: VisiCalc, WordStar, dBASE, 1-2-3, SuperCalc usw. usf. Ganz unten auf der Seite stand ›Kostenlose Demo-Diskette von Microsoft‹.

Die 100 000 Abonnenten fanden die Demo-Diskette in ihrer Zeitschrift. Leser, die das Magazin am Kiosk kauften, erhielten ein Abonnementangebot für 14 Exemplare und eine kostenlose Word-Diskette. Auf diese Weise wollte Microsoft die verbleibenden 350 000 Demo-Disketten verteilen. Jon Shirley betonte der Presse gegenüber, daß Microsoft sich als verbraucherfreundliches Unternehmen verstand. Die Benutzer könnten Microsoft Word jetzt selbst zu Hause oder im Büro bequem ausprobieren.

Microsoft investierte enorme Summen in die Einführung von Word. Die Aktion in *PC World* war nur der Anfang. Microsoft plante auch einen Werbefeldzug, um die Medienwirksamkeit des Projekts ›Diskette in einer Zeitschrift‹ auszunutzen – eine innovative Taktik, über die viele Publikationen berichtet hatten.

## Word: Vor- und Nachteile

Die offizielle Freigabe von Word erfolgte am 15. November 1983. Das Programm brauchte 128K Speicherplatz und kostete weniger als WordStar: 475 Dollar mit Maus und 375 Dollar ohne.

Vier Wochen nach der Aktion in *PC World* hatte Microsoft 18 000 Exemplare von Word ausgeliefert – ein zwar zufriedenstellendes Anfangsergebnis, aber keineswegs die Auftragsflut, mit der man gerechnet hatte. Die Verbraucher hielten sich anscheinend mit ihrem Urteil zurück.

Die Ergebnisse der Vergleichstests für Microsoft Word wurden ab Oktober veröffentlicht. Die Magazine waren geteilter Meinung. In seiner Ausgabe vom Oktober 1983 lobte *Softalk* MS-Word und nannte es das erste Textverarbeitungsprogramm, das die Möglichkeiten von 16-Bit-Rechnern wie dem IBM-PC wirklich ausschöpfe. Auch in der November-Ausgabe von *PC World* wurde das Programm positiv beurteilt; es hieß, Microsoft Word sei »in bezug auf Leistung und Innovationen vergleichbar [mit WordStar] oder gar überlegen« und biete »eine beträchtliche und augenfällige Performance-Verbesserung im Vergleich zu WordStar«. Der *Sentinel Star* vom März 1984 ging in seiner Würdigung sogar noch einen Schritt weiter. Der Journalist meinte, er habe zwar ein Dutzend Textverarbeitungsprogramme getestet, doch erst Microsoft Word habe ihn so überzeugt, daß er sein bisher unangefochtenes Lieblingsprogramm WordStar aufgegeben habe. Die Zeitschrift *PC Magazine* gab sich zurückhaltender; in einem im Februar dort abgedruckten Artikel hielt der Verfasser Word für ein noch nicht ausgereiftes Produkt, das aber das Potential besitze, WordStar zu schlagen.

Im Gegensatz dazu übte der regelmäßig erscheinende Seybold-Marktanalysebericht im März 1984 heftige Kritik an Word und riet vom Einsatz dieses Programms ab, da es zu kompliziert sei. *Business Computer Systems* schrieb im August 1984: »Word kann erstaunlich viel, aber es enthält einige Bugs, und seine Komplexität stört.« Den vernichtendsten Bericht verfaßte ein DV-Berater für *Personal Computer Age* vom Mai 1984. Er schrieb, einer seiner Klienten habe Word aufgrund der glühenden Lobeshymnen in den Zeitschriften gekauft. Nach dem Kauf habe dieser Klient den Berater aber mehrmals täglich wegen Problemen mit Word angerufen. Da der Berater nicht mit diesem Textverarbeitungsprogramm vertraut war, sah er es sich genauer an. In dem Artikel meinte er, in der derzeitigen Form könne er Word nicht empfehlen, und riet den Lesern, noch sechs Monate oder ein Jahr zu warten, bis Microsoft alle Programmfehler beseitigt habe.

Die Journalisten waren sich anscheinend in einem Punkt nicht einig: War Word leicht erlernbar oder nicht? *Softalk* und *Popular Computing* vertraten die Ansicht, man könne den Umgang mit Word rasch und problemlos erlernen. Im März 1984 empfahl die Zeitschrift *Life Insurance Selling* wärmstens den Kauf von Word und nichts anderem und erklärte, daß die Grundlagen dieses Textverarbeitungsprogramms leicht erlernbar seien und daß seine Leistung so gut sei, daß man mit Hilfe des Handbuchs komplexe Antragsformulare aufsetzen könne.

*Business Computer Systems* war da anderer Ansicht: »Anwender mit durchschnittlichen Textverarbeitungsbedürfnissen sind vielleicht besser bedient mit einem Produkt, das weniger kann, aber leichter erlern- und einsetzbar ist.« In seiner Ausgabe vom Juni 1984 riet *PC World* Anfängern, sich von Word fernzuhalten. Der erboste Berater beklagte sich in *Personal Computer Age,* daß die Befehle in Word kompliziert und unlogisch seien, und kam zu dem Schluß, dieses Programm sei sogar noch schwerer erlernbar als WordStar.

Nicht jedermann war von Word begeistert. Um dieses Programm entbrannten vielmehr heftige Kontroversen, die nicht spurlos vorübergingen. Im ersten Jahr erzielte Microsoft Word nur mäßige Umsätze.

## Word 1.1

Im Laufe des Jahres 1984 brachte Microsoft zwei Zwischenversionen von Word heraus. Die im April eingeführte Version 1.1 unterstützte statt der beim IBM-PC üblichen 25 Bildschirmzeilen Karten, die bis zu 43 Zeilen anzeigten. Die neue Serienbrief-Funktion erlaubte dem Benutzer, mit einer in dBASE II erstellten Adreßdatei Serienbriefe für Mailing-Kampagnen zu schreiben.

Bei dem im Oktober 1984 ausgelieferten Word 1.15 liefen bestimmte Operationen doppelt so schnell ab. Als Reaktion auf die Kritik, daß Word schwer erlernbar sei, erstellte Microsoft ein interaktives Lernprogramm, das den Benutzer in 30 Lektionen Schritt für Schritt durch die Software führte.

Um die Weihnachtszeit startete Microsoft eine neue Sonderaktion. Jeder, der Word vor dem 31. Dezember 1984 erwarb, sollte ein Rechtschreibprogramm als kostenlose Dreingabe erhalten.

## Word 2.0

Dennoch wurden die Verkaufszahlen von Word einfach nicht besser. Das Programm war zu neuartig und noch nicht verläßlich genug, um die Verbraucher zu überzeugen. In einer Umfrage der InfoCorp, die sich Anfang 1985 genau mit dem weltweiten Absatz von Textverarbeitungsprogrammen auseinandersetzte, war Microsoft nicht unter den ersten Zehn. Mit einem Marktanteil von 24 Prozent und 290 000 verkauften Exemplaren rangierte WordStar 1984 immer noch an der Spitze. Gleich danach folgte AppleWriter mit 22 Prozent und 254 000 Exemplaren. Weiter unter auf der Liste stand das extrem einfache pfs:Write von Software Publishing mit 8 Prozent Marktanteil und 92 000 verkauften Exemplaren. Word gelang der erwartete Durchbruch nicht.

Gates sagt über Word: »Die Schuld lag eindeutig bei

uns. Wir hätten ein besseres Handbuch schreiben und den Leistungsumfang des Programms leichter zugänglich machen müssen. Das Produkt bot fantastische Leistungsmerkmale, aber wir haben nicht genug getan, um es auch für Anfänger verständlich zu machen.« Gates meint, daß bei der ersten Vorstellung von Word die Maus als Nachteil betrachtet wurde. Microsoft mußte feststellen, daß dies zu Umsatzeinbrüchen führte; also wurden Word und die Maus nicht mehr gemeinsam als Kombipack verkauft.

Die im Februar 1985 eingeführte Version 2.0 unterstützte den Hewlett-Packard LaserJet-Drucker und enthielt ein interaktives Lernprogramm. Obwohl sie im Vergleich zum ersten Versuch deutliche Verbesserungen aufwies, war sie immer noch nicht völlig ausgereift. Ein Kritiker beklagte in der Zeitung *Seattle Post-Intelligencer* vom 21. Mai 1985, daß das Rechtschreibprogramm und die Wortzählfunktion (die in Word 1.0 fehlten, aber in Version 2.0 vorhanden waren) unpraktisch seien, da sie nicht in das Programm integriert waren. Um ein Dokument zu korrigieren, mußte der Benutzer zu schreiben aufhören, das Dokument abspeichern und dann ein anderes Programm aufrufen. Das Lernprogramm wurde als spürbare Verbesserung angesehen. »Trotz des Umfangs und der Anzahl der Optionen ist es dank des außergewöhnlichen interaktiven Lernprogramms, das auf der Diskette mitgeliefert wird, ein Kinderspiel, den Umgang mit Word zu lernen«, schrieb ein Kritiker am 17. Juni 1985 in *InfoWorld.* Die Zeitschrift *PC Magazine* vom 25. Juni 1985 stimmte dem zu: »Das mitgelieferte Lernprogramm für Word gehört zu den besten, die wir je gesehen haben. Es setzt auch Grafiken sinnvoll ein, um das Interesse des Benutzers zu verstärken und zu erhalten.«

Eine Systemmitteilung, die einige Programmierer bei der Untersuchung des Codes von Word aufspürten, sorgte für einigen Wirbel. Sie behaupteten, diese Nachricht habe sie vor der Verletzung der internen Sicherheitsvorschriften gewarnt und dann gedroht, das Programm auf der Diskette zu zerstören. Nachdem diese

Meldung auf dem Bildschirm erschienen war, erzeuge Word gräßliche Geräusche im Diskettenlaufwerk. Glücklicherweise blieb es bei der Drohung. Dennoch mußte Jeff Raikes eine Erklärung veröffentlichen, in der erläutert wurde, daß hier offenbar ein übereifriger Programmierer ohne Wissen des Unternehmens sein Unwesen getrieben habe.

Word hatte zwar den Markt immer noch nicht erobert, doch gab es inzwischen einen Benutzerstamm, der bereit war, das Programm gegen jeden Angriff zu verteidigen. Der *Seattle Post-Intelligencer* tat sein Übriges. Nach der Veröffentlichung eines wenig begeisterten Artikels über Word überschütteten Word-Fans, die für ihre Lieblingssoftware in die Bresche sprangen, den Chefredakteur mit einer Flut von Briefen.

## WordPerfect an der Spitze

Wieder einmal wurde Microsoft von einem anderen Softwarehaus überrundet – diesmal von WordPerfect. Dieses im Bundesstaat Utah ansässige Unternehmen hielt nichts von bombastischen Werbefeldzügen. Seine schlagkräftigste Waffe war Service, Service und noch einmal Service. Microsoft wußte nicht, wie es auf diesen Konkurrenten reagieren sollte, dessen Methoden auf dem Markt so ganz anders waren.

Gründer des 1979 entstandenen Unternehmens Word-Perfect waren Bruce Bastian, der damals noch studierte, und sein Informatikprofessor Alan Ashton. Sie schrieben ihr Textverarbeitungsprogramm zunächst für den Data-General-Minicomputer und adaptierten es dann für den IBM-PC. Da ihnen praktisch kein Geld für Werbung zur Verfügung stand, gewannen Bastian und Ashton Studenten für den Vertrieb ihres Produkts. Die beiden Gründer übernahmen auch alle Geschäftsführungsaufgaben und verschickten sogar die Disketten eigenhändig an ihre Kunden. Vor allem aber wurden sie für ihren unvergleichlichen Service berühmt. Sie kümmerten sich um jeden Anruf und ruhten nicht eher, bis sie den Kunden vollkommen zufriedengestellt hatten. In ihren nüchternen Anzeigen in Computermagazinen druckten sie die Fotokopie eines Schecks ab, die zeigte, wie hoch ihre Telefonrechnung aufgrund der kostenlosen telefonischen Unterstützung war, die sie ihren Kunden boten. Bei der Vermarktung ihres Produkts entwickelten die beiden Freunde die grundlegende Philosophie, die zum Markenzeichen ihres Unternehmen werden sollte.

Anfangs spielte sich der Siegeszug des Programms nahezu im Verborgenen ab, dann aber stand WordPerfect plötzlich auf der Liste der 30 Verkaufsschlager des bedeutenden Softwarehändlers Softsel, und der Absatz kletterte immer weiter in die Höhe. WordPerfect erreichte schließlich Platz 2 – gleich hinter dem anscheinend unbezwingbaren Lotus 1-2-3. Bei InfoCorp sah die Liste der führenden Textverarbeitungsprogramme 1986 folgendermaßen aus:

1. WordPerfect (31 Prozent);
2. WordStar (16 Prozent);
3. IBM VisiOn (13 Prozent);
4. pfs:Write (12 Prozent) und Multimate (12 Prozent);
5. Word (11 Prozent).

Im Oktober 1987 war WordPerfect auch auf der Softsel-Liste an die Spitze gewandert.

Im Gegensatz zu Word mit seinem aufsehenerregenden, medienwirksamen Markteintritt baute WordPerfect – das Textverarbeitungsprogramm, dem es gelang, an WordStar vorbeizuziehen – Schritt für Schritt seinen guten Ruf durch mündliche Empfehlungen und die leistungsstarke Servicepolitik des Unternehmens auf. Bis zum heutigen Tag treten in der PC-Industrie immer wieder solche Überraschungen auf.

## Word 3.0

Nach den noch nicht völlig zufriedenstellenden ersten Versionen von Word entsprach das im April 1986 vorgestellte Word 3.0 eher dem hohen Perfektionsgrad, der auf dem amerikanischen Markt erwartet wurde. Einer der größten Vorteile dieser Version war eine ausgeklügelte Online-Hilfe, mit der Benutzer den Umgang mit Word ohne Handbuch lernen konnten. Diesmal war das Problem der Erlernbarkeit ausgezeichnet gelöst. Das Programm wurde so begeistert aufgenommen, daß es 1986 zum meistgekauften Produkt von Microsoft wurde und in den Vereinigten Staaten auf der fünften Stelle der Softwareverkaufsliste rangierte.

## Microsoft auf Platz 2

Anfang 1989 schätzte Dataquest, daß in den vergangenen 12 Monaten 937 000 Exemplare von WordPerfect verkauft worden waren – im Vergleich zu 650 000 Stück Microsoft Word. Trotz dieser beachtlichen Leistung schien die Kluft zwischen Microsoft und seinem Hauptkonkurrenten nahezu unüberwindlich. Obwohl das Unternehmen aus Seattle auf dem europäischen Markt für Tabellenkalkulations- und Textverarbeitungsprogramme einzigartige Erfolge erzielte, gelang es Microsoft in den USA nicht, auf die Spitzenposition vorzurücken. Anders war die Situation in Europa, vor allem in Deutschland.

## Word in Deutschland: eine Bilderbuchkarriere

In Deutschland wurde Microsoft Word zum meistverkauften PC-Softwareprodukt aller Zeiten. Hier nutzte Microsoft den Startvorteil, erstes US-Softwarehaus mit einer komplett ins Deutsche übersetzten Textverarbeitung zu sein. Schon Anfang 1984 erschien Word 1.1 mit deutscher Menüführung, deutschem Hilfeprogramm und deutschem Handbuch. Microsoft verfügte in Deutschland schon seit 1983 über eine eigene Niederlassung mit einer starken Vertriebsmannschaft und einer eigenen Hotline für Word-Anwender. Dies machte Microsoft anderen US-Unternehmen wie MicroPro (WordStar) und WordPerfect überlegen. Die wichtigste Konkurrenz lag in den ersten Jahren in Produkten deutscher Hersteller wie zum Beispiel TexAss. Wesentliche Markterfolge konnte Microsoft bereits mit der Version 2.0, die ab 1985 verfügbar war, erzielen. Microsoft forderte kleine deutsche Softwarehäuser auf, Zusatzprodukte zu Word zu entwickeln. So gab es für Word schon früh Ergänzungen, die die automatische Verarbeitung von Word-Texten in Satzmaschinen der Firma Linotype ermöglichten. Word 3, ab 1987 auf dem deutschen Markt, unterstützte als erstes Textverarbeitungsprogramm alle gängigen Laserdrucker. Als eines der wenigen Programme konnte Word auf Ganzseitenmonitoren unterschiedlichster Hersteller betrieben werden. Als Zusatzprodukte unabhängiger Hersteller kamen in jenen Jahren zum Beispiel Adreßverwaltungsprogramme auf den Markt, die mit der von Word bekannten Bedieneroberfläche in Zusammenarbeit mit Microsoft Word das Abfassen und Ausdrucken von Serienbriefen wesentlich vereinfachten. Hier bestätigte sich erneut die Überlegenheit der alten Microsoft-Strategie, Schnittstellen offenzulegen und andere Softwarehäuser zu ermuntern, Microsoft-eigene Entwicklungen wie die Word-Oberfläche aufzugreifen und Ergänzungen zu Microsoft-Produkten zu entwickeln. Word war Mitte der 80er Jahre in Deutschland das Synonym für professionelle Textverarbeitung am PC mit professionellen Ausgabegeräten.

1987 löste Word in der neuen Version 4.0 erstmals dBase von Ashton Tate als meistverkaufte PC-Software in Deutschland ab, eine Tendenz, die sich 1988 fortsetzte, als die einflußreiche Stiftung Warentest in ihrem ersten Software-Test überhaupt Word als einzigem Textprogramm ein ›Sehr gut‹ verlieh. Als Erfolgsprogramm von

Microsoft konnte Word auch seine Schwesterprogramme Multiplan, Chart und Project beflügeln. Alle diese Produkte verfügen über die gleiche einheitliche Microsoft-Bedieneroberfläche und können untereinander Daten austauschen. Mit diesen Programmen entwickelte Dateien können fest miteinander verknüpft werden, so daß sich komplexe vernetzte Dokumente gestalten lassen. Diese ›Produktfamilie‹ machte Microsoft zur bekanntesten Marke in Deutschland, da ein anderer Komplettanbieter nicht auf dem Markt war. Lotus galt als Spezialist für Tabellenkalkulation, Ashton Tate für Datenbanken, Microsoft als Spezialist für Textverarbeitung UND als Komplettanbieter einer aus Textverarbeitung, Kalkulation, Grafik und Projektplanung bestehenden Bürolösung. So wurde Word in Deutschland mitverantwortlich für die Markterfolge von Multiplan, Chart und Project, drei weitere Microsoftprogramme auf Platz 1 in den Softwareverkaufshitlisten für Tabellenkalkulation, Geschäftsgrafik und Projektplanung.

Word 5.0, 1989 erschienen, konnte in Deutschland einen Marktanteil von über 50 Prozent erreichen und verlor erst nach dem Aufkommen von Word für Windows an Bedeutung, dem 1992 neben Microsoft Excel für Windows erfolgreichsten PC-Softwareprogramm in Deutschland. Mit Word für MS-DOS und Word für Windows hält Microsoft 1992 im deutschen Textverarbeitungsmarkt einen Marktanteil von über 60 Prozent. Dieser Erfolg ist auch für die bei Microsoft geltenden Maßstäbe einzigartig. So verwundert es nicht, wenn die langjährige Produktmanagerin von Word heute das gesamte Marketing der deutschen Microsoft-Tochter leitet. Produkterfolg schlägt in individuelle Karriere um.

In den USA mußte Microsoft Word mit dem Erfolg auf den Durchbruch der Macintosh-Rechner warten. Dort war der Sieg dann aber von weltweiter Bedeutung.

## Word für den Mac: Der Erfolg stellt sich ein

Während der ersten beiden Jahre nach der Freigabe des Macintosh lieferte Apple mit jedem dieser Rechner sein Textverarbeitungsprogramm MacWrite aus. Zunächst waren die Anwender davon begeistert, aber schon bald mußten sie die Grenzen dieses Programms erkennen: MacWrite konnte keine Dokumente verarbeiten, die länger als acht Seiten waren, wie z. B. umfangreiche Berichte, Bücher oder Drehbücher.

Bei der ersten Ausstellung rein für den Macintosh (der MacWorld Expo) kündigte Microsoft die erste Version von Word für den Mac an. Die Benutzer von MacWrite jubelten, denn das Programm, das nach Aussage von Microsoft bald auf dem Markt erhältlich sein sollte, konnte auch lange Dokumente verarbeiten. Doch der Herbst ging ins Land, und es gab immer noch kein Word für den Macintosh.

Die Entwickler von Microsoft Word konnten ihren urspünglichen Zeitplan nicht einhalten. Die im September 1984 abgeschlossene Version hielt man für zu langsam; mit den Nachbesserungen hatten sich Fehler ins Programm eingeschlichen, welche die Freigabe um weitere vier Monate verzögerten.

Eigentlich gab es auch keinen triftigen Grund zur Eile. Da Apple ein kostenloses Textverarbeitungsprogramm mit dem Macintosh auslieferte, waren die Programmierer nicht allzu erpicht, eine Marktnische ins Visier zu nehmen. Im November 1984 gab es 200 Anwendungen für den Macintosh, doch mit Ausnahme der Macintosh-Version von Microsoft Word war kein anderes Textverarbeitungsprogramm in Sicht.

Inzwischen stellte Apple eine neue Version von Mac-Write vor, die mit Dokumenten von bis zu 50 Seiten Länge arbeiten konnte. In der ersten der Presse zur Prüfung vorgelegten Version wimmelte es von ärgerlichen Problemen. Zum Schrecken von Verfassern, die gerne viele Worte machten, erschienen gelegentlich Fehlermeldungen auf dem Bildschirm. Manchmal tauchte eine Warnung auf, daß nicht gespeicherter Text verloren sei, da man das Gerät ausschalten und neu starten müsse. In anderen Fällen verschwanden Absätze ohne jede Vorwarnung. Während die Benutzer also auf ein verläßlicheres Produkt warteten, holten sie ihre alte MacWrite-Version hervor und arbeiteten trotz der begrenzten Dokumentenlänge lieber damit.

Im Dezember stellte Microsoft einer Reihe von Unternehmen die Betaversion von Word für den Macintosh für intensive Untersuchungen zur Verfügung. Obwohl es sich nur um eine Vorabversion handelte, trug das Produkt den Namen Macintosh Word Version 1.0. Über 100 Unternehmen testeten das Programm. Dann brachten einige davon Raubkopien dieses neuen Word in Umlauf. Wie auch bei BASIC für den Altair dauerte einigen Anwendern die Wartezeit auf das leistungsstarke Textverarbeitungsprogramm einfach zu lange. Dadurch geriet Microsoft in eine mißliche Lage, denn diese Vorabversion enthielt einen gravierenden Fehler: Die letzte Textzeile in einem Dokument wurde oftmals gelöscht. Solche Schwächen waren natürlich Gift für den Ruf des Programms, und Microsoft mußte Abhilfe schaffen. Eines Morgens rief ein Händler aus Michigan bei Microsoft an und sagte, Studenten eines nahegelegenen College, die einen 512K-Mac kaufen wollten, seien mit einer Raubkopie von Word für den Macintosh in seinen Laden gekommen, um zu sehen, wie dieses Programm auf dem gewünschten Rechner funktioniere!

Zur Freude vieler ungeduldiger Macintosh-Besitzer war ab Januar 1985 Word für den Macintosh endlich erhältlich. Die Benutzer von MacWrite waren angenehm überrascht: Word konnte mit MacWrite erstellte Dokumente ohne Umformatierung lesen.

In der *InfoWorld* vom 22. April 1985 erhielt Word für den Macintosh gute Noten, doch äußerte das Magazin einige Vorbehalte in bezug auf die Stabilität des Programms. Word bot zwar, wie gewünscht, mehr Performance, mehr Merkmale und die Bearbeitung längerer Dokumente, aber mit dieser Leistungssteigerung gingen auch Nachteile einher. Obwohl sich das Magazin insgesamt positiv über Word Mac äußerte, wurde kritisiert, daß die erste Version 1.00 überraschend viele Bugs enthalte und etliche Schlüsselfunktionen fehlten.

Ein weiterer Testbericht, den *PC Magazine* am 30. April 1985 veröffentlichte, ließ kaum ein gutes Haar an diesem Konkurrenten von MacWrite. Der Autor Kaare Christian kritisierte, daß sich die Macintosh-Version zu sehr von PC-Word unterscheide. »Bei Word für den Macintosh fehlen viele der Merkmale, die zum Erfolg der PC-Version beitrugen, wie z. B. Druckformatvorlagen und ein Rechtschreibprogramm. Ich würde niemandem empfehlen, in der gleichen DV-Umgebung PCs und Macs einzusetzen, und dann von allen Mitarbeitern problemlosen Umgang mit Word auf beiden Rechnertypen zu erwarten. Das Layout ist jeweils ganz anders. Ich habe viel Erfahrung im Umgang mit Word für den PC, und ich war überrascht, wie lange ich brauchte, um mich an Macintosh Word zu gewöhnen.« Christian kam zu dem Schluß, daß Word für den Macintosh im Vergleich zu MacWrite nur wenige Verbesserungen biete, und da MacWrite nichts kostete, riet er den Anwendern vom Kauf dieses neuen Produkts ab.

Andere Zeitschriften dagegen äußerten sich lobend über Macintosh Word, so zum Beispiel *MACazine* vom März 1985. »Es macht Spaß, eine Kritik über ein ausgezeichnetes Programm zu schreiben, auch wenn es schwerfällt, nicht wie eine Werbeanzeige für Word zu klingen. Seit über sechs Monaten arbeite ich täglich mit Macintosh Word, und selbst in der unausgereiften Vorabversion waren seine Vorteile im Vergleich zu MacWrite augenfällig. Nun hat das Produkt seinen letzten Schliff erhalten, und es ist schlicht und einfach ein Vergnügen, damit zu arbeiten.«

Im Juni 1985 brachte Microsoft eine überarbeitete Version von Macintosh Word heraus, in der nach Aussage des Unternehmens die von den Benutzern gefundenen Programmfehler beseitigt worden waren.

## Word 3.0 für den Mac

Am 27. Oktober 1986 kündigte Microsoft Word 3.0 für den Macintosh an. (Version 2.0 wurde übersprungen.) Diesmal waren auf den ersten Blick deutliche Verbesserungen zu erkennen. Auf der Bühne des New Yorker Guggenheim Museum stellte Bill Gates sein neues ›Dokumentenverarbeitungsprogramm‹ vor – eine bewußt gewählte Unterscheidung zu ›Textverarbeitungsprogrammen‹ wie MacWrite. Jeder kennt aber die Macht der Gewohnheit, und so rutschte Gates bei der Beschreibung der Vorteile von Word heraus, es sei »das schnellste Textverarbeitungsprogramm, das jemals auf einem Personal Computer gelaufen ist«.

Unter den Merkmalen dieser neuen Word-Version für den Mac ragte die Vorschaufunktion heraus, die jeweils zwei Seiten in dem im Druck erscheinenden Format anzeigen konnte. Word 3.0 unterstützte auch die vom Apple LaserWriter verwendete Sprache PostScript. Außerdem enthielt es Druckformatvorlagen und ein Rechtschreibprogramm.

Microsoft begann am 29. Januar 1987 mit der Auslieferung von Word 3.0. Inzwischen hatte sich der Macintosh stark verändert. Der MacPlus war auf eine positivere Resonanz in der Geschäftswelt gestoßen. Daher wurde der Preis für das ›Dokumentenverarbeitungsprogramm‹ auf das Niveau von Word für den PC angehoben und verdoppelte sich von 195 auf 395 Dollar.

PageMaker von Aldus, ein zwei Jahre zuvor erschienenes DesktopPublishing-Programm für den Macintosh, ermöglichte den Anwendern, bei Verwendung eines LaserWriter Dokumente in professioneller Druckqualität zu erstellen. In der Zeitschrift *Personal Computing* vom April

1987 meinte Jack Bell jedoch, daß Word ohne weiteres die für Geschäftsberichte und andere Projekte erforderlichen hochentwickelten Funktionen übernehmen könne, so daß PageMaker nicht mehr benötigt werde.

Doch wieder einmal berichteten Computermagazine über gewisse Programmfehler. 1988 widmete sich Stewart Alsop in der *InfoWorld* diesem Thema und brachte sein Erstaunen darüber zum Ausdruck, daß Word diese Gerüchte über Bugs so gut überstanden hatte. Zu jener Zeit belief sich der monatliche Absatz von Word für den Macintosh auf 20 000 Stück.

Inzwischen arbeiteten auch andere Softwarehäuser an der Portierung ihrer Textverarbeitungsprogramme auf den Macintosh. Als WordPerfect jedoch 1988 seine Macintosh-Version einführte, war der Zug bereits abgefahren. Laut Dataquest wurde Microsoft Word für den Mac in jenem Jahr 250 000mal verkauft und erreichte damit insgesamt Platz 3 unter den Textverarbeitungprogrammen nach WordPerfect mit 937 000 und Microsoft Word für den PC mit 650 000 Exemplaren.

Im März 1989 stellte Microsoft die Version 4.0 von Word für den Macintosh vor. Word war nun so beliebt, daß 100 000 Anwender die neue Version unmittelbar nach der Freigabe kauften. Bis Ende 1990 hatte Microsoft Word 69mal die ›Top Ten‹ der monatlichen Bestsellerliste von *MacWorld* erreicht und war unangefochtener Spitzenreiter. Die Version 5 von Word für den Macintosh, in Deutschland seit 1992 auf dem Markt, hält einen Marktanteil von knapp 60 Prozent, ein hoher Marktanteil, der jedoch nicht überrascht, wenn man bedenkt daß Microsoft auf dem deutschen Softwaremarkt für Macintosh-Computer nahezu eine Monopolposition einnimmt. Die Programme Excel und Works halten in den Märkten Tabellenkalkulation und Integrierte Software jeweils einen Marktanteil von deutlich über 80 Prozent.

## Teil 5

## *Microsoft brilliert mit Excel auf dem Macintosh*

»Vieles von dem, was Sie sehen, ist so wie Bill selbst. Er besitzt die Fähigkeit, den Überblick zu behalten, schenkt aber gleichzeitig den Einzelheiten große Aufmerksamkeit.«

*Jeff Raikes, seit 1981 bei Microsoft*

**Kapitel 13**

# Der Macintosh: Ein anwenderfreundlicherer Computer

Der Apple II und der IBM-PC trugen wesentlich dazu bei, die Schwellenangst vor dem Computer als furchteinflößende und verwirrende Maschine abzubauen. VisiCalc und Lotus 1-2-3 zeigten, daß ein Computer von großem praktischen Nutzen für den durchschnittlichen Geschäftsmann sein kann. WordStar und Microsoft Word erleichterten den Einsatz von Computern für das Schreiben von Berichten, Briefen und anderen wichtigen Dokumenten. Dennoch trennte immer noch ein tiefer Graben den Durchschnittsbürger vom Reich der Computertechnologie.

Mitte der 80er Jahre wurden Design und äußeres Erscheinungsbild der Hardware drastisch geändert. In immer mehr Büros, Universitäten und Wohnungen tauchte eine kompakte, beige Kiste auf, die den Umgang mit Computern revolutionierte. Sie hieß Macintosh.

Der Apple Macintosh war ganz anders als der IBM-PC, der Apple II oder andere frühere Mikro-, Mini- oder Großcomputer. Ein Neuling konnte in der Regel den Umgang mit dem Textverarbeitungsprogramm MacWrite innerhalb weniger Minuten lernen. Während der Benutzer bei MS-DOS, dBASE II und WordStar geheimnisvolle Befehle eintippen mußte, konnte er beim Macintosh mit der Maus einfach auf kleine Sinnbilder (sogenannte Ikonen) zeigen, die die gewünschte Funktion als eindeutiges Symbol darstellten. Um eine Datei zu löschen, mußte man beispielsweise die Datei-Ikone anklicken und sie auf das Piktogramm eines Papierkorbs ziehen.

Bill Gates und Steve Jobs, der Mitbegründer von

Apple, hatten beide die gleiche Vision von Computern als benutzerfreundliche, praktische Hilfsmittel für den Alltag. Der Schlüssel zum Erfolg war ihrer Meinung nach die grafische Benutzeroberfläche. PCs mit MS-DOS hatten damals eine Textschnittstelle; der Anwender mußte sich also über Buchstaben, Zahlen und Interpunktionszeichen mit seinem Gerät verständigen. Die grafische Benutzeroberfläche des Apple Macintosh dagegen arbeitete mit Bildern und alle Daten wurden im Rasterverfahren auf den Bildschirm gezeichnet. Hinter dieser Schnittstelle stand die Grundannahme, daß Bilder viel eingängiger seien als Worte. Ein Papierkorb und seine Funktion war für Menschen vieler verschiedener Nationen viel leichter zu erkennen als beispielsweise das englische Wort *erase*.

Der Macintosh hatte als erster Computer mit grafischer Benutzeroberfläche in den Medien und auf dem Markt einen überwältigenden Erfolg.

## Die Geburtsstunde der grafischen Benutzeroberfläche

Anfang der 60er Jahre führten George Evans und Ivan Sutherland auf Mainframes wertvolle Untersuchungen zu den Einsatzmöglichkeiten der Computergrafik durch. In seiner Dissertation beschrieb Sutherland die Grundlagen eines Systems, das er Sketchpad nannte. Er argumentierte, daß die Verwendung von Bildern anstelle von Text die Nutzungspalette der Rechner beträchtlich erweitern würde.

Einige Jahre später entwickelte Douglas Engelbart vom Stanford Research Institute (SRI) auf der Grundlage der Arbeit von Sutherland das Konzept der ›Fenster‹ (*windows*). In der ›klassischen‹ Informatik nahm ein Programm den ganzen Bildschirm ein. Mit der von Engelbart definierten Schnittstelle konnten mehrere Dokumente gleichzeitig auf dem Bildschirm in jeweils eigenen Fenstern angezeigt werden, und der Benutzer konnte mit der ›Maus‹ (einer Erfindung Engelbarts, die bei dem im SRI entwickelten NLS-Rechner erstmals verwendet wurde) auf das gewünschte Dokument zeigen. Wenn man diese Vorrichtung auf einer glatten Fläche hin- und herschob, bewegte sich auf dem Bildschirm ein Zeiger.

## Die Stars im Xerox PARC

Anfang der 70er Jahre eröffnete Xerox sein Forschungszentrum in Palo Alto, Kalifornien, in der Nähe der Stanford University – das Palo Alto Research Center, das unter der Bezeichnung Xerox PARC Weltruhm erlangen sollte.

Mit dem PARC wollte Xerox ein Zentrum schaffen, in dem die Ingenieure ihrer Kreativität und Fantasie freien Lauf lassen konnten, insbesondere in bezug auf die Entwicklung neuer Einsatzmöglichkeiten für Computer. Einige hochbegabte Köpfe wie zum Beispiel Charles Simonyi, Alan Kay, David Liddle und Larry Tesler nahmen diese Einladung zur Entdeckung neuer Technologien an.

Die Forscher führten die Arbeit von Evans, Sutherland und Engelbart fort und ersannen Smalltalk, eine neue Sprache, die sich von den anderen damals üblichen unterschied, da mit ihr mehrere Fenster gleichzeitig auf dem Bildschirm eingeblendet und dann mit einer Maus angeklickt und bewegt werden konnten. In jedem Fenster lief ein Programm im Parallelbetrieb ab. Wenn man mit der Maus auf eines der Fenster zeigte, wurde dieses über die anderen gelegt, und die Eingabe von Daten in das entsprechende Programm war möglich.

Die erste Version von Smalltalk wurde auf dem Alto getestet, einem Rechnerprototypen von Xerox, der Forschungszwecken diente. Das Betriebssystem des Alto arbeitete im Bit-Map-Modus, d. h. der Bildschirm wurde ständig Punkt für Punkt neu zusammengesetzt. Wenn man den Zeiger auf bestimmte Bereiche des Bildschirms führte, reagierten diese und zeigten zum Beispiel Menüs an. Der Alto war eindeutig benutzerfreundlicher als jeder herkömmliche Computer. Zur Auswahl eines Befehls klickte der Benutzer mit der Maus das Fenster seiner Wahl an und markierte eine Option aus dem Menü.

1981 führte die Arbeit im Xerox PARC zur Entwicklung des noch fortschrittlicheren Star, der ein weiteres wichtiges Konzept einführte: Ikonen. Bei den meisten Computern mußte der Benutzer Befehle über die Tastatur eintippen; beim Star dagegen erschienen Sinnbilder für Objekte und Vorgänge, die der Benutzer zur Ausführung der gewünschten Aufgaben manipulierte. Wer die aktuelle Uhrzeit abfragen wollte, mußte beispielsweise den Zeiger auf das Symbol der Uhr lenken. Zum Löschen von Dateien mußte man das entsprechende Piktogramm zum Papierkorb ziehen.

Im Xerox PARC entwickelten die Schöpfer der Ikonen einige der revolutionärsten Konzepte in der Computertechnik, die den Geräten ein neues Aussehen verliehen. Xerox bereitete eindeutig den Weg für die Rechner des ausgehenden 20. Jahrhunderts, doch gelang es dem Unternehmen nicht, seine Entdeckungen kommerziell zu nutzen und einen Mikrocomputer für die Allgemeinheit herzustellen.

Als Xerox 1977 beschloß, den Alto zu vermarkten, hatte man eine elitäre Kundschaft im Auge. Der Rechner kostete zwischen 20 000 und 30 000 Dollar. Einige Altos wurden im Weißen Haus, im Senat und im Repräsentantenhaus installiert. Dreieinhalb Jahre vergingen bis zur Markteinführung der Star Workstation, mit der eine größere Zielgruppe anvisiert wurde. Doch auch hier machte der hohe Preis (16 595 Dollar) diesen Rechner wieder zu einem Prunkstück, das sich nur wenige Privilegierte leisten konnten.

Einer nach dem anderen verließen die Starprogrammierer Xerox PARC, um ihre in Palo Alto entwickelten Ideen andernorts umzusetzen. Im Laufe der 80er Jahre machten sich Apple, Microsoft, Atari und Digital Research mit Freuden Entdeckungen des Xerox PARC zu eigen.\*

Viele wichtige Persönlichkeiten in der Welt der Personal Computer arbeiteten einst für Xerox PARC. Alan Kay, der als Schöpfer der Fenster und der Pull-Down-Menüs gilt, verließ das Forschungszentrum, um bei Atari zu arbeiten, und wechselte später zu Apple.

Larry Tesler stellte sein im PARC erworbenes Wissen 1980 Apple zur Verfügung, wo er den Lisa-Rechner konstruierte. Ihm folgte Tom Malloy, der das Textverarbeitungsprogramm für den Lisa schrieb. Jef Raskin schließlich, der viele PARC-Konferenzen besucht hatte, stellte später das Projekt Apple Macintosh auf die Beine.

Bob Metcalfe definierte den Ethernet-Standard zum Datenaustausch zwischen mehreren vernetzten Computern. 1979 gründete er 3Com zur Vermarktung von Karten, mit denen sich PC-Netzwerke aufbauen ließen.

John Warnock gründete 1982 die Firma Adobe Systems. Er revolutionierte das Verlagswesen mit einem neuen, wichtigen Konzept namens Desktop Publishing. Adobes PostScript wurde zur standardmäßigen rechnerinternen Sprache für die Kommunikation mit Laserdruckern.

Robert Carr, der bei Xerox am Star und an Smalltalk mitgearbeitet hatte, dachte sich Framework aus, ein integriertes Softwarepaket der Firma Ashton-Tate, das Mitte der 80er Jahre beliebt war.

Dave Liddle ging zu IBM, wo er an der Konstruktion des im Juni 1989 eingeführten Systems Office Vision mitwirkte.

---

\* Erst 1989 verkündete Xerox, daß es seine Entdeckungen 1981 patentieren ließ.

## Jobs entdeckt die grafische Benutzeroberfläche

Im Dezember 1979 stattete Steve Jobs dem Xerox PARC einen Besuch ab, und was er dort sah, versetzte ihn in Erstaunen. Als er erkannte, welch außergewöhnliche Palette visueller Effekte sich mit Smalltalk erzeugen ließ, fragte er: »Warum machen Sie da nichts daraus? Das ist einfach fantastisch! Das ist revolutionär!«

Im Gegensatz zu Xerox erkannte Steve Jobs die gesellschaftlichen und wirtschaftlichen Auswirkungen der im PARC gemachten Entdeckungen. Er konnte aber gegen die Trägheit der Führungsspitze von Xerox nichts ausrichten, die einfach nicht sah, welche Schätze in ihren Labors verborgen lagen.

Jobs verließ das Xerox PARC in der Überzeugung, daß er gerade den Computer der Zukunft gesehen hatte. Eines der damals bei Apple angelaufenen Projekte war der Lisa-Rechner. Jobs änderte das Design dieses Computer und machte ihn zu einem Grafikgerät, das die Grundkonzepte von Smalltalk enthielt.*

Sieben Monate nach seinem Besuch im Xerox PARC engagierte Jobs Larry Tesler (den Programmierer, der ihm Smalltalk vorgeführt hatte) und übertrug ihm die Aufgabe, die im PARC erfundenen Elemente auf dem Lisa umzusetzen. Bill Atkinson half bei der Programmierung der grafischen Benutzeroberfläche für den neuen Computer. Jobs wurde dann die Verantwortung für das Lisa-Projekt entzogen; seinen Platz nahm ein ehemals bei Hewlett-Packard tätiger Ingenieur namens John Couch ein.

Steve Jobs wandte sich einem anderen Versuchsprojekt zu: dem Macintosh. Er scheute keine Mühe, um einen

---

\* In dem Buch *Programmers at Work* von Susan Lammers widerspricht Jef Raskin dieser Version. Er sagte, es sei ursprünglich seine Idee gewesen, den Lisa zu einem Rechner mit Grafikeigenschaften zu machen, und Jobs habe sich anfangs gegen diesen Vorschlag und auch gegen den Macintosh gesträubt, habe aber später seine Meinung geändert.

Rechner zu entwickeln, der seiner Ansicht nach die Arbeitsweise von Millionen von Menschen verändern würde. Er ließ seinem Perfektionismus freien Lauf und versuchte, das Beste aus den Mitarbeitern herauszuholen, die unter seiner strengen Führung tätig waren.

## Die Entwicklung des Macintosh

Ein paar Monate später war mit QuickDraw die Software funktionsfähig, mit der die grafische Benutzeroberfläche des Macintosh (bestehend aus Ikonen, Menüs und Fenstern) gezeichnet wurde.

Im März 1981 war Jobs als Redner zur Ben Rosen Conference in Michigan geladen, wo er über seine Zukunftsvision von der Computerwelt sprach und andeutete, daß sein Unternehmen in Cupertino sich in die vom Xerox PARC vorgegebene Richtung bewege. Der ebenfalls anwesende Bill Gates war hingerissen von der Rede des Apple-Gründers, denn sie entsprach seinen eigenen Vorstellungen von der Software-Präsentation. Nach der Konferenz debattierten die beiden Männer leidenschaftlich über die Vorzüge der grafischen Benutzeroberfläche und entdeckten, daß sie ganz einer Meinung waren. Jobs hatte soeben Larry Tesler vom PARC abgeworben; Gates hatte kurz zuvor Charles Simonyi eingestellt. Bei Microsoft existierte bereits ein Forschungsprojekt zur Software-Entwicklung für den Xerox Star. Zum Schluß ihrer Unterhaltung lud Steve Jobs Bill Gates nach Cupertino ein, wo er sich selbst ein Bild von der Lage machen sollte.

Im Spätsommer traf sich Gates mit Jobs und Jef Raskin, dem Leiter des Macintosh-Projekts.* Jobs und Raskin wollten als Mikroprozessor den Motorola 68000 verwenden, einen sehr fortschrittlichen 32-Bit-Chip. Für einen Computer, dessen Bildschirmdarstellung pausenlos neu gezeichnet werden mußte, war das nicht zuviel Leistung.

---

* Nach Aussage von Gates war der Macintosh eigentlich Raskins Projekt.

Gates erkannte sogleich das Potential des Macintosh und war überzeugt, daß er in dieses Projekt investieren mußte. Jobs war sich einer Sache bewußt: Auch der bestaussehendste Computer der Welt konnte nur so gut sein wie die Softwarepalette, die auf ihm lief. Das bewiesen die Auswirkungen des Erfolgs von VisiCalc auf die Verkaufszahlen des Apple II. Ermutigt durch die Einhelligkeit ihrer Meinungen bat Jobs den Microsoft-Chef, ihn durch die unverzügliche Entwicklung von Anwendungen für den Macintosh bei der Einführung dieses neuen Rechners zu unterstützen.

Gleich nach seiner Rückkehr nach Seattle betraute Gates Charles Simonyi mit der Ausarbeitung der zur Programmierung der Mac-Software erforderlichen Werkzeuge. Simonyi setzte sich mit Robert Bellevue, dem technischen Direktor des Macintosh-Bereichs, und Andy Hertzfeld, dem Designer der logischen Architektur des Macintosh, zusammen. Die drei Männer führten ein langes Gespräch über ihre Vorstellungen von einer Standardbenutzerschnittstelle und den Werkzeugen, die Apple zur Unterstützung der Anwendungsprogrammierung liefern sollte.

Simonyi schrieb einen zweiseitigen Aktionsplan für den Apple IV, wie er ihn nannte. Von da an arbeiteten die Programmierer von Microsoft eng mit ihren Kollegen bei Apple zusammen. Sie waren an der Definition verschiedener Elemente der Benutzeroberfläche des Macintosh wie zum Beispiel Dialogboxen und horizontalen Bildlaufleisten in den Fenstern beteiligt. Simonyis Team half bei der Suche nach Programmfehlern (*debugging*) und schlug die Integration zusätzlicher Merkmale vor.

Gates und Jobs unterzeichneten einen Vertrag, nach dem der Macintosh mit Microsoft Multiplan, Chart und File ausgeliefert werden sollte. Der Vertrag bestimmte, daß Microsoft mindestens ein Jahr nach der Auslieferung des ersten Macintosh kein Programm mit einer grafischen Benutzeroberfläche auf den Markt bringen dürfe.

Gates ließ eine Klausel einfügen, nach der dieses Datum spätestens der Dezember 1983 sein durfte.

## Multiplan für den Mac

Da Simonyi im Xerox PARC an ähnlichen Projekten mitgewirkt hatte, fühlte er sich auf diesem Gebiet zu Hause. Zu Beginn der Programmierung der PC-Versionen von Multiplan und Word hatte er sich ausgemalt, wie diese Programme eines Tages mit einer grafischen Bedienerschnittstelle ausgestattet sein würden – eine Vorstellung, in der ihn die Nachricht von der Entwicklung eines Rechners mit grafischer Benutzeroberfläche bei Apple bestärkte. Daher stellte er sicher, daß die Umstellung von Multiplan und Word auf eine Grafikumgebung zu einem späteren Zeitpunkt ohne Probleme möglich war.

Microsoft erhielt den Prototypen des Macintosh im Sommer 1982. Da Multiplan ursprünglich so programmiert war, daß die Anpassung an verschiedene Computer keine Schwierigkeiten bereitete, wurde dieses Tabellenkalkulationsprogramm als erste Software auf das neue Gerät portiert. Der in C geschriebene Multiplan-Code mußte zunächst in einen Zwischencode namens p-code übersetzt werden. Dieser wurde dann in einen Interpreter eingegeben, der ihn für das jeweilige Betriebssystem (zum Beispiel CP/M, MS-DOS oder AppleDOS) adaptierte. Neil Konzen war für den Interpreter zuständig, der im Rahmen des Macintosh-Projekts den p-code in die Maschinensprache des Mac umwandeln sollte.

Simonyi hatte ganze Arbeit geleistet. Obwohl Multiplan und Word für die Textschnittstelle des IBM-PC gedacht waren, boten sie viele Merkmale, die eine Anpassung an die grafische Benutzeroberfläche erleichterten. Die Untermenüs in diesen Programmen funktionierten wie Dialogboxen. Die Adaption dieser Software war somit erstaunlich einfach: Neil Konzens Interpreter übersetzte den Code mechanisch, und es traten dabei kaum Probleme auf.

Nach Aussage von Simonyi dauerte die Übersetzung von Microsoft Word für den PC in die Mac-Version nur wenige Tage. Dann aber hatten die Microsoft-Entwickler mit großen Problemen zu kämpfen, da das grafikorientierte Betriebssystem des Macintosh ganz anders arbeitete als das des PC.

## Der Apple Lisa

In Cupertino machte das Team, das an dem Lisa-Computer arbeitete, schneller Fortschritte als die Macintosh-Entwickler unter der Leitung von Steve Jobs. Jobs hatte 5000 Dollar darauf gesetzt, daß er als erster sein Endprodukt vorstellen werde, aber er verlor diese Wette gegen seinen Kollegen John Couch.

Der Lisa, der im Januar 1983 in der Presse vorgestellt wurde, setzte erstmals die Erkenntnisse aus dem Star und Smalltalk von Xerox in einem für die breite Masse bestimmten Computer um. Die Einführung des Lisa nannte Steve Jobs hochtrabend den Beginn der Softwarerevolution.

Im Mai 1983 wurde für Apple ein neuer *President* gewählt. Als John Sculley nach Kalifornien kam, eilte ihm der Ruf heraus, den er sich als Chef der PepsiCo erworben hatte. Indem er das Ansehen von Pepsi mit dem Lebensgefühl der Jugend und der ›Pepsi-Generation‹ verband, war es Sculley gelungen, dem Konkurrenten Coca-Cola ein altmodisch verstaubtes Image aufzudrücken. Jobs freute sich darauf, diese Taktik auch im Kampf zwischen Apple und IBM einzusetzen.

Der erste Computer mit grafischer Schnittstelle war jedoch nach dem 1980 vorgestellten Apple III, der wegen mangelnder Zuverlässigkeit vom Markt genommen werden mußte, der zweite Flop für den Hersteller aus Cupertino. Trotz seiner technischen Innovationen ließ sich der

Lisa nicht verkaufen. Nur wenige Manager waren bereit, 10 000 Dollar für diese Traummaschine hinzublättern. Jobs hätte den Preis gerne auf die Hälfte oder ein Viertel dieses Betrages reduziert, doch die Geschäftsleitung hatte anders entschieden. Im Juli 1983 – dem ersten Monat, in dem dieser Computer offiziell im Handel war – lieferte Apple so viele Lisas aus wie Xerox Stars in 19 Monaten, aber das war nur ein schlechter Trost. Apple hatte gehofft, im ersten Jahr 50 000 Lisas zu verkaufen, erreichte aber nur einen Absatz von ungefähr 20 000 Stück.

Der Apple II hielt das Unternehmen 1983 über Wasser, denn von diesem Klassiker wurden pro Monat mehr als 100 000 Stück an den Mann oder die Frau gebracht. Apple erreichte trotz allem einen Umsatz von 1 Milliarde Dollar, was in erster Linie auf den Erfolg des ursprünglichen Modells zurückzuführen war, an dem Steve Wozniak ständig weitere Verbesserungen vornahm.

## Spannungen wegen MacBASIC

Inzwischen waren in der Beziehung zwischen Apple und Microsoft Spannungen aufgetreten. Wie das *Wall Street Journal* vom 25. September 1987 vermeldete, führten Probleme im Zusammenhang mit Apples MacBASIC zu Differenzen zwischen den beiden Firmen. Kurz nach seinem Amtsantritt als *Chairman* im Jahre 1985 verlangte John Sculley, daß Apple MacBASIC entwickeln solle. Er hoffte, daß diese Programmiersprache für den lustlosen Macintosh-Markt die gleiche zündende Wirkung haben werde wie Microsoft BASIC für den Apple II. Bill Gates hingegen wehrte sich mit Händen und Füßen gegen dieses Vorhaben und drohte, Apple die Lizenz für BASIC für den Apple II zu entziehen, »wenn Mr. Sculley nicht MacBASIC ad acta legt und Microsoft die Rechte an dem Namen MacBASIC überträgt«. Schweren Herzens willigte Sculley in diese Bedingung ein. Mit dem Betriebsklima bei Apple stand es bereits nicht zum besten, und dieser Schritt des *Chairman* veranlaßte einige führende Software-Entwicklungsingenieure, der Firma empört den Rücken zu kehren. »Er bestand darauf, daß Apple ein außergewöhnliches Produkt aufgab«, erinnert sich Bill Atkinson, einer der Betroffenen, »und er setzte uns die Pistole auf die Brust.«

Apple rächte sich bald für Gates' Coup. Einige Monate später teilte Steve Jobs Gates mit, er halte es für unvernünftig, Programme wie Multiplan, Chart und File im Kombipack mit dem Mac auszuliefern. Er konnte Gates überzeugen, und der Vertrag zwischen den beiden Unternehmen wurde für nichtig erklärt. Zu seiner Empörung mußte Bill Gates später feststellen, daß Jobs den Macintosh statt dessen mit zwei Apple-Programmen – MacPaint und MacWrite – ausstattete.

## Die Markteinführung des Macintosh

Der Macintosh kam am 24. Januar 1984 auf den Markt.

Innerhalb von zwei Jahren hatte IBM 30 Prozent des PC-Marktes ergattert, und Apple blieb nur noch ein Marktanteil von 21 Prozent, doch Steve Jobs war überzeugt, daß der Mac diese Situation ändern werde. Nach einer denkwürdigen Rede, in der er die Furcht äußerte, IBM könne eine Monopolstellung auf dem PC-Markt erreichen und die gleichen Methoden durchsetzen, mit denen der Gigant den Mainframe-Markt erobert habe, präsentierte Jobs den Mac. »Ich möchte den Macintosh für sich selbst sprechen lassen.«

Aus der kleinen beigen Kiste ertönte eine Stimme: »Guten Tag, ich bin Macintosh... Ich möchte Ihnen eine Maxime mitteilen, die mir einfiel, als ich zum erstenmal einen IBM-Mainframe sah: Trauen Sie niemals einem Computer, den Sie nicht hochheben können!«* Dann konnte das Publikum einen Blick auf das Betriebssystem

---

* Jeffrey S. Young, *Steve Jobs: The Journey is the Reward* (Glenview, Ill.: Scott, Foresman, 1988), S. 335.

des Rechners werfen: Auf dem Bildschirm erschien die Simulation eines Schreibtischs, auf dem Dokumente und Ordner lagen. Wenn man ein Dokument mit der Maus anklickte, wurde es ›geöffnet‹ und erschien in einem Fenster.

Der Macintosh war standardmäßig mit zwei Softwareprogrammen ausgerüstet: dem Textverarbeitungsprogramm MacWrite und dem Zeichenprogramm MacPaint. Das von Bill Atkinson verfaßte MacPaint war sehr anwenderfreundlich. Mit der Maus konnte der Benutzer Grundformen wie Rechtecke oder Kreise auswählen, sie nach Belieben vergrößern und dann aus einer breiten Palette verschiedener Muster auswählen.

Auch MacWrite, für das Randy Wigginton verantwortlich zeichnete, beeindruckte durch seine Einfachheit und Benutzerfreundlichkeit.* Wer Texte markieren wollte, mußte lediglich die Maustaste drücken und herunterhalten. Die markierten Passagen konnten dann aus dem Dokument ausgeschnitten und an anderer Stelle in beliebigen Stücken wieder eingefügt werden. Auf dem Bildschirm, der wie ein weißes Blatt Papier aussah, wurde sowohl Fett- als auch Kursivschrift angezeigt. Verglichen mit WordStar für den IBM-PC gehörte MacWrite eindeutig einer neuen Softwaregeneration an.

Der Macintosh basierte auf einem 32-Bit-Chip, dem Motorola 68000, und hatte 128K Arbeitsspeicher. Mit einem Preis von knapp 2500 Dollar war er weitaus erschwinglicher als der Lisa.

Bill Gates war ein leidenschaftlicher Anhänger des Macintosh. Bei der Vorstellung dieses neuen Rechners wagte er die kühne Prognose, daß 1984 die Hälfte der Einnahmen von Microsoft auf Programme für den Mac entfallen werde.

---

* Wigginton, einer der ersten Mitarbeiter der Firma Apple, arbeitete mit Gates bei der Programmierung von BASIC für den Apple II zusammen. Später entwickelte er das 1989 von Ashton-Tate vorgestellte Tabellenkalkulationsprogramm Full Impact.

MacBASIC und Multiplan für den Macintosh kamen gleichzeitig mit dem neuen Rechner in den Handel. So erfuhren die Medien von der zweijährigen Zusammenarbeit zwischen Microsoft und Apple bei der Entwicklung von Software für das neue Computermodell.

Gates versprach, daß Microsoft bald andere Programme für den Macintosh einführen werde, darunter Microsoft Chart, File und Word. Den Preis für diese Software wolle man relativ niedrig halten – bei maximal 200 Dollar. PC-Programme kosteten in der Regel um die 400 Dollar.

Steve Jobs hatte für die Markteinführung des Macintosh einen Werbeetat von 15 Millionen Dollar vorgesehen. Dank einer gut organisierten Marketingkampagne kannte man den Mac bald auf der ganzen Welt als revolutionären, völlig neuartigen Computer. Der Erfolg ließ nicht auf sich warten: In den ersten 100 Tagen wurden 70 000 Stück verkauft, bis zum Jahresende kletterten die Verkaufszahlen auf 250 000 Exemplare.

## Kapitel 14

# Ein Tabellenkalkulationsprogramm der Superlative

Im September 1983 mußte sich die Führungsspitze von Microsoft den Tatsachen stellen: Lotus 1-2-3 hatte sich fest auf Platz 1 etabliert, und seine Verkaufszahlen ließen die Annahme unrealistisch erscheinen, Microsoft könne in naher Zukunft seinen Konkurrenten einholen. Selbst mit einer verbesserten Version von Multiplan war dies unmöglich, da dieses Programm ganz anders konzipiert war als 1-2-3.

Gates beschloß, daß Microsoft einen neuen Weg einschlagen müsse, und ging mit einigen wenigen Mitarbeitern außerhalb der Geschäftsräume der Firma drei Tage lang in Klausur.

Eine kleine, sorgsam ausgewählte Gruppe traf sich im Red Lion Inn in Seattle: Charles Simonyi, Jeff Raikes und sein Assistent Jabe Blumenthal aus der Marketingabteilung sowie Jef Harbers, Bob Mathews, Doug Klunder und einige andere Programmierer. Gates sagte ihnen, sie sollten Ideen sammeln, wie man ›das schnellste Tabellenkalkulationsprogramm der Welt‹ verwirklichen könne.

## Ideen für Odyssey

Gates' Frage regte die Gruppe zu einer Fülle neuer Ideen an. Jeder hatte seine eigene Vorstellung davon, wie Odyssey (der Deckname für dieses neue Projekt) funktionieren sollte. Sollte man einige Merkmale von Multiplan beibehalten oder sich so stark wie möglich an 1-2-3 orientieren? Gates war der Meinung, daß die Neukalkulationsgeschwindigkeit höchste Priorität haben sollte. Jeff Raikes sprach sich für maßgeschneiderte Formeln zur Verwendung in den Arbeitsblättern aus. Jemand schlug ein Tabellenkalkulationsprogramm mit einer grafischen Benutzeroberfläche vor, wie sie der Macintosh oder Windows boten, doch nicht alle waren damit einverstanden. Die Ideen der Programmierer wurden mit den Ergebnissen von Umfragen bei Benutzern von Multiplan und 1-2-3 verglichen.

Die Gruppe setzte sich mit einer breiten Themenpalette auseinander. Einige Programmierer meinten, man solle die Numerierungsmethode von Lotus 1-2-3 (A1, B1, etc.) statt des Multiplan-Systems (L1C1, L1C2 etc.) einführen. Gates war anderer Ansicht. Ihm persönlich war die Funktionsweise von VisiCalc und Lotus 1-2-3 ein Greuel. Da die Öffentlichkeit jedoch das System von Lotus bevorzugte, gab er sich schließlich geschlagen und meinte, man solle dem Benutzer die Wahl des Modus überlassen.

Lotus 1-2-3 hatte die sogenannten ›Makros‹ beliebt gemacht. Der Benutzer mußte nicht mehr verschiedene Befehle nacheinander über die Tastatur eingeben, sondern konnte ein kleines Programm ablaufen lassen, das sich aus den Anfangsbuchstaben der entsprechenden Tasten zusammensetzte. Nur relativ erfahrenere Anwender von Lotus 1-2-3 konnten Makros schreiben. Gates war der Ansicht, BASIC sollte Teil des neuen Tabellenkalkulationsprogramms sein, aber Doug Klunder meinte, daß die Makrosprache den Befehlen in den Odyssey-Menüs ähneln solle. Odyssey sollte auch als neues Element einen automatischen Makrorekorder bieten.

Geschlagene drei Tage lang feilschte die kleine Gruppe um die Merkmale des neuen Produkts. Jeder verteidigte seine Ansicht vehement und beschimpfte die anderen Teilnehmer. Manchmal wurde das Geschrei so laut, daß man sein eigenes Wort nicht mehr verstand. Doch schließlich brachte die Gruppe die Spezifikationen für das ideale Tabellenkalkulationsprogramm zu Papier und definierte die wichtigsten Konzepte.

Eines der Hauptmerkmale war die sogenannte ›minimale Rekalkulation‹. Wenn der Benutzer in VisiCalc, Multiplan oder 1-2-3 einen Wert änderte, berechneten diese Programme automatisch das ganze Arbeitsblatt neu. Odyssey dagegen sollte nur die direkt von der Aktualisierung betroffenen Zellen ändern. Diese einfache Verbesserung würde die Neuberechnungsgeschwindigkeit im Vergleich zu 1-2-3 stark beschleunigen.

In Lotus 1-2-3 mußte der Anwender nacheinander die Nummern aller Zeilen anklicken, die grafisch aufbereitete werden sollten. Odyssey dagegen sollte automatisch Diagramme zeichnen und selbsttätig die darzustellenden Koordinaten ableiten.

Wie auch in Multiplan sollte in Odyssey die Verknüpfung mehrerer Arbeitsblätter möglich sein. Im Idealfall sollten aber auch mehrere Arbeitsblätter gleichzeitig angezeigt werden. Wieder einmal kam die Idee der Entwicklung für den Macintosh zur Sprache und wurde dann verworfen.

Am Ende der Besprechung erbot sich Doug Klunder, eine Zusammenfassung der Diskussionen der vergangenen drei Tage anzufertigen. Zwei Wochen später legte er einen zwanzigseitigen Bericht über alle Bereiche vor, in denen Übereinstimmung bestand. Jetzt mußte Microsoft nur noch die Einzelheiten des Produkts ausfeilen, das einmal Excel heißen sollte.

### Der erste Schritt

Normalerweise schrieben Charles Simonyi und einige andere Entwickler die Designvorschriften für ein Softwareprodukt. Bei Excel dagegen hielt Bill Gates es für sinnvoll, diese Aufgabe einem Marketingmitarbeiter zu übertragen, der naturgemäß den Endanwendern und ihren Bedürfnissen näherstand. (Später schuf Microsoft die Position des Programm-Managers, der für die Erstellung von Softwarespezifikationen zuständig ist.)

Jabe Blumenthal schien der ideale Mann für diese Aufgabe zu sein. Er war 1982 zu Microsoft gestoßen und hatte an der Vermarktung von Multiplan mitgewirkt. Um dieses Tabellenkalkulationsprogramm im Markt zu positionieren, untersuchte er VisiCalc, SuperCalc und vor allem 1-2-3 in aller Gründlichkeit. Blumenthal wurde also die Aufstellung der Designvorschriften für das zukünftige Excel übertragen; ihm zur Seite stand als Chefprogrammierer Doug Klunder.

Es wurde schließlich beschlossen, Excel im Textmodus auf dem IBM-PC zu entwickeln. Die Benutzeroberfläche sollte sich stark an der von Multiplan orientieren, doch wollte man auch viele Eigenschaften von 1-2-3 integrieren wie zum Beispiel Geschäftsgrafik (Säulen- und Kuchendiagramme etc.), eine Datenbank und Makros. Zur gleichen Zeit entdeckten Jabe Blumenthal und Dave Klunder Framework, ein neues Programm von Ashton-Tate, das sensationelle Schätze bereithielt: Seinem Designer Robert Carr war es gelungen, innerhalb des Textmodus auf dem Bildschirm des PC eine Oberfläche wie in Smalltalk zu definieren. Blumenthal und Klunder untersuchten Framework gründlich und waren von seiner Programmiersprache Fred stark beeindruckt. Sie beschlossen, Fred als Vorbild für die Makrosprache von Excel zu nehmen.

Nach all diesen Aufregungen wurden dann nur wenige revolutionäre Merkmale in Excel integriert. Größtenteils wurden die Stärken anderer damals beliebter Tabellenkalkulationsprogramme und integrierter Pakete übernommen, wie zum Beispiel die ›intelligente‹ oder minimale Neukalkulation. Alles in allem ergaben die für Odyssey/Excel ausgewählten Optionen jedoch ein sehr ehrgeiziges Softwareprodukt.

Doug Klunder stürzte sich in die Programmierung. Fasziniert von der Tragweite dieses Tabellenkalkulationsprogramms verbrachte er fast seine ganze Zeit bei Microsoft mit der Arbeit an diesem Projekt und steckte vor allem viel Energie in die internen Routinen. Unterstützt wurde er von Jeff Harbers und Mark O'Brien, die für die Benutzeroberfläche zuständig waren.

Für die Entwicklung von Odyssey/Excel waren sechs Monate veranschlagt worden. Im Januar 1984 war der Tabellenkalkulationsteil fast fertig; es fehlten jedoch noch die Grafik und die Verknüpfung der Arbeitsblätter. Doug Klunder meinte, der ursprüngliche Zeitplan könne wohl nur schwer zu halten sein, und schlug Gates vor, die Freigabe von Odyssey auf den Herbst zu verschieben, damit sie dem Produkt noch makellosen Schliff verleihen konnten.

## Kurswechsel: Excel für den Mac

Ende Februar 1984, kurz nach der Vorstellung des Macintosh, erfuhr Bill Gates, daß Lotus an einem Macintosh-Produkt namens Jazz arbeitete.

Integrierte Programme waren das jüngste Kind der Software-Industrie. Einige Anbieter meinten, man müsse die Grundideen von Lotus 1-2-3 ausbauen und eine breite Funktionspalette in einem Produkt anbieten. Im PC-Bereich bot Ashton-Tate Framework und Lotus Symphony an. Auch Jazz war eines dieser ›Pauschalprogramme‹, das fünf verschiedene Funktionen umfaßte: Tabellenkalkulation, Datenbank, Grafik, Textverarbeitung und Kommunikation.

Diese Nachricht beschleunigte einen Kursänderung, die sich bereits seit einigen Monaten abgezeichnet hatte. Der Marketingstab von Microsoft kam zu dem Schluß, daß man 1-2-3 auf dem IBM-PC unmöglich schlagen könne, da dieses Programm in der amerikanischen Geschäftswelt zum Standard geworden sei. Lotus nahm allein mit diesem Tabellenkalkulationsprogramm mehr ein als Microsoft mit seinem gesamten Sortiment. Es schien sinnvoll, die Schlacht auf eine andere Front zu verlagern: auf den Macintosh.

In den Augen von Bill Gates war die Wahl des Mac als

Plattform für das neue Programm aus mehreren Gründen gerechtfertigt. Erstens war er davon überzeugt, daß die Zukunft den grafischen Benutzeroberflächen gehörte. Gates spielte zwar mit dem Gedanken, Excel unter der hauseigenen Grafikoberfläche Microsoft Windows für den PC zu entwickeln, doch er erkannte, daß diese Umgebung noch nicht ausgereift genug für ein derart leistungsstarkes Programm war. Wenn Microsoft Excel zunächst für den Macintosh schrieb, würden sich die so gewonnenen Erfahrungen später bei der Entwicklung von Grafikanwendungen für den PC auszahlen. Zweitens hörte Gates, daß Apple demnächst einen Macintosh mit 512K Hauptspeicher herausbringen wollte, was zur Unterstützung eines Tabellenkalkulationsprogramms wie Excel ausreichen würde.

Die Entscheidung zugunsten der Portierung von Excel auf den Mac fällten Bill Gates, Jabe Blumenthal und einige andere Programmierer am 5. März 1984. Doug Klunder war nicht an der Entscheidungsfindung beteiligt; die Gründe dafür sind bis heute nicht klar. Als er von der Kursänderung hörte, war er sehr verärgert.

Klunder erfuhr per Zufall aus einem Memo eines Mitarbeiters in der technischen Dokumentation von dem Richtungswechsel. Er mußte zu Gates, um herauszufinden, was los war. Gates erläuterte ihm, daß er sich bereits seit einigen Wochen überlegt habe, ob man Excel nicht auf den Macintosh portieren solle, und daß er diese Frage mit einigen Leute aus der Marketingabteilung besprochen habe. Klunder verstand nicht, weshalb Gates den Chefprogrammierer dieses Projekts nicht informiert hatte, und brachte seine Verbitterung darüber zum Ausdruck, daß er sechs Monate lang Tag und Nacht an einem Produkt gearbeitet habe, das jetzt einfach in der Schublade verschwinden sollte. »Im Hinblick auf die Personalführung hat Bill da einfach Mist gebaut. Ich hab mich voll in Excel reingehängt. Eigentlich *war* ich Excel.«

Klunder hielt Gates' Entscheidung zudem für unklug. Seiner Meinung nach standen die Chancen gut, daß

Excel das immer noch junge 1-2-3 schlagen könne. Er zog eine sofortige Kündigung in Erwägung, teilte Gates aber dann mit, er wolle noch weitere neun Monate an Excel arbeiten und dann Microsoft verlassen.

Jabe Blumenthal begann mit der Neudefinition der Excel-Spezifikation für den Macintosh. Mike Slade, der zum Excel-Produktmanager für Marketing ernannt wurde, half ihm dabei. Sie übernahmen eine Reihe bewährter Elemente aus Multiplan für den Macintosh, vor allem eine Anzeige, in der die Zeilen und Spalten der Arbeitsblätter deutlich auf dem Bildschirm durch ein Raster gepunkteter Linien gekennzeichnet war.

Kurz darauf besuchten Blumenthal und Slade eine Fachmesse, bei der Mitch Kapor, der Chef von Lotus, stolz sein Jazz der Öffentlichkeit vorstellte. Die beiden Microsoft-Mitarbeiter standen vor dem Lotus-Stand und machten sich Notizen über alles, was sie da zu sehen bekamen: Menüs, Kommandos, Bildschirmmasken usw. Die Vorführer der Firma Lotus waren über die Anwesenheit von Slade und Blumenthal nicht gerade entzückt und versuchten, sie zum Gehen zu bewegen. Mitch Kapor, dessen Herz der Software-Entwicklung gehörte, zeigte sich jedoch sehr großmütig. Blumenthal und Slade erklärten, daß ihnen das neue Programm gefiele und daß sie gerne genauere Informationen hätten. Kapor willigte ein, seinen Konkurrenten Rede und Antwort zu stehen, und die beiden nutzten diese Gelegenheit so gut wie möglich aus. »Wie verknüpfen Sie das Tabellenkalkulationsfenster mit der Grafik? Wie handhaben Sie die Zeilenwechsel bei den Arbeitsblättern?« Der *President* von Lotus hatte nicht die geringste Ahnung davon, daß Microsoft an einem Konkurrenzprodukt für den Macintosh arbeitete, und gab daher ohne Zögern einige seiner Betriebsgeheimnisse preis. Die beiden Microsoft-Mitarbeiter notierten sich all diese wertvollen Informationen. Nach der Rückkehr nach Seattle setzte Blumenthal dann einige der guten Ideen aus Jazz in Excel um.

Doug Klunder machte sich wieder an die Arbeit und

adaptierte Excel weiter für den Macintosh. Im Dezember 1984 hatte Mac Excel nahezu den gleichen Entwicklungsstand erreicht wie die PC-Version neun Monate zuvor. Das Tabellenkalkulationsprogramm war um einige neue Elemente erweitert worden; man konnte beispielsweise ein bestimmtes Fenster einblenden, bis es den ganzen Bildschirm einnahm. Excel bot auch als erstes Tabellenkalkulationsprogramm eine Formatierungsfunktion, mit dem der Benutzer professionell aussehenden Berichte erstellen konnte.

Eines der beliebtesten Programmerkmale war fast durch Zufall Teil des Produkts geworden. Der von den Excel-Programmierern verwendete Drucker stand in einem separaten, etwas weiter entfernt liegenden Raum. Der für den Druckercode zuständige Entwickler war es leid, bei jeder Überprüfung des Geschriebenen hin- und herzulaufen. Daher dachte er sich ein kleines Programm aus, mit dem er auf dem Bildschirm genau das sehen konnte, was ausgedruckt wurde. Diese Vorschaufunktion erwies sich als so hilfreich, daß er sie Jabe Blumenthal zeigte und ihre Aufnahme in das Programm vorschlug. Blumenthal war zunächst skeptisch, aber der Programmierer gab nicht nach und meinte, diese Funktion habe ihm sehr viel Zeit erspart. Schließlich erklärte sich Blumenthal mit der Integration der Druckvorschau einverstanden. Bei den Benutzern war diese Funktion so beliebt, daß sie bald auch in vielen anderen Softwareprogrammen auftauchte.

## Apple unterstützt Jazz

Im November 1984 kündigte Lotus offiziell Jazz an. John Sculley schilderte die Vorteile des Programms und seine Bedeutung für grafikbasierte Betriebssysteme in leuchtenden Farben. Er sagte, Jazz sei ein wichtiges Produkt für Apples Strategie und eröffne neue Märkte für den Macintosh. Steve Jobs war so hingerissen von der Software, daß er öffentlich verkündete, Jazz werde auf der Hälfte aller Macintoshs laufen.

Lotus investierte beträchtliche Summen in die Einführung von Jazz. Zur Positionierung dieses integrierten Softwarepakets als perfektes Programm für den Macintosh war eine Marketingkampagne in großem Stil geplant. Die Markteinführung von Jazz sollte Ende März 1985 stattfinden.

Der Marketingstab bei Microsoft hatte eine Antwort auf Jazz parat: ein Dienstprogramm für den Macintosh namens Switcher, für das Andy Hertzfeld verantwortlich zeichnete. Es benötigte 20K Speicherplatz und ermöglichte dem Benutzer die gleichzeitige Nutzung von vier Anwendungen mit beliebigem Wechsel zwischen den einzelnen Programmen. Microsoft warb für den Switcher, indem es sagte, diese Software erlaube dem Anwender, aus beliebigen Anwendungen sein eigenes integriertes Programm nach Wunsch zusammenzustellen.

## Jobs zweifelt Excels Potential an

Microsoft fand schließlich den endgültige Namen für sein Odyssey-Projekt. Namen wie NumberBody, Mister Spreadsheet, Plan 3, Champagne und Lever wurden zugunsten einer weitaus distinguierteren Variante verworfen: Excel. Bill Gates meint dazu: »Bei Microsoft gilt Excel als sehr erfolgreicher Produktname. Es war geschickt, einen klaren Trennstrich zwischen Multiplan und Excel zu ziehen, auch wenn es sich bei letzterem teilweise um eine Weiterentwicklung desselben Code handelt.«

Sobald das Projekt Excel weit genug vorangeschritten war, machte Doug Klunder seine Drohung wahr und verließ Microsoft im Januar 1985. Vor seinem Austritt nahm er mehrere Videobänder auf, auf denen er die Funktionsweise von Excel erläuterte. Er schwor, nie wieder einen Fuß in die Geschäftsräume von Microsoft zu setzen.

Nachdem er im Raum Seattle vergeblich nach einem anderen Job gesucht hatte, zog er nach Kalifornien, wo er sich mit Gelegenheitsarbeiten über Wasser hielt.

Derweil rekrutierte Microsoft für Excel einen Programmierer von Wang, der jedoch nicht effizient genug arbeitete. Das Projekt machte keine Fortschritte. Außerdem waren die Videokassetten, die Klunder aufgenommen hatte, wie vom Erdboden verschluckt.

Als Microsoft sein Excel im Januar 1985 zum erstenmal Steve Jobs vorführte, hielt er nichts von der Entscheidung, ein Tabellenkalkulationsprogramm der Superlative zu entwickeln. »Ihr habt sie ja nicht mehr alle! Jazz wird *das* Programm für den Macintosh sein. Es wird in jedem Mac installiert werden!«

Jobs versuchte, Jeff Raikes davon zu überzeugen, daß Excel mit einem Textverarbeitungselement ausgestattet werden müsse. Gates teilte jedoch diese Ansicht nicht. Er hielt es für besser, ein spezifisches Produkt wie Excel anzubieten, das auch erfahrenere Anwender zufriedenstellen konnte, anstelle eines integrierten Pakets, in dem alle Module nur ein mittleres Anspruchsniveau erreichten. Jobs hielt die Makros in Excel ebenfalls für eine schlechte Idee und meinte, die Benutzer des Macintosh würden nie mit solchen Makro-Befehlen arbeiten.

Gates schlug Jobs' Empfehlungen in den Wind und hielt an der ursprünglichen Version fest, da er glaubte, daß der Macintosh auf eine ähnliche Zielgruppe wie der PC zugeschnitten sei. Ein fortschrittliches Tabellenkalkulationsprogramm konnte für den Mac eine ähnliche Rolle spielen wie VisiCalc und 1-2-3 für andere Rechnergattungen und ihn zu einem festen Bestandteil des gewerblichen Marktes machen.

Es war ein Glück für Excel, daß Doug Klunders Gepäck bei einer Reise in Kalifornien gestohlen wurde. Er war völlig abgebrannt. Microsoft schien die beste Lösung zu sein, und daher kehrte er zurück nach Seattle. »Gott sei Dank, daß Doug wieder da ist«, seufzte Jabe Blumenthal erleichtert. Klunder ergänzte Excel, wie es sich gehörte. Er verbesserte die intelligente Minimalkalkulation und die Rückgängig-Funktion ›UNDO‹. Alles in allem war etwa die Hälfte des Programmcodes sein Werk. »Excel ist eindeutig mein Baby«, sagt er.

## Verspätung bei Jazz

Im März 1985 teilte Lotus der Öffentlichkeit mit, daß die Einführung von Jazz sich um zwei Monate verzögern werde. Es war das erste Mal, daß dieser Softwareanbieter aus Boston seine angekündigte Frist nicht einhalten konnte, und die Begeisterung über das Produkt wurde dadurch erheblich gemindert. Mitch Kapor gab als Grund für diesen Verzug an, daß die Programmierer alles in ihrer Macht Stehende tun wollten, um die Software so funktionssicher wie möglich zu gestalten.

Für Apple war diese Verzögerung keine gute Nachricht, denn man erwartete, daß Jazz dem Macintosh Legitimität verleihen und ihm der Name Lotus Türen in der Geschäftswelt öffnen werde. Zu jenem Zeitpunkt gab es fast 500 Programme für den seit einem Jahr erhältlichen Rechner, doch bisher war noch kein Verkaufshit darunter. Viele Interessenten wollten erst nach der Freigabe von Jazz entscheiden, ob sie einen Mac anschaffen wollten oder nicht.

Apple hatte schon einige Monate lang mit Schwierigkeiten zu kämpfen gehabt. Nach einem fantastischen Start ließ die Begeisterung für den Macintosh ein wenig nach. Jobs' Traummaschine hatte im April 1984 auf dem PC-Markt einen Anteil von 14 Prozent errungen, doch seither war kein nennenswerter Anstieg zu verzeichnen. Im Dezember 1984 war der Marktanteil des Mac auf nur 7 Prozent gerutscht. Die Händler wurden ihre Lagerbestände nicht los, und daher gingen weniger Bestellungen ein.

Trotz des Erfolgs des Macintosh erzielte Apple immer noch 75 Prozent seiner Einnahmen mit dem Apple II.

Das für diesen Rechner zuständige Team begann sich allmählich darüber zu ärgern, daß dem Macintosh dank der Bemühungen von Steve Jobs in den Medien der Löwenanteil der Aufmerksamkeit zuteil wurde. Einige Mitarbeiter aus dieser Gruppe folgten dem Beispiel von Steve Wozniak und reichten ihre Kündigung ein.

## Die Einführung von Excel

Wenige Tage vor der Markteinführung von Excel ging in der Presse das Gerücht um, Microsoft werde bald ein Tabellenkalkulationsprogramm für den Macintosh vorstellen, doch offiziell bestritt die Firma aus Seattle diese Vermutung. Als die Journalisten Einladungen zu einer Microsoft-Pressekonferenz erhielten, bei der auch Steve Jobs anwesend sein sollte, bombardierten sie die Büros in Bellevue mit Fragen. Wenn der Name Excel genannt wurde, lautete die offizielle Antwort: »Wir können die Existenz eines Produktes dieses Namens weder bestätigen noch leugnen.«

Microsoft hatte das Geheimnis der Entwicklung von Excel so gut gehütet, daß selbst die Führungsspitze von Lotus erst wenige Tage vor der offiziellen Mitteilung von dem Programm erfuhr – zu ihrem großen Schrecken.

Mitch Kapor blieb nach außen hin ruhig, wenn man ihn zu diesem unerwarteten Konkurrenten befragte. Er sagte, es sei nicht richtig, Excel als Rivalen von Jazz zu betrachten, da das Microsoft-Produkt weder eine Textverarbeitungsfunktion noch eine Datenbank besitze und erst im Spätsommer verfügbar sein werde. Excel ähnle mehr 1-2-3 als Jazz, und er räume ihm keine großen Marktchancen ein. Kapor hielt damals tatsächlich integrierte Pakete für die Software der Zukunft, und sein *Vice President* Jim Manzi mußte darum kämpfen, daß 1-2-3 nicht aus den Verkaufsregalen verschwand, um Platz für Lotus Symphony zu machen.

Excel wurde am 2. Mai 1985, drei Wochen vor der geplanten Einführung von Jazz, der Presse vorgestellt. Die Pressekonferenz fand im Restaurant *Tavern on the Green* in der Nähe des New Yorker Central Park statt.

Jabe Blumenthal und Mike Slade verfaßten den Text für die Demonstration von Bill Gates. Blumenthal und Slade sollten auf der Tastatur schreiben, und der Excel-Bildschirm sollte dann auf eine große Leinwand projiziert werden, während Gates die Programmfunktionen erläuterte.

Die Software wurde immer noch Tag für Tag aktualisiert. Am Abend des 1. Mai 1985 reiste das Microsoft-Team mit der allerneuesten Version nach New York.

Als sie das *Tavern on the Green* erreichten, probten Jabe, Mike und Bill die ausgefeilte Vorführung, die nur eine Woche zuvor perfekt funktioniert hatte. Bei dieser Probe war das jedoch nicht der Fall. Excel stürzte nach wenigen Sekunden ab. Jabe und Mike versuchten, bestimmte Tastenabfolgen zu modifizieren, aber dann funktionierte das Programm an anderer Stelle nicht. Die Excel-Version, die sie am nächsten Morgen vorführen sollten, war völlig unberechenbar. Sie riefen in Seattle an und fragten die Entwickler, was da los sei. »Bill ließ eine Schimpfkanonade nach der anderen los und stapfte pausenlos wütend auf und ab. Er versuchte, seinen Text zu lernen, aber die Demo-Version stürzte immer wieder ab. Er brüllte uns an, und wir brüllten zurück«, erinnert sich Jabe.

Schließlich entdeckte Blumenthal, daß er eine relativ stabile Demonstration erreichen konnte, wenn er bestimmte Tastenabfolgen ausließ. Die Vorführung klappte letztendlich zweimal nacheinander, und daher beschlossen sie, es dabei zu lassen.

Bei der Eröffnung der Pressekonferenz am nächsten Tag sagte John Shirley, er sei bisher mit dem Ergebnis von Microsoft auf dem Macintosh zufrieden gewesen: Microsoft habe weltweit mindestens ein Programm für jeden verkauften Mac geliefert. Multiplan für den Macintosh sei 100 000mal abgesetzt worden.

Bill Gates war während seiner Vorführung äußerst nervös. An mehreren Stellen bestand die Gefahr, daß Excel abstürzen könnte, was vor der versammelten Presse einer Katastrophe gleichgekommen wäre. An der entscheidenden Stelle, an der die Wahrscheinlichkeit eines Programmabsturzes am größten war, zögerte Gates einen Augenblick, als sei er auf das Schlimmste gefaßt – doch der Kelch ging an ihm vorüber. Er gewann sein Selbstvertrauen und seine normale, zügige Sprechgeschwindigkeit zurück. Blumenthal meint dazu: »Wir drückten die verhexte Taste, und es funktionierte.«

Die Frage der Neukalkulationsgeschwindigkeit wurde aufs Tapet gebracht. Gates antwortete ohne zu zögern und sagte, Excel werde auch die anspruchsvollsten Anwender überraschen. Er sagte, Microsoft habe eine neue Methode entwickelt, nach der Excel nur die direkt von einer Änderung betroffenen Formeln neu berechne.

Wie geplant erschien Steve Jobs auf der Pressekonferenz, um die offizielle Zustimmung von Apple deutlichzumachen. Da Unternehmenssprecher der Firma aus Cupertino immer behauptet hatten, Apple unterstütze Jazz offen, war jedermann gespannt, was Jobs sagen werde. Mit seiner öffentlichen Kehrtwendung überraschte er mehr als einen der anwesenden Beobachter. Nach der Feststellung, daß offenbar ein Krieg zwischen Lotus und Microsoft entbrannt sei, äußerte er eine Reihe persönlicher Überlegungen, aus denen man anscheinend seine Präferenzen für die Zukunft herauslesen konnte. Er verkündete zunächst, Excel werde wohl den Marktanteil von Lotus 1-2-3 schmälern, und erklärte dann, daß ein leistungsstarkes Tabellenkalkulationsprogramm seiner Meinung nach besser sei als ein Vielzweckprogramm. Das Problem mit der integrierten Software sei die Tatsache, daß es nahezu unmöglich sei, von jedem Programm die beste Version anzubieten. Er bezeichnete die meisten der integrierten Pakete als ›Kompromißlösungen‹. Obwohl er keine Namen nannte, wußte jeder, daß er damit Jazz meinte. Später relativierte er in der Antwort auf die

Frage, ob Apple immer noch an Jazz glaube, seine Unterstützung für Excel etwas. »Es gibt einen Markt für ein integriertes Paket, das ein gewisses Leistungsniveau bietet.« Über das Gesicht des neben ihm sitzenden Gates zuckte ein Lächeln.

Kurz vor Abschluß der Pressekonferenz stellte ein Journalist die Frage, auf die alle gewartet hatten: »Werden Sie eine PC-Version von Excel entwickeln?«

Bill Gates befand sich auf dünnem Eis. Er wußte, daß Apples Unterstützung auf dem Spiel stand, wenn er unumwunden zugab, daß Microsoft eine PC-Version von Excel plante. Seine Antwort fiel daher relativ vage aus.

»Das ist eine Frage der Führung. Apple hat in dieser Technologie die Führung übernommen. Letzten Endes werden jedoch alle Technologien für alle Menschen verfügbar sein«, sagte er und deutete damit an, daß es auf dem PC eine grafische Benutzeroberfläche und somit einen Grund für die Entwicklung einer PC-Version von Excel geben werde.

Jobs fiel ihm ins Wort. »Ja, und eines Tages liegen wir alle unter der Erde!«

Das Publikum lachte. Gates wartete, bis der Geräuschpegel wieder gesunken war und meinte dann mit spitzbübischem Grinsen: »Aber nicht IBM!«

In einem am 3. Mai 1985 im *Journal American* (einer Tageszeitung aus Bellevue im Bundesstaat Washington) veröffentlichten Artikel stand, daß Excel nicht nur Microsoft »prächtige Gewinne« bescheren werde, sondern auch »Apple Computer vor dem finanziellen Ruin retten wird, indem es den Macintosh zu einem brauchbaren Geschäftscomputer macht«.

Die Vorstellung von Excel gab Apple den nötigen Auftrieb. Wenige Tage vor der Pressekonferenz hatte John Sculley verkündet, daß Apple Ausgabenkürzungen vornehme und aufgrund der Flaute am Markt seine Umsatzprognosen revidiere. 75 Angestellte aus dem Werk in South Carolina wurden entlassen. In den vorangegangenen Monaten hatte Apple eine Rekordzahl von 1500 Beschäftigten – hauptsächlich Aushilfskräfte – freigesetzt. Das Unternehmen hatte sein Werbebudget unter das Vorjahresniveau auf weniger als 100 Millionen Dollar gesenkt. Die Produktion wurde im Frühjahr eine Woche lang stillgelegt, damit Apple seinen Lagerbestand verringern konnte. Die Herstellung des Lisa wurde eingestellt. Im Juli 1985 führte Apple zudem eine umfangreichere Umstrukturierung durch, die Steve Jobs zu einer sofortigen Kündigung veranlaßte.

Dennoch verschafften diese Maßnahmen Apple keine unmittelbare Erleichterung. Excel wurde erst für den September erwartet, und Microsoft war nicht gerade für Pünktlichkeit bekannt. Auf der Comdex in Atlanta vom 6. bis zum 9. Mai wurde Excel viel Aufmerksamkeit zuteil, und das Programm weckte das Interesse vieler Besucher. Zwei Wochen später, am 27. Mai 1985, brachte Lotus Jazz heraus. Die ersten Pressekritiken waren geteilter Meinung.

Als Tom Maremaa für die *InfoWorld* vom 27. Mai 1985 Gates fragte, ob Excel als direkter Konkurrent zu 1-2-3 oder Jazz zu betrachten sei, antwortete Gates mit einer geschickten Untertreibung:

> Welches Geschäftsprogramm hat am meisten Erfolg? 1-2-3. Bei den Kalkulationslösungen ist das der Stand der Technik, und es ist ein ausgezeichnetes Produkt. Jetzt ist der Mac in Verbindung mit Excel der Stand der Technik bei den Kalkulationslösungen.
> Wir glauben nicht an die Philosophie von Jazz, daß man alle Anwendungsbereiche – Text, Zahlen, Datenbanken und Rechnerressourcen – nehmen und in fünf verschiedene Richtungen gehen sollte. Das führt zu einem deutlichen Kompromiß.
> Lotus glaubt an eine Gesamtlösung und meint, wenn man dem Kunden nur ein Softwarepaket in die Hand drückt, verjagt man damit automatisch alle anderen Anbieter für immer.

Gates war auch der Ansicht, daß Jazz Symphony ähnle, das allgemein als schwer erlernbar galt. Daher meinte er, der Markt werde bald feststellen, daß Jazz nicht so leicht zu lernen sei wie andere Programme für den Macintosh. Außerdem habe Microsoft eine Antwort auf die vielfältigen Möglichkeiten, die Jazz biete: Der Kombipack mit Switcher und Excel erlaube dem Benutzer die Ausschöpfung ähnlicher Möglichkeiten wie sie das integrierte Paket von Lotus biete (zum Beispiel in Verbindung mit Microsoft Word) – allerdings aber zu einem etwas niedrigeren Preis.

## Werbung für Excel

Am 30. September 1985 stellte Microsoft Excel für den Macintosh 512K vor.

Microsoft startete eine massive Werbekampagne. Als erstes Medium wählte man den Rundfunk. Werbespots für Excel wurden am 15. Oktober in Radiostationen in Boston, Chicago, Dallas, Houston, Los Angeles, New York, Philadelphia, Seattle, San Francisco und Washington D.C., gesendet. Sorgsam wählte Microsoft Sender aus, deren Zielgruppen wirtschaftlich interessiert waren. Wenn möglich, folgte der ExcelSpot auf Nachrichten aus der Wirtschafts- und Finanzwelt. Die Botschaft wurde an jenem Tag in Los Angeles 83mal in den Äther geschickt und in Boston, Dallas und New York mehr als 40mal.

Der von Microsofts damaliger Werbeagentur Keye Donna Pearlstein verfaßte Radiospot begann mit dramatischer, militärisch anmutender Musik. Dann war eine feierliche Stimme zu hören:

Der heutige 15. Oktober 1985 steht im Zeichen der Markteinführung von Microsoft Excel für den Macintosh – ein Ereignis, das jedem, der dies wünscht, noch nie dagewesene Macht in die Hände legt.

Mann (unterbricht): Halt, warten Sie mal einen Augenblick.
Sprecher: Microsoft Excel ist das beeindruckendste Tabellenkalkulationsprogramm, das jemals auf einem Personal Computer lief.
Mann: Hallo...
Sprecher: Dieses Tabellenkalkulationsprogramm bietet gleichzeitig ein außergewöhnliches Grafikprogramm und eine Hochleistungsdatenbank, so daß der Benutzer ein extrem schlagkräftiges und doch leicht verständliches Paket erhält.
Mann (unterbricht): Entschuldigen Sie bitte.
Sprecher: Was gibt es?
Mann: Meinen Sie, jeder könnte einfach hereinspazieren und Microsoft Excel für seinen Macintosh kaufen?
Sprecher: Richtig.
Mann: Ohne Sondererlaubnis?
Sprecher: Ja.
Mann: Kein Mindestalter?
Sprecher: Nein.
Mann: Obwohl man mit Microsoft Excel seine Geschäftspartner ausstechen und die Konkurrenz vernichten kann?
Sprecher: Richtig. Jeder kann es kaufen.
Mann: Das scheint mir irgendwie nicht fair zu sein.
Sprecher: Das hat auch nie jemand behauptet.
(Die Musik wird ein- und ausgeblendet.)
Sprecher: Microsoft Excel für den Macintosh. Das mächtigste Finanzanalysewerkzeug, das je auf einem Schreibtisch zu finden war. Wir vertrauen darauf, daß Sie verantwortungsbewußt damit umgehen.
Mann: Es tut mir leid, aber das kann ich nicht versprechen. (Die Musik wird lauter und verklingt dann.)

Microsoft ließ Anzeigen in Computermagazine und in andere Publikationen wie *Wall Street Journal* und *Venture* setzen. Außerdem veranstaltete das Unternehmen Schulungen für 1500 Apple-Vertragshändler aus allen Teilen der Vereinigten Staaten.

Ab dem 20. Januar 1986 bot Microsoft den Anwendern von Mac Multiplan Excel zum Sonderpreis von 200 statt 395 Dollar an. Im gleichen Monat brachte Apple den Mac Plus mit 1024K Speicher auf den Markt. Jetzt konnte Excel Arbeitsblätter mit einem Umfang bis zu 750K erzeugen.

## Excel schlägt Jazz

Anfangs steckte sich die Marketingabteilung bei Microsoft ein relativ bescheidenes Ziel: Man wollte Excel jeweils einmal für drei verkaufte Exemplare von Lotus Jazz absetzen. Die meisten Anwender räumten dem integrierten Paket größere Chancen ein. Die Firma Goldman, Sachs & Co. war beispielsweise der Ansicht, daß das Produkt von Lotus den Markt beherrschen werde, weil es auf einen größeren Kundenstamm abziele. Doch schon nach ganz kurzer Zeit schlug Excel Jazz um Längen.

Microsoft versuchte, Jazz als die Macintosh-Version von Symphony hinzustellen. Die Argumentation war ganz einfach: Symphony war viel weniger erfolgreich als 1-2-3. Von da aus war es ein leichtes, Excel als die Mac-Version von 1-2-3 zu präsentieren. »Diese Botschaft war so leicht verständlich, daß wir ein hohes Maß an Akzeptanz erreichten«, sagt Jeff Raikes.

Darüber hinaus wurde in einigen Punkten Kritik an Jazz laut. Erstens gab es in diesem Programm keine Makros, was um so mehr überraschte, da diese einer der Erfolgsfaktoren von 1-2-3 gewesen waren. Die Designer des integrierten Pakets waren der Ansicht, daß Makros nicht in ein Mac-Programm paßten, da sie Neulinge abschrecken könnten, die laut Lotus die Zielgruppe des Macintosh waren. Zweitens konnte Jazz zwar Arbeitsblätter im Lotus-Format lesen, aber nicht schreiben. Excel war bei der Portierung von 1-2-3-Dateien auf den Macintosh überlegen. Drittens war Jazz zu langsam – was auch überraschte, denn 1-2-3 hatte sich seinen guten Ruf ja wegen seiner Geschwindigkeit erworben. Paradoxerweise entsprach Microsoft Excel den in Lotus 1-2-3 umgesetzten Ideen in weitaus stärkerem Maße als Jazz.

Im Februar 1986 stand fest, daß Excel gewonnen hatte. Die Zeitschrift *InfoWorld* veröffentlichte die Ergebnisse einer Umfrage bei Macintosh-Händlern. Mit Multiplan, Word und Excel erreichte Microsoft im Dezember einen Marktanteil von 50 Prozent. Excel lag mit 36 Prozent unter den Mac-Programmen an der Spitze; auf Lotus Jazz entfielen lediglich 9 Prozent. Eine Umfrage von Future Computing bei 4000 Computerläden zeigte, daß der Absatz von Excel zwischen November und Dezember gestiegen war (von 4404 auf 6196 Exemplare), während die entsprechenden Zahlen für Jazz rückläufig waren (3558 im Vergleich zu 2637).

Laut Future Computing waren im April 1986 seit der Einführung von Jazz etwa 42 000 Exemplare verkauft worden, doch in der Zeit von Dezember bis Februar sei Excel doppelt so oft abgesetzt worden wie Jazz. Andere Quellen schätzten dieses Verhältnis auf 3:1. Insgesamt entfielen nur 5 Prozent des Umsatzes von Lotus auf Jazz. Um das verlorene Terrain zumindest teilweise wieder aufzuholen, senkte Lotus den Preis von Jazz von 595 Dollar auf 395 Dollar – doch vergebens.

Am 20. Oktober 1986 war auf der ersten Seite des *Seybold Outlook on Professional Computing* folgender Satz zu lesen: »Vor einem Jahr kämpften Lotus Jazz (das einige Monate früher in den Handel kam) und Excel um die Spitzenposition bei Management-Tabellenkalkulationsprogrammen auf dem Macintosh. Dieser Wettstreit ist eindeutig vorbei.« Der Seybold-Bericht merkte an, daß Excel zu Umsatzsteigerungen beim Apple Macintosh führe.

Als die Geschäftsleute erkannten, daß – im Gegensatz zur einigen weitverbreiteten Meinungen – ein leistungsfähiges, auf die Macintosh-Umgebung zugeschnittenes Tabellenkalkulationsprogramm mit vollem Funktionsumfang verfügbar war, kaufte sich eine nennenswerte Zahl von ihnen wohl tatsächlich einen Macintosh für ihre Kalkulationen. Vor der Einführung von Excel auf dem Macintosh hätten Manager, die mit umfangreichen Arbeitsblättern rechnen müssen, vermutlich nur einen IBM-PC oder einen Kompatiblen als Personal Computer in Betracht gezogen.

Mit das beachtlichste Lob stand in der *InfoWorld* vom 10. November 1986: »Nachdem wir jahrelang 1-2-3 die Treue gehalten haben und voll hinter diesem Programm standen, haben wir vor kurzem all unsere 1-2-3-Dateien auf Excel konvertiert. So gut ist das Programm.« Die Firma Peat, Marwick, Main & Co. installierte Excel auf 10000 Apple Macintosh-Rechnern.

Als das Marktforschungsinstitut Dataquest Anfang 1987 die Zahlen für 1986 vorlegte, war bei den Tabellenkalkulationsprogrammen für den Macintosh ein beispielloses Gefälle zu verzeichnen. Mit 160000 Stück hielt Excel einen Marktanteil von 89 Prozent. Jazz hatte mit 10000 Exemplaren lediglich 6 Prozent der Anwender überzeugt. (Wie der *President* von Lotus, Jim Manzi, 1989 feststellte, erhielt Lotus sogar mehr Exemplare von Jazz zurück, als es verkauft hatte – womit er auf die Raubkopien anspielte.) Auf andere Programme entfielen noch geringfügige Marktanteile.

## Microsofts Triumphzug in der Welt des Mac

Microsoft hatte es Excel und Word zu verdanken, daß das Unternehmen die Nummer 1 unter den Softwareherstellern für den Macintosh wurde. Laut InfoCorp stammte im Jahr 1986 die Hälfte der für den Macintosh verkauften Software aus dem Hause Microsoft. Als das

Magazin *MacWorld* im Juni 1986 seine Liste mit den meistgekauften Macintosh-Programmen veröffentlichte, waren die Spitzenplätze fest in den Händen der Softwarefirma aus Seattle: Excel rangierte auf Platz 1, Word auf Platz 2, File auf Platz 3 und Multiplan auf Platz 5.

1987 expandierte der Marktanteil von Excel weiter auf Kosten von Jazz. In bezug auf die installierte Basis betrug das Verhältnis zwischen Excel und Jazz immer noch 3:1 (254 812 gegenüber 71 305), beim Absatz im laufenden Jahr dagegen 5:1 (123 462 im Vergleich zu 24 650). Nach dem Bericht von InfoCorp waren Ende 1987 1,25 Millionen Macintosh-Rechner im Einsatz.

Im Mai 1988 brachte Microsoft Excel 1.5 heraus. Diese Version erlaubte den Entwicklern, komplette Anwendungen mit völlig transparenten Arbeitsblättern zu schreiben.

Das ab dem 1. Mai 1989 erhältliche Excel 2.2 überwand die Speicherschwelle von 1 Megabyte. Die Arbeitsblätter konnten jetzt bis zu 8 Megabyte in Anspruch nehmen. Inzwischen waren auch zwei Konkurrenzprodukte auf dem Markt erschienen – Wingz von Informix und Full Impact von Ashton-Tate –, doch Microsoft Excel konnte seine Spitzenposition behaupten. Das Forschungsunternehmen Stratagem nannte für Excel eine installierte Basis von 715 000 Exemplaren im Vergleich zu 30 000 für Wingz und 27 000 für Full Impact. Um den Marktführer einzuholen, starteten Informix und Ashton-Tate Sonderaktionen, in denen Excel-Anwender zu ihren Tabellenkalkulationsprogramm überwechseln konnten. Eine Macintosh-Version von 1-2-3 wurde im September 1987 angekündigt, später jedoch verworfen.

Doug Klunder sagte, daß er im Laufe der Zeit immer stolzer auf seinen Beitrag zur Entwicklung von Excel wurde, doch er glaubte immer noch, daß es besser gewesen wäre, zuerst eine PC-Version auf den Markt zu bringen.

> Ich glaube nicht, daß es richtig war, auf den Mac umzuschwenken. Auch rückblickend bin ich mir

nicht sicher, ob das die richtige Entscheidung war. Excel war auf dem Mac zwar ein durchschlagender Erfolg, doch wir gaben Lotus zwei weitere Jahre Zeit, um sich auf dem PC einzunisten. Meiner Meinung nach hätte Excel im Wettbewerb gegen 1-2-3 ziemlich gut abgeschnitten. Unser Programm war mit Sicherheit besser als 1-2-3, und damals war 1-2-3 erst ein Jahr auf dem Markt. Wenn wir bei der PC-Version geblieben wären, hätten wir Excel wahrscheinlich schon im Herbst jenes Jahres herausbringen können. Ich bin also nicht überzeugt, daß dies rein von den Absatzzahlen her die richtige Entscheidung war.

Doch mit Excel wurde Microsoft erstmals mit einer Anwendung Marktführer. Microsoft hatte einen so entscheidenden Sieg über Lotus errungen, daß sich das Unternehmen aus Boston jahrelang von der Welt des Macintosh fernhielt. Eine wichtige Lehre ließ sich aus dieser Erfahrung ziehen: Die Stärke von Microsoft lag im Bereich der grafischen Benutzeroberflächen. Der Weg zum Erfolg in der Welt des PC war somit klar vorgezeichnet.

*Teil 6*

*Windows*

»Wir haben bei der Entwicklung von Windows wie die Tiere geschuftet.«

*Neil Konzen,
langjähriger Mitarbeiter von Microsoft*

## Kapitel 15

# Warten auf Windows

Die nächste Aufgabe von Microsoft – die Umwandlung von MS-DOS in eine grafische Benutzeroberfläche – ähnelte der eines Alchimisten, der ein unedles Metall in Gold verwandeln möchte: eine monochrome, obskure und textorientierte Umgebung sollte zu einer vielfarbigen, anwenderfreundlichen und eleganten Grafikschnittstelle werden.

Auch verschiedene andere Unternehmen wagten sich an diese gewaltige Aufgabe, und keines davon kannte die Fallstricke, die auf dem Weg zum Ziel lauerten. Dieses Projekt erwies sich als das schwierigste Unterfangen in der Geschichte von Microsoft und konnte nur dank der Hartnäckigkeit und Ausdauer von Bill Gates verwirklicht werden.

Der IBM-PC hatte den Industriestandard für Hardware und Betriebssysteme definiert, doch bei PC-Anwendungen gab es keinerlei Standardisierung.

Die beliebtesten Softwareprogramme für Personal Computer unterschieden sich sehr stark voneinander. Erfahrenen WordStar-Anwendern nutzte beispielsweise ihr in diesem Programm erworbenes Fachwissen überhaupt nichts, wenn sie mit dBASE, Multiplan oder 1-2-3 arbeiten wollten. Jedes dieser Programm verwendete seine eigene Methode zum Ausschneiden und Einfügen von Textteilen oder zum Ausdrucken einer Datei.

Auch in bezug auf die Kommunikation zwischen Anwendungen und Druckern gab es keinerlei Normen. Für einen Matrixdrucker von Epson, einen Apple LaserWriter und einen Hewlett-Packard Laserjet benötigte man jeweils andere Zwischenprogramme (sogenannte Treiber), damit diese Geräte Daten von einer Anwendung empfangen konnten. Wenn ein Kunde sein neu erworbenes Textverarbeitungsprogramm auspackte, hatte er ein Dutzend Disketten in der Hand. Nur eine davon enthielt das eigentliche Programm; auf den anderen dagegen befanden sich ausschließlich Druckertreiber. Gleiches galt – wenn auch in geringerem Maße – für die Bildschirme. Manchmal dauerte bis zu 20 Minuten, bis ein Anwender seine Textverarbeitung für den entsprechenden Monitor und Drucker installiert hatte.

In dieser mißlichen Lage wollte Gates mit einer Zwischenschicht (die vorläufig Interface Manager genannt wurde) Abhilfe schaffen. Diese Schicht sollte zwischen MS-DOS und den Anwendungen liegen und den jeweiligen Drucker und Monitor des Systems speichern. Die Applikationen sollten dann die entsprechenden Informationen aus dem Interface Manager beziehen, und diese neue Schicht würde den durchschnittlichen Anwender vor dem allzu komplizierten direkten Umgang mit MS-DOS ›bewahren‹.

Zweitens sollte der Interface Manager eine grafische Benutzeroberfläche über MS-DOS erzeugen und so allen darunter laufenden Anwendungen ein einheitliches Aussehen verleihen.

## Die Gestaltung des Interface Manager

Das im September 1981 in Angriff genommene Projekt Interface Manager führte zu einer neuen Generation intuitiverer Software für den IBM-PC.

Apple hatte den Lisa und den Macintosh von Anfang an im Grafikmodus konzipiert, wohingegen das Grundmodell des IBM-PC auf den Textmodus ausgerichtet war. Wie eine herkömmliche Schreibmaschine konnte es nur bestimmte Zeichen an bestimmten Stellen auf dem Bildschirm anzeigen. Grafiksoftware lief nur mit einem Farbbildschirm, da hier die Anzeige Punkt für Punkt gezeichnet wurde (im sogenannten Bit-Map-Verfahren) und daher auch Zeichnungen und Bilder zuließ.

Gates legte gewisse Bedingungen für den Interface Manager fest:

- Er mußte hardwareunabhängig sein.
- Er mußte im Grafikmodus arbeiten.
- Er mußte WYSIWYG-Anwendungen unterstützen (What You See is What You Get: Was auf dem Bildschirm erscheint, sieht genauso aus wie die ausgedruckte Version).
- Er mußte das Erscheinungsbild der Anwendungen vereinheitlichen.

Nach den ersten Spezifikationen sollte der Interface Manager wie Multiplan mit einer alphabetisch geordneten Befehlsliste am unteren Bildschirmrand ausgestattet werden. 1982 entschied sich Microsoft jedoch für Pull-Down-Menüs und Dialogboxen, wie sie der Xerox Star und der Macintosh boten. Der Interface Manager sollte mehrere Dokumente gleichzeitig in verschiedenen Bildschirmfenstern anzeigen können.

VisiCorp arbeitete damals bereits zwei Jahre lang an einer ähnlichen grafischen Benutzerschnittstelle für DOS. VisiOn wurde auf der Comdex im Herbst 1982 angekündigt. Bill Gates bat Charles Simonyi, sich auf der Ausstellung in Las Vegas dieses Programm anzusehen. Von außen ähnelte es stark dem Microsoft-Projekt.

Während einer PC-Konferenz im Januar 1983 deutete Gates an, daß Microsoft an der Entwicklung eines mit VisiOn vergleichbaren Werkzeugs arbeite, dessen Auslieferung vor dem von VisiCorp festgelegten Datum geplant sei. Innerhalb weniger Wochen lief ein Prototyp des Interface Manager auf dem IBM-PC. Zum Verschieben der Fenster und zur Auswahl von Menüpunkten diente eine Maus.

Microsoft mußte jetzt noch einen Namen für dieses Produkt finden. Im Mai 1983 schlug Jeff Raikes die Bezeichnung Microsoft Desktop vor. In der Tradition der anderen Produkte des Unternehmens setzte sich jedoch letztlich ein einfacherer Name durch: Microsoft Windows.

Ein viel mächtigerer Konkurrent als VisiCorp tauchte ebenfalls drohend am Horizont auf: IBM. Seit Monaten spekulierten Branchenbeobachter darüber, ob Big Blue seinen eigenen Schnittstellen-Manager herausbringen würde oder nicht. Bei der grundlegenden Software für den PC hatte sich der Gigant auf Microsoft verlassen. Die Erfahrungen der Vergangenheit legten jedoch den Schluß nahe, daß IBM womöglich einen Teil des Kuchens zurückgewinnen wollte, indem es die Softwareentwicklung in Zukunft selbst in die Hand nahm. Tatsächlich verkündete IBM, man beabsichtige, für DOS ebenfalls eine grafische Benutzeroberfläche namens TopView anzubieten.

Angesichts der Herausforderung durch IBM schlug Bill Gates eine Überlebensstrategie ein: Er wandte sich an die Hersteller von IBM-kompatiblen Rechnern. Compaq, Zenith, Tandy und andere Firmen wollten verhindern, daß IBM bei der Definition von Standards eine Monopolstellung innehatte. Gates versuchte ein Unternehmen nach dem anderen von den Möglichkeiten, die Windows bot, zu überzeugen, um so Big Blue zu isolieren. IBM war sich noch nicht vollständig im klaren darüber, was für ein Konkurrent Bill Gates sein konnte. Seit der Gründung von Microsoft hatte Gates niemals gezögert, die zum Wohle seines Unternehmen nötigen Bündnisse einzugehen. Manche nennen dies Opportunismus, andere dagegen Weitblick.

Im Oktober 1983 erklärte VisiCorp voller Stolz, man werde jetzt mit der Auslieferung der Benutzeroberfläche an die 30 000 Kunden beginnen, die bereits Aufträge erteilt hätten. Von Microsoft Windows war nichts zu hören. Dann kündigte Quarterdeck, ein neues Softwarehaus, seine eigene Fensterumgebung namens DESQ an. Bill Gates ärgerte sich, daß ihm die Konkurrenz mit ihren Produkten zuvorgekommen war. Um VisiOn und DESQ den Wind aus den Segeln zu nehmen, beschloß er, Windows zwei Wochen später vor der Presse anzukündigen – eine übereilte Entscheidung, die das Unternehmen jahrelang bitter bereuen sollte.

## Die Ankündigung von Windows

Zu jener Zeit jagten übertriebene Ankündigungen und hochfliegende Versprechungen einander. Angesichts der Gerüchte um TopView und dem tatsächlichen Markteintritt von VisiOn hielt es Gates für nötig, Eindruck zu schinden. Am 10. November 1983 kündigte Microsoft in New York offiziell Windows, ›eine grafische Benutzeroberfläche für DOS‹, an. Gates erklärte, bis Ende 1984 werde Windows auf mehr als 90 Prozent aller MS-DOS-Rechner im Einsatz sein. Mit Windows könne der Anwender endlich alle Programme auf jedem beliebigen System laufen lassen, ohne sich um Kompatibilitätsprobleme sorgen zu müssen.

Der im Januar 1983 eingeführte Apple Lisa hatte die Popularität des ›Desktops‹ begründet. Auf seinem Bildschirm wurde der typische Schreibtisch eines Managers mit Aktenbergen simuliert. Auf dem Bildschirm des Lisa wurden die Fenster planlos übereinandergelegt, je nachdem, wohin sie der Benutzer plazierte. Microsoft beschloß, einen ›gut durchorganisierten Schreibtisch‹ zu bieten, auf dem die Fenster ordentlich nebeneinander aufgereiht waren.

Seit Monaten waren die Diskussionen über integrierte Software nicht verstummt, bei der mehrere Funktionen in einem Programm miteinander kombiniert wurden. Führend in dieser neuen Softwaregattung war 1-2-3, und Lotus bereitete Symphony vor, ein Programm, das mit diesem Konzept noch einen Schritt weiter ging. Auch Ashton-Tate beeilte sich, sein eigenes integriertes Paket namens Framework auf den Markt zu bringen. Gates erklärte der Presse gegenüber, daß sich Windows von integrierten Programmen unterscheide. Letztere enthielten seiner Aussage nach einfach eine begrenzte Anzahl an Anwendungen und ließen keine Interaktionen mit anderen Programmen zu. Windows dagegen werde keine Applikationen enthalten; es handle sich einfach um eine Umgebung, die über dem Betriebssystem liege. Gates behauptete, bei Windows werde die Integration von mehr als 90 Prozent aller MS-DOS-Programme möglich sein.

Das war eine Übertreibung. Windows konnte DOS-Programme wie 1-2-3 oder WordStar starten. Doch nach dem Programmaufruf verschwand die Windows-Umgebung vom Bildschirm und das betreffende Programm erschien. Die ›klassische‹ Software lief nicht unter Windows‹. Gates hatte vielmehr wie damals bei MS-DOS bei den Entwicklern angeklopft und sie gebeten, eigens für Windows neue Programme zu schreiben.

Zu den bekannteren Softwareanbietern, die ihre Unterstützung für Windows bekundeten, gehörten Lotus, Ashton-Tate, Software Publishing, Software Arts und Peachtree, ein für seine Managementsoftware bekannter Hersteller. Microsoft erklärte, es werde Multiplan und Word so modifizieren, daß auch sie unter Windows laufen könnten.

Am meisten schätzte Microsoft die Unterstützung von Lotus, denn dieses Unternehmen war der größte Softwareanbieter für den IBM-PC und die IBM-Kompatiblen. Lotus war begeistert von den Möglichkeiten der Windows-Umgebung; Firmenchef Mitch Kapor meinte, Lotus werde Windows als Grundlage für eine ganz neue Produktfamilie verwenden. Offiziell bestanden jedoch keine Pläne für die Portierung der existierenden Produkte 1-2-3 und Symphony auf Windows.

Marktbeobachtern schien es, als wolle Microsoft die Macht über die PC-Umgebung gewinnen, die damals fest in der Hand von IBM lag. In der Vergangenheit hatte IBM niemals gezögert, Hardware- und Softwarestandards zu ändern, wenn durch diesen Schritt die Konkurrenz ausgeschaltet werden konnte. Die Hersteller der IBM-kompatiblen PCs sahen in Windows ihre langersehnte Chance, sich von IBMs Joch zu befreien. Einige dieser Anbieter erklärten ihre Unterstützung für Windows, darunter Compaq, Hyperion, Texas Instruments, Hewlett-Packard, Eagle, Zenith, Burroughs und DEC. Bis Anfang 1984 war die Liste auf insgesamt 24 Unternehmen angeschwollen und umfaßte unter anderem auch Data General, ITT, Tandy und Wang.

IBM stand natürlich nicht auf der Liste. Wenige Tage nach der Ankündigung von Windows unterzeichnete der Gigant einen Vertriebsvertrag für VisiOn. Mit diesem Schritt signalisierte Big Blue Bill Gates einmal mehr, daß man mit Microsofts Vorgehensweise nicht einverstanden war.

### Eine Verspätung mit fatalen Folgen

Das Entwicklungsteam für Windows unter der Leitung von Scott MacGregor hatte mit Problemen ohnegleichen zu kämpfen. Zum ersten Mal hatte ein Softwarehersteller ein Projekt dieser Tragweite in Angriff genommen, und man hatte die Komplexität dieses Vorhabens gründlich unterschätzt. Das Jahr 1984 ging ins Land, und noch immer war Windows nicht fertig. Microsoft behauptete nun, das Programm würde bis zum Ende des ersten Quartals verfügbar sein.

IBM machte sich diese Situation zunutze, baute seine Allianz mit VisiCorp weiter aus und vertrieb die Produkte Calc und Graph aus der VisiOn-Familie unter dem IBM-Logo. Steve Ballmer meinte jedoch gegenüber der Zeitschrift *Electronic News*, daß IBMs Unterschrift unter einem Vertriebsvertrag noch nicht den Erfolg eines Produkts garantiere. Bill Gates wagte die Prognose, daß die eigentliche Antwort auf VisiOn MS-DOS 3.0 sein werde. Dieses selbsterklärte Wunderwerk wurde als Multitasking-Version mit Grafik, Ikonen, Mausunterstützung und einem Fenstermanager angekündigt. Tatsächlich aber bot

DOS 3.0 nichts von alledem; bei dem damaligen Stand der Technik konnte dieses Versprechen unmöglich eingelöst werden.

IBM distanzierte sich immer mehr von Microsoft. Wenige Wochen später beschloß der Computerriese, eine UNIX-Version eines anderen Herstellers zu vertreiben. Und Branchenkenner sahen in der fortgesetzten Arbeit von IBM an TopView ein sicheres Anzeichen für einen Bruch mit Microsoft.

Ende Februar 1984 besuchten 300 Vertreter führender Software-Anbieter und Computerhersteller eine von Microsoft organisierte Konferenz in Seattle, um das Neueste über die grafische Benutzeroberfläche zu erfahren. Jeder Teilnehmer zahlte eine Gebühr von 500 Dollar, nur um dann enttäuscht von dannen zu ziehen. Microsoft konnte den Entwicklern die für die Anwendungsprogrammierung erforderlichen technischen Informationen noch nicht zur Verfügung stellen. Das Unternehmen aus Seattle verschob den Termin für die Freigabe von Windows auf Mai. Es ging auch das Gerücht um, Microsoft wolle versuchen, Windows auf das Multitasking-Betriebssystem XENIX zu portieren.

## Die Schwächen der Konkurrenz

Die Folgen der Verspätung von Microsoft Windows wurden bis zu einem gewissen Grad von den enttäuschenden Absatzzahlen für VisiOn wettgemacht, die teilweise darauf zurückzuführen waren, daß man für dieses Programm eine Festplatte brauchte, mit der zu jener Zeit die wenigsten PCs ausgestattet waren. Ausschlaggebend war jedoch die Tatsache, daß es sich bei VisiOn um ein geschlossenes System handelte. Mit Windows konnten die Anwender zumindest DOS-Bestseller wie 1-2-3, Multiplan oder dBASE starten, aber unter VisiOn liefen nur speziell für diese Software geschriebene Programme.

VisiCorp hatte drei Jahre und 10 Millionen Dollar in

die Entwicklung von VisiOn investiert und dieses Programm dreimal von Grund auf neu geschrieben, doch die Anwender stellten bald fest, daß diese Software nicht das technische Wunder war, das sie nach einem so langen und teueren Entwicklungsprozeß erwarteten. Software-Entwickler, die Anwendungen für VisiOn schreiben wollten, mußten zunächst 20 000 für einen VAX- oder DEC-Minicomputer ausgeben, der zudem noch mit dem grauenhaft schwierigen Betriebssystem UNIX ausgestattet sein mußte. Daher mußten sich die Käufer von VisiOn anfangs mit drei von VisiCorp angebotenen Programmen zufriedengeben: dem Tabellenkalkulationsprogramm VisiCalc, der Textverarbeitung VisiWord und dem Grafikprogramm VisiGraph. Das war den Kunden nicht genug. VisiCorp senkte einen Monat nach der Einführung von VisiOn den Preis von 495 auf 95 Dollar, um die Kunden bei der Stange zu halten.

IBM beschloß schließlich, für seine eigene Lösung zu werben. Auch TopView bot Fenstertechnik und Mausunterstützung. Der Benutzer konnte damit DOS-Standardanwendungen wie dBASE starten, doch liefen nur bestimmte Programme – zum Beispiel der IBM Family Assistant – gleichzeitig in den Fenstern ab und erlaubten Ausschneiden und Einfügen von Daten zwischen den Anwendungen. Im Gegensatz zur grafischen Benutzeroberfläche Windows beruhte TopView auf dem herkömmlichen Textmodus.

Im Mai 1984 kam Quarterdeck offiziell mit DESQ auf den Markt, einer Fensterumgebung, in der mehrere DOS-Programme liefen. MicroPro meldete Interesse an diesem System an. Doch auch DESQ fand – zum Teil wegen seiner mangelnde Benutzerfreundlichkeit – keinen großen Anklang am Markt. DESQ war aus wirtschaftlicher Sicht ein Mißerfolg. Ein paar Jahre später gelang es Quarterdeck, das Produkt erneut unter dem Namen DESQview vorzustellen und über eine Million Exemplare davon zu verkaufen.

Ein vierter Konkurrent betrat die Bühne: Digital Research. Dieses Unternehmen hielt die grafische Benutzeroberfläche für eine ausgezeichnete Gelegenheit, um sich an Microsoft für den Sieg von MS-DOS über CP/M zu rächen. Während Windows der Macintosh-Umgebung ähnelte, stimmte GEM von Digital Research beinahe vollständig damit überein, da es sich stärker an die im Xerox PARC definierten Konzepte anlehnte. Wie der Macintosh verwendete auch GEM überlappende Fenster, doch konnte man damit nur jeweils eine Anwendung aufrufen, in Windows dagegen mehrere zur gleichen Zeit.

## Weitere Verzögerungen

Der Mai 1984 kam und ging. Die Freigabe von Windows wurde offiziell auf Ende August verschoben. Microsoft begründete diese Verzögerung mit den Änderungswünschen bestimmter Pilotanwender, die sich vor allem auf die Bildschirmdarstellung bezogen.

Im Juli stand Jon Shirley vor der schwierigen Aufgabe, diese Verzögerung der Presse mitzuteilen. Er versicherte den Journalisten, daß das Projekt Windows ganz oben auf der Prioritätenliste von Microsoft stehe und daß man sich mit ganzer Kraft dafür einsetze. Die Entwicklungswerkzeuge seien im Mai an die Programmierer ausgeliefert worden, und viele Hardwarehersteller hätten die Informationen erhalten, die sie zur Anpassung von Windows an ihre Computer benötigten. Microsoft beschloß, eine Entschuldigungstour zu den Herstellern zu organisieren, um sie offiziell von der Verzögerung in Kenntnis zu setzen.

In der Zwischenzeit hatte VisiCorp mit Schwierigkeiten zu kämpfen, die das Unternehmen durch den Verkauf der VisiOn-Rechte an Control Data zu lösen versuchte. Gleichzeitig war VisiCorp nahe daran, den Kampf gegen Software Arts um die Exklusivrechte an VisiCalc zu verlieren. Schließlich mußte das Unternehmen seine Geschäftstätigkeit einstellen.

## Die Umstrukturierung

Die Verzögerung bei Windows war ein Sympton für ein tiefgreifenderes Problem: Microsoft fehlte einfach eine straffe Organisation in der Entwicklungsabteilung. Die Projektverantwortlichen, angefangen mit Gates, hatten ein Jahr gebraucht, um den Umfang und die Schwierigkeiten dieses Vorhabens wirklich zu erkennen. Windows benötigte beispielsweise zu viel Speicherplatz, als daß eine Anpassung an die am weitesten verbreiteten Personal Computer auf dem Markt – PCs mit 256K Arbeitsspeicher – möglich war.

Jon Shirley kam zu dem Schluß, daß Gates nicht effektiv arbeiten konnte, da er bei zu vielen verschiedenen Funktionen die Oberaufsicht zu übernehmen versuchte. Er war für alle Entwicklungbereiche zuständig und hatte die Angewohnheit, Projekte zu starten, die dann niemals vollendet wurden. Die Programmierer wurden häufig von einem Team ins andere abberufen, und Gates änderte oftmals urplötzlich die Produktspezifikationen. Shirley hielt es für das beste, dieser Instabilität ein Ende zu bereiten.

Im August 1984 wurden die Aktivitäten von Microsoft umstrukturiert. Im Zentrum standen dabei zwei Hauptbereiche: das Betriebssystem und die Geschäftsanwendungen. Steve Ballmer übernahm den Systembereich, und Ida Cole (ehemals für das Marketing bei Apple zuständig) wurde zur Führung des Anwendungsbereichs engagiert. Jeder dieser beiden Geschäftsbereiche hatte seine eigenen Stab für technische und administrative Aufgaben.

Diese Umstrukturierung gab Gates die Freiheit, sich der Aufgabe zu widmen, die er am besten beherrschte: die Gestaltung zukünftiger Produkte. Seine Rolle war auf die ganz abstrakte Definition von Softwareprodukten und die Richtungsvorgaben für die Entwicklung beschränkt.

Im August 1984 stieß Neil Konzen zu der für die Programmierung von Windows zuständigen Gruppe. Ihm wurde die Verantwortung für die Benutzeroberfläche übertragen. In bezug auf viele der bisherigen Entwicklungen teilte er nicht die Meinung von Scott MacGregor und definierte etliche interne Routinen von Windows neu, um die Anwendungsprogrammierung zu erleichtern. Eines seiner Ziele war es, die Anpassung der Macintosh-Software an Windows so einfach wie möglich zu gestalten.

Zu jener Zeit hielt Microsoft es immer noch für möglich, Windows zwei Monate später auszuliefern. Doch im Oktober 1984 verkündetete das Unternehmen aus Seattle statt dessen, daß sich die Freigabe auf den Juni 1985 verschiebe.

Der neue Windows-Produktmanager, Leo Nikora, mußte der Presse die Gründe für diese Verzögerung erläutern. Das Grundproblem bestand darin, daß Windows zu viel Speicherplatz benötigte und zu langsam war. Nikora sagte, Microsoft habe sich angesichts der Fähigkeiten des 8088 Mikroprozessors zu ehrgeizige Ziele gesteckt. Um sie erreichen zu können, sei eine komplette Erneuerung bestimmter Produktteile erforderlich.

Diese Situation war Microsofts Image nicht zuträglich; für die Kritiker waren diese Schwierigkeiten ein gefundenes Fressen. Esther Dyson von Venture Holdings sagte gegenüber der *PC Week,* sie glaube, daß Microsoft hart arbeiten müsse, wenn es seine Glaubwürdigkeit zurückgewinnen wolle. Das *Journal American* aus Bellevue schrieb, Microsoft habe seinen ersten strategischen Fehler begangen. In der Weihnachtsausgabe von *Personal Computing* wurde der Sinn der Fensterumgebung überhaupt in Frage gestellt und dem Programm der Untergang prophezeit, da es – in den Worten des Magazins – den Anwendern nichts als zusätzlichen Ärger bereite. Im Dezember argumentierte ein Analytiker der International Data Corporation in *PC Products,* daß Fensterumgebungen eine Lösung für ein Problem darstellten, das nie existiert habe: Das Magazin *Forbes* unterstrich, daß die Fenstertechnik weder VisiCorp noch Quarterdeck zum Erfolg verholfen habe. Die Verkaufszahlen von VisiOn und DESQ waren so miserabel, daß die beiden Firmen am

Rande des Zusammenbruchs standen – und nur Quarterdeck überlebte. Und *InfoWorld* prägte den Begriff ›Vaporware‹ für langersehnte Programme, für die viel Reklame gemacht worden war, ohne daß man am Markt auch nur das Geringste davon gesehen hätte.

Die Verzögerungen bei Windows hatten Auswirkungen auf die Pläne Dutzender anderer Software-Anbieter, die die Freigabe ihrer Windows-Anwendungen ebenfalls verschieben mußten. Die ersten mit den von Microsoft gelieferten Werkzeugen geschriebenen Anwendungen waren so langsam, daß sie sich wahrscheinlich ohnehin nicht gut verkauft hätten. Hatte das Glück Bill Gates verlassen?

Gates verteidigte sein Lieblingsprojekt. Er glaubte, daß die Vorteile einer grafischen Benutzeroberfläche die relativ geringe Geschwindigkeit des Programms aufwiegen würden. Seine Argumentation lautete, daß der Nutzen einer solchen Benutzeroberfläche nicht in Zweifel zu ziehen sei, auch wenn einige Abläufe auf dem Macintosh zugegebenermaßen sehr langsam vonstatten gingen.

Die Hersteller von IBM-Kompatiblen harrten geduldig aus. IBM dagegen stellte sein TopView mit großem Werbeaufwand vor. In seinem Kommentar in der *PC Week* vom 18. September 1984 beschrieb Peter Norton, wie sehr ihn zeichenorientierte, offene Fensterumgebungen wie TopView und DESQ beeindruckten: »Ich bin zwar auch der Meinung, daß die Zukunft der grafikorientierten Technologie gehört, wie sie in der Hardware Lisa und Macintosh und in der Windows-Software von Microsoft verwirklicht wird. Die Gegenwart aber gehört den zeichenorientierten Rechnern. Zwei Drittel aller PCs verwenden einen nur für Zeichen geeigneten Monochrombildschirm, und grafikorientierte Systeme wie Windows können daher nicht auf ihnen laufen.«

Als TopView im Januar 1985 dann auf den Markt kam, konnte es sich jedoch nicht durchsetzen. Unter anderem wurde bemängelt, daß dieses Produkt zu viel Speicherplatz benötige und bestimmte DOS-Befehle nicht enthalte.

## Windows Paint und Windows Write

Anfang 1985 waren die Vertreter von Microsoft bei Fragen nach Windows peinlich berührt.

Im Januar verordnete die Marketingabteilung von Microsoft einen Kurswechsel für Windows. Ursprünglich sollte das Programm von den Herstellern zusammen mit ihren Rechnern ausgeliefert werden. Nun aber verlagerte man den Schwerpunkt auf den direkten Verkauf an Endabnehmer. Im Rahmen dieser Neuorientierung wurde Tandy Trower zum Produktmanager für Windows auserkoren.

Die Programmierer wollten anfangs mit der Entwicklung von zwei Anwendungen die Fähigkeiten von Windows demonstrieren. Write und Paint entstanden 1983 in Anlehnung an ihre beiden Namensvettern, die im Kombipack mit dem Macintosh verkauft wurden. Tandy Trower trieb die Vollendung dieser beiden Produkte voran und begann auch mit der Entwicklung von Hilfsmitteln wie Kalender, Rechenmachine und Kartenmanager. Er grub sogar zwei Programme aus, die ursprünglich zur Unterstützung der Entwicklung von Windows dienten: die Uhr und ein Reversi-Spiel. Diese Erweiterungen nahmen jedoch auch zusätzlich Entwicklungszeit in Anspruch.

Eines Morgens rief Bill Gates Steve Ballmer in sein Büro. Gates hatte einen Programmfehler in Windows entdeckt und verlor allmählich die Geduld. Er schrie, daß Ballmers Karriere beendet sei, wenn die Freigabe von Windows nicht bis Jahresende erfolge.

Währenddessen brachte Digital Research seine grafische Benutzeroberfläche GEM heraus, die auf sehr positive Resonanz stieß. Alle waren sich einig, daß die Umgebung von Digital Research dem Macintosh in weitaus stärkerem Maße ähnle als Windows, und dies machte GEM fast über Nacht beliebt. Allerdings hatte Digital Research eines nicht bedacht: Auch Apple war der Ansicht, daß die GEM-Oberfläche der Macintosh-Bedienerführung sehr ähnlich sei, und drohte mit rechtlichen Schritten. Es mag seltsam erscheinen, daß Apple gegen ein Softwarehaus vorgehen wollte, das eine Benutzeroberfläche anbot, die das Unternehmen aus Cupertino nicht selbst entwickelt hatte, aber man wollte unbedingt das Aussehen und die Funktionsweise (›look and feel‹) der Macintosh-Schnittstelle schützen und begründete damit auch die Klage. Das war ein harter Schlag für GEM, das reißenden Absatz fand: Fast im Handumdrehen waren 150 000 Exemplare verkauft worden. Angesichts des drohenden Rechtsstreits beschloß Digital Research, seine grafische Benutzeroberfläche umzuarbeiten.

## Windows an der Spitze der Prioritätenliste

Windows war nun das wichtigste Projekt im Hause Microsoft. Mehr als 20 Programmierer arbeiteten an diesem Produkt, unterstützt von wöchentlich wechselnden Dokumentationsteams. Weitere Mitarbeiter testeten die Software. Insgesamt arbeiteten mehr als 30 Beschäftigte Tag und Nacht an diesem Projekt. Sie mußten sich an strenge Restriktionen halten: Das Programm sollte kleiner, schneller und zuverlässiger werden. »Wir schwitzten alle Blut und Wasser, um diese Ziele zu erreichen«, erinnert sich Neil Konzen.

Eines Morgens kam Gabe Newell, einer der Prüfer, mit seinem Schlafsack unter dem Arm ins Büro. Er testete einen ganzen Monat lang die integrierten Hilfsmittel, ohne auch nur einen Schritt vor die Tür zu setzen – was ihm den Spitznamen ›Madman‹ (der Irre) eintrug.

Um den Stress abzubauen, versuchten die Programmierer, sich regelmäßig Entspannung zu gönnen. Manchmal stürzten sie in die Küche und führten dort ein paar chemische Experimente durch. Während der Kompilierung des Windows-Code gegen zwei Uhr morgens fabrizierten sie mit einer Mischung aus Zucker und Salpeter Bomben und Raketen, die sie dann im Freien abschossen. Diese merkwürdigen Explosionen lockten die Polizei von Bellevue herbei, die mit auf Sprengstoff trainierten Spürhunden bei Microsoft anrückte. Die Polizisten befragten einen der Sicherheitsbeauftragten nach den Detonationen, doch dieser gab vor, nichts zu wissen. In Wirklichkeit hatte der Wachmann eigenhändig einige der selbstgebastelten Raketen gezündet!

Eines Nachts wollten die Programmierer einen stärkeren Raketentreibstoff herstellen, indem sie den Zucker vor dem Einfüllen in die Feuerwerkskörper schmolzen. Einer verwendete dafür die Mikrowelle, wo der Brennstoff Feuer fing. Die Explosion richtete ein furchtbares Chaos in der Küche an; Rauchschwaden zogen durch das ganze Gebäude. Die Übeltäter stellten die Klimaanlage an und mühten sich redlich, den Schaden vor der morgendlichen Ankunft ihrer Kollegen zu beseitigen.

Manchmal entspannten sich die Programmierer auch mit Musik. Mark Taylor überredete ein paar Kollegen zum Kauf von Elektrogitarren, und diese Band veranstaltete mitten in der Nacht Jam-Sessions in den Gängen. Eines Nachts trugen mehrere Programmierer ihre Verstärker auf das Dach des Gebäudes. Sie drehten die Lautstärkenregler auf die höchste Stufe und spielten dann für die Leute drunten auf der Straße – wie die Beatles in ›Let It Be‹. Wieder einmal kam die Polizei, konnte die Ruhestörer aber nicht fassen. Die Programmierer waren bereits an ihre Tastaturen zurückgeeilt, arbeiteten an Windows und bogen sich dabei vor Lachen. »Wir waren wie Collegestudenten – wir hatten einfach viel Spaß miteinander«, sagt Neil Konzen.

Microsoft präsentierte Windows auf der Comdex im Mai 1985 und bestätigte die Freigabe des Programms für den Juni. Diesmal hielt sich das Unternehmen jedoch zurück. Die vorgeführte Version konnte man sowohl über die Tastatur als auch mit der Maus bedienen. Laut Microsoft hatte man damit den Wünschen Rechnung getragen, die von den Händlern an das Unternehmen herangetragen worden waren, denn viele Anwender mochten die Maus nicht. Windows unterstützte jetzt auch Program Information Files (PIF) von TopView. Einige Branchenkenner wie Peter Norton sahen dies als Anzeichen dafür, daß sich die IBM-Umgebung mehr und mehr durchsetzte. Außerdem nannte Microsoft für Windows einen Preis von 95 Dollar.

Am 28. Juni 1985, als Windows wieder einmal für Endkunden erhältlich sein sollte, gab Microsoft statt dessen lediglich eine Testversion für Software-Entwickler und Computerhersteller heraus. Ein paar Wochen später erhielt die Fachpresse Kopien zur Bewertung. Offiziell hieß es bei Microsoft, man wolle vor der endgültigen Markteinführung des Programms Ratschläge einholen, doch in Wirklichkeit mußte das Unternehmen Beweise dafür abliefern, wie das Endprodukt aussehen sollte. Die Entwickler erhielten einen Satz Softwarewerkzeuge zur Unterstützung bei der Anwendungsprogrammierung für Windows.

## Die Party

Windows 1.03 kam zu guter Letzt im November 1985 auf den Markt. 85 Prozent der Software war in der Hochsprache ›C‹ geschrieben; die entscheidendsten Programmteile dagegen in Assemblercode. In dieser ersten Windows-Version steckten 110 000 Programmierstunden.

Am 21. November hielt Microsoft eine höchst denkwürdige Pressekonferenz ab, um den Abschluß des längsten Entwicklungsprozesses in der Geschichte des Unternehmens zu feiern. Fast schien es, als wolle man damit alle Probleme der Vergangenheit ungeschehen machen. Die wichtigsten Redakteure der Fachpresse waren ebenso geladen wie die Chefs der großen PC-Handelsketten. Es herrschte eine ausgelassene und übermütige Stimmung. Stewart Alsop von der *InfoWorld* eröffnete den Reigen auf seine Weise, indem er Bill Gates den ›Golden Vaporware Award‹ überreichte. Als nächster war John Dvorak vom *PC Magazine* an der Reihe. Bevor er das Mikrofon

Steve Ballmer überließ, sagte Dvorak, Ballmer habe bei der ersten Ankündigung von Windows noch Haare gehabt. Ballmer beschrieb dann in einer witzigen Rede, was sich seit damals alles in seinem Leben geändert habe. Als die Entwicklung dieses Programms begann, sei er für die Finanzen verantwortlich gewesen und habe die geplante Investition von 6 Mannjahren für Windows genehmigt, das auf einer einzigen Diskette vertrieben werden sollte. Jetzt, 80 Mannjahre später, verkaufe Microsoft das Produkt auf fünf Disketten für 99 Dollar. »Jetzt werden Sie verstehen«, sagte Ballmer zum Publikum, »weshalb man mir eine andere Position zugewiesen hat!« Als neuer Marketingleiter sei seine erste Aufgabe die Ankündigung von Windows der Presse gegenüber gewesen. Nach der nächsten Versetzung fand er sich in der Position des Entwicklungsleiters für Windows wieder.

Zur Belustigung der Zuhörer begann Ballmer mit einem Überblick über einige der interessantesten Artikel, die in den vergangenen zwei Jahren zum Thema Windows verfaßt worden waren. Dann beschrieb er die Aufregungen von 1985, das er als äußerst schwieriges Jahr bezeichnete. Selbst Gates, mit dem er schon so lange befreundet war, habe seine Geduld verloren. Ballmer erzählte, wie ihn Gates in sein Büro gerufen und zur Schnecke gemacht habe. Er habe dann zu seinen Programmierern gesagt: »Kinder, wir müssen dieses Produkt ausliefern, bevor der Schnee fällt.« Wie er abschließend bemerkte, war ihnen das gelungen.

Bevor er Gates das Wort erteilte, sang Ballmer ein Lied, und Gates, der sich selten in der Öffentlichkeit so zugänglich gab, stimmte mit ein. Dann begann der große Visionär eine leidenschaftliche Rede über die Vorzüge der grafischen Benutzeroberfläche. Am Ende der Veranstaltung rollte ein riesiger Einkaufswagen auf die Bühne. Er enthielt 500 Pakete mit Windows, die an die euphorische Menge verteilt wurden.

## Anerkennung

Jim Seymour beurteilte Windows in der Zeitschrift *PC Week* positiv:

> Ich bin ein Fan von Windows, nicht wegen der Merkmale, die es heute bietet, sondern wegen der Rolle, die es mit Sicherheit eines Tages spielen wird... Meiner Meinung sind Programmierer, die bei neuen Produkten nicht die Kompatibilität mit Windows sicherstellen und neue Windows-Versionen erfolgreicher bestehender Produkte erstellen, nicht bei Sinnen.
> Sicher arbeitet Windows auf 8088-PCs im Schneckentempo und auf PCs ohne Festplatte ist es ein Ding der Unmöglichkeit... Aber Windows ist ein Produkt für die Ära nach dem 8088... Das Geheimnis der derzeitigen Windows-Version liegt in dem, was sie Programmentwicklern bietet: Sie brauchen keine Bildschirmtreiber... oder Druckertreiber zu schreiben; sie können ihren Kunden so etwas wie Zwei-Bit-Parallelbetrieb und Datenaustausch bieten.

Seymour schloß mit der Bemerkung, daß für das obere Ende des Marktes Anwendungen in Vorbereitung seien, die nur unter Windows liefen, angefangen mit einer PC-Version von PageMaker, das bereits ein Verkaufsschlager auf dem Macintosh war.

In der *PC World* vom Dezember 1985 stand: »Windows gibt den Blick frei auf die Zukunft der Integration«. Bill Machrone vom *PC Magazine* nannte Write »ein Kronjuwel der Windows-Umgebung«.

## ... und Ablehnung

Zum Zeitpunkt der Einführung von Windows kam diese Umgebung jedoch auf den meisten der damaligen Computer nicht richtig zur Geltung. Wie verschiedene Marktanalytiker unterstrichen, benötigte man mindestens einen PC AT, wenn man annehmbare Ergebnisse erzielen wollte. Für vernünftige Farbdarstellung mußten die Anwender einen EGA-Monitor besitzen, wie ihn IBM ein Jahr zuvor für seinen PC AT vorgestellt hatte.* Einige Hersteller von IBM-Kompatiblen wie zum Beispiel Compaq boten ein solches Produkt noch nicht an, da ihrer Ansicht nach die Zeit noch nicht reif war für Farbmonitore. Im Dezember 1985 waren noch nicht alle IBM-PCs mit Farbbildschirmen ausgestattet. Und auf einem PC XT oder einem PC mit zwei Diskettenlaufwerken war Windows unerträglich langsam.

Aufgrund dieser Umstände hatte sich Microsoft für Windows ein relativ bescheidenes Absatzziel von 4000 Stück pro Monat gesetzt. Die breite Masse hingegen ließ sich hauptsächlich aus zwei Gründen nicht auf Windows ein: Erstens war es sehr langsam, und zweitens gab es dafür fast keine Anwendungen. Eine Umfrage des Magazins *InfoWorld* vom Dezember 1985 ergab, daß DV-Leiter Windows seinen Konkurrenten GEM oder TopView vorzogen, aber noch auf bessere Integrationsmöglichkeiten warteten. Jeder wollte zuerst die Grafikversion von IBMs TopView sehen, bevor er sich für eine Umgebung entschied. Das Gerücht ging um, daß IBM ein solches Produkt vielleicht im zweiten Quartal 1986 auf den Markt bringen würde.

Außerdem wurden wichtige Verbündete unter den Herstellern abtrünnig. Im November 1985 verkündete Tandy, daß seine Mikrocomputer mit GEM ausgerüstet werden sollten; die Pläne für Windows wurden storniert. Auch Apricot, Atari, Commodore, Epson und Texas Instruments deuteten an, daß ihnen das Produkt von Digital Re-

---

* EGA steht für Enhanced Graphics Adaptor; ein Standard für Farbmonitoren, den IBM zur gleichen Zeit wie den PC AT einführte (Ende 1984). Der EGA-Monitor verwendet mehr Punkte pro Zentimeter und bietet somit eine höhere Auflösung (ein schärferes Bild) als frühere Farbmonitoren.

search besser gefiel als Microsoft Windows. Atari integrierte GEM sogar in den ROM-Festspeicher seiner neuen ST-Rechner.

Dennoch standen immer noch einige prestigeträchtige Namen auf der Liste der Hersteller, die Windows als Standard mit ihrer Hardware anbieten wollten: Zenith, AT&T, Data General, DEC, Grid, Honeywell, Intel, NCR, Olivetti und Convergent Technologies. IBM dagegen hatte beschlossen, TopView im Kombipack mit dem XT zu verkaufen, nachdem man feststellen mußte, daß die Software allein keinen Markterfolg erzielte.

Für Windows stellte sich ein weiteres gewichtiges Problem. Bedeutende Softwarefirmen waren des Wartens auf dieses Produkt überdrüssig und hatten das Interesse an der Erstellung von Windows-Applikationen verloren.

Im Juli 1984 hatte Jon Shirley der Zeitschrift *Micro Software Today* mitgeteilt, die Anbieter der 15 meistgekauften Programme würden Applikationen für die Windows-Umgebung schreiben. Ein Jahr später, im Juli 1985, meinten die vier größten Mitbewerber von Microsoft, sie hätten gegenwärtig kein Entwicklungsprojekt für Windows. Lotus, Ashton-Tate, Software Publishing und MicroPro nannten verschiedene Gründe für diese Kehrtwendung: Ihre Hauptkunden zeigten kein besonderes Interesse an Windows-Versionen ihrer Programme, außerdem wisse niemand, ob sich diese Umgebung durchsetzen würde. Die Softwarehäuser gaben zu Protokoll, daß sie sich zu einem günstigeren Zeitpunkt durchaus Windows zuwenden könnten. »Im Grunde verlangen unsere Kunden dieses Produkt nicht«, erklärte ein Sprecher von Software Publishing, dessen Programme pfs:Write und pfs:File reißenden Absatz fanden. Die Tatsache, daß es keine Windows-Versionen von Bestsellern wie Lotus 1-2-3 und dBASE III gab, dämpfte die Absatzchancen der Microsoft-Umgebung spürbar.

Zudem sollte Windows eigentlich die Anwendungsentwicklung vereinfachen, da es Bildschirm- und Druckertreiber enthielt. In der Praxis war das Schreiben von Anwendungen für Windows jedoch unglaublich schwierig. Viele Programmierer scheuten sich vor Entwicklungsversuchen in einer Umgebung, die sich noch nicht bewährt hatte.

Schließlich sahen die großen Software-Anbieter in Microsoft in allererster Linie einen Konkurrenten. Wenn sie Programme für Windows erstellten, würden sie dieser Umgebung zu besserer Glaubwürdigkeit verhelfen und es Microsoft somit um so leichter machen, seine eigenen Windows-Applikationen auf den Markt zu bringen.

Hersteller von Macintosh-Software bekundeten höfliches Interesse an Windows. Ein Sprecher der Firma Forethought meinte, Windows habe Vorteile im Vergleich zum Macintosh, da es Farbdarstellung und Multitasking unterstütze. Die kalifornische Softwarefirma T/Maker sprach von Plänen zur Portierung von fünf Macintosh-Programmen auf Windows – aber auch auf GEM.

Im tiefsten Texas saß jedoch in der Firma Micrografx der Programmierer Paul Grayson, der an Windows glaubte und seine Überzeugungen jedem mitteilte, der sie hören wollte. Grayson versäumte keine Gelegenheit, um darzulegen, weshalb Windows seiner Meinung nach GEM oder TopView um vieles überlegen sei. Im Juli 1985 – noch bevor die Öffentlichkeit Windows zu Gesicht bekommen hatte – brachte Micrografx seine erste Windows-Anwendung heraus: das Zeichenprogramm In-A-Vision. Paul Grayson war von Anfang an von Windows überzeugt, und Micrografx zahlte für diese unerschütterliche Treue einen hohen Preis. Manchmal mußte das Unternehmen ein Programm völlig neu schreiben, um mit den Veränderungen von Windows Schritt zu halten.

## Rekordverdächtig

Windows wird in die Geschichte der Firma Microsoft als das Produkt eingehen, daß die meisten Rekorde erzielt hat: die insgesamt längste Verzögerung und die höchste Anzahl an Entwicklungsstunden. Windows nahm 24 Entwickler über drei Jahre lang ganz für sich in Beschlag – ganz zu schweigen von den Test- und Dokumentationsmannschaften. Bei seiner Markteinführung hatte Windows zudem vier Produktmanager und drei Entwicklungsleiter verschlissen.

Einige Jahre später gelang Windows ein weiterer Rekord: Es wurde zum meistgekauften Programm aus dem Hause Microsoft. Daneben verwickelte es das Unternehmen aber auch in einen langwierigen Rechtsstreit.

## In Sachen Apple gegen Microsoft

Im Juli 1984 beschrieb Jon Shirley gegenüber dem Magazin *Micro Software Today* die Philosophie, die Windows zugrundelag. Er sagte, daß Microsoft das Produkt so weit wie möglich an den Macintosh angeglichen habe in der Hoffnung, daß viele Anbieter Software für den Apple-Rechner schreiben und sie dann auf Windows portieren würden und umgekehrt. Die Dokumentation sei nahezu identisch.

Apple jedoch betrachtete grafische Benutzeroberflächen für den PC wie GEM oder Windows allmählich mit zunehmendem Mißfallen. Als das Unternehmen aus Cupertino mit rechtlichen Schritten drohte, beschloß Digital Research, GEM umzuschreiben und eine gerichtliche Auseinandersetzung zu vermeiden. Microsoft gegenüber setzte Apple die gleiche Taktik ein, doch Bill Gates gab nicht klein bei.

Dem *Wall Street Journal* vom 25. September 1987 zufolge schreckte Microsoft nicht vor dem Einsatz ›aggressiver Taktiken‹ zurück, wenn das Unternehmen auf dem Macintosh verwirklichte Ideen kopieren wollte. Bill Gates drohe damit, die Arbeit an Word und Excel einzustellen (die letztendlich zu den beliebtesten Microsoft-Produkten für den Macintosh wurden), »um praktisch eine Blankovollmacht für die Übernahme vieler Macintosh-Ideen in Microsofts eigene Produkte zu erhalten. Dazu gehören die von der Maus aktivierten Pull-Down-Befehlsmenüs und die überlappenden ›Textfenster‹ auf dem Bildschirm«.

Am 22. November 1985, kurz nach der Freigabe von Windows 1.01, unterzeichneten die beiden Unternehmen ein Abkommen, in dem Apple Microsoft die Verwendung bestimmter visueller Elemente der Macintosh-Masken in Produkten wie Excel erlaubte. Zu jener Zeit bestanden gute Beziehungen zwischen Seattle und Cupertino, und Apple hoffte, von der Zusammenarbeit mit Microsoft für die eigene Software-Entwicklung profitieren zu können. Microsoft Excel trieb beispielsweise die Umsätze für den Macintosh beträchtlich in die Höhe.

Ende 1982 kam Windows 2.0 auf den Markt, dessen Benutzeroberfläche der des Macintosh in weitaus stärkerem Maße ähnelte. Von Windows waren inzwischen über eine Million Exemplare verkauft worden, und das Programm machte sich allmählich einen Namen. Als Microsoft die PC-Version von Excel vorstellte, gewann Windows über Nacht an Glaubwürdigkeit, und die PC-Hersteller machten Anstalten, sich als Konkurrenz für den Macintosh zu etablieren.

Diese Entwicklungen führten zu wachsenden Spannungen mit Cupertino. In der Vergangenheit hatte Apple Windows als schwerfälliges, relativ unbedeutendes PC-Produkt gesehen; nun aber betrachtete man es zunehmend als Bedrohung für den Macintosh. Da inzwischen viele Unternehmen, die zuvor ausschließlich Programme für den Macintosh entwickelt hatten, mit der Arbeit an Windows-Applikationen begannen, erkannte die Unternehmensleitung von Apple, daß der Macintosh bald seine einzigartige Benutzeroberfläche als Verkaufsanreiz verlieren könnte.

Die Angelegenheit spitzte sich am 17. März 1988 zu, als Apple öffentlich verkündete, man wolle gegen Microsoft wegen Windows 2.03 sowie gegen Hewlett-Packard wegen der auf Windows basierenden Umgebung New Wave rechtliche Schritte einleiten. Bill Gates war besonders entsetzt über diese Nachricht, da er sich kurz zuvor mit John Sculley getroffen hatte und dieser ihm gegenüber nichts von derartigen Plänen erwähnt hatte. Microsoft erfuhr erst davon, als ein Journalist anrief und Gates um eine Stellungnahme bat. »Prozeß? Welcher Prozeß?« war alles, was er herausbrachte. Apple hatte sich an die Presse gewandt, ohne Gates zuvor von seinen Absichten in Kenntnis zu setzen.

In Apples Klagebegründung hieß es, das Unternehmen habe Millionen Dollar und mehrere Jahre der Entwicklung in die bildhafte Benutzeroberfläche investiert, die zum Markenzeichen des Macintosh geworden sei, habe sich jedoch geweigert, Hewlett-Packards Anfrage nach einer Lizenz für diese visuellen Effekte nachzukommen.

Hewlett-Packard habe daher mit der Entwicklung von New Wave auf der Grundlage von Windows 2.03 begonnen, das nach Aussage von Apple eine Kopie der grafischen Benutzeroberfläche des Macintosh enthalte und erzeuge. Als Beweis führte Apple an, daß der zuständige Produktmanager von Hewlett-Packard bei der Einführung von New Wave die Ähnlichkeit zwischen dieser Software und dem Macintosh propagiert habe.

Apple beschuldigte Microsoft zudem, das Lizenzabkommen von 1985 verletzt zu haben, und behauptete, das Ende 1987 erschienene Windows 2.03 sei eine unrechtmäßige Kopie des ›look and feel‹ der Macintosh-Benutzeroberfläche. Mit dem Prozeß strebte Apple die Einstellung des Verkaufs und der Distribution von Windows, die Aushändigung aller Gewinne aus dem Verkauf von Windows 2.03 an Apple und die Untersagung der Freigabe von New Wave durch Hewlett-Packard an. Schließlich verlangte Apple die Vernichtung aller Kopien dieser Programme.

Am 18. März 1988 antwortete der für Rechtsfragen zuständige *Vice President* von Microsoft, William H.

Neukom, auf die Klage. Seiner Aussage nach hatte Microsoft das Abkommen von 1985 peinlichst genau eingehalten.

Drei Tage später veröffentlichte Steve Ballmer Teile des Vertrags, die bewiesen, daß Apple Microsoft eine Lizenz für die Verwendung der visuellen Darstellungen in jeder gegenwärtigen oder zukünftigen Software-Anwendung gewährt habe. In sechs Microsoft-Programmen waren sie bereits verwirklicht (Windows 1.0 sowie die Macintosh-Versionen von Multiplan, Chart, File, Excel und Word). Apple räumte Microsoft auch das Recht zur Vergabe von Unterlizenzen für diese Piktogramme ein.

Microsoft machte geltend, daß dieser Vertrag von 1985 implizit auch Windows 2.03 abdecke. Man sei daher nicht gewillt, dieses Programm oder dafür geschriebene Anwendungen zu modifizieren oder die Herstellung und den Verkauf einzustellen.

Der wesentliche Unterschied zwischen der ersten und der zweiten Version von Windows waren die überlappenden Fenster, die bereits ein charakteristisches Merkmal des Macintosh waren. Der ›Desktop‹ in Windows 2.03 war nicht mehr sauber aufgeräumt, da die Ingenieure bei Microsoft festgestellt hatten, daß auf Managerschreibtischen niemals eine solche Ordnung herrschte wie bei den nebeneinander aufgereihten Fenstern von Windows 1.03.

Auf der Konferenz für Informationssysteme und -technologie am 21. März in London erläuterte Apple-Chef John Sculley die offizielle Haltung seines Unternehmens. Die Änderungen in Windows 2.03 seien nicht von dem Lizenzabkommen abgedeckt. Hewlett-Packards New Wave basiere auf Windows 2.03 und verstärke die Ähnlichkeit zwischen der Benutzeroberfläche des Macintosh und Windows erheblich.

Im April 1989 entschied Richter William Schwarzer, daß das 1985 zwischen Apple und Microsoft geschlossene Lizenzabkommen nur die Version 1.0 von Windows abdecke. Microsoft gab nicht nach und wiederholte sein ursprüngliches Argument, daß kein Unterschied zwischen Windows 1.0 und Windows 2.03 bestehe.

Am 25. Juli 1989 fällte Richter Schwarzer eine Entscheidung, die den Umfang von Apples Klage erheblich einschränkte. Er ließ nur 10 der 189 Punkte, die Apple als Verletzungen des Urheberrechts bezeichnete, gelten. Nur noch diese 10 Punkte waren Gegenstand des Verfahrens. Die verbleibenden 10 Punkte betrafen die überlappenden Fenster sowie das Erscheinungsbild und die Handhabung bestimmter Ikonen in Windows 2.03. Schwarzer entschied, daß die Verwendung visueller Sinnbilder in Windows 2.03 sich zurückverfolgen ließ auf das von dem Abkommen von 1985 abgedeckte Windows 1.0.

Nach Aussage des PR-Managers von Apple, Christopher Escher, zerfiel der Rechtsstreit aufgrund der Entscheidung des Richters vom Juli 1989 in zwei wesentliche Fragen: die Einhaltung des 1985 mit Apple geschlossenen Lizenzvertrages durch Microsoft, und die Gültigkeit des Urheberrechts von Apple für bestimmte Elemente der audiovisuellen Darstellung.

Anfang 1990 übernahm Richter Vaughn Walker vom Federal District Court in San Francisco den Fall. Richter Walker war auch für den Prozeß zuständig, den Xerox gegen Apple wegen der gleichen Urheberrechte angestrengt hatte. Diese Klage wurde Anfang Mai 1990 abgewiesen.

Am 6. Mai 1991 lehnte Richter Walker Hewlett-Packards Antrag ab, die Urheberrechte von Apple für ungültig zu erklären, und wies Microsofts Argument zurück, daß Teile von Windows von der Apple-Lizenz abgedeckt seien. Apple war zwar erfreut über diese Entscheidung, da man glaubte, daß damit der Fall einen Schritt näher an einem Prozeß sei, doch gab der Richter auch Microsofts Antrag statt, das Problem des Urheberrechts für jede Funktion einzeln zu betrachten, nicht auf der Grundlage von Erscheinungsbild und Funktionsweise in allgemeiner Hinsicht. Mitte April dehnte Apple seine Klage auf Windows 3.0 aus.

Ein für Apple erstelltes Sachverständigengutachten definierte den Streitwert des Verfahrens im Februar 1992 auf insgesamt 5,5 Milliarden US-Dollar. Auf diesen Betrag beziffert das Gutachten den Schaden, den Apple durch Copyright-Verletzungen durch Microsoft und Hewlett-Packard erlitten habe. Die Veröffentlichung dieses Streitwertes beunruhigte die Branche erheblich. Eine Schadenersatzforderung in dieser Höhe sprengte alles, was die Computerbranche bislang erlebt hatte. Für Microsoft hätte ein Schuldspruch verheerende Auswirkungen gehabt. Am gelassensten reagierte man trotz allem noch bei Microsoft auf diese Nachricht. In Redmond vertraute man auf die entlastende Wirkung einiger Anfang 1992 am Gericht eingereichter Videofilme. Diese Filme zeigten 28 verschiedene grafische Computerbedienungsoberflächen, darunter neben den bekannten Programmen für Apples Lisa und Macintosh auch Studien von XEROX und anderen Labors, die niemals in den Vertrieb gelangten. Diese Beispiele sollten belegen, daß die umstrittenen Elemente aus Windows 2.0 – allen voran frei verschiebbare Bildschirmsymbole und überlappende Bildschirmfenster – ›Basis-Ideen‹ ergonomischer Computertechnologien seien, daß es nur wenige alternative Darstellungsformen für ergonomisch sinnvolle Programmoberflächen gebe, daß deshalb diese ›Basis-Ideen‹ nicht copyrightfähig wären.

In einem überraschenden Urteilsspruch schloß sich Richter Walker am 15. April Microsofts Auffassung an und erklärte die noch offenen 10 Punkte aus der Copyright-Klage gegen Windows 2.0 als nicht copyrightfähig. Darüber hinaus schränkte er Apples Klage gegen Windows 3.0 entscheidend ein. Von 59 Programmelementen, bei denen Apple eine Copyrightverletzung ausgemacht hatte, erklärte der Richter 10 als nicht schützenswert, weitere 26 seien durch die Lizenz, die Microsoft 1985 erworben hatte, abgedeckt. Richter Walker kündigte an, daß er bis zum Sommer 1992 über die nunmehr verbleibenden 23 umstrittenen Elemente aus Windows 3.0 entscheiden werde. Dabei handelte es sich um das Arbeiten mit Farbe und Proportionalschrift unter Windows 3.0 sowie um 11 Elemente des Dateimanagers und um 10 Elemente des Programmanagers. Auch Walkers Ankündigung vom 13. Mai, sein April-Urteil nochmals zu überprüfen – eine in der amerikanischen Rechtsprechung übliche Praxis, um sich vor Revisionsklagen zu schützen –, konnte nichts mehr daran ändern, daß die Öffentlichkeit Microsoft als zumindest vorläufigen Sieger des Verfahrens betrachtete. Die wesentlichen Punkte der Klage wurden entkräftet; mit Windows 2.0 hat Microsoft offensichtlich kein Copyright verletzt. Der Aktienkurs Microsofts ist denn auch infolge des April-Urteils erst einmal um knapp 10 Prozent gestiegen.

## Kapitel 16

# *Excel für Windows*

Im Reich des PC änderten sich die Spielregeln. Im September 1986 führte Compaq einen neuen IBM-kompatiblen Rechner auf der Grundlage des neuen 80386-Mikroprozessors von Intel ein. Der Unterschied bestand darin, daß Compaq diesmal nicht gewartet hatte, bis IBM den ersten Schritt machte. Der Compaq Deskpro 386 war der leistungsstärkste PC auf dem Markt, und IBM brauchte über acht Monate, um in dieser Kategorie ein Konkurrenzprodukt auf die Beine zu stellen.

Compaq konnte diese Vorgehensweise wagen, da das Unternehmen wußte, daß IBM allmählich die Kontrolle über den PC-Standard verlor. Als IBM-Kompatible bezeichnete man alle Rechner, auf denen damals beliebte Software wie 1-2-3, Word, WordPerfect und dBASE III lief. Ein solches Gerät mußte mit einem Intel-Mikroprozessor und dem Betriebssystem MS-DOS ausgestattet ein – einer Architektur, die Compaq ISA (Industry Standard Architecture) nannte. Nicht einmal IBM konnte einen PC vorstellen, der von diesen Normen abwich – die Kunden hätten ihn nicht akzeptiert.

In England braute sich in Gestalt von Alan Sugar eine weitere Herausforderung für IBM zusammen. Amstrad bot PCs für weniger als 1000 Dollar an und gab damit den in Taiwan begonnenen Preissenkungen die offizielle Rückendeckung eines gesamten Vertriebsnetzes. In den Vereinigten Staaten begann Dell mit dem Postversand von PCs zu Niedrigstpreisen, bot aber gleichzeitig weiterhin erstklassigen Kundendienst.

## Windows und der Presentation Manager

Währenddessen war Windows nicht der erhoffte Erfolg beschieden. Dieser Umgebung fehlte eine hochkarätige Anwendung, die Kunden anlocken konnte, und daher beschloß Microsoft, ein solches Produkt selbst zu entwickeln.

Bei der Vorstellung von Excel für den Mac in New York hatte Bill Gates 1985 angedeutet, daß dieses Tabellenkalkulationsprogramm eines Tages auf den PC portiert werden könnte. Ein deutlichere Aussage war in Anwesenheit von Steve Jobs nicht möglich gewesen. In der Zeitschrift *InfoWorld* vom 27. Mai 1985 lüftete Gates den Schleier etwas mehr: »In Zukunft werden wir Anwendungen zuerst für Windows entwickeln und sie dann auf den Mac portieren.«

In Verbindung mit anderen Aussagen von Bill Gates war diese Botschaft ein eindeutiges Indiz dafür, daß Microsoft fest entschlossen war, Applikationen anzubieten, die auf dem PC und dem Macintosh ähnlich funktionierten.

Im Sommer 1985 unterzeichneten Microsoft und IBM einen Vertrag über die gemeinsame Entwicklung eines neuen Betriebssystems für die nächste Generation der IBM-PCs. Im November traf sich Gates mit Vertretern von Big Blue, um sie davon zu überzeugen, daß sie Windows als grafische Benutzeroberfläche wählen sollten, stieß jedoch auf taube Ohren. IBM hatte noch nicht über die Zukunft von TopView entschieden; auch gingen Gerüchte um, daß der Gigant eine von Digital Research entwickelte Grafiklösung in Betracht zog. Eines Morgens im Frühjahr 1986 fuhr Bill Gates übernächtigt und mit rotgeränderten Augen nach seinem Flug von Seattle nach New York bei den IBM-Büros in einem Vorort der Stadt vor. Schlechte Nachrichten warteten auf ihn. Seit drei Jahren hatte er sich für Windows eingesetzt, und Big Blue war das einzige Großunternehmen, das sich ihm bisher widersetzt hatte. Gates glaubte, daß selbst IBM früher oder später seine Meinung ändern werde.

An jenem Morgen lehnte Bill Lowe, Leiter der Abteilung für Einsteigersysteme und Initiator des PC-Projekts, im Namen von IBM Windows kategorisch ab. IBM habe sich für die Entwicklung einer eigenen grafischen Benutzeroberfläche für den PC entschieden.

Wie üblich akzeptierte Bill Gates diesen negativen Bescheid nicht, sondern verteidigte sein Produkt. Er betonte, daß Windows einem vergleichbaren IBM-Produkt zwei Jahre voraus sei. Bill Lowe erwiderte, IBM verfüge über Fachwissen in Bereichen wie Netzwerktechnologie, in denen Microsoft noch ein Neuling sei. Gates antwortete, Microsoft verstehe mehr von der aktuellen Situation im Bereich der Personal Computer als IBM. Nach einer zweistündigen Diskussion machte Lowe Gates ein Zugeständnis. Die Ingenieure von IBM und Microsoft würden zusammen eine nach den Wünschen des Computergiganten modifizierte Version von Windows erstellen. IBM würde dann auf der Grundlage der Ergebnisse dieses Projekts entscheiden, ob man dieses Produkt vermarkten wolle oder nicht. Im Rahmen der gemeinsamen Entwicklung sollte später die grafische Benutzeroberfläche Presentation Manager entstehen, die für OS/2 die gleiche Rolle spielt wie Windows für DOS.

Das Jahr 1986 endete mit einer ungewöhnlichen Auszeichnung für Bill Gates: ein Sonderpreis von *PC Magazine* in der Kategorie ›Herausragende technische Leistungen‹. Normalerweise wurde diese Ehrung Softwareprodukten, und nicht Personen zuteil. *PC Magazine* hatte beschlossen, diesmal eine Ausnahme zu machen und den Visionär aus Seattle für sein Gesamtwerk zu würdigen.

1987 begann mit einiger Aufregung, als bekannt wurde, daß bei IBM etwas Neues in Arbeit war. Die Hersteller von IBM-Kompatiblen dehnten ihre Marktanteile auf Kosten von Big Blue immer weiter aus. Die härteste Konkurrenz saß in Taiwan und bot PCs extrem preisgünstig an.

Am 2. April 1987 kündigte IBM seinen neuen Personal Computer an: den attraktiven PS/2 mit einem sehr fortschrittlichen Design. Mit dem groben IBM AT von 1984 hatte dieser Rechner mit seinem eleganten Styling, dem neuen VGA-Standard (Video Graphics Array) für die Zeichen- und Grafikdarstellung und einer deutlich verbesserten Auflösung und Bildschirmlesbarkeit nicht mehr viel gemein.

Der PS/2 stellte einen Bruch zum herkömmlichen PC dar, wie er seit über sechs Jahren entwickelt wurde. Man konnte auf ihm nicht die Erweiterungskarten der Modelle XT oder AT verwenden, da IBM einen vielversprechenden neuen Multitasking-Bus namens MCA (Micro Channel Architecture) entwickelt hatte.*

Am Tag der Ankündigung des PS/2 informierte IBM die Öffentlichkeit auch darüber, daß man gemeinsam mit Microsoft an einem neuen Betriebssystem – OS/2 – arbeite und Windows an OS/2 anpasse. Dieses neue Produkt werde den Namen Presentation Manager tragen.

## Sturm auf die Tabellenkalkulation

Lotus beherrschte nach wie vor den amerikanischen Softwaremarkt. Nach den Zahlen der InfoCorp entfielen 1986 17,6 Prozent aller Softwareverkäufe im Bereich der gewerblich genutzten PCs auf Lotus 1-2-3. Das Unternehmen aus Boston hatte bereits 2 Millionen Exemplare von 1-2-3 abgesetzt, und es zeichnete sich in naher Zukunft kein nennenswerter Konkurrent ab. An zweiter Stelle lag dBASE III Plus von Ashton-Tate, das es jedoch mit 8,1 Prozent kaum auf die Hälfte des Marktanteils von 1-2-3 brachte. Das Spitzenprodukt von Microsoft – Word – rangierte mit 5 Prozent Marktanteil auf Platz 5. In der Welt

---

* Im September 1988 verkündete Compaq die Bildung der EISA-Gruppe, die eine Alternative zum MCA-Bus des IBM PS/2 bot. (EISA steht für Extended Industry Standard Architecture). Wie auch der MCA war der EISA-Bus ein 32-Bit-Bus, konnte aber mit für den AT gefertigten Karten arbeiten. AST, Epson, Hewlett-Packard, NEC, Olivetti, Tandy, Wyse und Zenith unterstützten alle den EISA.

des Macintosh dagegen erfreute sich Excel einer ähnlichen Beliebtheit wie 1-2-3 im Reich des PC; sein Marktanteil bei den Tabellenkalkulationsprogrammen für den Mac lag bei 75 Prozent.

Einer im Juli 1986 veröffentlichten Untersuchung von Datapro zufolge war Microsoft in einer besseren strategischen Position als Lotus oder Ashton-Tate. Von den drei Unternehmen wies Microsoft den höchsten Diversifikationsgrad auf. Seine beiden Mitbewerber erzielten einen Großteil ihrer Einnahmen mit einem oder zwei Produkten. Auf 1-2-3 entfielen beispielsweise 60 Prozent des Umsatzes von Lotus, auf Excel dagegen nur 8 Prozent der Einnahmen von Microsoft.

Im Oktober 1986 konnte man erste Anzeichen für einen Wechsel in der Rangordnung erkennen. Im ersten Quartal dieses Geschäftsjahres\* erzielte Microsoft einen Umsatz von 66,8 Millionen Dollar im Vergleich zu 65,6 Millionen Dollar bei Lotus. Es war noch zu früh, um Microsoft zum Sieger zu erklären, doch schien dieses Ziel in greifbare Nähe gerückt zu sein.

Gegen Ende 1986 wagte Lotus einen Vorstoß auf Microsofts Haus- und Hofmarkt Japan. Trotz einer mehrjährigen Verspätung machte 1-2-3 kurzen Prozeß mit Microsoft Multiplan. Der Markteinführung der japanischen Version des Tabellenkalkulationsprogramms ging eine geschickte Marketingkampagne voraus, in der das Konkurrenzprodukt als veraltet hingestellt wurde. Einen Monat nach der Freigabe hatte Lotus 1-2-3 die Spitze der Verkaufsliste erklommen und setzte jeweils fünf Exemplare für ein Multiplan-Paket ab. Die Führungskräfte in der Microsoft-Zentrale machten für diese Entwicklung teilweise die Nachlässigkeit Kazuhiko Nishis verantwortlich.

Gates beschloß, Lotus auf vertrautem Terrain anzugreifen – auf dem Tabellenkalkulationsmarkt. Microsoft hätte seine Diversifikationsbestrebungen genausogut in Rich-

---

\* Juli bis September 1986; das Geschäftsjahr beginnt am 1. Juli und endet am 30. Juni.

tung Datenbanken lenken können, aber Gates wollte sich lieber darauf konzentrieren, seinen stärksten Konkurrenten aus dem Sattel zu heben. Dieses Ziel stand bei der Formulierung der Spezifikation für die Windows-Version von Excel im Vordergrund.

## Excel für den PC

Die Entwicklung von Windows Excel begann kurz nach der Vollendung der Version für den Macintosh; einige Programmierer wurden direkt diesem neuen Projekt zugewiesen. Microsoft arbeitete eng mit fünf Verwendern von Lotus 1-2-3 zusammen (darunter Boeing und die Wirtschaftsprüfungsgesellschaft Arthur Andersen), die sich als Teststandorte für das Konkurrenzprodukt aus Seattle zur Verfügung gestellt hatten.

Jeff Harbers und sechs andere Entwickler begannen mit der Arbeit an Windows Excel. Zeitweise widmeten sich sogar zehn Programmierer diesem Projekt, während 40 Mitarbeiter für Dokumentation und Packungsgestaltung zuständig waren. Bill Gates überwachte sorgsam die Entwicklung von Excel für den PC.

Für die Welt des PC spielte der Funktionsumfang von 1-2-3 eine maßgebliche Rolle. Daher führte Microsoft nach den Worten von Jeff Harbers eine gründliche Analyse von 1-2-3 durch, um sicherzustellen, daß das neue Produkt auch das gleiche Funktionsniveau bot. Microsoft wollte den Lotus-Anwendern nicht das Gefühl geben, daß sie eine für sie wichtige Funktion aufgeben mußten.

Bei der Entwicklung von Excel für Windows setzte Microsoft ein ähnliches Verfahren ein wie 1981 bei Multiplan: 80 Prozent der Programmfunktionen wurden in einen Zwischencode konvertiert, der auf dem Macintosh, unter Windows und unter dem Presentation Manager lief. Nur 20 Prozent des Programms mußten dann individuell auf die jeweilige Umgebung zugeschnitten werden. Indem Microsoft ein Softwareprodukt für die drei meistgekauften Umgebungen gleichzeitig erstellte, rüstete sich das Unternehmen bereits für die 90er Jahre.

Excel für Windows erwies sich als ein schwierigerer Brocken, als man angenommen hatte. Wie Jeff Harbers sagt, war Windows eine viel komplexere Umgebung als der Apple Macintosh.

Also packten die Programmierer wieder des Nachts ihre Elektrogitarren und Synthesizer aus und ließen mit ihren Jam-Sessions die Büros erzittern.

Bill Gates legte besonderen Wert auf die Geschwindigkeit von Excel für Windows, und dies wurde zur höchsten Priorität des Entwicklungsteams. Die Programmierer schrieben einen komplexen Makro für einen rigorosen, fünfstündigen Nachttest. Jedesmal, wenn ein Programmteil langsamer wurde, ließen die Projektmitarbeiter nichts unversucht, um die Problemquelle zu finden und zu beseitigen.

Ende 1986 stellte Microsoft einigen priviligierten Kunden in den USA und Europa eine Vorabversion von Windows Excel vor. Dieser erste Blick auf das neue Produkt beeindruckte die Kunden stark, doch sprachen sie alle ein Problem an: Die Kompatibilität mit 1-2-3 war nicht ausreichend gewährleistet. Anfangs hatte man ein externes Dienstprogramm zur Konvertierung von Lotus-Dateien in Excel-Dateien geplant, doch auf Wunsch eines bedeutenden Interessenten willigte Microsoft ein, Excel so zu modifizieren, daß es 1-2-3-Dateien direkt lesen und schreiben konnte.

Nach Aussage der Entwickler bei Microsoft zwang sie die Einhaltung des 1-2-3-Standards zu einer Reihe unvorhergesehener Maßnahmen. Lotus 1-2-3 war ein Standard, den viele Menschen kannten und liebten, also mußten sie sich an diese Vorgaben halten und konnten somit in Excel nicht alle Merkmale verwirklichen, die sie sich vorgestellt hatten. Der Makro-Übersetzer erwies sich als besonders schwieriges Stück Arbeit, da die von 1-2-3 und Excel verwendeten Sprachen sich von Grund auf unterschieden. »Wir mußten ein Programm schreiben, das intelligent genug war, um den Zweck eines 1-2-3-Makros zu erkennen und ihn dann in einen ähnlichen Excel-Makro zu konvertieren«, erläutert Harbers.

Wenige Wochen, nachdem IBM den PS/2, OS/2 und den Presentation Manager angekündigt hatte, gab Lotus im April bekannt, daß es an einer neuen Version seines Tabellenkalkulationsprogramms 1-2-3 arbeite. Insgeheim bereiteten die möglichen Auswirkungen von Excel auf dem PC dem Unternehmen aus Boston ein wenig Sorgen; in der Öffentlichkeit aber nannte man Windows selbstbewußt eine unvollkommene Umgebung. Die damaligen Windows-Anwendungen zeichneten sich hauptsächlich durch ihren Mangel an Geschwindigkeit aus.

Zur gleichen Zeit arbeitete jedoch die Systemabteilung bei Microsoft an einer neuen Windows-Version, die doppelt so schnell wie die vorherige sein sollte.

## Microsoft überholt Lotus

Am 16. August 1987 gingen bei der Unternehmensleitung von Microsoft per Electronic Mail ermutigende Nachrichten ein. Die Ergebnisse des laufenden Geschäftsjahrs deuteten darauf hin, daß Microsoft zur Nummer eins unter den Softwarefirmen aufgestiegen und damit erstmals seit 1983 an Lotus vorbeigezogen war.

Als Bill Gates diese Neuigkeit erfuhr, schrieb er eine Nachricht an seine Topmanager, welche diese wiederum an alle Mitarbeiter weiterleiteten. Ihr Titel lautete: ›Microsoft ist Nummer eins‹.

> Auch wenn wir nicht gerade dazu neigen, uns selbst zu gratulieren und unsere eigenen Leistungen zu feiern, muß ich doch sagen, daß ich im Laufe des heutigen Tages mich zunehmend darüber gefreut habe, daß wir nunmehr in jeder Hinsicht (Umsatz, Gewinn, Verkaufszahlen, Führungsposition, Zahl der Beschäftigten) die Nummer eins unter den Softwarefirmen

sind. Wenn ich an die Erklärung von Lotus bei der Vorlage des Jahresberichts denke, in der es hieß »Die Anzeichen mehren sich, daß LOTUS bevorzugt als Anbieter, Kapitalanlage und Arbeitgeber gewählt wird«, muß ich sogar sagen, daß sich dieses Unternehmen selbst etwas vormacht. Wir hatten nicht einfach nur etwas höhere Umsätze als dieser Konkurrent – wir hatten 14 Millionen Dollar mehr, und damit liegen wir beim Drei-, Sechs-, Neun- und Zwölfmonatsvergleich (meines Wissens nach) vorne. Natürlich könnten sie uns im Umsatz wieder überrunden und selbstverständlich ist es nicht unbedingt unser Ziel, die Nummer eins zu sein, aber dieser Kampf macht mir einen Heidenspaß... und sie haben ihre Spitzenposition verloren, BEVOR DER KONKURRENZKAMPF ÜBERHAUPT ERST RICHTIG ANGEFANGEN HAT. Ich hörte diese Zahlen erst um fünf Uhr nachmittags, und daher ist die Freude darüber erst sechs Stunden alt. In ein paar Tagen werde ich nicht mehr daran denken, aber ich finde, daß es wirklich großartig ist.

Als Bill Gates schrieb, der Konkurrenzkampf habe überhaupt noch nicht richtig angefangen, meinte er damit die bevorstehende Einführung von PC-Excel, einem Produkt, das direkt auf das Marktsegment des Anbieters abzielte, der nun auf Platz 2 zurückgefallen war.

In der Zwischenzeit setzte Microsoft zum Teil die Strategie ein, die zum Erfolg von 1-2-3 beigetragen hatte. Einer der Gründe für die Beliebtheit dieses Tabellenkalkulationsprogramms in Großunternehmen waren die vielen nützlichen Add-In-Programme zur Erweiterung des Funktionsumfangs, die für 1-2-3 verfügbar waren. Mit dem Ziel, für Excel einen ähnlichen Markt aufzubauen, wandte sich Microsoft an Entwickler aus der Welt von 1-2-3 wie Turner, Hall und Funk.

## Windows Excel wird eingeführt

Excel für Windows wurde am 6. Oktober 1987 auf dem Markt vorgestellt. Gates hatte beschlossen, das Programm nur für Computer anzubieten, die mindestens die Leistung des IBM AT und des Compaq 386 erreichten. Er nannte Excel das Tabellenkalkulationsprogramm der Zukunft und brachte die Erwartung von Microsoft zum Ausdruck, daß dieses Programm eines Tages auf den 80286- und 80386-Geräten so häufig anzutreffen sein werde wie 1-2-3 auf den 8088-Rechnern.

Der Marketingstab von Microsoft hielt sich mit Äußerungen über den Marktanteil, den man mit Excel für Windows zu erobern gedachte, zurück. Zunächst wiesen die Marketingmitarbeiter darauf hin, daß man sich nicht für PCs der unteren Preisklasse interessiere. Obwohl man keine offiziellen Angaben zu dem anvisierten Anteil am oberen Marktende machen wollte, ging das Gerücht um, daß Microsoft mit 15 Prozent des Neuabsatzes bei Tabellenkalkulationsprogrammen für 80286- und 80386-Rechner zufrieden sei.

Zur Schadensbegrenzung nach der Ankündigung von Excel für Windows gab Lotus bekannt, daß man mit der Entwicklung einer 1-2-3-Version für den Macintosh beginne. Apple-Chef John Sculley teilte diese Information höchstpersönlich seiner Außendienstmannschaft mit – wohl als Ausgleich für die Auswirkungen der Freigabe einer PC-Version des beliebtesten Macintosh-Programms. Sculley nannte die Ankündigung von Lotus angesichts der Bedeutung von 1-2-3 und anderer kaufmännischer Produkte der Bostoner Firma eine aufregende Neuigkeit für die Macintosh-Besitzer.

Die Mißerfolg von Jazz war jedoch kein gutes Omen für den erneuten Vorstoß von Lotus auf den Macintosh-Markt. Außerdem sprach das Unternehmen immer noch davon, Modern Jazz herauszubringen – ein Projekt, das im folgenden Jahr schließlich in der Schublade verschwand.

Bereits in der Vergangenheit hatten andere Tabellenkalkulationsprogramme versucht, die Herrschaft von 1-2-3 ins Wanken zu bringen, konnten jedoch nichts ausrichten. Microsoft war sich dieser Tatsache bewußt. »Wir erwarten nicht, daß wir sofort Riesenerfolge erzielen«, erklärte Jeff Raikes in der *New York Times* vom 2. Oktober 1987. »Aber unser technologisches Feld befindet sich in einer Umbruchsphase, und langfristig gesehen bieten sich uns großartige Chancen.« Selbst als der Reporter ihn an die Führungsposition von Lotus erinnerte, blieb Raikes optimistisch. »Wir glauben, daß in diesem Fall die Stärke unseres Konkurrenten zugleich auch seine größte Schwäche ist. Bei Lotus ist diese Stärke eine Bedienerschnittstelle, mit der die Anwender vertraut sind. Aber die Entwicklung geht in Richtung grafische Benutzeroberfläche. Und Lotus hofft, daß sich die Leute nicht umstellen wollen.«

Die Firma Businessland war einer der offiziellen Befürworter von Excel. Ihr *Chairman* Dave Norman verkündete, seine Läden würden Excel als Standard einführen. Zweifellos könne ein Programm wie Excel die Fähigkeiten der neuen Hardware am besten herausstellen. Mit anderen Worten könne Excel für Windows als Kaufanreiz für den PC AT oder einen 80386-Rechner mit hochentwickelten Monitoren dienen. Er lobte auch die offene Connectivity zwischen dem PC und dem Macintosh und – über den PC-Bereich hinaus – in Richtung Minicomputer und Mainframes. Die 94 US-Niederlassungen von Businessland boten Excel-Schulungen an.

Einige Großunternehmen kehrten bereits 1-2-3 den Rücken. Die Firma Arthur Andersen ersetzte mehrere tausend Exemplare von 1-2-3 durch Excel, das ihrer Aussage nach benutzerfreundlicher und leistungsstärker war. Der *Vice President* von Manufacturers Hanover Trust erklärte, Excel werde auf allen 80386-Rechnern in seinem Unternehmen eingeführt.

Wer die Tatsache kritisierte, daß man für Excel Hochleistungshardware benötigte, erhielt von Steve Ballmer eine ganz unverblümte Antwort: Hätte er die ursprünglichen Produktideen so modifiziert, daß dieses Programm auf der gesamten installierten PC-Basis laufen könnte, würde es sich nicht lohnen, auch nur ein Wort über Excel zu verlieren.

Offiziell war Excel ab dem 30. Oktober 1987 im Handel erhältlich. Die große Überraschung war, daß gleichzeitig eine stark verbesserte Version von Windows auf den Markt kam. Das Gespann Windows 2.0/Excel schlug wie eine Bombe ein. Microsoft brachte auch eine Windows-Version für 80386-Rechner wie den Compaq 386 oder den IBM PS/2 Model 80 heraus. Die neue Windows-Version unterstützte Excel ohne jede Schwierigkeit; das neue Tabellenkalkulationsprogramm wiederum zeigte, daß es sich bei Windows um eine brauchbare Umgebung handelte, die ihren Weg machen würde.

## Erste Reaktionen

Excel für den PC war eines der herausragenden Produkte seiner Zeit – eine der besten technischen Entwicklungen, die jemals in der Welt der Personal Computer zu finden gewesen waren. Zweifelsohne war dies Microsofts beste Arbeit, und man kann ohne weiteres zwischen Anwendungen vor Excel und Applikationen nach Excel unterscheiden. Zum erstenmal zeigte das Unternehmen ein solch exzellentes Know-how, daß man sein Produkt fast als Kunstwerk oder Meisterstück bezeichnen könnte.

Die November-Ausgabe von *Business Software* begann ihre Vergleichstests für Excel mit einer Fotoserie, die einen Überblick über Kalkulationshilfsmittel gab. Im Hintergrund stand die elektronische Rechenmaschine 604 von IBM aus dem Jahre 1948. Als nächstes war ein Apple II mit VisiCalc vom Oktober 1979 abgebildet. Davor wiederum war unter der Überschrift ›Januar 1983‹ ein IBM-PC mit Lotus 1-2-3 zu sehen. Im Vordergrund schließlich erschien ein IBM PS/2 mit 80386-Prozessor und Microsoft Excel. Selbst die Werbefachleute von Microsoft hätten keine bessere Arbeit leisten können.

Im *PC Magazine* vom 22. Dezember 1987 lobte Jared Taylor Excel in den höchsten Tönen. »Microsoft Excel... könnte eines dieser wegweisenden Programme sein, die unsere Arbeit mit dem Computer verändern. Excel hat nicht nur eine reelle Chance, sich als stärkster Konkurrent von Lotus 1-2-3 seit seiner Einführung im Jahre 1982 zu etablieren, sondern könnte der grafischen Benutzeroberfläche in dem von der Geschäftswelt geprägten DOS-Umfeld zu Ansehen verhelfen. Excel ist zweifellos das leistungsstärkste Tabellenkalkulationsprogramm auf dem Markt.« Am Ende seines Artikels griff der Verfasser das Thema nochmals auf und behauptete: »...bei jedem einzelnen Merkmal ist Excel 1-2-3 überlegen...« und: »...[das Programm] dürfte der Lotus Development Corp. das Fürchten lehren.«

Der *Computer Letter* vom 19. Oktober 1987 ging streng mit Lotus ins Gericht, weil das Unternehmen seine technologische Spitzenposition aufgegeben habe. Die Zeitschrift vertrat die Ansicht, daß Excel eine ernstzunehmende Konkurrenz für Lotus sei und daß das Unternehmen aus Boston die neue Generation der Tabellenkalkulationsprogramme vor Microsoft hätte herausbringen müssen. Der Artikel deutete an, daß dies wohl auf die Unfähigkeit von Lotus zurückzuführen sei.

In seinem Kommentar in der Zeitschrift *PC Week* vom 6. Oktober 1987 versuchte Jim Seymour zu erklären, welchem Problem sich Microsoft seiner Meinung nach stellen müsse: dem Trägheitsmoment der Unternehmen. »So wunderbar Windows/386 auch für die circa 50 000 glücklichen Besitzer von 80386-PCs ist und so gut Windows 2.0 für uns andere mit 80286-Rechnern auch sein mag, auf dem normalen 8088-PC XT und den damit kompatiblen Computern sind Windows und seine Anwendung reiner Unfug. Dennoch bleibt die amerikanische Geschäftswelt in erster Linie das Universum des PC XT.«

Am 12. Oktober 1987 hieß es im *Software Industry Bul-*

*letin,* der größte Wachstumsmarkt für Lotus seien Kleinfirmen mit weniger als 100 Beschäftigten. Diese Unternehmen könnten sich entweder für Excel oder 1-2-3 entscheiden, doch nach Meinung des *Software Industry Bulletin* bestand das größte Hindernis für Microsoft in der Tatsache, daß die Händler sich dagegen sträubten, etwas anderes als 1-2-3 zu verkaufen.

Zwei Monate nach seiner Markteinführung wurde PC Excel jedoch bereits ausgezeichnet. Im Januar 1988 erhielt es den vom *PC Magazine* vergebenen Preis für ›Herausragende technische Leistungen‹.

## Kaufanreize

Ab Oktober 1987 gab Microsoft mehrere Millionen Dollar für Werbemaßnahmen im Zusammenhang mit Excel aus. Nach Aussage von Bill Gates war dies mehr als für jedes andere Produkt in der Geschichte des Unternehmens.

Zunächst stellte die in San Francisco beheimatete Kenwood Group einen zwanzigminütigen Videofilm her, in dem die Geschichte dreier Anwender von Tabellenkalkulationsprogrammen erzählt wurde, die ihren Chef davon zu überzeugen versuchten, daß sich mit Excel die schönsten Berichte erstellen ließen. Der Chef steht der Umstellung auf ein neues Produkt natürlich skeptisch gegenüber. Die drei Mitarbeiter installieren heimlich Excel auf einem PC und kommen dann nachts ins Büro, um das Programm auszuprobieren. Einer der drei setzt sich für das derzeit verwendete Tabellenkalkulationsprogramm ein, doch allmählich überzeugen ihn die vielen Vorzüge von Excel. Am Ende des Films wird auch der Chef bekehrt und genehmigt sogar den Kauf eines PC der oberen Preisklasse.

Die erste Werbekampagne stand unter dem Motto: ›The Soul of the New Machines‹ (Die Seele der neuen Maschinen). Auch wenn dieser Feldzug dem Reich von Lotus keine vernichtende Niederlage beibrachte (Lotus war zu sehr mit der Feier anläßlich des Verkaufs von 3 Millionen Exemplaren von 1-2-3 beschäftigt), so beschlossen doch etliche Großunternehmen, beträchtliche Stückzahlen von Excel einzukaufen. Darunter waren zum Beispiel United Airlines, American Airlines, Boeing, Texas Instruments, Procter & Gamble, Coca-Cola Foods und Pacific Northwest Bell.

Im Mai 1988 legte Microsoft mit der Kampagne ›Win-Win‹ (Sie können nicht verlieren) eine neue Gangart ein. Das Unternehmen appellierte mit folgendem Angebot an diejenigen Anwender, die auf Lotus 1-2-3/3 warteten: Wer Excel vor dem 31. Januar 1990 kaufte, konnte es später zurückgeben und erhielt den gesamten Kaufpreis zurück. Diese Offerte ermöglichte den Anwendern, Excel auszuprobieren, später dann auch 1-2-3/3 zu bewerten und Excel dennoch zurückzugeben, wenn es ihnen nicht so gut gefiel wie das neue Produkt aus dem Hause Lotus.

Vier Wochen später wurde Excel eine Verschnaufpause gewährt, als Lotus eine dreimonatige Verspätung für 1-2-3/3 bekanntgab. Den Programmierern in Boston bereitete die Anpassung ihres neuen Produkts an die 640K PCs des unteren Marktsegments große Schwierigkeiten. Im September 1988 meldete Lotus eine weitere Verzögerung und nannte als neuen Einführungstermin den Juni 1989. Für die großen Softwarefirmen war 1988 ein schwieriges Jahr. Ashton-Tate hatte bei dBASE IV mit ähnlichen Problemen zu kämpfen. In gewisser Hinsicht erlebten sie das, was Microsoft drei Jahre zuvor bei der Entwicklung von Windows durchgemacht hatte.

Einige Großunternehmen nutzen das Win-Win-Angebot, darunter vor allem die in New York ansässige Wirschaftsprüfungsgesellschaft Deloitte Haskins & Sells, die weltweit über 6000 PCs im Einsatz hatte. Lotus konnte sich behaupten. 1988 setzte das Magazin *Software Digest* 1-2-3 bei den Programmfähigkeiten insgesamt auf Platz 1. In einer Umfrage bei den Lesern von *PC World* nach ihrem bevorzugten Softwareprodukt rangierte 1-2-3 ebenfalls nach wie vor an der Spitze. Darüber hinaus begegnete Lotus der Herausforderung mit einem Add-In-Programm, das in 1-2-3 Seitenformatierung wie in Excel zuließ.

Ende 1988 behauptete Microsoft, daß Windows Excel einen Anteil von 12 Prozent am Tabellenkalkulationsmarkt errungen habe – ein besonders beachtliches Ergebnis in Anbetracht der Tatsache, daß Excel auf die Geräte der oberen Preisklasse abzielte. Nach den von der International Data Corporation veröffentlichten Zahlen war die Führungsposition von 1-2-3 leicht in Wanken geraten, obwohl Excel erst einen kleinen Marktanteil erobert hatte (7,2 Prozent).

Einige Führungskräfte bei Microsoft vertraten die Ansicht, daß der Erfolg von Excel zu lange auf sich warten ließ. Am 25. Januar 1989 lief eine zweite Kampagne an, um diejenigen Lotus-Kunden zu bekehren, die immer noch auf 1-2-3/3 warteten, anstatt sich Excel zuzuwenden. Man bot ihnen kostenlose Probeexemplare und landesweite Schulungskurse. Die Testkopie enthielt alle Merkmale des eigentlichen Produkts, nur waren die Arbeitsblätter auf 16 Zeilen und 64 Spalten limitiert. Darüber hinaus bot Microsoft den Anwendern von 1-2-3 sogar den Wechsel zu Excel für sage und schreibe nur 75 Dollar an, wenn sie eine Diskette mit Lotus 1-2-3 einschickten. Gleichzeitig verdoppelte Microsoft die Zahl der für Excel eingesetzten Außendienstmitarbeiter. Insgesamt investierte das Unternehmen mehr als 5 Millionen Dollar in diese neuen Aktionen.

Da und dort trug Microsoft bedeutende Siege davon. Im April 1989 entschieden sich zwei US-Bundesbehörden für Excel. Das Amt für Wasserwirtschaft des Innenministeriums empfahl das Microsoft-Tabellenkalkulationsprogramm für die nächsten sieben Jahre und installierte 1250 Stück; das Arbeitsministerium beschloß, Excel in sein Buchführungssystem aufzunehmen, und kaufte dafür mehrere tausend Exemplare.

Die beiden Verzögerungen bei der Einführung von 1-2-3/3 trugen eindeutig dazu bei, daß einige getreue Anhänger der Firma Lotus des Wartens überdrüssig wurden. Trotz der Ausweitung des Marktanteils von Excel wurde 1-2-3 aber immer noch zehnmal so häufig verkauft wie das Microsoft-Produkt (etwa 100 000 Stück pro Monat im Vergleich zu 10 000 Excel-Exemplaren). Andererseits wies Excel weitaus höhere Zuwachsraten auf. Nach einer Umfrage bei PC-Handelsunternehmen stieg der Absatz dieses Produkts in der zweiten Hälfte 1988 von einem Quartal zum nächsten um 63 Prozent; bei 1-2-3 dagegen war ein Rückgang von 13 Prozent zu verzeichnen.

Um diesen Niedergang aufzuhalten, startete Lotus eine Kampagne, in der den Kunden beim Kauf der Version 2.01 ein kostenloses Exemplar der nächsten 1-2-3-Version versprochen wurde.

Im Juni 1989 kam dann endlich 1-2-3/3 auf den Markt. Das neue Produkt erhielt viel Lob für seine breite Funktionspalette. *Software Digest* hielt es insgesamt für besser als Excel und alle anderen fortschrittlichen Tabellenkalkulationsprogramme. Lotus überstand das dunkelste Kapitel seiner Geschichte und behielt die Oberhand, mußte aber teuer für den Verzug bezahlen. Im Gesamtumsatz hatte Microsoft inzwischen das Unternehmen aus Boston um mehrere hundert Millionen Dollar überrundet.

Microsoft war es gelungen, ein Reich ins Wanken zu bringen, an dem sich die größten Softwarefirmen die Zähne ausgebissen hatten. Es war klar, daß in den 90er Jahren nicht ein einziges Tabellenkalkulationsprogramm den Markt beherrschen würde, sondern daß ihn sich Lotus 1-2-3 mit Excel teilen mußte.

Von diesem Aufbruch eines ehemals festgefügten und monopolisierten Marktes profitierte auch die Firma Borland, die mit Quattro Anfang der neunziger Jahre ein leistungsstarkes und bedienungsfreundliches Tabellenkalkulationsprogramm zu einem äußerst günstigen Preis auf den Markt brachte. 1991 war Quattro in Deutschland mit einem Marktanteil von rund 20 Prozent hinter Excel (35 %) und vor Lotus 1-2-3 und Multiplan (je 12 %) das meistverkaufte Tabellenkalkulationsprogramm. 1992 konnte sich Lotus mit einer neuen Version von 1-2-3 zwar wieder vor Borlands Quattro schieben, der Rückstand zum neuen Marktführer Excel betrug jetzt aber schon 27 Prozent; auf 22 Prozent Marktanteil kam Lotus, auf stolze 49 Prozent Excel. Auch mit der 1992 erschienenen Windows-Version von 1-2-3 konnte Lotus bislang nicht mehr Fuß fassen.

# Teil 7

## Auf dem Weg in die Zukunft

»Microsoft erwartet eine sehr, sehr rosige Zukunft. Microsoft nimmt in der Software-Industrie eine Schlüsselstellung ein – bei Betriebssystemen mit Windows, DOS und OS/2 und bei Anwendungen mit Word und Excel.«

*Paul Allen, Mitbegründer von Microsoft,*
*Gründer und Chef der Firma Asymetrix*

*Kapitel 17*

# Das Wirtschaftswunder Microsoft

Ohne jeden Zweifel beherrschten Lotus, Microsoft und Ashton-Tate Anfang 1986 die Software-Industrie; ihr Anteil an einem 1985 auf 5 Milliarden geschätzten Gesamtmarkt belief sich insgesamt auf 30 Prozent. Bill Gates faßte die Situation der PC-Branche so zusammen:

> In gewisser Hinsicht sind Personal Computer einfacher geworden; es gibt jetzt nur noch zwei Architekturen: den PC und den Mac. In der guten alten Zeit hatten wir 30 oder 40 verschiedener Maschinen, die überhaupt nicht miteinander kompatibel waren, und die Leute bastelten mit einem ganzen Bündel von Programmiersprachen herum. Weil wir viele Millionen Kunden gewonnen haben, mußten wir den Markt homogener gestalten und stärker standardisieren, damit sie verstehen, wohin die Entwicklung geht.

Die Hersteller von IBM-Kompatiblen hielten sich jetzt an einen neuen Standard, den IBM in der zweiten Hälfte des Jahres 1984 mit der Einführung des PC AT mit 80286-Prozessor und EGA-Monitor definiert hatte. Compaq schwenkte als erstes Unternehmen auf diese Linie ein, dicht gefolgt von ITT, Texas Instruments, Zenith und Kaypro.

Im September 1985 gab Steve Jobs seine Position als *Chairman* von Apple Computer auf und verkündete, er wolle zusammen mit fünf weiteren Topmanagern von Apple ein neues Unternehmen namens NeXT gründen. Im Gegenzug drohte Apple mit rechtlichen Schritten gegen seinen Gründer wegen der Entwendung interner Informationen.

Für Microsoft war dies eine Zeit denkwürdiger Ehrungen. *PC World* stellte die Maus und den Flugsimulator heraus; *PC Magazine* bedachte Word 2.0 und Windows mit Auszeichnungen. Ein paar Monate später vergab die Software Publishers Association ihre Trophäen, und Excel lag in zwei Kategorien – bestes Managementprodukt und bestes Produktivitätsprodukt – an der Spitze. Mit drei Preisen schnitt Windows sogar noch besser ab; es wurde als bestes technisches Produkt, beste Benutzeroberfläche und beste Software gewürdigt. Im Juni kürte CompuServe Windows zur besten Umgebung für 1985.

Nicht nur die Computermagazine lobten Microsoft in den höchsten Tönen. Die Zeitschrift *Inc.* führte das Unternehmen aus Seattle in der Liste der wachstumsstärksten Firmen. 1986 katapultierte ein fast beispielloser Börsencoup Bill Gates im Alter von 30 Jahren in die elitäre Gruppe der reichsten Männer der Welt.

## Der Gang an die Börse

Ashton-Tate und Lotus waren 1983 an die Börse gegangen, doch Microsoft hatte zunächst abgewartet. Gates wußte, daß der Augenblick der Börseneinführung früher oder später kommen mußte, doch er versuchte, ihn so lange wie möglich hinauszuschieben. Sein Freund Mitch Kapor von Lotus hatte ihm die damit verbundenen Formalitäten in düsteren Farben geschildert. Qualitativ hochwertige Softwareprodukte beeindruckten Wertpapiermakler nur selten, da diese mehr an finanziellen Gewinnen interessiert waren.

Microsoft lockte talentierte Mitarbeiter mit großzügigen Beteiligungsangeboten. Abgesehen von einem wichtigen externen Investor (David Marquardt, dem 6,2 Prozent des Unternehmens gehörten) war Microsoft nahezu vollständig Eigentum seiner Belegschaft. Bill Gates und Paul

Allen hielten Mehrheitsbeteiligungen. Nach Schätzungen von Microsoft würde die Zahl der Gesellschafter 1987 bei über 500 liegen – eine Größe, die eine Anmeldung bei der amerikanischen Börsenaufsichtsbehörde erforderlich machte. Die Securities and Exchange Commission würde Microsoft-Aktien dann für einen sehr engen Markt zulassen. In der Regel ist es vorteilhafter für ein Unternehmen, vor der vorgeschriebenen Anmeldung bei der SEC ein erstes öffentliches Zeichnungsangebot zu unterbreiten, um für seine Aktien einen liquiden und lebhaften Markt auf der Grundlage der Wachstumsraten und externer marktbeeinflussender Faktoren zu schaffen.

Als David Marquardt und Jon Shirley im April das Thema Börseneinführung anschnitten, zögerte Gates. Microsoft standen drei wichtige Ereignisse bevor: die Einführung von Excel für den Macintosh, die Vorstellung von Windows für den PC und möglicherweise die Entwicklung eines neuen Betriebssystems für IBM. Gates vertrat die Auffassung, daß Microsoft zuerst den Erfolg dieser drei Projekte sicherstellen sollte, da das Unternehmen andernfalls an jeder dieser drei Fronten leichte Angriffspunkte für die Finanzpresse bot, die sein Emissionsangebot unterminieren würde. Wenn andererseits Mac Excel, Windows und das zukünftige Betriebssystem gesicherte Aktiva waren, würde die Microsoft-Aktie besser dastehen und so als Anlage an Attraktivität gewinnen. Auf diese Weise könnten Gates und seine Partner den Wert ihrer eigenen Beteiligungen erheblich steigern.

Noch ein weiterer Punkt bereitete Gates Kopfzerbrechen: Im Gegensatz zu vielen anderen Softwarehäusern hatte Microsoft bisher hohe Fluktuationsraten bei der Belegschaft vermeiden können. Wenn das Unternehmen jedoch an die Börse ging, könnten einige Führungskräfte versucht sein, zum günstigsten Zeitpunkt ihre Aktien abzustoßen und das Unternehmen daraufhin zu verlassen. Bill beschloß, eine Umfrage durchzuführen und seine endgültige Entscheidung von ihren Ergebnissen abhängig zu machen.

Am 28. Oktober 1985 feierte Bill seinen 30. Geburtstag. Zu seinen Ehren veranstaltete Microsoft eine Rollschuhparty im Lager. Im Hintergrund spielte Paul Allen mit seiner Guitarre in einer Jazzband, obwohl er nicht mehr dem Unternehmen angehörte.

Als der Vorstand am folgenden Tag zusammenkam, um Gates' Entscheidung zu hören, sprach auch er sich für den Gang an die Börse aus. Microsoft hatte gerade einen Vertrag mit IBM über die gemeinsame Entwicklung des nächsten Betriebssystems für den PC abgeschlossen, und Excel war bei Presse und Öffentlichkeit auf positive Resonanz gestoßen. Die Entwicklung von Windows war nahezu abgeschlossen; die Markteinführung stand bevor. Und die Umfrage bei Mitarbeitern in Schlüsselpositionen hatte ergeben, daß Gates auf ihre Loyalität bauen konnte. Jeder von ihnen hatte eingewilligt, nicht mehr als 10 Prozent seiner Belegschaftsaktien zu verkaufen. Microsoft war bereit für die Umwandlung in eine Publikumsgesellschaft.

Frank Gaudette, den Jon Shirley als Finanzleiter angeheuert hatte, wurde mit der Suche nach den Konsortialführern beauftragt. Der clevere und in Finanzangelegenheiten versierte Gaudette war eindeutig der richtige Mann für diese Aufgabe. Er schlug vor, einem erstklassigen Institut von der Wall Street die Führungsrolle zu übertragen und dann als Mitunterzeichner ein auf technische Werte spezialisiertes Unternehmen zu gewinnen, um diejenigen Anleger anzulocken, die sich besonders für Technologieaktien interessierten.

Drei Wall-Street-Firmen standen auf der Kandidatenliste: Goldman Sachs, Morgan Stanley und Smith Barney. Bei den Technologiespezialisten waren es vier: Alex. Brown & Sons, Hambrecht & Quist, Robertson Colman & Stephens und L. F. Rothschild Unterberg Towbin. Microsoft zog auch die Firma Cable Howse & Ragen aus Seattle in Betracht.

Frank Gaudette traf sich mit Vertretern aller acht Unternehmen und fragte sie direkt, wie sie die Aktie vermarkten würden, an wen und weshalb, und aus welchen Gründen sie mit Microsoft zusammenarbeiten würden.

Am 21. November 1985 legte Gaudette Gates und Shirley seine ersten Schlußfolgerungen vor. Er gab jeder Firma in 19 verschiedenen Kategorien eine Wertung auf einer Skala von 1 bis 5. Goldman Sachs schnitt am besten ab. Dennoch vertrat Gaudette die Ansicht, ausschlaggebend solle sein, ob sich Microsoft und das ausgewählte Unternehmen ›vertrugen‹. Er brach dann zu einer zehntägigen Urlaubsreise nach Hawaii auf, wo er nachträglich seinen 50. Geburtstag feiern wollte. Nach seiner Abreise wuchs bei den Emissionsbanken die Unruhe; diese Verzögerung gefiel ihnen gar nicht. Sie ließen die Telefone bei Microsoft heiß laufen und verlangten ständig, Gates und Shirley zu sprechen.

Nach seiner Rückkehr meldete sich Gaudette bei Eff Martin von Goldman Sachs und lud ihn zu einem Treffen mit dem Topmanagement von Microsoft am Abend des 11. Dezember ein.

Für diesen Anlaß hatte Microsoft ein Séparée im Rainier Club einem vornehmen Restaurant in Seattle, reserviert. Anfangs war die Atmosphäre etwas gezwungen, was teilweise auf die Bedeutsamkeit des Treffens zurückzuführen war und teilweise auf die Tatsache, daß sich beide Seiten nicht kannten. Die Zeitschrift *Fortune* schrieb darüber am 21. Juli 1986: »Gates... war müde und rechnete mit einem langweiligen Abend. Shirley fragte in bissigem Ton, was Goldman Sachs genau für Microsoft tun könne.« Martin und seine drei Kollegen waren an solche Prüfungen gewöhnt und versuchten, das Eis zu brechen, indem sie beschrieben, wie man bei der Suche nach High-Tech-Unternehmen und ihrer Finanzierung vorging. Martin weckte schließlich Gates' Interesse, indem er über den Emissionskurs der Microsoft-Aktie sprach. Zum Schluß der Veranstaltung sagte Martin, seiner Voraussicht nach könne Microsofts Gang an die Börse zum ›herausragendsten Erstausgabeangebot des Jahres 1986 – oder aller Zeiten‹ werden.

Die Vorschläge von Martin hinterließen bei Gates einen positiven Eindruck. Er stimmte für Goldman Sachs als Konsortialführer. Jetzt mußten sie als Ergänzung noch einen Technologieexperten finden. Shirley favorisierte Alex. Brown, eine Firma, die seit mehreren Jahren bei Microsoft ihr Interesse angemeldet hatte, zu gegebener Zeit bei der Börseneinführung behilflich zu sein.

Am 17. Dezember trafen sich die drei Parteien in den Microsoft-Geschäftsräumen in Bellevue. Gates, Shirley und Gaudette luden William Neukom von der für Microsofts Rechtssachen zuständigen Kanzlei Shidler McBroom Gates and Lucas hinzu. (Rechtsanwalt Gates ist Bills Vater). Die Vertreter von Goldman Sachs und Alex. Brown verspäteten sich wegen dichten Nebels über Seattle um zwei Stunden.

Bill Gates sagte, ihm schwebe der Verkauf von zwei Millionen Aktien vor. Die derzeitigen Gesellschafter würden wahrscheinlich bis zu 10 Prozent ihrer Anteile verkaufen, so daß etwa 600 000 Aktien auf den Markt kämen. Das Konsortium solle eine Option über etwa 300 000 weitere Aktien erhalten. Insgesamt wolle Microsoft etwa 12 Prozent des Unternehmens der Öffentlichkeit anbieten.

Nach einer langen Diskussion mit den Vertretern von Goldman Sachs erwärmte sich Gates für einen Emissionskurs von 15 Dollar je Aktie. Microsoft lag damit (wegen der stärker diversifizierten Produktpalette) etwas über den Kurs-Gewinn-Verhältnis von Lotus und Ashton-Tate, doch leicht unter dem KGV der Anbieter von Mainframe-Software, deren Branche geringeren Schwankungen unterworfen war. Bei diesem Emissionskurs konnte die Erstausgabe 40 Millionen Dollar bringen. Die Berater waren der Ansicht, daß Microsoft bis auf 20 Dollar je Aktie gehen könne, da die Aktien guter Softwarehäuser seit September eine Hausse erlebt hatten. Gates war damit jedoch nicht einverstanden und blieb bei dem ursprünglichen, bescheideneren Angebot.

Nachdem Microsoft die SEC von seinen Absichten in

Kenntnis gesetzt hatte, mußte ein Emissionsprospekt erstellt werden – ein Unterfangen, das viel Fingerspitzengefühl erfordert, denn die Anleger benutzen dieses Dokument als Grundlage für ihre Investitionsentscheidung. Microsoft wußte, daß der Emissionsprospekt ein positives Bild des Unternehmens wiedergeben mußte, bei dem die Erfolge der jüngsten Zeit im Vordergrund standen. Man mußte erläutern, wie die Firma weiteres Wachstum garantieren wolle, ohne dabei der Konkurrenz Anhaltspunkte in bezug auf die Zukunftspläne an die Hand zu geben. Gleichzeitig mußte der Prospekt realistisch sein und durfte Microsofts Position nicht in einem übertriebenen Licht darstellen, da andernfalls die Börsenaufsichtsbehörde seine Gültigkeit in Frage gestellt hätte. Vor allem aber mußte der Prospekt rechtlich unanfechtbar sein, damit nicht später Aktionäre versuchen würden, das Unternehmen zu verklagen, weil es ein falsches Bild von sich gezeichnet habe, um so den Aktienverkauf anzuheizen.

Vor der Börseneinführung durfte das Unternehmen keinesfalls für seine Aktie die Werbetrommel rühren. Neukom verlangte daher, daß Microsoft sich vorübergehend in öffentlichen Auftritten von Gates, Pressemitteilungen und anderen Kontakten mit der Öffentlichkeit zurückhalten solle. Gleichzeitig konnte das Zeichnungsangebot nur dann erfolgreich sein, wenn es dem Unternehmen aus Seattle gelang, die institutionellen Anleger von der Wall Street für sich zu gewinnen. Daher wurden öffentliche Veranstaltungen organisiert, bei denen Gates ausgewählten Gruppen die Gründe für Microsofts Gang an die Börse darlegen konnte. Gates war sehr entrüstet, als er hörte, daß er dabei nicht aufs Ganze gehen durfte und sich mit seiner Begeisterung über sein ›Wunderkind‹ zurückhalten mußte. Nachdem man ihn an den lustlosen Börsenmarkt erinnert hatte, erklärte er sich jedoch bereit, mit Frank Gaudette als Fachmann für alle aktienrechtlichen Fragen an der Seite bei den Banken und Finanzinstituten die Runde zu machen.

Drei Wochen lang konferierten verschiedene Teilnehmer des Treffens vom 17. Dezember regelmäßig mit einem Rechtsanwalt aus der Kanzlei Shidler MacBroom, um Formulierungsvorschläge für den Emissionsprospekt zu besprechen. William Neukom, der inzwischen bei Microsoft angefangen hatte, stand dabei hilfreich zur Seite.

Während am 8. und 9. Januar der Rechtsanwalt die letzten Feinheiten des Emissionsprospekts überprüfte, entsandten Goldman Sachs und Alex. Brown ihre Experten zu Microsoft zur Untersuchung der administrativen, finanziellen und strategischen Angelegenheiten des Unternehmens. Sie unterhielten sich eingehend mit Gates, Shirley, Ballmer und Gaudette. Gates hielt einen Emissionskurs von 20 Dollar immer noch für zu hoch, aber auf Drängen von Goldman Sachs willigte er schließlich ein, einen Kurs zwischen 16 und 19 Dollar in Erwägung zu ziehen.

Microsoft reichte seinen Emissionsprospekt Anfang Februar bei der Securities and Exchange Commission ein und mußte einen Monat auf die Antwort warten. Inzwischen schickten Goldman Sachs und Alex. Brown 38 000 Prospekte an alle möglichen Anleger. Gates, der langsam den ganzen Aufwand satt hatte, mußte sich auf die Besprechungen mit den institutionellen Anlegern vorbereiten, die ab dem 7. Februar stattfinden sollten.

Der junge Visionär, der so gerne die Vorzüge der Software und ihre positiven Auswirkungen auf unsere Zivilisation in leuchtenden Farben schilderte, wurde angewiesen, einen vorsichtigeren Ton anzuschlagen, seinen natürlichen Eifer in Zaum zu halten und seine Präsentationen auf die im Emissionsprospekt enthaltenen Informationen zu beschränken. Obwohl es ihm nicht leichtfiel, spielte Gates seine Rolle so gut, daß ihn einer der Zuhörer fragte, warum er nicht mehr Begeisterung an den Tag lege. »Verlangen Sie von mir etwa, ich soll langweiliges Zeug interessant verpacken?« schnauzte ihn Gates an.

Frank Gaudette hingegen bereitete es großes Vergnügen, vor einem Saal voller Banker und Finanzexperten zu sprechen. Er würzte seinen begeisterten Bericht über die Schuldenfreiheit des Unternehmens und die herausragenden Leistungen, die Microsoft in seiner kurzen Geschichte vollbracht hatte, mit ein paar Binsenweisheiten und abgedroschenen Witzen. Im Laufe der Zeit wurde auch Gates mitteilsamer und wagte gelegentlich sogar, die Vorteile der Software und insbesondere der Produkte von Microsoft herauszustellen. Die institutionellen Anleger strömten in Scharen zu diesen Veranstaltungen, und alles deutete darauf hin, daß sie bei der Emission kräftig zeichnen würden.

Am 5. März gab die Börsenaufsichtsbehörde ihr Urteil über den Emissionsprospekt ab. In bezug auf einige Punkte meldete sie ihr Unbehagen an, fand jedoch nichts, was die wesentlichen Informationen in Frage stellen könnte. Ein paar Tage später gelang den Rechtsanwälten eine Einigung mit der SEC hinsichtlich der erforderlichen Änderungen.

Inzwischen ging die Hausse auf dem Aktienmarkt weiter, und Eff Martin bat Gaudette, Gates zu einer Erhöhung der angebotenen Aktienzahl und einer Anhebung des Emissionskurses auf 20 Dollar zu bewegen. Zwei wichtige Gesellschafter von Microsoft erklärten sich bereit, 295 000 Aktien zu verkaufen.

Martin flog mit guten Nachrichten nach Seattle zu Bill Gates. Er zeigte ihm die eindrucksvolle Liste der Kauforders institutioneller Anleger. Martin erklärte, daß die Aktie allem Anschein nach gut ankomme und der Kurs wahrscheinlich bereits in den ersten Wochen nach Börseneinführung auf 25 Dollar steigen werde.

Der Bill Gates, der sich dann mit Shirley und Gaudette zusammensetzte, war nicht mehr der Mann, der für einen Emissionskurs von 15 Dollar gekämpft hatte. Plötzlich erschien es ihm nicht richtig, daß die Anleger sofort einen Nettogewinn von 4 Dollar je Aktie verbuchen sollten. »Warum sollten wir Millionen unseres Firmenvermögens den Lieblingsklienten von Goldman in den Rachen werfen?« fragte Gates, der nunmehr für eine beträchtliche Erhöhung des Emissionskurses eintrat. Gaudette erklärte, Gates müsse seine Ansprüche zurückschrauben, um die institutionellen Anleger nicht vor den Kopf zu stoßen. Sie einigten sich schließlich auf einen Emissionskurs im Bereich von 21 bis 22 Dollar.

Die drei Männer teilten Goldman Sachs ihre neue Entscheidung telefonisch mit. Am anderen Ende der Leitung war der für Emissionen von Stammaktien zuständige Eric Dobkin entsetzt über diese Kehrtwende. Er feilschte über eine Stunde lang mit Frank Gaudette und argumentierte, daß diese neue Idee bestimmte symbolisch wichtige Anleger vom Kauf der Microsoft-Aktie abhalten und somit die Marktchancen verschlechtern könne. Gaudette erwiderte schroff, er habe Vertrauen in die Öffentlichkeit. Goldman Sachs vertrete seiner Meinung nach in erster Linie die Interessen ihrer institutionellen Klienten, und sie müßten sich jetzt für eine Seite entscheiden. Dobkin gab nicht nach, konnte Gaudette aber nicht umstimmen. Völlig bestürzt willigte er schließlich in eine Änderung des Emissionskurses auf etwa 21 Dollar plus/minus einem Punkt ein. Am darauffolgenden Montag verkündeten sechs wichtige Investoren, daß ihre Unterstützung für die Microsoft-Aktie jetzt nicht mehr sicher sei.

Am 12. März trafen sich Gaudette und Neukom mit Dobkin und Martin in den New Yorker Büros von Goldman Sachs. Die Sache stand nicht schlecht. Die Börse war ausnehmend freundlich, und die Hälfte der Anleger, die eventuell der Microsoft-Aktie den Rücken kehren wollten, hatten sich erneut zur Zeichnung bereit erklärt. Die beiden Parteien einigten sich auf einen endgültigen Emissionskurs von 21 Dollar. Nun mußten sie sich auf die Konsortialquote einigen, die Provisionen, den Emissionsaufwand und die Konsortialgebühr abdeckt. Normalerweise belief sich diese Spanne auf etwa 7 Prozent des Emissionskurses. Gates hatte Gaudette den Auftrag erteilt, einen niedrigeren Satz als Sun Microsystems auszuhandeln, das vor kurzem bei seiner Börseneinführung eine außergewöhnlich niedrige Konsortialquote von 6,13 Prozent durchgesetzt hatte. Gaudette bot 6,13 Prozent oder etwa 1,28 Dollar je Aktie.

Wieder einmal war Dobkin schockiert und kämpfte bis zum Äußersten für seine Firma. Er unterstrich, wie sehr sich Goldman Sachs und Alex. Brown bei ihren Klienten für die Microsoft-Aktie eingesetzt hätten, und sagte, die positive Resonanz sei zum Teil ihren Anstrengungen zuzuschreiben. Er würde keinesfalls unter 6,5 Prozent oder 1,36 Dollar je Aktie gehen.

Gaudette war eindeutig im Zwiespalt. Bill Gates hatte ihm sehr strikte Anweisungen erteilt, befand sich aber gerade in Australien und war daher nicht erreichbar. Die Diskussion ging weiter, und jede Seite erklärte sich zu einem Entgegenkommen bereit. Dobkin senkte sein Angebot auf 1,33 Dollar je Aktie; Gaudette erhöhte auf 1,30 Dollar. Gaudette behielt die Ruhe, und Martin und Dobkin verließen schließlich den Raum.

Wenige Minuten später bat Dobkin Gaudette um ein Gespräch unter vier Augen. Gaudette zeigte sich entgegenkommender und legte sein Dilemma offen: Ohne Gates' Zustimmung konnte er nicht mehr bieten. Dennoch willigte er ein, Jon Shirley anzurufen und um die Erlaubnis zu bitten, die Marge um einen Cent zu erhöhen. Shirley stimmte zu. Die beiden Parteien einigten sich schließlich auf 1,31 Dollar je Aktie.

Der Eröffnungskurs der Microsoft-Aktie bei der Aufnahme des Börsenhandels am folgenden Tag betrug 25,75 Dollar – zur Überraschung vieler Finanzanalysten, die mit etwa 16 Dollar gerechnet hatten. Die Aktie stieg am ersten Tag rasch bis auf einen Schlußkurs von 27,75 Dollar. 2,5 Millionen Aktien wurden umgesetzt. Der Börsenkurswert von Microsoft wurde auf 661 Millionen Dollar geschätzt – ein klarer Erfolg. Als Lotus zwei Jahre zuvor den Gang an die Börse gewagt hatte, lag die entsprechende Schätzung bei 277 Millionen Dollar.

## Kapitel 18

# Dr. Gates & Mr. Hyde

*Glauben Sie, daß Sie eine Mission haben?*
Ja. Der PC ist das Werkzeug des Kommunikationszeitalters. Ein PC auf jedem Schreibtisch und in jedem Haus. Mit hervorragender Software. Und Industriestandards für die Software, damit wir dieses Ziel erreichen.
*Was wäre denn gut an einer solchen Entwicklung?*
Das ist eine Frage von theologischem Rang, und es gibt Menschen, die glauben, eine solche Entwicklung wäre schlecht. Es gibt eben verschiedene Sichtweisen. Zufällig arbeite ich gerne an dieser Mission. Mir ist es gelungen, mich mit außergewöhnlichen Mitarbeitern zu umgeben. Und allein von diesem Blickwinkel her ist meine Arbeit fantastisch. Das mache ich also. Steht den anderen ja frei zu sagen, ob es ihnen paßt oder nicht.

Dieser kurze Auszug aus einem Interview, das *Dr. Dobbs* im Sommer 1990 geführt hat, hilft uns, den Menschen, der an der Spitze von Microsoft steht, und seine Lebensweise besser zu begreifen. An anderer Stelle erklärt Gates im gleichen Tonfall: »Unser Kommunikationszeitalter ist eine gute Sache. Es macht die Menschen stärker und die Welt reicher. Jeder kann seine Wahl treffen. Ich persönlich finde das gut. Nicht nur, weil ich meine Arbeit gerne tue – es entspricht auch meiner tiefsten Überzeugung.«
Ein im Jahr 1989 von dem französischen Fernsehsender TF1 ausgestrahlter Bericht zum Thema ›Die Neuen Reichen der Neuen Welt‹ wirft zusätzliches Licht auf die

Leidenschaft, von der Gates angetrieben wird. Dort wurden fünf Amerikaner porträtiert, die innerhalb der letzten 20 Jahre ein Vermögen gemacht hatten. Merkwürdigerweise erscheint Bill als die banalste der fünf interviewten Personen.

Tom Monaghan, der seine Kindheit in einem Waisenhaus verbracht hatte, eröffnete als Zwanzigjähriger eine Pizzeria in einer Kleinstadt in Michigan. 1989 gehörte ihm die ›Domino‹-Kette, deren 5000 US- und 260 ausländische Niederlassungen Pizza ins Haus liefern, zu 97 Prozent. Wenngleich Monaghan mit seinem Vermögen seine Leidenschaft für Autos befriedigt – er besitzt 250 davon –, setzt er sich auch ernsthaft mit Religion und Ethik auseinander. Er plant, sich aus dem Geschäftsleben zurückzuziehen und sich für das Wohl elternloser Kinder zu engagieren.

Ted Turner dagegen wirkt wie ein Abenteurer, der sich zunächst für keinen Weg entscheiden konnte: »Ich wollte Bauer, Pirat, Jagdpilot, Sänger, Alpinist, Entdecker sein...« Diese Vielfalt der Interessen findet sich auch in seinem Leben wieder: Turner – Besitzer von vier Fernsehsendern, darunter CNN – siegte 1977 mit seinem Boot im ›America's Cup‹. 1985 erregte er großes Aufsehen, als er mit einem spektakulären Coup für 1,6 Mrd. Dollar MGM übernahm. Der passionierte Waffensammler ist zugleich entschiedener Pazifist und Umweltschützer. Lautstark verkündet er seinen Haß auf Nuklearwaffen und setzt sich für deren Vernichtung ein.

Bob Guccione wiederum, Herausgeber des mit ›Playboy‹ konkurrierenden Magazins ›Penthouse‹ sowie von 18 Zeitschriften zu unterschiedlichen Themen wie Automobil, Kunst oder Wissenschaft, entpuppt sich als erfolgloser Maler. Dank seines Vermögens konnte er eine der schönsten Gemäldesammlungen von New York zusammentragen, mit Werken von Chagall, Modigliani, Renoir, Matisse, Picasso und anderen Meistern. Der Pressemagnat beweist ein unerschöpfliches Wissen, sobald man ihn über kostbare Exponate aus seiner Sammlung befragt, darunter ein Mosaik, das von Marmorbildhauern in Carrara gefertigt wurde.

Arthur Jones schließlich hat sein Vermögen Anfang der 70er Jahre durch den Handel mit Sportartikeln gemacht. Er hat sich eine Ranch gekauft und führt dort ein exzentrisches Leben inmitten seiner bevorzugten Gefährten: 30 Elefanten, ein Nashorn, 2000 Alligatoren...

In dieser extravaganten Galerie erscheint Gates hauptsächlich wie ein von der Informatik Besessener, dessen Ideenreichtum sich in dieser Obsession erschöpft. Als der Journalist ihn fragt, inwieweit der Reichtum sein Leben verändert habe, macht er keinen Versuch, seinen Gesprächspartner zu beeindrucken: »Ich brauche meine Hemden nicht selber zu waschen. Wenn ich die Speisekarte im Restaurant ansehe, achte ich nicht allzusehr auf den Preis. Ich habe einen Swimmingpool zu Hause und kann daher nach Lust und Laune schwimmen. Wasserski ist hier sehr beliebt, ich habe also auch ein Boot...« Aber der Clou dieses Interviews ist seine Antwort auf die Frage, worauf er am meisten stolz sei: »Ich habe das Schicksal der Mikrocomputer verändert.« Kein Kommentar.

Gates lebt für die Mikroinformatik, und diese Hingabe scheint wenig Raum für anderes zu lassen. Sie erklärt teilweise seine Unbekümmertheit gegenüber seinem Reichtum. Bill paßt nicht in die üblichen Klischees von den Reichen dieser Welt. Zunächst schon äußerlich – man muß sich nur einmal die Titelseite eines Magazins ansehen, auf der die Milliardäre unseres Planeten abgebildet sind, um zu wissen, woran man ist: Was macht dieser lächelnde und zerzauste Student zwischen den strengen und schmerbäuchigen Figuren? Unvermeidlich wird er immer wieder von Journalisten auf seinen Reichtum angesprochen, und immer wieder antwortet er gereizt, wie unbedeutend sein Vermögen für ihn sei. »Das Geld bringt mir nichts außer indiskreten Fragen.« Ein anderes Mal erklärt er in klagendem Tonfall: »Wie lange wird man mich eigentlich noch mit dieser Geschichte nerven! Ich denke nicht gern an mein Vermögen. Nur ein winziger Prozentsatz davon ist nötig, um ein normales Leben zu führen.«

Schwerlich könnte man aus Bills Lebensweise schließen, daß er zu den reichsten Menschen der Erde gehört. Er kleidet sich elegant oder nachlässig, jedoch immer ohne Prahlerei. Wenn er ein Kleidungsstück braucht, schreibt er seiner Haushälterin einen Zettel. Und wenn er sich nicht gerade irgendeiner Etikette unterwerfen muß, ernährt er sich von Fastfood: Pizza zum Mitnehmen, Hamburger, Hotdogs... Auf Flügen lehnt er es in der Regel ab, erster Klasse zu reisen, und zieht die Business- oder sogar die Economy-class vor. Seine ehemalige Lebensgefährtin Ann Winblad erzählt, daß er stinksauer werde, wenn man nach einem gemeinsamen Restaurantbesuch erwarte, daß er die Rechnung bezahlt. »Er gibt wirklich nicht gern sein Geld aus.« Soweit ihr Kommentar.

Im wesentlichen bestehen die äußeren Zeichen seines Reichtums in einem halben Dutzend schneller und teurer Autos. Gates liebt vor allem Porsche. Es dauerte Jahre, bis er daranging, das Wohnzimmer seines Hauses am Ufer des Washington-Sees einzurichten. Ein Fernseher wurde nie angeschafft; wenn er um neun Uhr abends vom Büro nach Hause kommt, schaltet er seinen PC ein, ruft den elektronischen Briefkasten auf und antwortet auf alle dort eingegangenen Mitteilungen, was bis tief in die Nacht dauert. Gates hat eine zweite Residenz auf der Halbinsel Olympic im Hood-Kanal, unweit des Ortes, wo er als junger Mensch die Ferien mit seiner Familie verbrachte. Seine Eltern und Schwestern sind hier häufig zu Gast. Allerdings verbringt der *President*, wenn er für eine Ferienwoche hierher kommt, die meiste Zeit vor seinem Compaq oder seinem Mac. Die Früchte seiner geistigen Nachtarbeit werden in Memos festgehalten und anschließend an die leitenden Mitarbeiter verteilt. Der *President* ist dafür bekannt, daß er viele wichtige Entscheidungen während dieser traditionellen Reflexionswochen zu treffen pflegt.

Ferien sind ein Luxus. In den ersten fünf Jahren des Aufbaus von Microsoft gönnte er sich nur zwei Pausen von je drei Tagen. Erst Mitte der 80er Jahre war er bereit, eine Woche Ferien im Jahr zu nehmen. Der Leiter der brasilianischen Filiale erzählt, daß er seinen *President* an einem Wochenende zu einer kleinen Kreuzfahrt auf einer Yacht eingeladen hatte. Ohne das Gesicht zu verziehen, nahm der Geladene an – unter einer Bedingung: Er hatte beschlossen, diese zwei Tage der Lektüre zu widmen, und er hielt sich an seinen Entschluß. Während dieses Wochenendes auf dem Meer habe Gates den Blick nicht ein einziges Mal von den mitgebrachten Büchern abgewendet.

Aus welchen Gründen widersteht der junge Milliardär der Versuchung einer luxuriösen Lebensweise? Ist er etwa so sehr um sein Vermögen besorgt, daß er deshalb die Ausgaben auf ein Minimum beschränkt? Der Entwickler Jeff Harbers hat eine Erklärung parat: »Er sorgt sich um sein Image bei seinen engen Mitarbeitern. Er glaubt, sie würden ihn nicht mehr respektieren, wenn er sich anders verhielte.«

Wenn Bill sich entspannt, verschlingt er die Biographien berühmter Persönlichkeiten, um deren Denkweisen besser zu verstehen. Zu seinen Vorbildern zählen Leonardo da Vinci, Roosevelt, Edison und Napoleon. Seine beiden Lieblingsbücher sind J. D. Salingers *Der Fänger im Roggen* und John Knowles' *In diesem Land*. »Das sind Geschichten, die von der Abneigung gegen das Erwachsenwerden handeln und von der Fähigkeit, die Dinge auf eine den Erwachsenen unverständliche Weise zu sehen.« Vern Raburn, früherer *Vice President* von Microsoft, behauptet, daß dies ein integraler Bestandteil des Phänomens ›Gates‹ sei: »Bis heute bestimmt die Sichtweise des neunjährigen Bill einen wesentlichen Teil seines Charakters.«

## Das Arbeitsklima bei Microsoft

Bills Persönlichkeit wird kontrovers beurteilt. Seine nahen Freunde beschreiben ihn als heiteren Menschen mit unermüdlichem Spieltrieb. Im Restaurant zögere dieser Teufelskerl nicht, auf den Tisch zu steigen, um dort eine Geschichte vorzutragen, die er mit theatralischer Mimik untermale. Mit Begeisterung schließt er alle möglichen Wetten ab, wobei man immer wieder mit Verblüffung feststellt, ein wie vielfältiges Wissen er in seinem Gehirn gespeichert hat. Ein Charakterzug ist recht amüsant: Wenn er sich in einem seiner Gedankenflüge geradezu lyrisch über die Vorteile von Windows oder der grafischen Benutzeroberfläche ausläßt, schaukelt Bill regelmäßig auf seinem Stuhl vor und zurück, als wolle er durch diesen Initiationstanz sein Publikum auf die Fährte des Software-Nirwanas bringen.

Derselbe Bill ist allerdings auch berüchtigt für seine zügellosen Wutausbrüche im Berufsleben. Er stellt unglaublich hohe Ansprüche an seine Mitarbeiter und wird außerordentlich unangenehm, wenn er sich enttäuscht glaubt. Mehrere seiner Angestellten beschreiben ihn als konzentrierten, provokativen und konfrontationsfreudigen Menschen. »Manchmal brauchen einige Angestellte eine gewisse Eingewöhnung, wenn sie anfangen mit Bill zu arbeiten. Er erwartet von ihnen außerordentliche Fähigkeiten, und wenn jemand dieser Erwartung nicht entspricht, läßt Bill es ihn sicherlich wissen«, so Jeff Raikes. Die Besprechungen verlaufen turbulent, wobei der ›Boß‹ auch vor absichtlich verletzenden Angriffen nicht zurückschreckt, wie etwa vor der Attacke: »So etwas Dummes habe ich noch nie gehört.« Der Software-Entwickler Jeffrey Harbers erklärt, daß die Zusammenarbeit mit Bill ihn abgehärtet habe. Anfangs sei es noch vorgekommen, daß er sich schlecht gefühlt habe, nachdem Gates ihn heruntergeputzt hatte, doch inzwischen habe er gelernt, sich zu wehren. »Wenn man nachgibt, respektiert er einen nicht mehr. Das gehört zum Spiel dazu.«

Gates spielt seine Zornesausbrüche herunter. Für ihn sind sie keine maßlosen Exzesse, sondern eine Art alltäglicher Kommunikation zwischen Gleichberechtigten, die nur nach außen hin aggressiv wirke. Er habe die allergrößte Hochachtung vor seinen Mitarbeitern. Mike Slade bestätigt übrigens auch, daß Gates durchaus in der Lage sei, einen Fehler zuzugeben, wenngleich man zunächst heftige Kämpfe ausfechten müsse, um ihn von einer solchen Möglichkeit zu überzeugen. »Es gibt nicht viele Menschen, die über die Intensität und die unternehmerischen Fähigkeiten verfügen, die für den Erfolg unerläßlich sind, und gleichzeitig von ihrem Ego auch einmal absehen können«, sagt dazu Steve Wood, einer der ersten Programmierer, die bei Microsoft angestellt waren.

Bis 1994 machte folgender Spruch die Runde auf dem Redmond Campus: »Am Tag, an dem Bill heiratet, wird es etwas besser gehen.« Aber damit schien es dieser Teufelskerl nicht eilig zu haben. Obwohl er sich hinsichtlich seines Privatlebens immer äußerst zurückhaltend zeigte, war es niemals zweifelhaft, daß er im Laufe der Jahre zahlreiche Gefährtinnen hatte.

Von 1984 an war Ann Winblad für einen längeren Zeitraum seine Freundin. Sie hatte gerade eine Software-Produktion verkauft, als sie Bill auf einer Konferenz traf. Ihre Beziehung dauerte mehrere Jahre, und die beiden Partner sollen sogar eine Heirat ins Auge gefaßt haben. Nach ihrer Trennung blieben sie gute Freunde. Ann beschreibt ihren Ex-Freund als einen Menschen, der die extremen Situationen liebe. Sie erinnert sich an einen gemeinsamen Aufenthalt in Nord-Carolina, wo Bill, der es sich in den Kopf gesetzt hatte, Delta-Segeln zu lernen, sämtliche Vorsichtsmaßregeln seines Ausbilders ignorierte. Ihre Bewunderung für den Menschen, mit dem sie eine Zeitlang ihr Leben geteilt hat, ist immer noch groß. 1986 soll es Bills neuer Muse gelungen sein, seine kulinarischen Gewohnheiten zu beeinflussen: Der Junggeselle, der sich bis dahin um Essensqualität kaum geschert hatte, war nun zum Vegetarier bekehrt. Kurz nach dem drei Jahre später erfolgten Bruch verzichtete Gates wieder auf diese Disziplin und ließ seiner Vorliebe für Hamburger erneut freien Lauf.

Die Frau, die Bill schließlich – Anfang 1994 – in allergrößter Heimlichkeit geheiratet hat, heißt Melinda French. Es hat nicht den Anschein, als habe er seit der Heirat seinen Arbeitsrhythmus verlangsamt. Immerhin hat er seine Frau bei Microsoft kennengelernt, und sie hat ähnliche Arbeitszeiten wie er.

## Die Unternehmensphilosophie

Da mit der Expansion der Firma auch das Personal in massivem Umfang erweitert werden muß, investiert Microsoft große Summen in die Suche nach erstklassigen Kandidaten. Eine Strategie besteht darin, außergewöhnliche potentielle Mitarbeiter unabhängig von deren bisheriger Qualifikation auszuwählen und selber als Programmierer auszubilden. Selbst wenn ein Kandidat mit eindrucksvollen Diplomen und Empfehlungsschreiben aufwarten kann, muß er sich einer Serie von Prüfungen unterziehen, die seine Kenntnisse und logischen Fähigkeiten testen sollen.

Im wesentlichen wird der Nachwuchs aus 15 amerikanischen, vier kanadischen und sechs japanischen Schulen rekrutiert. Auch wenn Harvard, Princeton und Yale besonders reputiert sind, bildet dennoch die Universität von Waterloo in Ontario, Kanada, die meisten potentiellen Microsoft-Kandidaten aus. Trotz des regelmäßigen Zustroms neuer junger Mitarbeiter hat das Durchschnittsalter der Angestellten die Dreißig weit überschritten, während es Anfang der achtziger Jahre noch näher an Zwanzig lag.

## Der ›Campus‹ von Redmond

Wer heute durch das Betriebsgelände in Redmond spaziert, hat eher den Eindruck, sich auf einem Universitäts-Campus zu befinden. Dieser College-Geist zeigte sich auch in der ungewöhnlichen Episode, die sich zu Beginn des Winters im Jahre 1988 abgespielt hat. Steve Ballmer, *Vice President* der System-Abteilung, und Mike Maples, *Vice President* der Abteilung für Software-Anwendung, hatten sich einige Monate zuvor gegenseitig herausgefordert. Die ›United Way-Company‹ sammelte Spenden für karitative Zwecke, und Ballmer und Maples wetteten, daß die meisten Spenden aus ihrer jeweiligen Abteilung kommen würden. Um dem Ereignis noch zusätzliche Pikanterie zu verleihen, verkündeten sie, daß der Verlierer den Bill-See inmitten des ›Campus‹ der Länge nach durchschwimmen müsse. Kompliziert wurde es, den Sieger zu ermitteln: Eine der beiden Abteilungen führte nach der Gesamtsumme der Spenden, während die andere höhere Einzelbeiträge erzielt hatte. Da es unmöglich war, zu einem eindeutigen Ergebnis zu kommen, beschloß man, daß beide gleichermaßen verloren hatten und daher beide *Vice Presidents* durch den See schwimmen mußten.

Zur Mittagszeit fand sich eine große Zuschauermenge ein. Da einige schalkhafte Programmierer der Meinung waren, daß die Wassertemperatur von vier Grad Celsius nicht frisch genug sei, warfen sie Eiswürfel in den See. Der joviale, schlaksige Steve Ballmer zog sich langsam aus und brachte prächtige Streifenbermudas zum Vorschein, dann sprang er in den Tümpel, wobei er sich Mühe gab, die ausgelassenen Zuschauer naßzuspritzen. Für den fünfzigjährigen Mike Maples, der erst nach 23 Jahren bei IBM zur Firma gekommen war, war es nicht einfach, sich an diese pennälerhafte Umgebung anzupassen. Er nahm seine Uhr ab, zog Jacke und Schuhe aus, wobei er eine Kombination aus Mann und Frosch erkennen ließ, und tauchte nun seinerseits unter dem Hohngelächter und den Anfeuerungsrufen seiner Mannschaft ins Bad ein.

So etwas passiert bei Microsoft! Die immense Produktivität, die einem Dante Ehre gemacht hätte, und die sehr hohen Anforderungen, die jeder einzelne erfüllen muß, werden durch betont freizügiges Verhalten, bei der Einteilung der Arbeitszeiten, in der Kleidung sowie durch eine enthusiastische und informelle Atmosphäre kompensiert. Alle nennen einander beim Vornamen und können auf dem internen Mitteilungsweg jedem – Bill eingeschlossen – eine Electronic-Mail-Nachricht übermitteln. Die Angestellten haben ihre Büros mit Pfeilspielen, aufblasbaren Puppen und Synthesizern neben PC und Macintosh fantasievoll eingerichtet. In den Pausen spielen die Programmierer Fußball, Frisbee oder Squash. Die vielen ausländischen Mitarbeiter – die gesamte Software wird hier im Betrieb übersetzt – verleihen dem ›Campus‹ von Microsoft einen kosmopolitischen Anstrich. Die improvisierten Musikaufführungen in den Alleen verbinden exotische Instrumente mit traditioneller akustischer Gitarre, deren Akkorde von echten Neil-Young-Nacheiferern gespielt werden. Jogger und Einradfahrer vervollständigen das Bild, wobei sie die Mittagsruhe der Enten stören und Eichhörnchen aufscheuchen.

## Motivationsstrategien

Die seltenen Momente der Entspannung dienen als Ausgleich für die ungeheure Produktivität, die der von Gates gesetzte Standard allen abnötigt. Er selber gibt klar und deutlich die Spielregeln vor: »Wer nicht gern hart und konzentriert arbeitet und sein Bestes gibt, ist bei uns fehl am Platze.« Ein Glaubensbekenntnis, das seine Anhänger hat. »Es ist unglaublich amüsant und eine große Ehre, hier zu arbeiten«, sagt Jeff Harbers. »Es gibt immer neue Herausforderungen zu bestehen und neue Dinge zu lernen.« Andere zeigen sich weniger begeistert: Der durch das Vorbild ausgeübte Druck sei so groß, daß einige sich verpflichtet fühlten, bis spät abends zu bleiben oder am Wochenende zu kommen, um nicht weniger eifrig als ihre Kollegen zu wirken. »Ich verstehe es vollkommen, wenn einer unserer Angestellten andere Prioritäten im Leben hat als unsere Firma. Wenn sich aber jemand völlig seiner Arbeit hingibt, verdient er Anerkennung und Belohnung«, meint Simonyi. Zum Ende eines Jahres wird die Arbeitsleistung jedes Angestellten beurteilt und durch Gratifikationen in Form von Gehaltserhöhungen, Aktienbezugsrechten und Prämien honoriert.

Trotz des von der Firmenleitung ausgeübten Drucks ist die Abwanderungsrate bei Microsoft mit zehn Prozent relativ gering. Schließlich verfügt die Gesellschaft über ein perfektes System, um ihre Mitarbeiter zu motivieren: die Aktienbeteiligung. Die Angestellten erhalten Kaufoptionen auf Firmenanteile zu Vorzugspreisen, sei es bei Eintritt in die Firma oder um irgendeine besondere Leistung zu belohnen. Nach vier Jahren kann ein Angestellter weitere Aktien zum selben Marktpreis kaufen, den er bezahlt hat, als er erstmals Aktien erworben hat. Zum Beispiel konnte ein Mitarbeiter, der bei der Umwandlung von Microsoft in eine Aktiengesellschaft etliche tausend Anteile kaufte, im Jahr 1990 weitere Aktien für 21 Dollar pro Stück – ihrem ursprünglichen Kurswert – kaufen und sie für mittlerweile 84 Dollar weiterverkaufen. Auf diese Weise konnten sich die meisten Angestellten im fünften Jahr ihrer Betriebszugehörigkeit beträchtlich bereichern. Tausende von ihnen haben ein Aktienvermögen von über einer Million Dollar erworben.

*Kapitel 19*

# Die Magie von Windows 3.0

Wie stark hallten die drei Schläge wider! Alles war vorbereitet für die theatralische Einführung von Windows 3.0... Die Premiere der neu gestalteten grafischen Benutzeroberfläche wurde im großen Stil inszeniert – auf einem riesigen Video-Bildschirm, der den Monitor eines PC zeigte, auf dem wiederum sich die Ikonen nacheinander aufbauten, als Künder eines neuen Zeitalters der Simultaneität. Diese Inszenierung fand auf der Bühne des New Yorker ›Manhattan City Centers‹ statt, wo Bill Gates die Vorstellung von Windows 3.0 moderierte. Nie zuvor in der Geschichte des PC war ein Produkt mit solch dramatischen Paukenschlägen und einem derartigen Sinn fürs Spektakel vorgestellt worden.

Um 14.45 Uhr wurde die Musik – ein synthetischer Jazz mit kalifornischen Einschlägen – diskret gedämpft, während gleichzeitig die Lichter allmählich ausgingen. Der Film, der den gut 5000 Zuschauern am Donnerstag, dem 22. Mai 1990, in New York vorgeführt wurde, war offenbar mit der gleichen großen Sorgfalt erarbeitet wie die Software selbst. Die Botschaft war durchsichtig: »Dies ist ein historischer Augenblick.« Man durchlief die Jahre der Entstehung der Mikroinformatik – von den ersten Mikroprozessoren zu ›Watergate‹-Zeiten bis in die 90er Jahre. Unter dem frenetischen Beifall einer schon im voraus eroberten Menschenmenge schossen im ganzen Theater Laserblitze empor. Dann zeigte das Video einen einigermaßen erstaunten Anwender vor seinem alten PC-Modell, das mit MS-DOS betrieben wurde. Zauberei war an der Tagesordnung: So wie Alice durch den Spiegel hindurchgeht, schreitet er durch den Bildschirm, der sich in ein Fenster verwandelt hat, und lernt das Innere des PC kennen. Er findet sich in einem farbigen Zimmer, das mit riesigen Paletten eingerichtet ist. Auf ihnen erscheinen nacheinander die Namen der Software, die vorher auf dem Bildschirm durch Ikonen symbolisiert worden waren: Excel, PageMaker... Ein Schlüsselwort zur Verdeutlichung des neuen Geistes, der künftig die PC-Mikroinformatik beherrschen sollte, füllte schließlich den gesamten Bildschirm: COOL!

Der Einführungsfilm endete mit einer Erklärung in hell leuchtender Schrift: »ES IST DA! JETZT!« Es – das war Windows 3.0, und sein Architekt, Meister Gates, erschien nun auf der Bühne. Er wurde wie ein Regisseur empfangen, der gerade mehrere Oskars eingeheimst hatte. Er sprach einfach und mit einem natürlichen Charme: »Windows 3.0 ist fertig. Für die Computerindustrie stellt es ein bedeutendes Ereignis dar.«

Der Zaubermeister erinnerte daran, daß ohne MS-DOS die Mikroinformatik-Industrie so nicht hätte wachsen können. Aber er fügte hinzu, daß auch die ständig leistungsfähiger werdende Hardware die enorme Komplexität mit gefördert habe. Wovon er nun noch träume, das sei ein Mikrocomputer auf jedem Schreibtisch, und um dieses Ziel zu erreichen, müsse man die grafische Benutzeroberfläche allgemein durchsetzen. Er würdigte die Forscher von Xerox PARC, die das Konzept geschaffen hatten, und die Experten von Apple, die es populär gemacht hatten. Er räumte ein, daß frühere Windows-Versionen nicht jedermann zugänglich waren. Die Konzeption von 3.0 sei das Ergebnis großangelegter Umfragen unter Tausenden von Anwendern. »Seine Entwicklung hat zweieinhalb Jahre gedauert, und wir haben einen unglaublichen technischen Durchbruch erzielt.«

Dann kam die Stunde der Vorführung. Eine ungewohnte Farbenfreude, eine Überfülle an Ikonen vor einem malerischen Bildschirmhintergrund kündigten die neue Richtung an: Simultaneität, Heiterkeit, Harmonie. Von seiner eigenen Begeisterung mitgerissen, ließ sich

Gates zu einzigartigen Geistesblitzen hinreißen wie zu dem Ausspruch: »Die Tiefendimension der Ikonen flößt dem System Seele ein.« Baby Bill war sichtbar stolz auf seine Schöpfung und vergnügte sich damit, den Bildschirmhintergrund zu verändern. Wie ein Jugendlicher, der sein erstes Stück vor einem Erwachsenenpublikum spielt, sprach er die gebannte Menge an: »Nun, was haltet ihr davon?« Als einzige Antwort erhielt er einen Riesenapplaus und Begeisterungsrufe. Geschäfts- und Finanzleute sowie hochrangige Wirtschaftsführer vergaßen ihre gewohnte Reserve und brachen in Jubel aus. 25 Mitarbeiter hatten an dieser erstaunlichen DOS-Mutation gearbeitet. Auf Bills Aufforderung hin stiegen sie am Ende der Show auf die Bühne. Auf den T-Shirts dieser Programmierer, die so viel ästhetischen Sinn bewiesen hatten, konnte man die Maxime lesen: »Wir glauben an die Magie.«

Das Fest ging noch in den Fluren des Theaters weiter, wo Vorführstände sich aneinanderreihten. Keiner der bedeutenderen Software-Hersteller fehlte. Anstecknadeln mit dem Zauberspruch ›Seien Sie bei der großen Verwandlung dabei‹ wurden großzügig verteilt. Der Mutant, auf den hier angespielt wurde, war nichts anderes als das gute alte MS-DOS, das dank Windows noch einmal verjüngt worden war und sich nun strahlend und sehr lebendig vorstellte. Die Kommentare flogen in der aufgeregten Menge hin und her. Einige für Mikroinformatik zuständige Manager von großen Unternehmen erklärten, daß sie diesmal zweifelsfrei von Windows überzeugt seien. »Dieses Ereignis bedeutet vor allem«, so ein Software-Hersteller, »daß wir nun bei der Hälfte aller bereits existierenden Mikrocomputer – und nicht nur bei zehn Prozent – in den Genuß der Macintosh-Benutzeroberfläche kommen.«

Microsoft sorgte für die breite Verteilung einer Studie, die das Unternehmen einige Monate zuvor in Auftrag gegeben hatte und derzufolge die grafische Benutzeroberfläche zu ›um 58 Prozent höherer Produktivität‹ führt. In der dichten Menschenmenge war es schwer, zu den einzelnen Ständen durchzudringen. Man mußte seine Tasche fest an sich drücken, in der sich neben einer Version der berühmten Software Pressemitteilungen befanden, die massenhaft den neuen Industriestandard priesen. Eine Dame steuerte mit sicheren Schritten auf mich zu und fragte ohne Umschweife: »Sind Sie Daniel?« Ich begrüßte Mrs. Mary Gates und entdeckte in ihrem Gefolge ihren Wundersohn mit der ewig jugendlichen Ausstrahlung. Er versuchte, seiner Mutter verständlich zu machen, daß es sich um einen wichtigen Tag handele und er sich um seine zahlreichen Gäste kümmern müsse...

Über Satelliten mit der New Yorker Veranstaltung verbunden, fanden gleiche Vorführungen zur selben Zeit in sieben nordamerikanischen Städten und etwas zeitversetzt in zwölf bedeutenden Hauptstädten statt, darunter Paris, London, Amsterdam und Mexiko City. Drei Millionen Dollar wurden in die Promotion für Windows investiert, wozu auch die Verteilung von 250 000 Vorführdisketten gehörte.

Windows 3.0 wurde von Anfang an begeistert aufgenommen: Schon in der ersten Woche nach Beginn der Auslieferung setzte sich Windows 3.0 an die Spitze der Absatzzahlen von Software aller Kategorien.

## Kapitel 20

# Der Bruch mit IBM

Im Laufe der Jahre wurde immer wieder die Frage aufgeworfen, ob Microsoft versuche, den Markt zu beherrschen. Bill Gates schwor hoch und heilig, daß er sich gegenüber den anderen Software-Herstellern loyal verhalte, daß also die Anwendungsprogrammierer von Microsoft nicht bevorzugt würden gegenüber denen von Lotus, WordPerfect oder Borland. Die Tatsache, daß die System-Abteilung am selben Ort sitzt wie die Anwendungs-Abteilung, bedeute für letztere keinesfalls einen Vorteil.

Seit 1987 brachte Bill diese Argumentation vor, und damals hatte Jim Manzi, *President* von Lotus, erklärt, er nehme ihn beim Wort und stelle den guten Willen seines Konkurrenten nicht in Frage. Im Laufe der Jahre hat sich dieses Vertrauen verbraucht: Windows hat die Erfolgschancen von OS/2 zunichte gemacht. Der Haken daran war, daß OS/2 von Microsoft mitentwickelt wurde und daß Bill Gates lange Zeit die Vorteile dieses Systems betonte.

1981 hatte Philip Don Estridge Microsoft freie Hand gegeben, um das Betriebssystem für den IBM-PC zu realisieren. Daraus war eine MS-DOS-Version hervorgegangen, die – gemessen an den Industriestandards von 1981 – zwar nicht perfekt, jedoch schnell und vielversprechend war. IBM hatte dennoch unter dieser Abhängigkeit von Microsoft zu leiden: Microsoft hatte sich beeilt, allen Interessenten sein MS-DOS zu verkaufen. In der Folge hatten die Produzenten von kompatiblen PC allmählich den Markt von ›Big Blue‹ ausgetrocknet. Aus dieser Defensive heraus wurde OS/2 Ende 1985 unter der Leitung von Bill Lowe in Angriff genommen. IBM gestaltete das gesamte Design und wandte sich nur in Einzelfragen an Microsoft. Auch wenn sich das Projekt OS/2 als ambitiös erwies, schien es doch zwei gegensätzliche Zielrichtungen zu haben: einerseits die Leistungssteigerung der PC zu bremsen und andererseits die IBM-Herrschaft über den PC-Bereich wiederherzustellen.

Der erste Punkt scheint absurd, läßt sich aber dadurch erklären, daß der Konstrukteur Nr. 1 über eine breite, höchst vielfältige Produktpalette verfügt. 1985 verstand IBM den von Intel hervorgebrachten Prozessor – den 386 – als eine Bedrohung für einen seiner blühendsten Betriebszweige: die ›Minis‹ der 286er-Reihe. OS/2 wurde also ursprünglich als ein dem 80286 angepaßtes Betriebssystem geplant. Bill Gates versuchte Bill Lowe davon zu überzeugen, diesen Mikroprozessor wegen seiner strukturellen Unzulänglichkeiten zurückzustellen. Er sprach sich für den 386 aus, der technisch viel ausgefeilter und robuster war. Lowe wies diese Argumente zurück und nahm die Entwicklung eines Betriebssystems für den 80286 in Angriff. Das System OS/2 sollte es IBM außerdem ermöglichen, seine PC – nunmehr die PS/2 – in sein umfassendes Hardware-Angebot zu integrieren. OS/2 sollte also die beiden Elemente integrieren, die das Unternehmen für sich selber behalten wollte: eine Datenbasis und einen Kommunikationsverwalter. Diese beiden Aspekte von OS/2 sollten den Austausch zwischen einem PS/2 und den IBM-Großrechnern erleichtern. So hoffte die Firma die Vorherrschaft der größeren Rechner über die kleineren wiederherzustellen.

Die Entwicklung von OS/2 durch Heerscharen von Programmierern wurde unter der Regie von IBM durchgeführt: Insgesamt 1700 Angestellte arbeiteten in drei verschiedenen Niederlassungen, die auf zwei Kontinente verteilt waren. Die Microsoft-Mannschaften, gewöhnt an eine ungezwungene, wenngleich äußerst konzentrierte Arbeitsatmosphäre, befanden sich nun in einem völlig konträren Klima. Durch eine Hierarchie von Komitees wurden die einzelnen Teile des Projektes in bürokratischer Manier zusammengefügt, was Entscheidungsprozesse erschwerte: Um auch die kleinsten Modifikationen absegnen zu lassen, bedurfte es langwieriger Verhandlungen auf mehreren hierarchischen Ebenen. Die erste Version von OS/2, die Ende 1987 präsentiert wurde, trug die Spuren dieser Prozedur: Das System war kompliziert und schwerfällig. Aber Bill Lowe, der Direktor der PC-Abteilung von IBM, blieb optimistisch und erklärte, er brauche nur noch ein Jahr, um aus dieser Version das vorherrschende Betriebssystem zu machen. Dafür hatte OS/2 auf dem Papier die besten Voraussetzungen. Das System war multitasking-fähig, und es beseitigte eine große Zahl von Einschränkungen, an denen MS-DOS krankte. OS/2 eröffnete wirklich verführerische Perspektiven für den PC. Ein Jahr später wurde der Presentation Manager, die grafische Benutzeroberfläche speziell für den OS/2, auf den Markt gebracht – Bill Lowe hatte seinen Einspruch gegen die alleinige Herrschaft von Windows erhoben.

Zur Verblüffung des Top-Managements bei IBM wurde der OS/2 / Presentation Manager mit allgemeinem Desinteresse aufgenommen. Fast alle Unternehmen wiesen dieses System hauptsächlich aus zwei Gründen zurück: Es erforderte größere Investitionen im Hardwarebereich – man mußte den bisherigen PC Speicherkarten einbauen –, und es war nur zu einer mittelmäßigen Verwaltung der DOS-Applikationen imstande.

Gates übernahm offiziell die Verteidigung von OS/2, dessen Vorzüge er unermüdlich in der Öffentlichkeit hervorhob. Er beteuerte, daß es seine Zeit dauere, bis man die Anwender von den Vorzügen des neuen Systems überzeugt hätte. Aber zwischenzeitlich entwickelte sich Windows radikal. Excel hatte dazu beigetragen, der lange Zeit verrufenen grafischen Benutzeroberfläche den Adelsbrief zu verleihen. Zu Beginn des Jahres 1989 hatte Windows die Zwei-Millionen-Marke überschritten. Mit beinahe 50 000 verkauften Exemplaren pro Monat wurde Windows zum hauseigenen Bestseller. Der ein Jahr zuvor von Apple angestrengte Prozeß hatte auf die Karriere von

Windows kaum Einfluß. Im Juli schränkte der zuständige Richter das Ausmaß der Apple-Klage drastisch ein: Von den 189 vorgebrachten Punkten blieben nur zehn übrig. Jim Cannavino, der neue Verantwortliche für die PC-Abteilung bei IBM, schien Windows mehr als Bill Lowe zugeneigt zu sein. In dem Bewußtsein, daß die Verkaufszahlen von OS/2 schlecht waren und man in der Lage sein müsse, ein Angebot zu präsentieren, daß die ganze Bandbreite umfasse, erkannte Cannavino öffentlich die Bedeutung der grafischen Benutzeroberfläche von Microsoft an.

### Windows oder OS/2?

Die folgende Szene ereignete sich im November 1989 – also noch vor der Einführung von Windows 3.0 – auf der Comdex in Las Vegas, während Tausende von Kilometern entfernt die Berliner Mauer fiel. Bei einem Abendessen, das vor der Eröffnung der Ausstellung stattfand, sprachen Gates und Cannavino vor 30 führenden Software-Herstellern. Sie erklärten, daß sie sich auf die jeweiligen Rollen von Windows und OS/2 / Presentation Manager geeinigt hätten. Ersteres richte sich an Mikrocomputer für Einsteiger, während das zweite auf die stärkeren PC ausgerichtet sei. Windows wurde als Mittler zwischen der gegenwärtigen Stufe – MS-DOS – und der zukünftigen – OS/2 – präsentiert. In der gemeinsamen Presseerklärung wiesen Gates und Cannavino unmißverständlich darauf hin, daß die Kapazitäten von Windows begrenzt seien und daß OS/2, die ›Plattform der 90er Jahre‹, ausgeklügeltere Leistungen erbringen würde. Schien zwischen den beiden Partnern Einverständnis zu herrschen, so wurde die Feierlichkeit der Herbst-Comdex von den konkurrierenden Herstellern äußerst schlecht aufgenommen. Zum ersten Mal äußerte Jim Manzi von Lotus öffentlich sein Mißfallen und ließ durchblicken, daß er Microsoft im Verdacht habe, illoyal zu agieren. Während

Steve Ballmer hinter den Kulissen versuchte, die Vorgänge herunterzuspielen, planten einige sogar, eine Anti-Microsoft-Front zu bilden. Lotus leitete eine Annäherung zu WordPerfect ein.

Bis zum Winter 1989 fuhren Microsoft und IBM gemeinsam fort, die Unternehmen davon zu überzeugen, daß die Weiterentwicklung zum OS/2 notwendig sei. Aber als Bill Gates sich am Ende des Jahres auf seinen Feriensitz zurückzog, wo er traditionell grundlegende Überlegungen anstellte, kamen ihm Zweifel. Das ungeliebte OS/2 erschien ihm wie eine nutzlose Last. Gates kam die Idee, daß die nur durchschnittlichen Leistungen von OS/2 bedingt seien durch Fehler, die IBM im Design gemacht habe. Microsoft zog eigentlich keinen Vorteil aus diesem Projekt: 40 Programmierer waren im Haus dafür abgestellt, dieses System-Programm zu schreiben, was gewaltige Entwicklungskosten nach sich zog: Wenn die Projektentwicklung unter gleichen Bedingungen weitergehen würde, könnte sie sich als äußerst wenig profitabel erweisen. MS-DOS hingegen machte weiterhin eine fabelhafte Karriere: Auf jede verkaufte OS/2-Kopie kamen 200 Microsoft-Exemplare. So brachte das traditionelle PC-System mehr als 100 Millionen Dollar jährlich ein. Die Abteilung, die die Systeme überwachte, erzielte 44 Prozent der Gesamteinkünfte (gegenüber 42 Prozent für Anwendungs-Software und 14 Prozent für Maus und Bücher). Das bedeutete, daß MS-DOS immer noch eine Haupteinkommensquelle war. Das System der Zukunft sollte idealerweise eine Ausweitung von MS-DOS sein.

Die Lösung konnte gar nicht klarer sein: Sie hieß Windows. Microsoft arbeitete an der Version 3.0 dieser grafischen Benutzeroberfläche. Diese wurde nun strategisch eingesetzt: Die neue Aufgabe der Programmierer lautete, die wichtigsten Vorteile von OS/2 in Windows zu integrieren. Von nun an schienen die Entwicklungsabteilungen in Seattle ihr Tempo bei der Arbeit an OS/2 und dem Presentation Manager absichtlich zu drosseln.

Die Qualität des Quellcodes von OS/2 galt als äußerst

mittelmäßig, was auch auf das Image von Microsoft sowie von IBM zurückwirkte. Gates bestand darauf, daß Experten beider Firmen eine Befragung veranstalten sollten, um die Verdienste der beiden Entwicklungsabteilungen zu vergleichen. Das Ergebnis war, daß der von Microsoft entwickelte Code als ›korrekt‹ bzw. in manchen Fällen sogar als ›brillant‹ oder ›bemerkenswert‹ eingestuft wurde. Die IBM zugeschriebenen Teile wurden im allgemeinen als ›zäh‹, ›langsam‹ bzw. sogar ›unzweckmäßig« beurteilt. Die Perspektive, sich von der gemeinsamen Arbeit an OS/2 und Presentation Manager zu lösen, wurde dadurch noch verlockender.

Im April saßen bei einem Cocktail drei Marketing-Verantwortliche von Lotus einem leicht beschwipsten und zu Vertraulichkeit neigenden Bill Gates gegenüber. »Aus welchem Grunde sollte Microsoft die neue Version von OS/2 vor Windows 3.0 herausbringen? Sechs Monate nach dem Erscheinen von Windows 3.0 haben wir einen Marktanteil erreicht, der über dem liegt, was OS/2 jemals erzielen kann. Die unter OS/2 entwickelten Applikationen haben keine Chance.« In dem Gespräch erklärte Gates gleichzeitig, daß IBM sich nur noch ungefähr zehn Jahre halten werde und daß er nicht die Absicht habe, Microsoft in den Absturz hineinzuziehen. Die Lotus-Leute hielten diese Episode in einem siebenseitigen Memo fest, das sie ihrer Direktion vorlegten.

Allmählich erkannten die anderen Software-Hersteller, daß OS/2 / Presentation Manager kein Erfolg werden und daß Microsoft um so intensiver an der Verbesserung von Windows arbeiten würde. Im Frühjahr 1990 wurden allerorten Lobreden auf die berühmte Fensteroberfläche gehalten. Sie werde schnell, simultan und zugänglich sein... Der Erfolg von Windows 3.0 wurde immer augenfälliger. Microsoft setzte alles daran. Da sie der Wucht dieser Woge nicht widerstehen konnten, verkündeten alle großen Software-Hersteller überstürzt, daß sie Windows unterstützen würden. Der Haken war der, daß Bill Gates' Firma aus Sicht von Lotus, WordPerfect und Konsorten

OS/2 vernachlässige, das im Begriff war, eine vergleichsweise weniger attraktive Lösung als Windows 3.0 zu werden. Nun aber hatte derselbe Gates immer wieder den Entwicklern aufs heftigste geraten, Programme für 1. OS/2 / Presentation Manager, 2. Windows, 3. DOS zu entwickeln – und zwar genau in dieser Reihenfolge.*

Während Windows 3.0 auf den Markt kam, gab Gates sich Mühe, die Gültigkeit von OS/2 zu betonen. Bei der Pariser Präsentation der Fensterumgebung Ende Mai gab er folgende Analyse zum besten: »Ein zentraler Punkt hinsichtlich Windows 3.0 ist der, daß es zu der Familie der grafischen Systeme von Microsoft gehört. Natürlich ist OS/2 das leistungsstärkste in dieser Reihe. Sein Äußeres ist das gleiche wie bei Windows, was die Koexistenz zweier Systeme im selben Anwender-Unternehmen erleichtert. OS/2 erfordert anspruchsvollere Hardware, aber es bietet dafür wirklich Vielseitigkeit, eine ausgetüfteltere Dokumentenverwaltung und andere Eigenschaften, aus denen die Entwickler Nutzen ziehen können. Windows und OS/2 werden nebeneinander existieren.« Diese Darstellung wirkte allerliebst, aber Gates fügte mit dem ihm eigenen kleinen, verschmitzten Bugs-Bunny-Lächeln präzisierend hinzu: »Ich glaube, daß heute in zwei Jahren Windows in den meisten PC installiert sein wird.« Gates' Art, aufs deutlichste seine Absichten kundzutun, ohne sie auszusprechen, grenzt an Kunst.

## Windows 3.0 – Ein Verkaufsschlager

Seit Windows 3.0 auf den Markt kam, hat der Erfolg des Programms immer wieder verblüfft, und bald schon fing er an, für IBM zum Problem zu werden. Während Microsoft als erster Software-Hersteller die mythische Marke

---

* Gates hatte diesen Rat insbesondere im Januar 1989 öffentlich vor einer Versammlung ausgesuchter Konstrukteure, Journalisten und Repräsentanten großer französischer Unternehmen gegeben.

von einer Milliarde Dollar übertraf, sah der Riese von Armonk hilflos zu, wie sein Partner einen Markt gewann, den zu erobern er selber gehofft hatte: Mehrere große Unternehmen, die bereits im Begriff gewesen waren, sich auf OS/2 / Presentation Manager umzustellen, wählten nun Windows.

Der Zorn der Hersteller von Anwendungs-Software wuchs. Als Windows 3.0 vorgestellt wurde, hatte Lotus gerade ein ausgeklügeltes Tabellenkalkulationsprogramm für OS/2 / Presentation Manager erarbeitet – 1-2-3-/G – und erkannte nun, daß es davon wenig verkaufen würde. WordPerfect, bereits weit in der Entwicklung einer Textverarbeitung für OS/2 / Presentation Manager vorangeschritten, brach dieses Projekt fast gleichzeitig ab, um dieselben Programmierer an einer Windows-Version arbeiten zu lassen. Laut einer Legende landete eine Kopie des von den Lotus-Leuten verfaßten Memos auf James Cannavinos Schreibtisch. Das Ende der Flitterwochen zwischen Microsoft und IBM war unvermeidlich.

Eine Zeitlang wirkte die Strategie der beiden Titanen konfus. Steve Ballmer erklärte, Microsofts Ziel sei es, Windows für DOS und OS/2 anzubieten – so versuchte er, den Presentation Manager in Vergessenheit geraten zu lassen. Gerüchte über eine Trennung wurden hier und da laut und von den offiziellen Sprechern sogleich dementiert. Im September veröffentlichten beide Partner ein Pressekommuniqué, das beruhigend wirken sollte. Sie erklärten, daß entgegen dem Anschein alles in Ordnung sei. Weitere Absprachen über die Entwicklung von OS/2 wurden getroffen. Allerdings erklärten die Partner, daß sie sich »auf eine Teilung der Verantwortlichkeiten in der Software-Entwicklung sowie auf ein Einvernehmen über Lizenzaustausch« geeinigt hätten. IBM übernahm den Hauptteil der Entwicklung von Presentation Manager und OS/2. Das Unternehmen wollte eine Version realisieren, die wirklich die Leistungsfähigkeit des Intel 386-Prozessors und des neuen 486 nutzen könnte: Der OS/2 2.0 würde in 32 bits arbeiten. Microsoft würde seinerseits eine Portable-Version von anderen Mikroprozessoren entwickeln, das OS/2 3.0. Beiläufig informierte Microsoft IBM, daß man Windows weiterentwickeln werde, damit auch dieses System in 32 bits laufen würde – insgesamt oder teilweise. Cannavino gab sein prinzipielles Einverständnis unter einer Bedingung: Die technischen Verbesserungen sollten auch den OS/2 betreffen. Aus diesen Absprachen ergab sich, daß jede Firma Zugang zum von der jeweils anderen entwickelten Quellcode haben würde. IBM verfügte über den Code von Windows in den Laboren von Boca Raton und Microsoft über den von OS/2 2.0.

In einem Zeitraum von sechs Monaten wurden von Windows 3.0 drei Millionen Exemplare verkauft. Gestärkt durch diesen enormen Aufschwung, verkündete Gates auf einer Konferenz vor Entwicklern, daß seine Strategie für die 90er Jahre auf der grafischen Benutzeroberfläche beruhe. In Redmond hätten sich bereits die 160 Programmierer, die ursprünglich mit OS/2 und Presentation Manager befaßt waren, der Gruppe angeschlossen, die an Windows arbeite. Gates erklärte offen seine Absicht, eine Lösung auszuarbeiten, die ähnliche Eigenschaften wie OS/2 – wenn nicht überlegene – haben werde. Mehrere bei diesem Treffen anwesende IBM-Manager äußerten sich überrascht angesichts dieser folgenreichen Neuorientierung. Artikel aus der Fachpresse, die gleichzeitig veröffentlicht wurden, gossen Öl in die Flamme, indem sie die Absicht von Microsoft bestätigten, OS/2 und Presentation Manager aufzugeben. IBM wurde unruhig und hielt es für klug, mit anderen Partnern Allianzen einzugehen: Verträge wurden mit Novell, Borland und Lotus geschlossen. Intern faßte man ein Ziel ins Auge: ›ein Windows besser als Windows‹ anzubieten, wie es seit OS/2 2.0 greifbar war. Seinerseits spielte nun Steve Ballmer den betrogenen Betrüger, als er verkündete, IBM habe das Kriegsbeil ausgegraben.

## Vorwurf der Monopolisierung

Am 12. März 1991 erklärte Microsoft öffentlich, daß die Federal Trade Commission (FTC) eine Untersuchung gegen sie eingeleitet habe. Tatsächlich begann dieses Verfahren im Juni, einige Wochen nach der Premiere von Windows. Das offizielle Dokument, auf das die Untersuchung sich stützte, war die gemeinsam mit IBM veröffentlichte Erklärung vom November 1989. Darin hieß es eindeutig, daß Microsoft die Kapazitäten von Windows einschränken würde, um die Akzeptanz von OS/2 bei der breiten Öffentlichkeit zu erleichtern. Anscheinend war das aber nicht der Fall. Die FTC erweiterte noch das Umfeld ihrer Untersuchungen und suchte nun herauszufinden, ob Microsoft eine Monopolstellung auf seinem Sektor angestrebt habe. Mehrere Hersteller warfen dem Unternehmen Vorteilsnahme vor: Als Entwickler der Betriebssysteme DOS und Windows habe es seine eigene Applikations-Abteilung begünstigt. Bis dahin hatte Microsoft sich auf eine ›Chinesische Mauer‹ zwischen beiden Gruppen berufen. Doch nun wurde diese von einigen Herstellern und Konstrukteuren, die ungenannt blieben, geleugnet. Die Namen von IBM, Lotus, SPC, Borland und Quarterdeck machten die Runde: Alle hatten sich öffentlich mit der Affäre OS/2 – Windows unzufrieden gezeigt. Es hatte den Anschein, als habe man unter den Anklägern zwei gefunden, die offen Microsoft angreifen und wegen Schadensersatzansprüchen vor Gericht ziehen würden: Logitech und Z-Nix, Hersteller der Maus und anderer Hardware. Die Software-Hersteller Micrografx und Go sagten ihrerseits aus, daß ihnen Technologie gestohlen worden sei – Microsoft verfolge die Praxis, unter dem Vorwand einer möglichen Zusammenarbeit innovatorische Software anderer Hersteller auszuwerten und diese Konzepte dann unter eigenem Namen auf den Markt zu bringen. Bruce Bastian, *President* von WordPerfect, erklärte, daß sein Unternehmen zu dem Verfahren gegen Microsoft beigetragen habe, und faßte in einem Satz zusammen, weshalb er die Position von Microsoft für ungerecht hielt: »Wenn man gleichzeitig die Spielregeln festlegt und Spieler ist, ist der Wettbewerb nicht fair, denn dieser eine Spieler kann die Spielregeln jederzeit ändern.«

Aber die Firmenbosse von Seattle antworteten auf die entsprechenden Fragen der FTC mit lauten und offensichtlich ernstgemeinten Beteuerungen ihrer guten Absichten. Als Gates davon unterrichtet wurde, daß eine große Anzahl der IBM-Direktoren sich über die beklagenswerten Beziehungen zu dem Windows-Hersteller beschwerten, antwortete er kavaliersmäßig: »Geben Sie mir die Liste mit ihren Namen, damit ich ihnen Blumen schicken kann.« Steve Ballmer ging zum Angriff über und ließ durchblicken, daß das Manöver wohl darauf ziele, ein Unternehmen aus dem Sattel zu werfen, dem man in erster Linie seinen Erfolg vorwarf: »Wir haben erst kürzlich eine Erhebung darüber durchgeführt, wie wir unsere Geschäfte betreiben, und das ist dabei herausgekommen: Haben wir inkorrekt gehandelt? Nein. Gibt es Leute, die sich beschweren? Ja.« Auf den angeblichen Technologiediebstahl angesprochen, antwortete er im gleichen Tonfall: »Wir haben nie jemandem irgend etwas gestohlen. Aber wir verfahren wie jedes andere intelligente Unternehmen. Wir prüfen die Arbeit der anderen und versuchen zu verstehen, was unsere Konkurrenten vorbereiten! Wer würde das nicht tun?«

Microsoft sah sich genötigt, Dokumente vorzulegen, die bis zu 42 Monate zurückreichten, und einen ganzen Stab von externen Rechtsbeiständen aufzubieten. Wenn die Untersuchung der FTC die erhobenen Vorwürfe erhärten würde, könnte Gates gezwungen werden, seine Gesellschaft in zwei voneinander getrennte Firmen aufzuteilen, wobei die eine im Bereich der Systeme, die andere in dem der Applikationen tätig wäre. Er könnte sogar zum Verkauf von einer der beiden verpflichtet werden.

## IBM- und Apple-Strategien

IBM, Lotus, Borland und die anderen Hauptakteure in der Welt des PC waren nicht die einzigen, die die Bedrohung durch Windows äußerst ernstnahmen: Auch Apple war mittlerweile von Furcht erfaßt. Gegenüber der Sturmflut, die Windows bedeutete, schätzte John Sculley, daß Apple nur mit dem Macintosh auf lange Sicht nicht überleben würde. Die Gesellschaft untersuchte die Möglichkeiten, sich Sun anzunähern, einem kalifornischen Workstation-Hersteller. Im Frühjahr kamen Sculley und McNealy, der *President* von Sun, mehrmals zusammen, um die Modalitäten einer solchen Zusammenarbeit zu klären. Als diese Allianz so weit gediehen war, daß sie konkret werden konnte, änderte der *President* von Apple den Kurs und hielt es für günstiger, mit IBM zusammenzugehen. Da sich die Verbindung zwischen IBM und Microsoft gelockert hatte, schien eine Kooperation für Apple verheißungsvoll zu sein. Es stellte sich heraus, daß Bill Gates gleichzeitig eine Initiative ergriffen hatte, die von IBM besonders schlecht aufgenommen worden war. Der Tropfen, der das Faß zum Überlaufen brachte, hieß ACE. Hinter diesem Kürzel verbirgt sich ein Konsortium, zu dem Microsoft, Compaq, DEC, Olivetti und zahlreiche andere Konstrukteure gehören. Das Ziel von ACE war es, eine Hardware zu schaffen, die möglicherweise der Nachfolger des PC werden könnte. Das Betriebssystem, auf das man sich bei ACE geeinigt hatte, würde die Version OS/2 3.0 sein – an der Microsoft arbeitete –, aber mit einer Nuance: Die grafische Benutzeroberfläche wäre die von Windows. Presentation Manager war endgültig aufgegeben worden.

In größter Heimlichkeit wurde in Cupertino, dem Sitz von Apple, eine Versammlung einberufen. Vor den verdutzten Augen von acht technischen Leitern von IBM führte John Sculley etwas Erstaunliches vor: einen PS/2, der sich durch seine grafische Benutzeroberfläche in jedem Punkt der Macintosh-Oberfläche anähnelte! Der zweite Hersteller von Mikrorechnern forderte nun seinen lebenslangen Konkurrenten zu einer historischen Allianz auf. Sculley erklärte, er habe erkannt, daß Apple langfristig nur dann überleben könne, wenn es dem Unternehmen gelinge, sein Betriebssystem in breiterem Umfang zu vertreiben. Nun hätten aber Macintosh und OS/2 einen gemeinsamen Rivalen: Windows von Microsoft. In den folgenden Wochen wurden die Gespräche in großer Vertraulichkeit fortgesetzt. Um die sich anbahnende Zusammenarbeit unbedingt geheimzuhalten, stiegen die Apple-Offiziellen unter falschen Namen in sorgfältig ausgewählten Hotels ab, wo sie ihre jeweiligen Ansprechpartner von IBM trafen.

So wurde von ›Big Blue‹ in aller Stille eine enorme Marketing-Kampagne in Gang gesetzt, um die Vorteile von OS/2 2.0 gegenüber Windows herauszustreichen. 40 Millionen Dollar wurden in die Förderung des neuen Systems investiert, dessen Erscheinen für November vorgesehen war. Der Slogan war gewollt bombastisch: »Besseres DOS als DOS, besseres Windows als Windows, besseres OS/2 als OS/2.« Die zukünftige OS/2-Version sollte alle bisherigen Systeme – einschließlich ihrer selbst – in sich vereinen – und jedes von ihnen durch Weiterentwicklung verbessern. IBM brüstete sich mit der gewaltigen Leistungsfähigkeit seines neuen Systems und zeigte sich erstaunlich zuversichtlich. Vielleicht war dies auch Zweckoptimismus: OS/2, gemeinhin das ›Ungeliebte‹ genannt, warf einen Schatten auf die Leistungsfähigkeit des Unternehmens, qualitätvolle Software zu entwickeln. Von der Chefetage aus betrachtet, erschien OS/2 als eine Katastrophe: Ungefähr 850 Millionen Dollar waren in seine Entwicklung gesteckt worden – eine Zahl, die man noch mit drei multiplizieren mußte, wenn man den Gesamtumfang des System mit einbezog. ›Big Blue‹ hatte aber nur 100 Millionen Dollar damit eingenommen. John Akers, *President* des Unternehmens, griff heftig die laxe Einstellung an, die bei den Angestellten um sich gegriffen habe, und drohte allen mit Entlassung, die eine Laisser-faire-

Haltung einnähmen. In einem Rundschreiben, das im April an alle Mitarbeiter des Konzerns verteilt wurde, verkündete er ohne Umschweife, daß von nun an kein einziger Arbeitsplatz mehr sicher sei. In der Öffentlichkeit gab Akers persönliche Garantien für die Vorzüge von OS/2 2.0 ab, wobei er soweit ging, seinen Vorstandsstuhl bei IBM an die Zukunft des Betriebssystems zu koppeln.

## Der Anfang vom Ende

Zu Beginn des Sommers gab es nicht mehr den geringsten Zweifel, daß sich die Beziehungen zwischen Microsoft und ›Big Blue‹ verschlechtert hatten. Mehrere Fachzeitschriften für Mikroinformatik veröffentlichten Auszüge aus einem erschütternden Dokument. Es handelte sich um ein vertrauliches Memorandum, das Gates, nach einer seiner ›Reflexionswochen‹, am 16. Mai verfaßt hatte. Es war an die 20 Hauptverantwortlichen von Microsoft gerichtet. Niemand wußte, warum Kopien dieses Glaubensbekenntnisses auf den Schreibtischen mehrerer Chefredakteure gelandet waren. Einige gingen so weit, von einer bewußt inszenierten Indiskretion zu sprechen. Eines ist jedenfalls sicher: Das Memo stellte klar, was Gates von IBM hielt.

Hauptsächlich richtete sich das Pamphlet gegen OS/2 2.0. Gates betonte, daß man das IBM-System mit allen Mitteln ›angreifen‹ müsse. »Unsere höchste Priorität ist es, dafür zu sorgen, daß Windows gewinnt.« Wenn Microsoft dieser Sieg gelinge, wäre das Unternehmen von den Belastungen befreit, die ihm durch die Beziehung zu IBM aufgebürdet seien – befreit von »einem System mit schwachen Leistungen, von ärmlicher Konzeption, das maßlose Mehrarbeit erfordert«. Er fügte hinzu, daß man schnell und kräftig zuschlagen müsse, denn die Kunden, die sich von OS/2 2.0 überzeugen ließen, wären für Microsoft unwiderruflich verloren. An anderer Stelle gab sich der *President* noch schärfer, indem er IBM beschuldigte, nur deshalb auf OS/2 zu setzen, um die eigene Hardware zu fördern. »Warum ist IBM bereit, soviel Geld für ein Betriebssystem zu verlieren? Weil das Unternehmen vorhat, OS/2 so zu bearbeiten, daß es speziell seiner Hardware angepaßt ist.«

In seinem Memo spricht Gates noch diverse andere Themen an. Er äußert seine Furcht davor, daß Apple den angestrengten Prozeß gegen Windows gewinnen könne, da der zuständige Richter möglicherweise nicht imstande sei, die Verhältnisse in der Software-Branche korrekt zu erfassen. Die Schadensersatzansprüche würden sich, falls Apple dieses Verfahren gewinne, auf einen Betrag zwischen 10 und 50 Millionen Dollar belaufen. Auch mit Blick auf die FTC-Untersuchung zeigte sich Gates beunruhigt. »Ich weiß genau, daß wir in allen Bereichen, in denen wir tätig sind, von keinem einzigen Vorteil ungerechtfertigt profitieren. Ich hoffe, daß wir schnell in der Lage sein werden, die FTC über die wirklichen Verhältnisse in unserer Branche aufzuklären.«

Das Memo hatte zur Folge, daß die Leitartikler einen allgemeinen Angriff gegen Microsoft richteten. Gates wurde zur Zielscheibe bissiger Attacken. William Zachman, der berühmte Leitartikler von *PC Week*, der bis dahin für seine Opposition gegen IBM bekannt gewesen war, wechselte den Standort und griff offen Gates an, den er sogar mit Saddam Hussein verglich. »Die Geschichte des Sohnes, der sich tragisch gegen den Vater auflehnt, ist so alt wie die Menschheit. Sie spielt in der Mythologie und Literatur genauso wie im wirklichen Leben. Erleben wir im gegenwärtigen Fall eine Wiederholung dieser Rebellion?«

Überdeutlich wurde der Bruch zwischen IBM und Microsoft im Juli 1991. Als Ende Juni das Gerücht aufkam, daß IBM und Apple sich einander annäherten, mochte man kaum daran glauben. Alles schien diese beiden Firmen zu trennen: hier die coole und kreative Informatik, zu der Jeans und T-Shirt paßten, dort die Welt der großen Unternehmen, mit deutlich konservativerer Philosophie. In Wirklichkeit waren die Verhandlungen nahe daran zu scheitern. In seinem Bericht an die IBM-Geschäftsführung beklagte Cannavino, daß Apple sich allzu fordernd zeige. John Akers antwortete mit einer eindeutigen Order: »Gehen Sie zu Apple und bringen Sie um jeden Preis eine Einigung zustande!« Aus dem Pakt gingen mehrere gemeinsame Filialen hervor, von denen eine, Taligent, ein neues Betriebssystem – genannt Pink – entwickelte. Unterstützt durch die Technologie von Taligent, gelang es ›Big Blue‹, OS/2 weiterzuentwickeln, insbesondere im Bereich der grafischen Benutzeroberfläche.

Microsoft gab OS/2 3.0 offiziell auf – oder jedenfalls beinahe. Es wurde in Windows NT (Neue Technologie) umbenannt. Gates verkündete, daß »Windows von nun an als ein eigenes System angesehen« würde. Die weitere Entwicklung von Windows übertraf alles, was man sich anfangs vorgestellt hatte. Von den Zwängen des ehemaligen Partners befreit, wandte der Hersteller von Seattle eine gezielte Strategie an. Windows sollte in die Lage versetzt werden, Handschriften zu lesen und audiovisuelle Medien zu integrieren. Darüber hinaus sollte das System auf fortgeschrittenen PC ebenso präsent sein wie auf den Geräten, die für die breite Öffentlichkeit bestimmt waren, einschließlich digitalen Telefonnetzen und HDTV-Fernsehen. Dies war auch der Moment, in dem Gates die Identität des Entwicklungschefs von NT bekanntgab. David Cutler hatte vorher bereits VMS realisiert, das Betriebssystem der Kleincomputer VAX von DEC.

Nachdem das Zerwürfnis offiziell bekannt war, schien der Bruch total zu sein. Gates wies die Forderungen von IBM zurück mit der Erklärung, daß der Konzern bisher 600 000 Exemplare von OS/2 verkauft habe. Da ›Big Blue‹ sich so offen rühme, solle der Konzern die Rechte an Microsoft zurückgeben. Bei einem Verkauf von 600 000 Exemplaren entspräche die Lizenz-Einnahmen (Royalties) einem Betrag von fünf Millionen Dollar, die von Microsoft gezahlt worden seien.

Während einer Veranstaltung, bei der die Vorzüge von OS/2 herausgestrichen werden sollten, würdigte IBM Windows herab, indem öffentlich vorgeführt wurde, wie leicht diese Umgebung abstürzen könne. Die Antwort ließ nicht auf sich warten: Irritiert lud Gates mehrere Experten des Börsenmarktes ein, um ihnen zu enthüllen, daß man OS/2 ebenso leicht zum Absturz bringen könne. Steve Ballmer kommentierte die Spaltung lapidar: »Wir hätten uns für die Fortführung von OS/2 eingesetzt, wenn IBM sich etwas kooperativer gezeigt hätte.« Lee Reiswig, der die Entwicklung von OS/2 2.0 leitete, reagierte konsterniert: »Microsoft hat die eingegangenen Verpflichtungen nicht erfüllt.«

Ein anderer bedeutender ›Coup‹ wurde fast gleichzeitig mit der Apple/IBM-Allianz enthüllt: Borland kündigte die Übernahme von Ashton-Tate an. Im Frühjahr 1990 war Ed Esber, nachdem er mehrmals Defizite zu verantworten hatte, gezwungenermaßen zurückgetreten. Die verbesserte Version von dBASE IV, die endlich auf den Markt gekommen war, hatte deutliches Desinteresse hervorgerufen. Borland beschloß also zu handeln. Philippe Kahn berichtete, was sich in diesem Zusammenhang ereignete: »Seit eineinhalb Jahren waren wir mit ihnen im Gespräch. Intern hatten wir ein Produkt geplant – das zukünftige dBASE für Windows. Wir haben es den Leuten von Ashton-Tate vorgestellt. Wir wußten, daß sie Probleme mit ihrer eigenen Entwicklung hatten. Sie waren beeindruckt von dem, was sie sahen. Unser Produkt erschien wie die natürliche Fortsetzung ihres dBASE IV. Ashton-Tate war daher einverstanden, uns weitermachen zu lassen.« Nach einem Aktientransfer im Umfang von 440 Millionen Dollar schluckte das Unternehmen von Philippe Kahn seinen ehemaligen Konkurrenten und wurde die neue Nummer 3 der Software-Branche. Eine der ersten Entscheidungen von Borland bestand darin, die eingereichte Klage von Ashton-Tate gegen Fox Software zurückzuziehen. Dieses Unternehmen hatte eine dBASE-kompatible Software herausgebracht, die viel schneller als das Original war. Der Kommentar von Kahn: »Wir kämpfen auf dem Feld der Technik und nicht auf dem der Gerichtshöfe.«*

## Ungebrochener Aufschwung

Wenngleich Microsoft von der Presse angegriffen wurde und sich ringsum feindliche Allianzen bildeten, erlebte das Unternehmen dennoch eine Zeit beschleunigter Expansion. Die Ergebnisse, die zum Ende des am 31. Juni 1991 abgelaufenen fiskalischen Jahres veröffentlicht wurden, zeigten ein ›dauerhaftes Hoch‹ an, einen Umsatz von 1,8 Milliarden Dollar, was einem Wachstum von 55 Prozent entsprach. Die französische Filiale stand dem nicht nach: Sie durchbrach die Mauer von einer Milliarde Francs. Im August erreichte die Aktie ihren höchsten Stand und rief begeisterte Kommentare bei den Investoren hervor, die von Rekord-Erträgen sprachen. Die Aktie lag nun bei 90 Dollar. Im November überschritt Windows 3.0 die Marke von sieben Millionen Kopien. Es gehörte bei 40 Prozent der verkauften Hardware zur Standardausrüstung.

Die Ausgabe der Zeitschrift *Fortune* vom 26. August 1991 zeigte auf dem Titelbild die ›enfants terribles‹ der Mikroinformatik: Steve Jobs und Bill Gates. Der Artikel, der die beiden Pioniere vorstellt, enthält diverse Äußerungen zu den von den beiden geleiteten Unternehmen, Next und Microsoft. William Lowe, ehemaliger Leiter der PC-Abteilung von IBM und nun an der Spitze einer Flugzeuggesellschaft, bekundet dort rückhaltlose Bewunderung für seinen langjährigen Widersacher: »Windows ist der größte Software-Erfolg, und Bill ist entschieden auf dem Pilotensitz in der Industrie.« Die Konfrontation ver-

---

* Allerdings hat sich die Einführung von Borlands dBASE für Windows beträchtlich verzögert. Ende 1992 wurde die Premiere für Mitte 1993 angekündigt.

anlaßte die beiden ›verfeindeten Brüder‹ zu einem denkwürdigen Schlagabtausch:

> JOBS: Zahlreiche Leute glauben, daß IBM den Personal Computer erfunden hat. Das ist natürlich nicht wahr!
> GATES: Es gibt auch zahlreiche Leute, die glauben, Apple sei es gewesen, und das ist natürlich auch nicht wahr. Wir haben unser erstes Programm für den Altair 1975 entwickelt.
> JOBS: Ich wundere mich, daß niemand in den Wettbewerb mit euch eingetreten ist. Es gibt Hunderte von PC-Produzenten.
> Gates: Genau.
> JOBS: Trotzdem sind alle gezwungen, diese enge Schleuse zu passieren, die Microsoft heißt.
> Gates: Das ist eine sehr breite Schleuse!
> JOBS: Ja, aber es ist ein einziges Unternehmen.
> GATES: Würdest du denn sagen wollen, daß an dieser Popularität etwas Schlechtes ist? Unser Ziel war es immer, den Industriestandard zu definieren. Daran hat sich nichts geändert.
> (...)

Als das Gespräch auf die technologische Innovation kommt, wird Bill heftig. Mit Eloquenz wendet er sich gegen die Behauptung, Microsoft habe nichts Bedeutendes erfunden.

> GATES: Nehmen wir doch den Fall der Handschriftenerkennung. Die Software kann von Microsoft oder von einem Konkurrenten namens Go geliefert werden. Das ist ein großer Durchbruch, und wer, glaubt ihr, ist dafür verantwortlich?
> JOBS: Alle denken, daß das Verdienst bei Go liegt. Aber Go wird untergehen...
> GATES: Das ist einer der übelsten Kommentare, die ich je gehört habe. Wir haben schon lange vor der Existenz von Go an der Handschrift gearbeitet.

JOBS: Ach ja? Das wußte ich nicht. Die meisten Leute glauben ja, daß Go die erste Firma war, die diese Technologie für den Markt entwickelte.
GATES: Also bis heute hat Go nichts auf den Markt gebracht, und eines ist sicher: Unser System werde ich lange vor ihrem herausbringen.*

OS/2 2.0 sollte zur Comdex im Herbst 1991 ausgeliefert werden. Aber IBM verschob noch einmal den Termin. Die Kunden des Unternehmens hatten um eine verbesserte Integration von Windows gebeten. Allerdings waren dann die ersten, durch Indiskretion bekannt gewordenen Äußerungen voll des Lobes: OS/2 2.0 habe unleugbare Qualitäten, und den Entwicklern sei es gelungen, angeblich unlösbare Probleme zu lösen. Steve Ballmer fügte jedoch dieser unvollendeten Symphonie einen Mollton hinzu: Er schwor, er würde eine Diskette essen, falls sich tatsächlich herausstellen sollte, daß OS/2 2.0 ›ein besseres Windows als Windows‹ sei! »Ich meine allerdings, daß die Wahrscheinlichkeit, mich Plastik essen zu sehen, minimal ist. Was da verbreitet wird, ist völlig unwahrscheinlich. Das wird nicht eintreten. Das gehört dem Reich des Unwahrscheinlichen an«, fügte Steve hinzu.

Die unbändige Vitalität von Microsoft kontrastierte mit den Leistungen der meisten Protagonisten im Informatikbereich. Die größten Konstrukteure schrieben in jedem Quartal rote Zahlen. DEC und Compaq, einst von Börsenkennern wegen ihres stetigen Wachstums verehrt, gaben zum ersten Mal in der Geschichte ihrer Firmen negative Ergebnisse bekannt. Unter der geschickten Führung von Rod Canion hatte Compaq mehrere Jahre Rekordumsätze gemacht. Wegen ihrer Stabilität und lange Zeit unübertroffenen Leistungen erschienen die Compaq-Geräte als Traum-PC. Nun aber mußte die Firma erleben, daß die konkurrierenden Produzenten ihre Drohung wahrmach-

---

* Die Wirklichkeit hat ihm recht gegeben. Windows for Pen wurde im Juni 1992 lange vor dem System Pen Point von Go ausgeliefert.

ten und nach dem Vorbild von Dell den PC zu verlockenden Preisen direkt an die Unternehmen verkauften. Nach einem mittelmäßigen Quartals-Ergebnis legte der *President* von Compaq dem Verwaltungsrat im Juni einen Plan zu Umstrukturierung vor, der eine Wiederholung der Dell-Strategie ausschließen sollte. Diskret beauftragte Ben Rosen, einer der Investoren der ersten Stunde, im Oktober zwei Compaq-Angestellte, auf der Comdex durch eine Umfrage herauszufinden, wie Dell und andere Unternehmen es schafften, ihre Produkte zu derart niedrigen Preisen anzubieten. Auf der Basis der gesammelten Informationen forderte er die Entlassung von Rod Canion. Diese Forderung wurde im Oktober vom Verwaltungsrat gutgeheißen, nachdem die Zahlen wieder schlecht ausgefallen waren und 1700 Mitarbeiter die Kündigung erhalten mußten. Die Neuigkeit hatte Schockwirkung: Canion war eine der geschätztesten Persönlichkeiten der Mikroinformatik, sowohl wegen seiner unternehmerischen Qualitäten und seiner Freundlichkeit als auch wegen seiner Aufgeschlossenheit. Der brutale Rausschmiß, der nicht einmal durch offizielle Dankesworte seitens auch nur eines Protagonisten der Mikroinformatik gemildert wurde, schien eine schlimme Kehrtwendung anzukündigen. Hier wurde das Fundament einer Industrie untergraben, die ihren Aufstieg auf Enthusiasmus und Visionen gegründet hatte.

Die Bilanz des Jahres 1991 war für die meisten Akteure der Informatikbranche düster, für Produzenten von Mikro-Rechnern und von großen Systemen, für Händler und Software-Hersteller gleichermaßen. IBM schrieb zum ersten Mal seit seiner Gründung rote Zahlen, wobei die Verluste sich auf 2,8 Milliarden Dollar beliefen. Ein von *President* John Akers Ende 1991 enthüllter Plan sah vor, die bürokratischen Hemmnisse einzuschränken durch Aufteilung von IBM in mehrere unabhängige und konkurrierende Einheiten. Der Plan beinhaltete die Kündigung von 30 000 Mitarbeiten – eine Entscheidung, die mit einer historischen Tradition des Unternehmens brach und die eine große Anzahl der leitenden Angestellten in einen Schockzustand versetzte. Inmitten dieser trüben Atmosphäre erhob sich Microsoft als einziges Unternehmen mit erstaunlich strahlenden Ergebnissen in spektakuläre Höhen: Infolge eines bemerkenswerten Schneeballsystems zog Windows Excel, Word, die Maus und andere wohlgeratene Mitglieder der Produktfamilie mit sich, wie das integrierte Works, Powerpoint und später noch andere Produkte, die ungeduldig in den Brutkästen von Redmond auf die Stunde ihres Ruhms warten.

## Kapitel 21

# New Age

Als eine wesentliche Begleiterscheinung der wachsenden Macht von Microsoft wurden der PC und Macintosh auf den Unternehmensschreibtischen heimisch. Nachdem diese Phase abgeschlossen war, sind in den 90er Jahren die Aufgaben des Mikro-Rechners auf die unterschiedlichsten Bereiche ausgeweitet worden: Photographie, Musik, Video, Telefon, Telekopie... Der Mikrocomputer ist im Begriff, sich als ein Gerät wie jedes andere in den Alltag zu integrieren. Er erscheint sogar als zentraler Punkt, an dem sich Informationen aller Art sammeln – Text, Bild, Filme oder Ton –, je nach den Bedürfnissen des einzelnen. Man spricht hierbei von Multimedia-Technologie.

### Information at your fingertips

Schon zu Beginn des Jahres 1990 nahm Bill Kontakte zu den meisten Museen auf, die bedeutende Kunstwerke besitzen. Das eingestandene Ziel war es, die Rechte zur elektronischen Reproduktion von Gemälden, Stichen und Photographien zu kaufen und Enzyklopädien über die Kulturen der Welt aufzubauen. Andere berühmte und reiche Leute lieben es, die Originale von Rembrandt oder van Gogh zu erwerben. Bill speichert vorzugsweise die digitalisierte Kopie der entsprechenden Werke. Das Museum of Art in Seattle erklärte sich mit der Reproduktion von ungefähr tausend Kunstwerken einverstanden. Darüber hinaus wurden die National Gallery in London, das Art Institute in Chicago, die Smithsonian Institution und viele weitere Institutionen angesprochen.

Die erste Ausstellung, in der die Möglichkeiten dieser neuen Technologie vorgeführt wurden, befand sich in dem neuen Anwesen, das Bill sich am Ufer des Washington-Sees errichten ließ. Der Komplex hat 25 Millionen Dollar gekostet, umfaßt sieben Gebäude und erstreckt sich über 14 000 Quadratmeter. Wenn der Software-König schon einmal Geld ausgibt, dann – wie in diesem Fall – aus lobenswerten Motiven: Er ließ seinen Besitz aus Holz bauen, das in einer alten Sägerei recycelt worden war, und forderte den Architekten auf, keinen einzigen Baum auf dem Gelände fällen zu lassen, ungeachtet der hierdurch entstehenden Kosten. Neben einem Swimmingpool, einem Trampolin und einem Spieleraum findet man dort ein Kino, einen Parkplatz für 20 Autos, eine Bibliothek mit 14 000 Büchern und einen Pavillon für Empfänge, an dessen Tafeln 100 Personen Platz finden. Vor allem aber ist der neue Wohnsitz von Gates als quasi-experimentelles Domizil gedacht, das auf das Haus der Zukunft verweisen soll. Die meisten Zimmer verfügen über HDTV-Bildschirme. Den Besuchern sind alle Bilder, Filme oder Tondokumente, die sie wünschen, zugänglich: Ein Befehl an den hinter den Kulissen operierenden Computer genügt. Bills Privatwohnsitz soll der ideale Ort werden, an dem er seinen Kollegen und Besuchern die fortgeschrittenen Technologien vorführen kann. Das Ziel: über die Gesellschaft der Zukunft nachzudenken, in der die Information in all ihren Formen jedem einzelnen frei zugänglich sein wird. Um diese neue Vision zu umschreiben, hat Gates einen Slogan geprägt: *Information at your fingertips.* In den Konferenzen beschwört er regelmäßig eine Welt, wo der PC-Benutzer von seinem Terminal aus jede beliebige Information (Text, Bild, Ton...) abrufen kann. Wenn die Daten an Ort und Stelle nicht verfügbar sind, kann der Rechner sie besorgen und dem Anwender liefern. Am 10. März 1992 legte Gates in einer anläßlich der Internationalen Konferenz zur Multimedia-Technik und CD-ROM gehaltenen Rede die wesentlichen Elemente dieses neuen Systems dar:

»In dem Maße, wie sich die Industrie entwickelt hat, ist deutlich geworden, daß jeder Informationstyp – Text, Graphik, Audio, Photographie oder Video – zunehmend digitalisiert wird. Sony und Philips waren die ersten großen Elektronikunternehmen, die 1982 mit der Einführung des Compact-Disc-Audio-Players die Grenze überschritten. Die Schnelligkeit, mit der diese Technik sich durchgesetzt hat, ist unübersehbar.«

»Der Durchbruch, dem die Entstehung von Audio-CD zu verdanken ist, hat Sony und Philips auch zu einer zweiten Technologie, der CD-ROM, verholfen. Microsoft war eines der ersten Unternehmen, das die Tragweite dieses technologischen Potentials erkannte. Bereits 1986 organisierten wir die erste Weltkonferenz über CD-ROM. Das Ziel war damals schon die Verschmelzung der Technologien von Rechner, elektronischen Massen- und Telekommunikations-Medien.«

## Technologien der Zukunft

Gates erklärte nun, daß mehrere Sektoren sich in einer Phase gewaltiger Erschütterungen befänden. Der PC von morgen könne viel leichter mit dem Stift oder gar mit der Stimme bedient werden. Die neuen Kommunikationstechnologien und die Verkleinerung der Computer würden die Informationsverteilung in allen möglichen Formen erleichtern. Gates meinte, man habe derzeit an einer wahren Renaissance im Informations- und Kommunikationsbereich teil. Nach seiner Einschätzung werde die neue Digitalgesellschaft neue Produktklassen nach sich ziehen, und vier Gerätefamilien würden beherrschend sein.

»Das erste ist das interaktive Fernsehen. Bisher war das Fernsehen eine passive Erfahrung. Wenn wir dem Fernsehen Intelligenz hinzugeben, wird man eine bessere Übersicht über die Bilder und Klänge haben, die einem ins Haus kommen. Man wird die übertragenen Programme besser steuern können. Die interaktiven Systeme sollten es uns sogar ermöglichen, ganze Video-Bibliotheken ohne jede Beschränkung zu benutzen – und das alles, ohne daß man das Haus verläßt. Mit der Zeit sollten die Videospiele zurücktreten hinter wirklichen Filmen, bei denen der Zuschauer den Ablauf der Handlung beeinflussen kann.«

»Das zweite ist das Telefon. Mit der Digitalisierung seiner Infrastruktur wird es Multimedia-Informationen transportieren können. Eine neue Service-Kategorie wird so entstehen, wie die automatische Regelung bestimmter Maßnahmen, etwa das Begleichen einer Rechnung oder die Pizza-Bestellung, oder auch die Video-Einspielung bei Telefonanrufen. Diese Systeme wird es in allen Größen geben, vom tragbaren Modell, wie wir es heute schon kennen, bis hin zu großen Bildschirm-Versionen, die für Fernkonferenzen geeignet sind.« Er nannte noch das Beispiel eines Kunden, der seinen Auto-Club anruft, um sich vor einer Reise über die günstigste Strecke zu informieren. Der Ratgeber am anderen Ende spielt zur besseren Veranschaulichung eine Straßenkarte ein, auf der die Reiseroute durch Lichtsignale hervorgehoben ist. Will der Anrufer Einzelheiten über die Freizeitmöglichkeiten am Urlaubsort wissen, so können ihm umgehend Audio- und Video-Reportagen übermittelt werden...

»Das dritte betrifft die Leser von Multimedia-Büchern. Wer unterwegs ist, wird nicht nur Audio-CDs mitnehmen können, sondern auch große literarische Werke wie Moby Dick, die fünf letzten Ausgaben seiner zehn Lieblingszeitschriften, Kinofilme sowie interaktive und multimediale Fortbildungsprogramme. Die Maschine, die all diese Informationen lesen kann, wird ein Apparat sein, den man überallhin mitnehmen kann. Im Gerichtssaal liefert er alle gewünschten juristischen Informationen, bei einer Autopanne stellt er die zur Reparatur erforderlichen Informationen zur Verfügung. Man wird den freien Zugang zu den unterschiedlichsten Informationen haben, wann und wo man will.«

»Das vierte ist das, was man *Personal Digital Assistant*

*(PDA)* nennt. Dieser elektronische Tagesplaner ist ganz klein, organisiert den Tagesablauf und hat eine Kapazität, die den heutigen Portables überlegen ist.« Um die Möglichkeiten eines solchen Gerätes zu illustrieren – auf das auch Apple sehr stark setzt –, erwähnte Gates noch ein Beispiel aus dem Alltagsleben. Ein Manager hat drei verschiedene Termine bei unterschiedlichen und voneinander entfernt liegenden Firmen. Während der ersten Besprechung kommt die elektronische Meldung, daß die zweite Verabredung sich um 30 Minuten verzögere. Als er am Ende des ersten Gesprächs seinen Kalender öffnet, stellt er mit Erleichterung fest, daß er also nicht zum nächsten Termin hetzen muß, um pünktlich zu sein. Als der Manager beim zweiten Ort ankommt, stellt er fest, daß er von dort aus den Weg zum nächsten Treffen nicht kennt. Er schickt nun in aller Ruhe dieser Firma eine Anfrage und erhält, während er sein Geschäftsgespräch führt, lautlos die Wegbeschreibung zugefaxt. »Der Apparat, der das alles ermöglicht, ist der PDA«, schloß Gates seine Rede. Er sprach sich dafür aus, in diesem Bereich einen Industriestandard zu definieren, und schlug natürlich Windows als gemeinsamen Nenner dieser unterschiedlichen Technologien vor.

Die Multimedia-Technik ist auf dem Weg, die kommende Informatikrevolution zu werden, und ihr Aktionsradius wird so groß sein, daß die meisten menschlichen Aktivitäten eingeschlossen werden können. Wie Microsoft bilden auch IBM, Apple, Sony, Philips, Times Warner und andere große Akteure in der Welt der Medien, Computer und audiovisuellen Technologien Allianzen in großem Stil, beschaffen sich Rechte auf Kunstwerke und Filmdokumente, richten Glasfaserkabelnetze ein und legen die Regeln eines Spieles fest, das sehr viel weitreichender ist als alle Systeme der Vergangenheit. Die Schlacht hat eine neue Dimension gewonnen: Es geht darum, ins Zentrum der Verteilung von Informationen an Milliarden Menschen auf der Erde zu gelangen. Die Sieger werden die virtuellen Beherrscher der Zivilisation sein.

## Kapitel 22

# *1992 – Das Gewicht der Zahlen*

Im Verlauf des Februars 1992 scharte Microsoft eine Truppe von über 8000 Vertretern, Beratern und Zwischenhändlern für Windows 3.1 um sich. Parallel wurde die größte logistische Operation in der Geschichte der Mikroinformatik in Gang gesetzt. 107 Sattelschleppanhänger und 15 Boeing-747-Frachtflugzeuge beförderten etwa 200 000 Windows-Pakete. Windows 3.1 löste beinahe eine Diskettenknappheit aus, es benötigte allein neun Millionen Disketten. Als Microsoft am 18. März die Auslieferung ankündigte, stiegen die Vorbestellungen auf 1,25 Millionen an. Schon begann das neue System, sämtliche Rekorde zu schlagen.

Für das hübsche Sümmchen von 200 Millionen Dollar kaufte Microsoft Fox Software, den Hersteller von FoxPro, einer dBASE-kompatiblen Datenbank. Auch wenn es scheinbar klar war, daß der Hersteller von Excel sich Borland auf dessen bevorzugtem Terrain entgegenstellte, wirkte das Manöver geschickt. FoxPro wurde nach verschiedenen Vergleichen vor allem wegen seiner Geschwindigkeit gelobt, die das Tempo von dBASE IV deutlich übertraf. Einige Jahre zuvor war Ashton-Tate nahe daran gewesen, FoxPro für zwei Millionen Dollar zu kaufen, hatte das Geschäft aber durch übertriebenes Feilschen um die Ablösesumme zum Platzen gebracht.

Am 1. April 1992 verkündete James Cannavino von IBM in New York, daß OS/2 2.0 nunmehr einsatzbereit sei. Der Verkaufspreis war niedriger als der von Windows 3.1. Trotzdem konnte IBM die Woge von Windows 3.1 nicht mehr stoppen, dessen Verkaufszahlen mit über einer Million Exemplaren pro Monat einen neuen Rekord aufstellten. Auf einer Pressekonferenz, die Bill Gates am 13. April in Paris zum Thema ›Windows‹ gab, antwortete er auf die Frage nach der Strategieänderung ganz einfach: »Niemand kann uns wegen OS/2 in einen Prozeß verwickeln. Wir haben Millionen Dollar verloren, die wir in dieses System investiert hatten.« Noch bissiger erklärte er, daß OS/2 2.0 seinen Platz in einigen ›Marktnischen‹ habe! Einige Tage später gab der Richter Vaughan Walker Microsoft in der von Apple erhobenen Klage im wesentlichen recht. Er verwarf die meisten Anschuldigungen, darunter die Behauptung, daß es möglich sein sollte, ein Copyright auf mobile Symbole wie Ikonen oder Fenster zu besitzen. Seiner Einschätzung nach erlaubte es der Ende 1985 zwischen Apple und Microsoft geschlossene Vertrag dem Beklagten durchaus, Windows 1.0 und 2.03 zu realisieren.

Der Ende Juni offengelegte Umsatz des Finanzjahres 1992 belief sich auf 2,7 Milliarden Dollar und wies somit eine Steigerung von 50 Prozent auf. Der Nettogewinn von 708 Millionen Dollar bedeutete eine Zunahme um 55 Prozent. Microsoft setzte soviel um wie seine vier Hauptkonkurrenten Lotus, Novell, WordPerfect und Borland zusammen. Es hatte sich ausgezahlt, daß Gates auf Windows gesetzt hatte: Zwei Drittel der Einkünfte kamen nun von diesem System und von Applikationen wie Excel und Word für Windows. Microsoft beschäftigte 11500 Angestellte. Microsoft Europa, das von Bernard Vergnes geleitet wird, erbrachte ein Drittel der Einnahmen, und sein Umsatz lag somit höher als der von Lotus im Jahr 1991, als dieses Unternehmen ungefähr 820 Millionen Dollar umsetzte.

Während IBM im August die Auslieferung von einer Million OS/2 bekanntgab, hatte Windows 3.1 bereits sechs Millionen Exemplare verkauft. Durch eine neue Vereinbarung wurde Microsoft aus dem im September 1990 geschlossenen Vertrag mit IBM entlassen. Die Vereinbarungen über den Quellcode-Austausch zwischen den beiden Parteien liefen im September 1993 aus. Von da ab sollte »Big Blue« nicht mehr die Windows-Weiterentwicklungen in OS/2 2.0 integrieren können.

Am 5. Oktober rückte Bill Gates auf Platz eins der vom Magazin *Forbes* aufgestellten Liste der 400 reichsten Amerikaner. Mit seinen 36 Jahren war er der Jüngste, der jemals auf diese Position gelangt war. Sein Vermögen wurde auf 6,3 Milliarden Dollar geschätzt.

269 Millionen Firmenaktien waren nun in Umlauf. Seit dem Gang an die Börse war der Aktienwert aufgrund mehrerer ›Splits‹ um 1200 Prozent gestiegen. Mehrmals hatte Microsoft verfügt, daß jede Aktie von nun an den Wert mehrerer Aktien besitze. Bill Gates hielt 33 Prozent der Anteile. Paul Allen, der zweite Hauptaktionär, besaß noch 14 Prozent und somit drei Milliarden Dollar, wodurch er den vierzehnten Platz auf der *Forbes*-Liste einnahm. 21 Prozent der Aktien verteilten sich auf Firmenmitglieder. Verschiedene Finanzinstitute hielten die restlichen 31 Prozent. 2200 Microsoft-Angestellte verfügten über ein Aktienvermögen von jeweils über einer Million Dollar – ein Drittel von ihnen überschritt die Grenze von drei Millionen Dollar. Die Anteile von Steve Ballmer stellten einen Wert von über einer Milliarde Dollar dar. Der College-Freund von Gates trat übrigens durch seine offizielle Unterstützung von Präsidentschaftskandidat Bill Clinton hervor. Ballmer ordnet sich in eine Tradition ein, nach der Microsoft mehrheitlich der Demokratischen Partei zuneigt.

Im September überschritt das Tabellenkalkulationsprogramm Excel die Marke von vier Millionen verkauften Exemplaren. Word für Windows näherte sich der Grenze von drei Millionen vertriebenen Einheiten. In Frankreich stellte Word 77 Prozent der Textverarbeitungssysteme. Windows 3.1, das inzwischen in 194 Ländern und 25 verschiedenen Sprachen verbreitet war, erbrachte nun, einschließlich der Applikationen, mehr als die Hälfte aller Einnahmen des Unternehmens. Im Jahr 1992 wurden zehn Millionen Exemplare verkauft.

Gates strebte nun an, in die Privathaushalte vorzustoßen, indem die Home Computer mit Windows ausgerüstet werden sollten. Die Bandbreite der auf diesen Markt zugeschnittenen Produkte sollte von – beispielsweise – einer Applikation auf Compact Disc, die sich mit der Kinogeschichte befaßt, über die Geschichte der Musikinstrumente, ein elektronisches Golfspiel oder eine Audio-Karte bis Modular Windows reichen, eine Version für Videospielgeräte, die man an den Fernseher anschließt. Parallel dazu kam Windows for Workgroups durch eine Netzwerk-Version Novell ins Gehege mit dem Plan, den Informationsaustausch zwischen PC-Anwendern zu ermöglichen. Gemeinsam mit Digital Equipment Corporation setzte Microsoft auf Windows NT, um den PC so weiterzuentwickeln, daß seine Leistungsfähigkeit sowohl den Klein- als auch den Großrechnern entsprechen würde. Um zum Ausbau solcher Netze beizutragen, entwarf Microsoft eine Service-Struktur für die großen Unternehmen.

Die Mikroinformatik hatte mit der völligen Dominanz der Hardware begonnen und schuf dann den Raum für ein riesiges Software-Reich. Durch seine Expansion wirft der neue Koloß Microsoft eine Frage auf: Wird er seine Seele verlieren? Das gigantische Ausmaß, in dem er sich auf der Herbst-Comdex breitmachte, war Ausdruck seiner tatsächlichen Finanzkraft, wirkte aber in den Augen derer, die man kaum noch als Konkurrenten bezeichnen mag, überdimensioniert. Das Microsoft-Label erstreckte sich über vier riesige Stände, war auf den Comdex-Tüten aufgedruckt und zierte die Taxis von Las Vegas. Ständige Einführungskurse in Windows und andere Softwaresysteme erlaubten es den Zuschauern, ihre Neugier zu diesem Thema zu befriedigen. In perfektem Professionalismus wechselten die Vorführer sich mit aufs Komma abgestimmten Vorträgen ab, die mit unbestreitbar pädagogischer Sorgfalt entworfen worden waren. Die Software schien den Erwartungen eines Publikums zu entsprechen, das durch permanente Umfragen zum eigentlichen Software-Entwickler geworden ist. Microsoft hat den ersten Sieg errungen und scheint sich die Fähigkeit angeeignet zu haben, die Mikroinformatik greifbar werden zu lassen. Aber auch die Überlebenden der ›Pionierzeit‹ setzen alles daran, um im Spiel bleiben zu können.

Am 10. Dezember 1992 wurden die ersten Ergebnisse der FTC-Untersuchung veröffentlicht. Offensichtlich wollte die Untersuchungskommission der Regierung Anklage gegen Microsoft erheben wegen eines Haupttatbestandes, der Verbreitung von MS-DOS bei den PC-Hardware-Herstellern. Der Antrag zielte darauf, eine von Microsoft initiierte Praxis zu beenden: Das Unternehmen verlange von den Hardware-Herstellern, mit denen es zusammenarbeite, Lizenzzahlungen für jeden verkauften PC, gleichgültig, ob dieser mit MS-DOS ausgestattet sei oder nicht. Überdies wurde Microsoft vorgeworfen, seine Applikationen zu einem Vorzugspreis zu verkaufen, sobald der Hardware-Hersteller eine größere Menge von MS-DOS und Windows abnehme (OEM-Versionen). Gates tat sich in diesem Zusammenhang durch eine einigermaßen freche Erklärung hervor. Er sagte, daß die berühmte ›Chinesische Mauer‹, mit der er sich einige Jahre zuvor noch gebrüstet hatte, in Wirklichkeit gar nicht bestehen könne: Einige der besten Ideen im Bereich der Betriebssysteme seien von Applikationsentwicklern gekommen. Zugleich aber bemühte sich der *President* von Microsoft, durch seriöse Erklärungen den Verdacht abzuschwächen, er strebe die Herrschaft über die gesamte Mikroinformatik an. Jedoch deutete die Ausgabe von *Business Week* vom 28. Dezember 1992 an, daß die Untersuchungsbeamten von FTC zu einem anderen Ergebnis gekommen waren: Der Software-Riese habe durch sein Verhalten den Wettbewerb behindert. Dem Bericht zufolge hatte Microsoft aggressive Strategien eingesetzt, um 95 Prozent des Marktes der Betriebssysteme für PC an sich zu reißen. Auch habe das Unternehmen aus dieser Vorherrschaft einen Vorteil bei der Entwicklung von Applikationen wie Textverarbeitung und Tabellenkalkulationssystemen gezogen. Daher bereite das Komitee, das die Untersuchungen durchgeführt hatte, nun eine Reihe von Empfehlungen vor, darunter auch die Möglichkeit, das Unternehmen in mehrere, voneinander unabhängige oder zumindest durch eine wirkliche ›Mauer‹ getrennte Bereiche aufzuteilen. Die Kommission sollte die auf 250 Seiten vorgetragenen Vorschläge studieren und sich dazu äußern, ob die Empfehlungen anwendbar seien.

Tatsächlich ließen mehrere von Microsoft unternommene Aktionen, ob beabsichtigt oder unbewußt, den Wunsch erkennen, jeden Software-Sektor zu beherrschen. Das Problem besteht darin, sich auf eine Skala zu einigen, die definieren sollte, was ›Gut‹ und was ›Böse‹ ist. Im verzerrenden Spiegel dessen, was man gemeinhin die Welt des Business nennt, sind die Guten diejenigen, die es schaffen zu überleben und zu wachsen, um Aktionäre und Investoren nicht zu enttäuschen. Wenn der Markt im Verhältnis zur Anzahl der Akteure zu klein wird, besteht das Spiel darin, die Konkurrenten mit allen Mitteln auszuschalten. Diese einzigartige Moral in Frage zu stellen bedeutet, das zugrundeliegende wirtschaftliche System in Frage zu stellen, was nicht Thema dieses Buchs ist. Warum also diese Abschweifung? Um zu zeigen, daß es in dieser Geschichte weder Schwarz noch Weiß gibt. Microsoft hat durch eine subtile Mischung aus Opportunismus, ins Extrem getriebener Risikofreude, ständiger Suche nach Qualität, Kampfbereitschaft und Zähigkeit die Software-Branche erobert. Das Unternehmen spielt äußerst geschickt nach den Regeln der Marktwirtschaft, und in den meisten Fällen hätte jede andere Strategie die Expansion des Unternehmens behindert. Die Versuchung der absoluten Herrschaft kann in der Geschichte der meisten Software-Hersteller nachgewiesen werden, die in einem bestimmten Bereich eine herausragende Position eingenommen haben. Es ist unzweifelhaft, daß Lotus, Borland, Novell und andere nicht anders gehandelt hätten als Microsoft, wenn sie in derselben Situation gewesen wären, und sie selber verhalten sich ja – in geringerem Umfang – nicht anders. Wenn ihre

Manöver weniger auffällig sind, so hauptsächlich deshalb, weil ihr Aktionsradius begrenzter ist. Ebenso scheint es völlig gerechtfertigt, daß sie versuchten, das Voranschreiten von Microsoft einzuschränken, indem sie sich nötigenfalls mit besonderem Eifer an der FTC-Untersuchung beteiligten. Aus welchen Gründen sollten sie selber die geringste Möglichkeit außer acht lassen, gegenüber einem fürchterlichen Gegner Punkte zu machen? Alles was den Wettbewerb in Gang hält, ist gut. Er ist der Motor für das ständige Streben nach Perfektion, das man auf dem Gebiet der Software beobachten kann und das eine Kreativität entfesselt, die den größten Epochen künstlerischer Entfaltung ebenbürtig ist.

Um zu verhindern, daß dieser Wettbewerb mangels Konkurrenten zum Erliegen kommt, verbessern die übriggebliebenen Hersteller die Qualität ihrer Software, suchen Allianzen, Annäherungen und fassen gemeinsame Aktionen ins Auge – zum größten Vergnügen der Zuschauer des großen Films über die Mikroinformatik. Nervenkitzel garantiert!

## Kapitel 23

# Persönlichkeitsfacetten eines Software-Fanatikers

Am 10. September 1992 wurde das Vermögen von Gates auf etwa 33 Prozent der Microsoft-Aktien veranschlagt, er war tatsächlich der reichste Mann der Vereinigten Staaten. Sein Unternehmen erlebte seit bereits 17 Jahren ein ständiges Wachstum und schien gegenüber den äußeren Schwierigkeiten völlig unempfindlich. Dieser Erfolg ist um so erstaunlicher, als er von der breiten Öffentlichkeit noch unbemerkt geblieben ist. Verschiedene Theorien versuchen, diesem Erfolg auf die Spur zu kommen. Die meisten konzentrieren sich auf nur einen Aspekt von Gates' Persönlichkeit, wobei sie riskieren, wesentliche Facetten außer acht zu lassen. Welches sind die bisherigen Erklärungsversuche?

### Der Tyrann

Ein im Mai 1992 in den USA veröffentlichter Roman stellt Bill als einen egozentrischen und unmenschlichen Tyrannen dar. Anscheinend haben die Autoren Gates nie persönlich interviewt, sondern sich mit Äußerungen Dritter begnügt.* Daraus leiten sie eine Sicht ab, die überhaupt nicht der Tiefe und Intensität desjenigen gerecht

---

* Insbesondere haben sie auf eine große Anzahl von Anekdoten zurückgegriffen, die bei von mir durchgeführten Interviews zur Sprache gekommen und in einem Buch veröffentlicht worden sind, das 1991 in den Vereinigten Staaten bei PRIMA Publishing unter dem Titel *The Making of Microsoft* (Daniel Ichbiah / Bearbeitung Suzan Knepper) erschienen ist.

wird, den sie vorgeblich beschreiben. Während der Arbeit kann Gates sich zwar grausam benehmen – innerhalb des Unternehmens hat er eine präzise Spielregel eingeführt, die bedingungslose Mitarbeit vorsieht und sich auch in seinem eigenen extremen Verhalten niederschlägt. Aber derselbe Mensch zeigt sich in den Belohnungen, die er seinen Mitarbeitern gewährt, zu einer bis dahin unbekannten Größe fähig. Mehr als 2000 von ihnen sollen Dollarmillionäre geworden sein. Gates als seelenloser Despot scheint doch eine allzu reduzierte Darstellung zu sein.

## Der Junge

In seinem Buch *Accidental Empire* hebt Cringely vor allem die zur Lebensform gewordene Jugendlichkeit von Gates hervor. Nach der Art von Michael Jackson oder, in geringerem Maß, von Steven Spielberg habe Bill Gates die Welt der Kindheit nie völlig verlassen. Daher habe er sogar begonnen, in die Biotechnologie zu investieren: Er strebe die ewige Jugend an. Eine solche Haltung erlaube es ihm auch, vor sich selbst einige Verhaltensweisen zu rechtfertigen, die gemeinhin nicht mit der Erwachsenenwelt in Einklang zu bringen sind. Außerdem erkläre sie, warum er immer noch nicht verheiratet sei und kein Interesse an einer Familiengründung habe – was bekanntermaßen als Argument mittlerweile hinfällig ist. Auch Cringelys Argumentation ist zu parteiisch, um Gates' Persönlichkeit zu erklären. Der *President* von Microsoft hat immer eine erstaunliche Reife in juristischen Angelegenheiten bewiesen, die soweit ging, daß er – wenn auch mit Hilfe seines Vaters, der Anwalt ist – das Vertragsmodell entworfen hat, das noch heute den Software-Vertrieb sowie die Sicherung der Urheberrechte regelt. Microsofts Gang an die Börse beruht auf einer Kenntnis der Finanzstrategie, um die ihn auch abgebrühte Spekulanten beneiden. Noch einmal: Der kindliche Zug kann eine Facette seiner Personalität erklären – Gates scheint keine unüberwindbaren Grenzen anzuerkennen.

## Das Genie

Diejenigen, die für Microsoft arbeiten, äußern oft eine grenzenlose Bewunderung für ihren ›Kapellmeister‹. Ihre Urteile verdienen, auch wenn sie parteiisch sind, zitiert zu werden. »Die meisten Menschen sind gut auf einem Gebiet. Gates ist etwas Besonderes, denn er ist auf mindestens zehn Gebieten gut«, erklärt Charles Simonyi, der zahlreiche Software-Entwicklungen geleitet hat. »Er hat die Fähigkeit, das geplante Gesamtbild und gleichzeitig die kleinsten Details vor Augen zu haben«, fügt Jeff Raikes hinzu, Marketing-Chef für Applikationen. Der Entwicklungsleiter Paul Maritz gesteht ein, von den intellektuellen Fähigkeiten seines Chefs tief beeindruckt zu sein. »Wir sprechen hier nicht von normalen Sterblichen, sondern von einem Genie. Er ist imstande, unglaubliche Informationsmengen zu verarbeiten und mit Ihnen intelligent über egal welches Thema zu sprechen.« Man muß also auch diese Variable in die Gleichung einbeziehen: Dieser Mensch ist mit einer Intelligenz ausgestattet, die weit über dem Durchschnitt liegt. Aber auch seine Weitsicht, gepaart mit schnellem, durchdringenden Geist, erklärt nicht das ganze Phänomen. Gates selber schränkt die Lobpreisungen auf eine hoffentlich ernstgemeinte Art ein, indem er seinen Erfolg im wesentlichen der Tatsache zuschreibt, daß er sich mit brillanten Leuten umgeben habe. »Von mir kommen bei weitem nicht alle Ideen. Ich bekomme enorm viel von meinen Mitarbeitern. Wenn mir überhaupt ein Verdienst zukommt, dann eher, weil ich so viele Leute zu gemeinsamer Arbeit versammelt habe. Wenn ich übrigens denen einen Rat geben sollte, die ein Unternehmen aufbauen, so wäre es der, in allen Bereichen Leute von überlegener Intelligenz einzustellen; Leute, die genügend Energie und die nötige Hingabe mitbringen, um auch die unvermeidlichen Zeiten des Mißerfolgs zu überstehen und über sie hinausschauen zu können.«

## Der Hartnäckige

Ein häufig genannter Grund für den überwältigenden Erfolg von Gates: Außer seiner visionären Kraft wird ihm eine außergewöhnliche Hartnäckigkeit zugeschrieben, die ihn treibe, jedes begonnene Projekt von A bis Z solange wieder aufzugreifen, bis sich die anfänglichen Erwartungen bestätigt hätten. Auf den Mißerfolg von Windows habe er solange mit Verbesserungen von Windows reagiert, bis diese Software zum größten Bestseller aller Zeiten wurde. Nach dem Mißerfolg von Jazz, der Software für den Apple Macintosh, war die erste Reaktion von Jim Manzi, dem *President* von Lotus, diese Entwicklung völlig aufzugeben. Zweifellos gehört Zähigkeit dazu, wenngleich diese Eigenschaft wertlos ist, wenn sie nicht einhergeht mit einer Portion Bescheidenheit, die Irrwege erkennen läßt und Richtungsänderungen ermöglicht. Nun ist Gates sicher scharfsichtig genug, um seine Irrtümer einzusehen. »Microsoft hat den Vorteil, schon lange zu existieren. Wir haben mehr Fehler gemacht und mehr Gelegenheiten verpaßt als sonst jemand. Na und? Wir erkennen unsere Irrtümer und lernen daraus«, kommentiert er. Seine Beharrlichkeit ist gepaart mit einem maßlosen Vertrauen in die Vorteile des technologischen Fortschritts. »Wie könnte ich kein Optimist sein? Wofür soll der allgemeine Negativismus gut sein? Das einzige, was mich beunruhigt, ist das Bildungsniveau in unserem Land.«

## Hans im Glück

Fügen wir zu diesem Porträt noch eine Messerspitze Glück hinzu. Er selbst erkennt es an: »Ich bin stolz genug, um zu glauben, daß ich auch dann einen gewissen Erfolg errungen hätte, wenn sich das Glück nicht eingestellt hätte. Aber es wäre dumm anzunehmen, daß die angeborenen Begabungen allein zu einem solchen Maß an Erfolg führen.«

Jede der hier skizzierten Sichtweisen verdeutlicht – mehr oder weniger genau – einen Aspekt der Persönlichkeit von Gates. Es gibt noch andere Darstellungen, und einige nehmen sich ziemlich mittelmäßig – wenn nicht schrecklich subjektiv – aus. Aber ohnehin können alle diese Urteile nur Teile eines Puzzles sein, da Gates' Persönlichkeit in seiner Gesamtheit kaum zu erfassen ist.

## Der Visionär

Und wenn nun Bills besondere Begabung ein überlegenes Verständnis der Mikroinformatik und ihrer Software ist?

Tatsächlich ist dieser Mensch mit einer inneren Wahrnehmungsfähigkeit ausgestattet, die schon an Hellsichtigkeit grenzt und die ihn dazu führt, auf subtilere Weise als die meisten seiner Konkurrenten wahrzunehmen, wovon die Öffentlichkeit einige Jahre später träumen wird. Woher rührt diese Klarsicht? Von einer Leidenschaft für die Konzeption und Programmierung von Software, die einhergeht mit der Vorfreude darauf, daß Menschen sich seiner magischen Werkzeuge bedienen. Wegen dieser Geisteshaltung wird Bill von den Programmierern, die seinen Weg kreuzen, respektiert. Sie sprechen dieselbe Sprache und können sich für dieselben Sachen begeistern, die in den Augen derer, die nicht zu dieser Clique gehören, nichtssagend wirken würden. Anfang des Jahres 1989 wurde Gates bei einem Treffen der Boston Computer Society die Frage gestellt: »Lotus ist bei 1-2-3 3.0 um drei Monate im Rückstand. Was würden Sie an deren Stelle machen?« Gates antwortete ernsthaft: »Die Unternehmensleitung sollte zu den Programmierern gehen, ihnen gutes Essen vorsetzen, die ›listings‹ bringen...« Er hatte recht.* Wenn man bedenkt, daß die besten Programmierer besondere Individuen sind, häufig gesellschaftliche Randfiguren, wird klar, daß nur ein Mitglied der Kaste wirklich hoffen kann, auf ein anderes Einfluß zu nehmen. Der typische Programmierer arbeitet für die Schönheit des Werks, das er gerade realisiert. Niemand wird je wissen, wieviel Mühe er sich über Hunderte von Stunden gegeben hat, um ein Fenster auf dem Bildschirm harmonischer zu gestalten oder sein Programm um Hundertstel Sekunden zu beschleunigen. Aber er weiß es. Und diejenigen, die dieselbe Sprache sprechen, respektieren ihn dafür. Unnötig darauf hinzuweisen. Wer die Software als eine Ware wie jede andere ansieht, kann von Programmierern keinen Respekt erwarten. Philippe Kahn, *President* von Borland und selber begeisterter Anhänger des Programmierens, faßt diese Beobachtung in einem vernichtenden Satz zusammen: »Das Marketing besteht darin, effektiv zu verkaufen. Aber es gibt keinen großen Unterschied zwischen dem Verkaufen von Software und von Seifendosen.«

Für diejenigen, die das Programmieren intensiv betreiben, ist es keine banale Aktivität, sondern Kunst. Im Grunde kann auch der mittelmäßige Programmierer nicht umhin, sich für ein Genie zu halten. Und wenn es ihm keiner sagt, so hat er doch vor allen anderen einen ständigen Zeugen seiner intellektuellen Heldentaten: seine Maschine, die nicht aufhört, ihm beim Fortschreiten seiner Programmversionen vor Augen zu führen, daß er die Grenzen ständig verschiebt. Da Bill Gates ein Programmierer ist, weiß er, was diese besondere Gruppe empfinden kann. So gelingt es ihm, diese unendlich komplexe Gleichung zu lösen: reine Künstler herbeizuschaffen, die sich nicht unterordnen und normalerweise unfähig

---

* Es stellte sich heraus, daß in den letzten drei Monaten der Entwicklung von 1-2-3 3.0 ein durch die Prüfung gewandelter Jim Manzi wirklich mehrere Wochenenden mit seinen Programmierern verbrachte, wobei er für sie sogar Pizza holen ging.

wären, sich in einem Unternehmen mit kommerzieller Zielsetzung einzuordnen, die sich bei ihrer Suche nach reiner Perfektion in winzigen Details verlieren können – und diese unkontrollierten Individuen zugleich dazu zu bringen, daß sie ihre Anstrengungen koordinieren und ihr Genie in den Dienst einer Software stellen.

Ein Hersteller, dem es nicht gelingt, die entfesselte Kreativität dieser ungewöhnlichen Gruppe zu kanalisieren, steht in der Tradition der anderen Programmierer, derjenigen, die vor allem diese Arbeit tun, um Geld zu verdienen. Von dieser zweiten Gruppe kann man keine Meisterwerke erwarten. In den 80er Jahren litten die *Presidents* der meisten mit Microsoft konkurrierenden Unternehmen hauptsächlich an einem Mangel: Ihnen fehlte genau diese Einsicht. Ed Esber, Vorstand von Ashton-Tate, betrachtete die Programmierer als Gehaltsempfänger zweiter Klasse, gerade gut genug, um die ›Vision‹ der Marketing-Leute zu verwirklichen. Wie zu erwarten, verließen die bedeutenden Programmierer dieses Schiff, in erster Linie aus Geringschätzung für den Kapitän. Angesichts der Entwicklungsprobleme, die Ashton-Tate in der Folge hatte, begnügte sich Ed Esber damit, zusätzliche Programmierer einzustellen, als ob die Vervielfältigung von mittelmäßigen Leistungsträgern infolge einer einzigartigen Alchimie Talent erzeugen könne. Das Ashton-Tate-Empirium brach in weniger als zehn Jahren zusammen. Sein Erfolgs-Programm, dBASE, wurde von Borland aufgekauft, einer Gesellschaft, die genau wie Microsoft von einem Programmierer aus tiefster Seele, Kahn, geleitet wird. Gerüchteweise hat Ed Esber seinen ersten Programmierkurs in dBASE kurz nach seiner Absetzung absolviert.

Bill Gates kennt also die Welt der Software besser als die meisten, die in diesem Bereich tätig sind. Er war von Anfang an dabei und aktiv an jeder bedeutenden Etappe beteiligt. Ein solches Verständnis hat seine Vor- und Nachteile. Es läßt den Betroffenen weiter blicken als andere. Journalisten, die Gates interviewen, sind oft überrascht, daß er die Grundlagen der Mikroinformatik mit solch wunderbarem Abstand und in außergewöhnlicher Weite erfaßt und dabei Elemente einbezieht, die eine nachlässigere Betrachtung außer acht gelassen hätte.

Eine solche Klarsicht erklärt sogar, warum Gates im Laufe seiner Karriere mehrmals in erstaunlicher Weise Allianzen beendet hat. Es ist ärgerlich, mit einem Projekt an ein anderes Unternehmen gebunden zu sein, von dem sich nach genauerer Analyse herausstellt, daß der Partner sich im Irrtum befindet. Die Prüfung der Fakten zeigt, daß Bill sich in den meisten Fällen nicht in die Irrtümer eines Partners hineinziehen lassen wollte; das offensichtlichste Beispiel hierfür ist IBM. Lange mußte der erste Computerhersteller eine komplexe Strategie entfalten, die durch widersprüchliche Interessen geprägt war. Die Mikroinformatik, zunächst als nutzbringend eingestuft, stellte für IBM eine innere Bedrohung dar. Sie gefährdete die traditionellen Profitzentren des Riesen, die der Großrechner. Wenn man noch hinzufügt, daß die technischen Abteilungen von IBM nicht immer die Erwartung richtig eingeschätzt haben, die in der Öffentlichkeit an die Mikrorechner geknüpft wurden, so hat man den Keim zur Spaltung von Microsoft und ›Big Blue‹.

Ein weiteres Element soll diese Untersuchung vervollständigen. Gates lebt ganz überwiegend für die Mikroinformatik. Die meisten von uns leben hingegen mindestens drei parallele Leben. Die berufliche Ebene bildet hierbei nur einen Teil. Die emotionalen Beziehungen scheinen genauso wichtig, viele Menschen weisen ihnen sogar einen größeren Stellenwert zu. Außerdem kommt noch irgendeine Begeisterung hinzu, wie für das Golf- oder Klavierspiel oder die Sammlung von Kunstobjekten. Andere entfalten sich in der Politik, Ökologie oder bei idealistischen Aufgaben. Der Durchschnittsmensch ist mit dieser Aufspaltung der Interessen in verschiedene Bereichen völlig zufrieden. Hier nun berühren wir einen erstaunlichen Aspekt von Gates' Persönlichkeit. Sein Berufs- und Privatleben sind eng miteinander verbunden.

Sein Gefühlsleben ist minimal und scheint der absoluten Favoritin des Prinzen nicht gefährlich werden zu können: der Dame Software.

Die grundsätzliche Frage ist eine andere. Gates hat ein überwältigendes Modell errichtet, das zu einem sehr großen Teil auf den Visionen des Gründers beruht. Was wird aus Microsoft, wenn sein Präsident sich aus der Verantwortung oder auch nur aus der aktiven Mitarbeit zurückzieht? Was auch die Gründe für diesen Schritt sein würden – Liebe, Leidenschaft, Alternativen, Desinteresse... –, Microsoft wäre der Funke genommen, der diesem Riesenunternehmen ursprünglich zum Leben verholfen hat. Es könnte dann jenen seelenlosen Gebilden ähneln, über deren Überlebenschancen sinnvollerweise heute schon spekuliert wird. Die Herausforderung für Bill besteht darin, nun eine Strategie zu entwickeln, die die Voraussetzung für eine kongeniale Nachfolge schafft. Auch auf die Gefahr hin, daß er diesem neuen Meister seine besondere Begabung, seine Leidenschaft für die Software weitergeben wird – das wesentliche Element der Kunst in einem neuen Kommunikationszeitalter.

## Kapitel 24

# Microsoft in Zentral- und Osteuropa

*von Christian Wedell*

### Vom Brückenkopf zur größten deutschen Softwarefirma

Microsoft wird häufig als ein typisch amerikanisches Unternehmen angesehen. Tatsächlich zeichnen diese Firma viele vor allem aus Amerika bekannten Eigenschaften aus: Die offene Firmenkultur, unorthodoxe Managementmethoden, eine außerordentlich hohes Motivationsniveau der Mitarbeiter. Und natürlich handelt Microsoft mit Produkten, die in den USA entwickelt werden. Die interne Geschäftssprache mit anderen nationalen Niederlassungen ist englisch, und gut ausgebaute englische Sprachkenntnisse sind selbst innerhalb der deutschen Microsoft in praktisch allen Unternehmensbereichen Voraussetzung für tägliches Geschäft und deshalb Bestandteil des Microsoft-Alltags – wenn es denn so etwas gibt.

Und doch ist Microsoft Deutschland ein deutsches Unternehmen. Die international verbindlichen Vorgaben der amerikanischen Mutter sind gering, der Entscheidungsspielraum der internationalen Töchter groß. Über unsere Vertriebswege entscheiden wir selbst, unsere zentralen werblichen Aussagen werden von uns definiert, ja auch beim Design unserer Produkte haben wir entscheidenden Einfluß. Welche Produkte in Deutschland vermarktet werden, welche übersetzt werden, das entscheidet Microsoft Deutschland. Überspitzt formuliert: Autonom bestimmt die Zentrale in Redmond eigentlich nur das Aussehen unserer weltweit einheitlichen Visitenkarten! Die große Unabhängigkeit der internationalen Niederlassungen unterscheidet Microsoft deutlich von anderen international operierenden Gesellschaften, vor allem wohl von den großen japanischen Elektronikkonzernen. Die scheinbaren Amerikanismen in der deutschen Microsoft GmbH rühren also nicht von einer Dominanz der Muttergesellschaft her, sondern haben andere Ursachen.

## Microsoft is a drug

Die Mitarbeiter der Microsoft GmbH sind jung, im Schnitt unter dreißig. Ihre Verhaltensweisen und ihr Auftreten in der Öffentlichkeit sind vielleicht oftmals weniger orthodox als in so manchen ›typisch deutschen‹ Unternehmen. Interne Hierarchien sind bei Microsoft nicht sonderlich ausgeprägt. Es gilt die aus vielen amerikanischen Firmen bekannte ›Open Door Policy‹, bei der sich die Vorgesetzten nicht hinter Vorzimmern in ihren Büros verbarrikadieren. ›Open door policy‹, das ist das elementare Recht jedes Mitarbeiters, jeden beliebigen Manager des Unternehmens sprechen zu dürfen. Und das ist die Verpflichtung des Vorgesetzten, für die Probleme und Fragen seiner Mitarbeiter immer ein offenes Ohr zu haben. Da braucht es keine schriftlichen Eingaben und auch keinen bürokratischen Gang durch die Institutionen.

Quer durch alle Hierarchieebenen reden sich die meisten der Mitarbeiter per DU an, wobei ich immer Wert darauf gelegt habe, daß das DU nicht als Ausdruck einer von oben verordneten Managementmethode verstanden wird. Das DU soll nicht interne Konflikte mit verordneter Kumpanei überdecken. Als Geschäftsführer habe ich niemals einen Mitarbeiter zuerst geduzt, aber ich habe mich immer gefreut, wenn Mitarbeiter mir ihr Vertrauen erwiesen, indem sie eines Tages mich plötzlich duzten. Dieses vertraute DU entwickelte sich immer wieder spontan aus einer teamorientierten Arbeitsweise, bei der gemeinsame Ziele und gegenseitige Achtung die Mitarbeiter zusammenschweißen.

Das leitende Management genießt keinerlei Vorrechte. Geschäftsführer und Lagermitarbeiter sitzen in der Kantine am gleichen Tisch. Hierarchieabhängige Kantinen, wie bei vielen deutschen Unternehmen, wird es bei Microsoft niemals geben. Als eine besorgte Sekretärin der Microsoft Corporation in Redmond vor Jahren für Bill Gates einmal einen Garagenparkplatz direkt am Haupteingang zum dortigen Campus mit einem Schild reservieren wollte – Bill ist bekannt dafür, daß er zu wichtigen Terminen zwar in der Regel pünktlich, aber eben allzuoft erst in der letzten Minute eintrifft, und da ist dann keine Zeit mehr für die Suche nach einem Parkplatz –, da kam es zu einem kleinen Aufstand der Mitarbeiter. Von ›undemokratischen Verhaltensweisen‹, gar vom ›Niedergang der Microsoft-Kultur‹ war die Rede. Das Schild mußte nach zwei Tagen entfernt werden.

Es gibt keine Zeiterfassung, denn nicht die Arbeitszeiten, sondern die Arbeitsergebnisse, die Leistung von einzelnen und Gruppen sind entscheidend. All dies ist aber weniger amerikanische Methode, als vielmehr Ausdruck geänderter Lebensweisen einer neuen Generation von eigenverantwortlich handelnden Mitarbeitern.

Diese Art und Weise, miteinander umzugehen, wurde nicht in einer Broschüre zur Firmenkultur von oben definiert und vorgeschrieben. Die aus anderen amerikanischen und japanischen Unternehmen berüchtigten zehn Mitarbeiterleitsätze über jedem Schreibtisch gibt es nicht. Vielmehr ist diese spezifische Microsoft-Kultur von den Mitarbeitern selbst entwickelt worden. Und sie wird von diesen ständig weiterentwickelt.

Microsoft hat als Technologieführer und High-Tech-Unternehmen stets Mitarbeiter angezogen, die nicht bereit waren, sich in festgefahrene Strukturen einzupassen. Diese Mitarbeiter bringen in der Regel ein hohes Maß an Leistungsbereitschaft mit, lassen sich aber nur ungern vorschreiben, *wie* und *wann* sie zu arbeiten haben. Diese Mitarbeiter sind in der Regel einerseits starke Individualisten, andererseits in ihrer Arbeit überdurchschnittlich teambezogen. Die Grenze zwischen Arbeit und Freizeit ist für viele fließend. Soweit möglich toleriert Microsoft solche Verhaltensweisen. Eingeschränkt werden sie nur dort, wo kunden- oder aufgabenbezogene Arbeitsabläufe durch individuelle Regelungen wirklich behindert werden, oder wo wir unsere Arbeitszeiten an nationale gesetzliche, aber aus Sicht vieler Mitarbeiter nicht unbedingt zeitgemäße Forderungen anpassen müssen...

Zwar bietet Microsoft heute ihren Mitarbeitern eine Vielzahl von Sport- und Freizeitmöglichkeiten, etwa Fitness-Center und eigene Tennis- und andere Sportplätze. Aber auch dies dient nicht dazu, die Mitarbeiter so lange wie möglich auf dem Campus zu halten. Zuerst waren es die Mitarbeiter, die ihre Sport- und Musikgeräte mit ins Büro brachten. Die Firmenkultur, die in diesem Buch beschrieben wird, ist keine von oben vorgegebene Kultur. Sie ist vielmehr Ausdruck des Lebensgefühls einer neuen Generation.

Die weitaus meisten Mitarbeiter haben sich bei Microsoft beworben, weil sie sich für Technologie interessieren, weil Microsoft ihnen die Chance gibt, an der Entwicklung von Zukunftstechnologien mitzuwirken und weil Microsoft ihre Individualität schätzt und zuläßt. Deshalb unterscheiden sich die Microsoft-Niederlassungen in Japan, USA, Frankreich oder Deutschland nur graduell. Was Microsoft in Deutschland heute ist, das ist primär das Resultat der Mitarbeiter in Deutschland. Sie haben in zehn Jahren Microsoft in Deutschland vom mitteleuropäischen Brückenkopf der Microsoft Corporation zum größten deutschen Computersoftwarehaus gemacht und den ganzen deutschen Softwaremarkt grundlegend neu definiert.

## Die Etablierung von Microsoft in Deutschland

Am Beginn des Aufbaus der europäischen Niederlassungen von Microsoft stand Ende 1982 und Anfang 1993 die

Suche nach den zukünftigen *General Managers,* den Geschäftsführern der in Gründung befindlichen Tochtergesellschaften, in England, Frankreich und Deutschland. Erleichtert durch die sprachlichen und kulturellen Kontakte zwischen den USA und England gelang die Firmengründung in England erwartungsgemäß am schnellsten. 1982 entstand mit der Microsoft Ltd die erste Microsoft-Niederlassung außerhalb der USA. Die Gründung der Dependancen in Frankreich und Deutschland gestaltete sich schwerer, nicht nur weil einheimische Arbeitskräfte gesucht werden mußten, sondern vor allem natürlich, weil die Software ja in die entsprechenden Sprachen erst noch übersetzt werden mußte. Denn daß amerikanische PC-Programme in englischer Sprache in Frankreich oder Deutschland auch von einer Vertriebsmannschaft vor Ort nicht in bedeutenden Stückzahlen verkauft werden konnten, war klar. In gewissem Umfang galt das sogar auch für den englischen Markt, denn zwischen colour und color können Welten liegen! Der PC war, anders als herkömmliche Computersysteme, ein Massenprodukt für eine breite Anwenderschaft. Programme für Großrechner liefen weltweit fast ausschließlich in Englisch. Englisch war die weltweite Computer-Sprache. Mit der Einführung des PCs mußte sich dies ändern. Das Jahr 1983 war für die Internationalisierung der Computersprache entscheidend. Im Sommer 1983 stand, rund zwei Jahre nach der Markteinführung in den USA und nachdem weltweit bereits 500 000 MS-DOS-Rechner verkauft worden waren, der erste IBM-PC in einem deutschen Computerladen. Im Herbst 1983 lieferte Microsoft Deutschland das erste Produkt mit deutschsprachiger Benutzeroberfläche aus.

Von Anfang 1982 bis Juli 1983 betreute Bob O'Rear, einer der ersten Microsoft-Mitarbeiter und Mitentwickler von MS-DOS, von einem Londoner Büro aus die ersten Kunden in Deutschland. Einer der ersten großen Vertriebserfolge von Microsoft in Deutschland fällt noch in diese Zeit: die Lizenzierung von Microsoft XENIX – einem UNIX-System für *Microcomputer* – durch die Siemens AG, die im Rahmen der damaligen ›Büro 1990‹-Strategie noch voll auf mittlere Datentechnik und deshalb auf UNIX gegen die proprietären Betriebssyteme der Wettbewerber setzte. In seiner Funktion als Wegbereiter für den Microsoft-Einstieg in Europa lernte Bob O'Rear im Sommer 1982 Joachim Kempin kennen, damals bei Apple in der Europazentrale für die Lizenzierung von Microsoft Multiplan für den Apple II zuständig. Joachim Kempin wurde im Februar 1983 zum ersten Geschäftsführer von Microsoft Deutschland bestellt. Er ist heute als *Vice President* der Microsoft Corporation für das weltweite OEM-Geschäft verantwortlich.

Die ersten Wochen verwaltete Kempin die Microsoft GmbH in Gründung noch aus dem Büro der Firma Zilog in Unterhaching bei München. Zusammen mit sechs weiteren Mitarbeitern zog Kempin am 4. Mai 1983 in das erste Microsoft-eigene Büro in Taufkirchen bei München ein. Für den Großraum München entschied man sich, weil hier die meisten der großen in Deutschland tätigen Computerfirmen ihre Niederlassung hatten und weil München in jenen Jahren für hochqualifizierte junge Computerspezialisten zu den attraktivsten Standorten Deutschlands zählte.

Der siebte und letzte Gründungsmitarbeiter war ich. Ich kam im Mai 1983 durch Kontakte zu Bernard Vergnes, seit Februar 1983 frischgebackener erster Geschäftsführer von Microsoft SARL in Frankreich, vom Münchner Unternehmen Modular Computer Systems als OEM-Vertriebsleiter zu Microsoft. Meine Entscheidung für Microsoft war wohl typisch für die frühen Mitarbeiter der deutschen Microsoft-Niederlassung. Nach einer ersten intensiven Beschäftigung mit dem Z-80-Prozessor bei meinem damaligen Arbeitgeber war ich schnell von der großen Zukunft der PC-Technologie überzeugt. Ich war damals in Kontakt mit Mannesmann, die schon 1979 beschlossen hatten, das ganze Unternehmen mit Mikrocomputern als Steuerungsrechner zu automatisieren. Es war ein früher Irrglaube, daß man mit den damals gängigen

8-Bit-Rechnern auch nur einen einzigen Hochofen hätte fernsteuern können. Aber man bewies auch schon viel Gespür für das Potential, das in diesen neuen Personalcomputern steckte. Auch wenn der Begriff Downsizing in jenen Jahren noch nicht erfunden war, so war uns doch allen klar, daß der PC die herkömmliche mittlere und Großrechnerarchitektur in den kommenden Jahren verdrängen würde.

Die Entscheidung, zu Microsoft und nicht zu einem anderen PC-Softwareunternehmen wie Digital Research, MicroPro oder VisiCorp zu gehen, hatte viel mit dem engen Kontakt zwischen Microsoft und IBM zu tun. Für mich war offensichtlich, daß sich aus dieser strategischen Zusammenarbeit für Microsoft in den kommenden Jahren entscheidende Marktvorteile ergeben würden, denn die Zusammenarbeit zwischen Microsoft und IBM war das Startsignal für praktisch alle Hardware-Hersteller der Welt, mit IBM-kompatiblen PC-Systemen den entstehenden PC Markt ernstzunehmen. Wir alle waren deshalb vom Erfolg von Microsoft überzeugt. Und irgendwie, meist über persönliche Kontakte, haben die späteren Gründungsmitglieder der Microsoft GmbH davon erfahren, daß Microsoft im Raum München Mitarbeiter suchte. Schriftliche Bewerbung, Vorstellungsgespräch bei Scott Oki, damals Vice President International der Microsoft Corporation, Vertragsunterzeichnung, das war der damals übliche Weg für den Einstieg bei Microsoft. Gezielt abgeworben durch Microsoft wurde keiner von uns.

Die deutsche Microsoft GmbH war von Anfang an nicht nur für die Bundesrepublik Deutschland zuständig, sondern auch für die Schweiz und für Österreich, ab 1985 auch für Osteuropa. In diesen Ländern bildeten sich eigene Microsoft-Niederlassungen erst in den neunziger Jahren.

Auch wenn wir das Büro Anfang Mai bezogen, so war unser Lager doch leer. Noch erhielten wir keine Produkte aus den USA. Die ganze Infrastruktur für einen weltweiten Vertrieb mit nationalen bzw. regionalen Niederlassungen mußte erst noch etabliert werden. Wir belieferten anfangs also noch keine Händler, sondern schlossen vor allem Lizenzverträge mit Hardwareherstellern ab, Multiplan für Apple und vor allem XENIX für zahlreiche deutsche Hardwarehersteller, gelegentlich auch schon mal MS-DOS. Dieses Microsoft-Betriebssystem für den IBM-PC hatte anfangs in Deutschland einen sehr schweren Stand. Das lag weniger am direkten Konkurrenten CP/M von Digital Research, als an der bis heute noch anhaltenden Hoffnung auf den zukünftigen Betriebssystemstandard UNIX. Mir selber war dieser Glaube übrigens schon 1981 verlorengegangen, im Zusammenhang mit ausführlichen Untersuchungen zur Portierung dieses Systems auf die verschiedenen Rechnerarchitekturen meines ehemaligen Arbeitgebers.

Das Lager war also in den ersten Monaten leer, aber wir hatten schon einen Lagerleiter an Bord: Jens Boemeke, der heute noch immer bei Microsoft Deutschland arbeitet, inzwischen in zentraler Verantwortung in unserer Vertriebsabteilung. Was macht ein Lagerleiter, der zwar über ein Lager, aber noch über keine Produkte verfügt? Er will ausliefern, deshalb ist er ja zu Microsoft gekommen. Und so nutzte Boemecke das Lager erst einmal ›im Probebetrieb‹: Er baute in den ersten Wochen in unserem Lager einen schwunghaften Handel mit Lederjacken auf. Schwarze Lederjacken waren die ersten Waren, die das deutsche Microsoftlager verließen – die deutsche Variante des Garagenmythos, der in den USA von den Computerpionieren ja so erfolgreich kreiert wurde.

Boemekes Jacken mußten dann im Oktober 1983 den ersten Softwarepaketen aus den USA weichen. Neben MS-DOS und einigen englischen Programmiersprachen für den Apple II, MS-DOS und dem Z-80-Prozessor handelte es sich damals um Multiplan 1.0 und bald darauf auch um Word 1.1, beide Programme bereits in deutscher Version. Multiplan war damals sowohl für MS-DOS-PCs und den Commodore C64, als auch für Apple II verfügbar, wobei anfangs die Verkaufszahlen für den Apple diejenigen für MS-DOS-Systeme deutlich überwogen. Im Microsoft-Büro arbeiteten die Mitarbeiter auch keineswegs auf neuen IBM-PCs, sondern auf Apple-II-Computern. Gearbeitet wurde mit Beta-Kopien von Multiplan und mit WordStar.

Die vier wichtigsten Aufgaben der jungen Microsoft GmbH war die Etablierung des binärkompatiblen MS-DOS-Standards in Deutschland, die Anpassung der deutschen Microsoft-Applikationen auf die wichtigsten noch nicht kompatiblen deutschen PC-Standards, die Unterstützung des gerade erst im Aufbau befindlichen PC-Fachhandelsnetzes, und der Aufbau von Serviceleistungen für unsere Kunden. Denn ein binärkompatibler Betriebssystemstandard, Anwendungssoftware, die auf die spezifischen Bedürfnisse deutscher Anwender angepaßt war, eine funktionierende Distribution für Software und Dienstleistungen und das Vorhandensein von Servicemechanismen waren die zentralen Voraussetzungen für den Erfolg des PC und damit den Erfolg von Microsoft in Deutschland.

## Software ist Standards

Die deutschen Computerbauer waren damals noch nicht davon überzeugt, daß die Zukunft der PC-Industrie in der Produktion von IBM-kompatiblen Systemen bestehen würde. Firmen wie Siemens, Nixdorf, Taylorix, Kienzle und Olympia setzten primär auf mittlere Datentechnik. Kleine Systeme wurden nicht mit Intel-Prozessoren, sondern mit schnelleren National Semiconductor- oder Motorola-Prozessoren ausgestattet. Bestanden Kunden aber auf Intel-Rechnern, so lief die Planung der deutschen Hardwarebauer vorrangig auf die Auslieferung von PCs mit dem UNIX-Betriebssystem hinaus – in der Regel XENIX von Microsoft. War das nicht gewünscht, so setzte man auf CP/M von Digital Research, denn mit Digital Research bestanden in der Regel bereits Geschäftsbeziehungen aus den Jahren der 8-Bit-Microcomputer. Und erst wenn alles nichts mehr half und sich der Kunde durch keine traditionelle Verkaufsstrategie umstimmen ließ, boten deutsche Hardwarehäuser auch MS-DOS-Systeme an, die aber auch noch nicht wirklich 100 % IBM-kompatibel waren. Der Begriff ›IBM-Kompatibilität‹ durfte denn in Anwesenheit von Managern mancher deutscher Computerhersteller auch niemals fallen.

Auch die großen Importeure Victor, NCR und DEC bauten ihre eigenen Standards, allerdings durchgängig auf Intel-Basis. Aber auch dies bedeutete noch lange nicht, daß Software für IBM-Rechner auch auf solchen PCs wie dem DEC Rainbow oder dem Victor Sirius problemlos hätte laufen können. Während die meisten großen deutschen Hersteller noch auf Inkompatibilität setzten oder gar den PC überhaupt ignorierten, schloß die Microsoft GmbH den ersten MS-DOS-Lizenzvertrag mit dem skandinavischen Hersteller Ericson ab, der sich damals anschickte, den deutschen PC-Markt zu erobern – mit wenig Erfolg, wie sich bald herausstellen sollte.

In Deutschland war die Durchsetzung von MS-DOS eine wesentlich größere Herausforderung für Microsoft als in den USA. Dies lag nicht nur an der Orientierung der deutschen Computerbauer auf mittlere Systeme und an der Verzögerungsstrategie bei der Einführung des IBM-PC in Europa, sondern auch an der Schwäche des regionalen Programmiersprachenmarktes. In den USA konnte Microsoft die Diskussion über die MS-DOS-Standardisierung mit den Hardwarehäusern auch auf der Basis des Erfolges der Microsoft-Programmiersprachen führen. Microsoft war zwar noch eine kleine Firma mit weltweit rund 50 Millionen Dollar Umsatz, aber Microsoft hatte den guten Ruf des Marktführers für PC-Programmiersprachen, vor allem natürlich das Image des BASIC-Lieferanten. In Deutschland hat die Industrie die Bedeutung von BASIC lange ignoriert; hier war EDV und Programmierung die Sache weniger EDV-Spezialisten.

Der Anwender hatte sich aus der Entwicklung tunlichst herauszuhalten. Mit Programmiersprachen für EDV-Laien würde dem Datenverarbeitungsadministrator nur das Leben schwergemacht. In der Tat waren Programmiersprachen als quasi ›demokratische Software‹, die den Anwender zum Beherrscher seiner Hardware machen konnten, eine typisch amerikanische Erfindung. Für solche Technologien war die deutsche Datenverarbeitung zu administrativ und zu zentralistisch strukturiert. Microsoft GW-BASIC, die Programmiersprache, die in den USA innerhalb kurzer Zeit zur umfangreichen Nutzung von PCs durch Zehntausende von Anwendungsprogrammen verholfen hatte, war deutschen Computerherstellern kein Begriff. Erst etwa Anfang 1986 hatte sich der IBM-Standard endgültig in Europa durchgesetzt, waren alle nicht-IBM-kompatiblen Intel-basierenden PCs aus dem Angebot verschwunden, und damit eine der wesentlichsten Voraussetzungen für einen funktionierenden PC-Softwaremarkt gegeben.

### Software ist *funny characters*

Auf der anderen Seite mußten die Mitarbeiter der deutschen Microsoft-Tochter erst die Entwickler in den amerikanischen Microsoft-Labors davon überzeugen, daß Umlaute in einem deutschen Textverarbeitungsprogramm unverzichtbar und keine ›*funny characters*‹ waren. Auch hatten europäische Anwender und Lizenznehmer teilweise ganz andere Wünsche an das Leistungsspektrum von Anwendungsprogrammen als amerikanische User. Anwender legten hier zum Beispiel ein enormes Gewicht auf hochwertige Druckgestaltung. Die Unterstützung neuester Lasertechnologie und die Direktverarbeitung von PC-Texten mit Satz- und Belichtungsmaschinen von Linotype oder Berthold war vor allem in Deutschland gefordert. So nahm Microsoft GmbH schon früh Einfluß auf das Produktdesign in Redmond. Viele Drukkertreiber wurden gezielt für den diesbezüglich so anspruchsvollen deutschen Markt entwickelt.

Das vielleicht berühmteste Beispiel für den Einfluß der deutschen Tochter auf die Software-Entwicklung in den USA ist die Entwicklung des Makro-Rekorders in Microsoft Word. Das Anforderungsprofil der Word-Makrosprache wurde überwiegend als Antwort auf Kundenanforderungen entwickelt. Von der Notwendigkeit einer solchen Makro-Sprache, die in der Version 3.0 von Word erstmals realisiert wurde, mußten die deutschen Großkunden – allen voran die Siemens AG – die Microsoft GmbH überzeugen und die wiederum die Zentrale in Redmond.

Das Beispiel Makro-Modul von Microsoft Word zeigt deutlich, daß deutsche Anwender erheblichen Einfluß auf das Design von Microsoft-Programmen gewinnen konnten, auch wenn die eigentliche Programmierung in den USA abgewickelt wurde. Es gibt viele weitere solche Beispiele: trotz der anfänglich geringen Umsatz-Anteile der Microsoft-Niederlassungen in Europa wurden regelmäßig die Kundenanforderungen in die Entwicklung neuer Versionen von Multiplan, Chart, Word, Excel, Project usw. übernommen und Microsoft-Produkte durchaus auch gezielt für den deutschen Markt entwickelt. Es handelte sich also bei den deutschsprachigen Versionen nicht einfach um Übersetzungen. Die Akzeptanz der Microsoft-Produkte als ›deutsche Produkte‹ war entscheidend für ihren Erfolg und so war das zentrale Image-Ziel der Microsoft GmbH in ihren ersten Jahren der Aufbau eines deutschen Firmenimages. Umgesetzt wurde dieses Kommunikationsziel unter anderem mit der ersten Werbekampagne, einer Anzeigenserie, die wir zusammen mit der deutschen Werbeagentur DDB Needham in den Jahren 1983 bis 1987 entwickelten. Microsoft warb ganz ungewöhnlich für ein High-Tech-Produkt – für seine Software mit Motiven und Zitaten von Wilhelm Busch, also mit einem ganz und gar deutschen Imageträger.

Nicht nur die Anforderungen an einzelne Funktionen in vorhandenen Microsoft-Programmen waren in

Deutschland andere als in den USA. Auch die Gewichtung zwischen den einzelnen Softwaresparten Textverarbeitung, Tabellenkalkulation oder Grafikverarbeitung unterschied sich zwischen den USA und Deutschland. Während die Microsoft Corporation bei der Entwicklung der Standardapplikationen weitgehend wettbewerbsorientiert vorging, sich also ansah, welche Programme im Markt sich gut verkaufen ließen und jeweils Gegenprodukte entwickelten, die sich am Marktführer orientierten – so zum Beispiel Multiplan als Gegenprodukt zu VisiCalc, Excel gegen Lotus 1-2-3, Word gegen WordStar – war in Deutschland klar, daß Microsoft den Markt für professionelle Software erst noch entwickeln mußte. Programme wie VisiCalc und WordStar waren in Deutschland noch kaum verbreitet, als Multiplan und Word auf den Markt kamen. Der Nutzen von Software und PC-Technologie war in deutschen Büros noch weitgehend unbekannt. Hier mußte Microsoft also erst einmal Aufklärungsarbeit leisten. Auch dieses Kommunikationsziel läßt sich an frühen Anzeigenmotiven von Microsoft verdeutlichen. Microsoft schaltete neben den imagebildenden Wilhelm-Busch-Motiven vor allem in der Fachpresse sogenannte ›Software & Technologie‹-Anzeigen. Dabei wurde in trockener Businesssprache ohne schöne Bilder und überflüssige Marketingfloskeln einfach über den Nutzen von der Arbeit mit dem PC gesprochen. Die Texte wurden nicht von Werbetextern verfaßt, sondern von normalen Microsoft-Mitarbeitern, quasi vom PC-Anwender für den PC-Anwender. Joachim Kempin und ich selbst haben zahlreiche solche Anzeigen getextet, in aller Regel als Wochenendbeschäftigung.

Klar war auch, daß der Markt für Textverarbeitung in Deutschland leichter zu entwickeln war als der Markt für Tabellenkalkulationsprogramme. Gerechnet wurde in Deutschland traditionell im Rahmen zentralistisch organisierter Datenverarbeitungssysteme auf mittleren und großen Systemen, nicht auf dem PC. Der PC hatte anfangs in deutschen Großunternehmen nur als intelligenter Schreibmaschinenersatz eine Chance. Der Markt für Multiplan und später Lotus 1-2-3 war eher begrenzt. So lag von Anfang an das Hauptaugenmerk der deutschen Microsoft-Niederlassung auf Microsoft Word. Ein wesentliches Element in der Vermarktung vor allem von Word war die Schaffung eines attraktiven Produktumfeldes. Microsoft förderte kleine deutsche Softwarehersteller bei der Entwicklung und Vermarktung von Zusatzprodukten zu Word, also zum Beispiel bei der Vermarktung von Druckformatvorlagen, Makrosammlungen oder von Adreßverwaltungsprogrammen, die sogar die Bedieneroberfläche von Microsoft Word imitieren durften. Ein Beispiel hierfür ist das Programm ›cobra Adress‹, das die Menüstruktur von Microsoft Word exakt nachbildet. Microsoft hat nun das Konstanzer Softwarehaus cobra nicht etwa mit einem Copyright-Prozeß bedroht, sondern im Gegenteil dieses Adreßprogramm in den eigenen Medien als ideale Ergänzung zu Word für DOS vorgestellt. So entwickelte sich schnell ein Markt, der auch Angebote für eher spezielle Anwenderinteressen bereit hielt, Angebote, die Microsoft selbst gar nicht hätte erstellen können. Die Breite dieses Angebotes wiederum half Microsoft bei der Verbreitung der eigenen Productivity Tools und der Etablierung dieser Programme als Marktstandards.

Den Markt erst herstellen hieß für Microsoft in Deutschland auch, eine Produktfamilie anzubieten. Anders als in den USA, wo Multiplan gegen VisiCalc und später Lotus 1-2-3 und Word gegen WordStar und später WordPerfect positioniert wurde, grenzte Microsoft in Deutschland die eigenen Produkte nicht vordergründig gegen den Wettbewerber ab, sondern verwies auf den Familiencharakter dieser Programme. Word wurde schon früh gemeinsam mit Multiplan und Chart beworben. Es ging in Deutschland weniger darum, in den einzelnen Sparten Textverarbeitung, Kalkulation und Grafik besser zu sein als der Wettbewerber, sondern es ging darum, daß Microsoft einziger Komplettanbieter war. Mit dieser

Marketingstrategie spekulierte Microsoft Deutschland auf das unter deutschen Anwendern stärker ausgeprägte Markenbewußtsein und die im Vergleich zur USA größere Markentreue.

## Software ist Distribution

Eine weitere große Aufgabe von Microsoft Deutschland in den Anfangsjahren war die Unterstützung des Fachhandels, der in jenen Jahren ja erst im Entstehen begriffen war. Markt & Technik, BSP Krug und Computer 2000 waren die wichtigsten Distributoren, die Mitte der achtziger Jahre gegründet wurden. Die Vertriebspolitik von Microsoft war immer auf die Stärkung dieser Distribution ausgerichtet. Deshalb hat Microsoft anders als z. B. Borland auf den Aufbau eines Direktverkaufs verzichtet. Über Distribution und Fachhandel sollten optimaler flächendeckender Vertrieb und Service für die Anwender sichergestellt werden.

Solange die Distribution noch zu schwach war, um alle Händler zu beliefern, lieferte Microsoft auch direkt an den Fachhandel. Zur direkten Betreuung der Fachhändler in Nord- und Westdeutschland gründete Microsoft bereits im Jahre 1984 neben der Zentrale in München eine erste regionale Vertriebsniederlassung in Düsseldorf. Weitere regionale Niederlassungen mit dem Schwerpunkt Händler- und Kundenbetreuung folgten in späteren Jahren in Frankfurt, Berlin und Hamburg.

Eine besondere Rolle spielten die Schweiz und Österreich. Die Schweiz wurde bis 1990, Österreich bis 1991 von der deutschen GmbH betreut. Da in diesen Ländern noch nicht einmal eine Vertriebsniederlassung wie in Düsseldorf vorhanden war, mußte sich Microsoft dort fast völlig auf die Distribution verlassen. Vor allem in der Schweiz gelang die Marktbetreuung mittels der Distribution lange Jahre überraschend gut. Schon Mitte der achtziger Jahre konnte Microsoft Emil Widmer, Geschäftsführer des Distributionshauses Computertechnik für Manager (CfM) als Exklusivdistributor gewinnen. Über lange Jahre hat CfM nicht nur für Microsoft gearbeitet – CfM war eigentlich Microsoft Schweiz! CfM betreute die schweizerische Presse, die schweizerischen Großkunden, kümmerte sich um Schulungshäuser und natürlich auch um die Händler. Trotz dieser erfolgreichen und noch immer gut funktionierenden Zusammenarbeit zwischen CfM und Microsoft entschied sich Microsoft 1990 für eine eigene Niederlassung in der Schweiz. Wir glaubten einfach, daß wir den Markt bei direkter Präsenz noch besser erschließen könnten. Der Erfolg gab uns recht. Die junge schweizerische Microsoft AG konnte den Microsoft-Umsatz in der Schweiz in ihrem ersten Jahr um über 100 Prozent steigern. Das Geschäftsjahr 1992 schloß die AG zum 30. Juni 1992 mit umgerechnet 60 Millionen DM ab. Noch drastischer fiel das Resultat der 1991 gegründeten Microsoft Ges.m.b.H. in Österreich aus. Während in den achtziger Jahren der österreichische Markt für Microsoft immer nur rund ein Fünftel des schweizerischen Marktes ausmachte, schloß Microsoft Wien das Geschäftsjahr 1982 am 30. Juni 1992 mit einem Jahresumsatz von umgerechnet 30 Millionen DM ab. Zum Vergleich: Die deutsche GmbH realisierte in diesem Jahr in Deutschland ca. 540 Millionen DM Umsatz.

Heute erzielt Microsoft in den drei deutschsprachigen Ländern jeweils über 60 Prozent seines Umsatzes über die Distribution, den Rest über direkte Händler und Hardwarehersteller.

Unknüpfbar verbunden mit der Distribution ist der Kundendienst. Wir haben deshalb immer auf den Fachhandel gesetzt, weil wir davon überzeugt waren, daß der Fachhandel am besten ›Service vor Ort‹ für den Anwender garantieren kann. Unsere eigenen Serviceleistungen sollten diesen Service des Handels ergänzen. Als wir im Laufe der Jahre feststellen mußten, daß der Fachhandel mit diesem Anspruch überfordert war, mußten wir unsere eigenen Serviceanstrengungen für PC-Anwender drastisch erhöhen. Der technische Kundensupport stellt heute mit mehr als 40% der Gesamt-Mitarbeiterzahl den weitaus überwiegenden Teil der Microsoft-Belegschaft dar, und er ist neben den Produkten wohl das wichtigste Element der Image-Prägung. Und trotzdem bleibt auch für die Zukunft ein perfekt funktionierendes Distributionssystem für Software-Produkte ein entscheidender Erfolgsfaktor: Software-Käufer warten nicht.

## Software ist Service

Mit dem Wachstum des deutschen Softwaremarktes während der achtziger Jahre trat neben die drei erwähnten Hauptziele zunehmend ein viertes Ziel in den Vordergrund: die Fokussierung unserer Anstrengungen von der Kundenorientierung hin zur Sicherstellung einer größtmöglichen Kundenzufriedenheit. Die kostenlose telefonische Hotline ist sicherlich das bekannteste, keinesfalls aber einzige Kundendienstinstrument eines Softwarehauses. Neben die technische Hotline, in der heute rund 170 Mitarbeiter monatlich mehr als 40 000 Kundenanfragen beantworten, ist inzwischen ein nicht-technischer Kundendienst getreten. 20 000 Kaufinteressenten werden hier jeden Monat über Preise, Verfügbarkeiten und Leistungsmerkmale der Produkte informiert. Zur Ergänzung unserer telefonischen Dienste hat Microsoft in Deutschland eine ganze Reihe von Online-Diensten aufgebaut, die über Bildschirmtext, CompuServe und eigene Systeme verbreitet werden. Wir bieten registrierten Anwendern von Microsoft-Produkten eine Zeitschrift an, die ihnen helfen soll, die Produkte optimal zu nutzen. Die Anwenderregistrierung wird mehr und mehr das zentrale Werkzeug, mit dem wir Kunden über laufende Änderungen in unserem Angebot informieren. Je nach Zielgruppe erhalten solche Kunden regelmäßig Informationen zu neuen Updates, Druckertreibern, oder eben auch Zeitschriften und Seminar- und Konferenzangebote.

Schon 1987 haben wir das deutsche *Microsoft System Journal* gegründet. Über lange Jahre war dieses Heft weltweit das einzige Microsoft-Periodikum außerhalb der USA. In Deutschland hat es sich heute zur führenden Zeitschrift für professionelle Systementwickler und Programmierer gemausert: Die Zeitschrift arbeitet mit einer von Microsoft unabhängigen Redaktion, richtet sich zwar vor allem an Entwickler, die mit Microsoft-Produkten und für Microsoft-Standards entwickeln. Daß Microsoft in Deutschland die Rolle eines Zeitschriftenverlages übernommen hat, lag ausschließlich an der Tatsache, daß die etablierten Verlage eine solche Zeitschrift damals noch nicht anbieten wollten, da mit ihr für eine vergleichsweise kleine, aber eben wichtige Zielgruppe natürlich auch wenig Profit zu machen ist. Nichtsdestotrotz gehört ein solches Medium, wie die Verkaufserfolge der Zeitschrift beweisen, zu einem funktionierenden PC-Softwaremarkt. Nicht zuletzt hat das *Microsoft System Journal* durch die Unterstützung von Windows-Entwicklern sicherlich nicht unwesentlich zum Erfolg von Windows und damit zum weiteren Erfolg des PCs gegenüber der klassischen zentralistischen mittleren und Großdatentechnik in Deutschland beigetragen. Damit hat sich das *System Journal* das gleiche Ziel gesetzt, das auch die Microsoft Consulting verfolgt. Microsoft Consulting ist eine eigenständige Abteilung, die wir 1991 neben England als erste Niederlassung aufgebaut haben. Microsoft Consulting betreut heute zahlreiche Großunternehmen bei der Entscheidung und Planung von Zukunftsinvestitionen. Dabei verkauft Microsoft Consulting keine Produkte, sondern ausschließlich Know-how. Microsoft Consulting geht es ausschließlich um Beratungsleistungen bei der Konzipierung und Realisierung von Client-Server-Netzwerken in Unternehmen. Beraten werden grundsätzlich alle Unternehmen, auch wenn sie zum Beispiel auf UNIX oder Novell-Netzwerke setzen, aber Windows-Kompatibilität oder Windows-Arbeitsplätze unter solchen Systemen realisieren wollen.

Das Erreichen eines Höchstmaßes an Kundenzufriedenheit setzt natürlich voraus, daß wir unsere Kunden kennen und daß wir uns für unsere Kunden einsetzen.

Die Microsoft-Marketingmitarbeiter sind deshalb immer wieder draußen beim Kunden. Produkte werden nicht im stillen Kämmerlein entworfen und positioniert, sondern im Kundenkontakt, bei Produktpräsentationen bei Großkunden, Fachhändlern oder auf Messen. So ist es in Deutschland selbstverständlich, daß auf der CeBIT die Gruppenleiterin des Produktmarketing für unsere Low-Cost-Produkte auch einmal an der Informationstheke steht, die Marketingleiterin Word-Hotline macht und der Geschäftsführer nicht nur im V.I.P.-Bereich und bei Geschäftsessen zu sehen ist, sondern auch ganz normalen Kunden auf dem Messestand Fragen zu unseren Produkten beantwortet. Wenn ich heute in irgendein Büro in der Microsoft-Zentrale gehe und dort das Telefon klingelt, der Mitarbeiter aber gerade nicht am Platz ist, dann ist es nicht nur meine Pflicht abzuheben, sondern ich muß auch versuchen, dem Anrufer selbst direkt weiterzuhelfen. Diese Regel gilt für jeden, egal ob er im Lager, an der technischen Hotline, im Marketing oder in der Geschäftsleitung arbeitet.

Die Kunden sollen als Partner ernstgenommen werden. Dies gilt nicht nur im Marketing, wo es um das Design künftiger Produkte geht, dies gilt selbstverständlich auch im Vertrieb. Der Vertriebserfolg von Microsoft hat sicherlich nicht nur mit den Talenten seiner Vertriebsmitarbeiter zu tun. Wesentlich für diesen Erfolg ist wohl vor allem die Verkaufsphilosophie, die in erster Linie eine Partnerphilosophie ist. Verkauf ist für Microsoft-Mitarbeiter stets ein ›Give and Take‹. Beide Partner müssen als Gewinner aus einer Vertragsverhandlung gehen, beide müssen auch faktisch gewinnen. Microsoft-Vertriebsmitarbeiter sind grundsätzlich nicht am kurzfristigen individuellen Umsatz beteiligt. Sie sind deshalb auch nicht aggressiv im Eintreiben kurzfristiger Verkaufserlöse. Aber sie arbeiten hart an der langfristigen Sicherung unserer Kundenkontakte, an der Partner- und Kundenpflege. Gar nicht selten machen sie sich zum Anwalt der Interessen ihrer Kunden bei Microsoft, etwa wenn es um die Umsetzung von Kundenwünschen zum Produktdesign geht. Ich erinnere mich lebhaft an das Engagement einer Vertriebsmitarbeiterin, die von sich aus Bill Gates involvierte, um Anforderungen von Daimler-Benz an die Datei-Konversionsmöglichkeiten bei Microsoft Word 4.0 durchzusetzen. Häufig sind unsere Vertriebsmitarbeiter unsere wichtigsten Marketingfachleute.

Diese bedingungslose Kundenorientierung ist der Grund für die Stärke der nationalen Niederlassungen im Vergleich zum weltweiten Headquarter. Denn die Niederlassungen verfügen über den Kundenkontakt, der entscheidend ist für Design und Vermarktung der Microsoft-Produkte.

Kundenorientierung ist nicht nur Theorie, und wo sie heute nicht Praxis ist, ist sie doch zumindest Anspruch. Denn tatsächlich macht Microsoft das schnelle Wachstum auch zu schaffen. Bei durchschnittlich über 50 Prozent Personalwachstum jedes Jahr, von 1983 bis 1992, ist es nicht einfach, stets Mitarbeiter zu finden, die diesem Anspruch gerecht werden. Manchmal ist Wachstum mörderisch und erschwert die optimale Erreichung unserer qualitativen Ziele, vor allem, wenn es überraschend kommt, wie nach dem beispiellosen Erfolg von Microsoft Windows 3.0. Aber gerade solche Erfolge machen uns immer wieder klar: Am Ende zählt die Kundenzufriedenheit, und gerade wegen des fantastischen Erfolges von Microsoft ist die Kundenzufriedenheit als eines der weltweiten strategischen Ziele der Microsoft Corporation gewählt worden.

## Die Windows-Story: Erfolgsfaktor der Microsoft GmbH

Die Geschichte von Windows begann in Deutschland im Gründungsjahr der Microsoft GmbH. Im Sommer 1983 brachte Bill Gates die erste Vorversion des späteren Microsoft Windows ins GmbH-Büro nach Taufkirchen. Der erste deutsche Nicht-Microsoft-Mitarbeiter, der dieses Produkt zu sehen bekam, war ein Mann namens Eckehard Pfeiffer, der eines Tages ins Microsoft-Büro kam, sich auf Joachim Kempins Sofa setzte und erzählte, er würde in den kommenden Wochen Compaq Deutschland aufbauen. Heute ist Pfeiffer *President* und CEO der Compaq Corporation. Was er damals sah, wurde intern noch Microsoft Interface Manager genannt und ähnelte äußerlich eher der heutigen Version 3 von Windows als dem späteren Windows 1.0. Überlappende Fenster und viele Funktionen, die ein Jahr später im Macintosh realisiert wurden, waren in diesem Interface Manager bereits realisiert.

Die Reaktion von Pfeiffer, wie später von allen anderen deutschen Experten, war eher verhalten. Technisch war man zwar an Windows interessiert, über die Marktrelevanz und die Nachfrage nach einer grafischen Betriebssystemerweiterung war man jedoch eher geteilter, häufig auch klar ablehnender Meinung. Dies hatte Mitte der achtziger Jahre sicherlich auch mit dem eher bescheidenen Anfangserfolg der grafischen Oberfläche GEM von Digital Research zu tun, die mangels technischer Möglichkeiten und vor allem auch mangels professioneller Applikationen als Hobbyprogramm abgetan wurde. Schlimmer wurde dieses Spielzeugimage noch nach der Einführung der ebenfalls grafischen Atari- und Amiga-Rechner, die sich klar als Computer für den Hobbybereich positionierten. Unter diesem Image mußte auch Windows am Anfang leiden. In Ländern, in denen der Apple Macintosh überdurchschnittliche Akzeptanz im Bürobereich erringen konnte, etwa in der Schweiz oder in Frankreich, hatte es Windows anfangs erheblich leichter. Hier war der Markt auf professionelle grafische Bedieneroberflächen besser vorbereitet. In Deutschland hatte aber der Macintosh keine ausreichende Akzeptanz gefunden.

Der Apple Macintosh, der 1984 in Deutschland auf den Markt kam, konnte hierzulande nie die Bedeutung erlangen, die ihm in den USA beschieden war. In Deutschland war dazu die Ergonomie-Debatte einfach zu stark entwickelt. Für den Einsatz im Unternehmen waren die Ratschläge der Ergonomen und die einschlägigen DIN-Normen wichtig, und da wurden große Bildschirme und flache Tastaturen gefordert. Der kleine Macintosh-Schirm und die zwei Zoll hohe Tastatur konnten vielleicht von Designern, Freaks und Werbeleuten akzeptiert werden, aber sicherlich nicht vom Arbeitsdirektor und vom mitbestimmenden Betriebsrat bei Daimler-Benz oder BASF.

Relativ erfolgreich war Windows bereits mit der Version 2.0, die im Herbst 1987 auf den Markt kam. Doch noch immer war Windows nicht viel mehr als eine gute grafische Bedieneroberfläche, die gegen GEM konkurrierte. In Ermangelung professioneller Windows-Applikationen war die Rolle von Windows als Systemintegrator für MS-DOS-Anwendungen noch kaum sichtbar. Dies änderte sich schlagartig mit Windows 3.0 im Frühjahr 1990. Nun war Windows schnell genug, und vor allem gab es plötzlich eine Vielzahl von Büroanwendungen, die mittels Windows zu einer neuen Form integrierter Bürokommunikation verbunden werden konnten. Heute sind wir gar soweit, daß Windows zum zentralen Schalthebel für die Integration heterogener Welten wird.

Windows, das war der Geist in der Flasche, 1983 angesetzt, 1987 begann er zu gären, 1990 hat er die Flasche gesprengt. Der Erfolg von Windows hat für Microsoft zu enormem Wachstum geführt und hat Microsoft-Mitarbeiter und -Manager vor große Herausforderungen gestellt. Vor allem aber hat der Windows-Erfolg den Softwaremarkt von Grund auf neu definiert. Er hat vielen tausend Software-Anbietern weltweit eine Chance geboten, sich im Umfeld einer kleiner werdenden Zahl von führenden Anbietern mit wettbewerbsfähigen Produkten zu etablieren. Und Windows hat bereits 1991 gezeigt, daß es den

Forderungen von Millionen von Anwendern entspricht, PC-Anwendung leichter zu machen.

## Management ist Partnerschaft

Management in einem schnell wachsenden Unternehmen muß vor allem auf Mitarbeiterentwicklung setzen. So viele neue Führungskräfte lassen sich extern gar nicht finden, wie Microsoft Deutschland in den zehn Jahren seiner Existenz benötigte. Die Besetzung von Führungsaufgaben durch eigene Mitarbeiter gewährleistet auch viel eher die kontinuierliche Weiterentwicklung der Firmenkultur, die Microsoft so entscheidend prägt. Mitarbeiterentwicklung als wesentliche Managementaufgabe wurde bei der Microsoft GmbH nach Abschluß der ersten Aufbaujahre, in der Management noch zum guten Teil auf Zuruf und aus Intuition erfolgte, wichtig.

Erwachsen wurde Microsoft in Deutschland wohl im Jahre 1987. Damals wurden wir erstmals umsatzstärkstes Softwarehaus der Welt vor Ashton Tate und Lotus. Microsoft Word – die deutsche Version – wurde 1987 erstmals das meistverkaufte PC-Programm vor dem bisherigen Marktführer dBase. Windows 2.0 kam auf den Markt und konnte seine Verkaufszahlen gegenüber der Version 1 schon in den ersten Monaten nach Verfügbarkeit um rund 150 Prozent steigern. Ende 1987 wurde mit Microsoft Excel die erste große Windows-Anwendung vorgestellt. Kurzum: Microsoft war 1987 als Marktführer sowohl im Bereich Systemsoftware mit MS-DOS als auch als führender Anbieter von Standardanwendungssoftware etabliert. Unsere Mitarbeiterzahl verdoppelte sich erstmalig innerhalb eines Jahres von 50 auf über 100.

Die Unternehmensstrategie veränderte sich von einer Etablierungsstrategie zu einer Strategie des technologischen Vorreiters. Der Name Microsoft als Markenname einer deutschen Firma war in Deutschland bekannt. Es ging nunmehr darum, sich als Technologieführer zu positionieren und durch die Etablierung von Windows und neuen Windows-Produkten die Marktführerschaft langfristig auszubauen. Dieser strategische Wechsel ging in Deutschland einher mit dem Wechsel der Geschäftsleitung.

Im Januar 1987 rief mich Joachim Kempin in sein Büro und eröffnete mir, daß er als *Vice President* künftig in der Zentrale in Redmond für das weltweite OEM-Geschäft zuständig sein werde. Ich sei der neue Boss hier und »by the way... hier sind die Business-Plan-Modelle für das nächste Geschäftsjahr. Dies ist eine einmalige Gelegenheit, zu lernen, wie ein Budget erstellt wird«. Dies war für mich tatsächlich eine erste Gelegenheit, den Kurs der Microsoft GmbH wirklich entscheidend zu bestimmen. Und es wurde ein Kurswechsel daraus, notwendig geworden durch das rasante Wachstum, in das der deutsche PC-Softwaremarkt und mit ihm Microsoft geraten war.

Die nun anstehenden strategischen Änderungen waren natürlich nicht allein meine Erfindung. Vielmehr war die Strategie des ›stay on the toy‹ durch ›technology leadership‹ bereits seit Herbst 1986 in einem mehrmonatigen Strategieworkshop entwickelt worden. Beteiligt daran waren die leitenden Angestellten der Microsoft GmbH. Eigentlich bildete sich das leitende Management der GmbH als handelnde Gruppe überhaupt erst in diesen Monaten heraus. Zu meinen ersten Aufgaben gehörte nämlich die Bildung einer funktionierenden und flexiblen Managementstruktur. Eine der ersten wichtigen Maßnahmen war im Januar 1988 die Einstellung von Dr. Jochen Haink, potentieller Nachfolger in der Rolle des Geschäftsführers. Seit 1991, der Strukturierung der Microsoft-Tochtergesellschaften in Europa in drei Regionen und meiner Verantwortungsübernahme für die Region Zentral- und Osteuropa ist Dr. Haink auch tatsächlich als Geschäftsführer für den deutschen Markt verantwortlich. Haink kannte ich schon seit 1978. Er war damals bei der deutschen Intel für den Kunden Siemens zuständig. Als OEM-Vertriebsleiter der Microsoft GmbH war Siemens auch für mich der wichtigste Kunde. Für uns beide war Siemens eine Herausforderung, ging es doch sowohl Intel als auch Microsoft darum, Siemens in seiner Umorientierung von der mittleren Datentechnik hin zur PC-Technologie zu bestärken. Und so kam es, daß Haink und ich häufiger unsere gemeinsamen Erfahrungen mit Siemens austauschten. Als ich dann im Sommer 1987 einen neuen Gesamtvertriebsleiter für die deutsche Microsoft suchte, war ich erfreut über Hainks Interesse an Microsoft. Intel teilt die wesentlichen Visionen von Microsoft über die Zukunft der Computertechnologie. Haink als Vertriebsleiter und potentieller Nachfolger für mich selbst als Geschäftsführer war ein Garant für Kontinuität.

Einige meiner Mitarbeiter wunderten sich damals, daß ich als frischgebackener Geschäftsführer einen so starken Mann zum Stellvertreter gewählt hatte, und fürchteten Konkurrenzverhalten oder gar das beliebt-berüchtigte Stühle-Sägen. Für das Management bei Microsoft war diese Entscheidung für einen starken zweiten Mann aber typisch. Die Suche nach einem erklärten Nachfolger gehört zu den wesentlichen Aufgaben jedes Microsoft-Mitarbeiters mit Führungsverantwortung. Der konsequente Aufbau von Nachfolgern ist in einer schnell wachsenden Organisation ein absolutes Muß und deshalb Verantwortung jedes Managers. Ein weiteres Merkmal unseres Führungsstils ist *performance review,* die Leistungsbeurteilung. Alle sechs Monate stürzt sich die ganze Firma (weltweit!) in einen ausführlichen Prozeß der Bestandsaufnahme, der wechselseitigen Leistungsbeurteilung und der gemeinsamen Zieldefinition. Die Vorgesetzten setzen in Einzelgesprächen ihren Mitarbeitern Ziele für die kommenden sechs Monate. Solche Ziele können konkrete Geschäftsziele, etwa zu erzielende Umsatzzahlen sein, oder aber auch zu erreichende individuelle Grundqualifikationen, beispielsweise eine individuelle Verbesserung in der Präsentation vor Publikum.

Gleichzeitig beurteilen Mitarbeiter und Vorgesetzte die Erreichung der Ziele aus den vergangenen sechs Monaten. Dieses Managementkonzept ist nicht nur in amerikanischen Unternehmen als MBO – Management By Objectives – bekannt geworden. Darüber hinaus beurteilen die Mitarbeiter den Führungsstil ihres jeweiligen direkten Vorgesetzten. Alle Ergebnisse werden schriftlich niedergelegt. Der Kern des Review-Prozesses ist der Plan zur Mitarbeiterentwicklung: Stärken- und Schwächenanalyse bezogen auf die zukünftig anstehenden Aufgaben und die Weiterentwicklungspläne des Mitarbeiters, Festlegen der Trainings, Aufzeigen möglicher zukünftiger Positionen. Individuelle Entwicklungsziele und Unternehmensziele sollen so zur Deckung gebracht werden. Nicht als leeres gegenseitiges Versprechen, sondern als offenes, methodisches Herangehen an zukünftige Chancen. Selbstverständlich dient die objektive Leistungsbeurteilung auch als Basis für Gehalts- und Bonusfestlegung. Die Vergabe von Aktienoptionen ist ein weiteres zentrales Moment der Unternehmenspolitik. Durch die Streuung der Aktien an viele Microsoft-Mitarbeiter werden sie am Erfolg des Unternehmens beteiligt. Die persönliche *contribution* beeinflußt den Unternehmenserfolg; der Unternehmenserfolg beeinflußt im entscheidenden Maß den persönlichen Erfolg des Mitarbeiters. Wenn es Microsoft gelingt, den heutigen Stand des Aktienwertes zu halten und vielleicht weiter zu steigern, dann gibt es wohl viele Mitarbeiter, deren Zukunft gesichert ist. Man merkt es ihnen aber äußerlich nicht an. Denn in allererster Linie hat Microsoft erreicht, wovon viele Unternehmen nur träumen können: Mitarbeitern eine echte Chance zu geben, zu wirklichen Mitunternehmern zu werden. Gleich, welchen Job sie haben, und auf welcher Ebene des Unternehmens sie arbeiten.

Dieser Managementstil entspricht der von den Mitarbeitern geschaffenen Firmenkultur. Microsoft-Mitarbeiter sind in der Regel starke Individualisten. Sie fordern und erhalten einen hohen Grad an Eigenverantwortlichkeit.

Freilich führt dies gelegentlich auch zu Irritationen bei Geschäftspartnern. Für gestandene 50jährige Geschäftsführer mittelständischer deutscher Unternehmen ist die Unverfrorenheit eines vielleicht noch nicht einmal 30 Jahre alten Microsoft-Vertriebsbeauftragten, über notwendige strategische Anpassungen des deutschen Mittelstands an weltweite technologische Trends zu dozieren, manchmal erstaunlich. Und daß der Mitarbeiter dann einen Vertrag ohne Rücksprache mit seinem Vorgesetzten und ohne schriftliche Eingabe in drei Durchschlägen einfach ›selbstverantwortlich‹ unterschreibt, gilt in solchen Kreisen keinesfalls als selbstverständlich. Ohne derart unkonditioniertes Verhalten und ohne die Kreativität und das Selbstbewußtsein solcher jungen Mitarbeiter aber hätte Microsoft nicht in so kurzer Zeit zu einem so bestimmenden Faktor im Wirtschaftsleben werden können.

Ein Beispiel: Als etwa Microsoft Deutschland Mitte der achtziger Jahre sein Großkundengeschäft aufbaute, wußten wir noch gar nicht, welches Unternehmen überhaupt wieviele PCs im Einsatz hatte. Käufliche Marktstatistiken hierüber gab es damals auch noch nicht. Also schickte man Vertriebsmitarbeiter auf die Reise, um die größten deutschen Unternehmen einfach einmal zu besuchen. Einer der Mitarbeiter, gerade Ende Zwanzig, flog eines Tages nach Wolfsburg und fragte beim Pförtner der VW-Zentrale nach dem Namen des für EDV-Belange zuständigen Vorstandsmitglieds. Mit zwei Namen auf dem Notizblock ging er in sein Hotel und rief bei VW an, ließ sich mit dem Sekretariat eines der beiden Vorstandsmitglieder verbinden und bat um einen kurzfristigen Termin für den Großkundenbetreuer des PC-Software-Weltmarktführers Microsoft. Der sei zufällig in Wolfsburg und hätte sich mit dem Herrn von VW gerne über strategische Kooperationen unterhalten. Einen Tag später stand dieser Microsoft-Mitarbeiter dann wieder vor dem Pförtner, diesmal mit Termin bei einem VW-Vorstand. Wenige Wochen später war VW einer der wichtigsten Großkunden der deutschen Microsoft GmbH.

Mit solchen Mitarbeitern und einem Management, das das Mitwachsen der Mitarbeiter mit dem Unternehmen fördert, konnte die Microsoft GmbH in den ersten zehn Jahren ihres Bestehens von 7 auf über 700 Mitarbeiter wachsen. So konnte die Microsoft GmbH auch ihrer Aufgabe gerecht werden, nicht nur den deutschen Markt zu erobern, sondern auch neue Microsoft-Niederlassungen in anderen europäischen Staaten zu gründen und bei ihrer Entwicklung zu helfen. Dabei machen diese Neugründungen immer wieder den gleichen Prozeß durch, den die GmbH in ihrer Gründungsphase durchlebte. Sie beginnen mit einer Handvoll Mitarbeiter und wachsen zu ›richtigen‹ Unternehmen. Und sie wachsen in der Regel mit einheimischen Mitarbeitern, die wieder ihre Kultur zu einer neuen Microsoft-Kultur machen. Die schweizerische Microsoft AG mit ihrem Geschäftsführer Peter Blum und die österreichische Microsoft Ges.m.b.H. mit Egon Salmutter als Geschäftsführer machen dies seit ihrer Gründung 1990 und 1991 vor. Beide mit Wachstumsraten von über 100 Prozent jährlich. Die nächsten Neugründungen stehen 1993 in Osteuropa an.

## Microsoft Deutschland sucht Partner im Osten

Osteuropa ist seit 1985 Betreuungsgebiet der deutschen Microsoft GmbH. Im Sommer 1985 reiste ich zum erstenmal mit dem damaligen *Vice President Microsoft International,* Scott Oki, nach Budapest. Unter anderem führten wir ein Gespräch mit dem damaligen Leiter des staatlichen Großunternehmens Elektromodul. Dieser empfing uns in einem Ambiente, wie man es aus manchen amerikanischen Filmen über die Sowjetunion im Kalten Krieg kannte: altmodisches, aber palastartig großes Büro mit schweren Vorhängen, dunklen Mahagonimöbeln im Stil der 50er Jahre, und Lenin-Bild über dem Schreibtisch. Hinter dem etwas überdimensionierten Schreibtisch empfing uns dann aber ein gar nicht verstaubter, dynamischer Mann mit den von mir nie vergessenen Worten: »Es wird Sie überraschen. Sie sind aus dem Westen, und ich bin aus dem Osten, und ich will mit Ihnen über Profite reden, über nichts sonst, über Profite.« Starke Worte für einen vom kommunistischen Staat angestellten Generaldirektor, denen aber später keinerlei Taten folgten.

Bis zum politischen Umbruch in den ehemals kommunistischen Staaten sollte uns dies noch häufig passieren. Immer wieder erschienen einzelne Funktionäre, die unbedingt mit uns ins Geschäft kommen wollten, mal in Polen, mal in Ungarn, mal in Jugoslawien. Aber da wir uns niemals über Bakschisch ins Ostgeschäft einkaufen wollten, auf Bezahlung in Devisen bestanden und auf Vorschläge zu Wechselgeschäften Marke ›Software gegen Paprika‹ oder ›Software gegen Software‹ auch nicht eingingen, blieb es stets bei kurzfristigen kleineren Einzelaktionen. Einmal haben wir größere Mengen MS-DOS und englischsprachige Software nach Rumänien geliefert. Der dortige Distributor versprach uns, die Produkte weiter in die Sowjetunion zu verkaufen. Nach einigen Monaten mußten wir feststellen, daß er die ganzen Pakete nicht in die Sowjetunion, sondern gegen Devisen billig nach Afrika verkauft hatte.

Die größten Probleme hatte Microsoft in der damaligen DDR. Die Firma Robotron vertrieb unter eigenem Namen über viele Jahre einen nicht lizenzierten Nachbau von MS-DOS. Auf der CeBIT 1989 bot Robotron auf dem eigenen Stand Windows-Applikationen für Banken an. Dabei hatte die Firma Robotron nach unserer Kenntnis bis dahin keine einzige Windows-Kopie von uns erworben. In Polen wurde ein Programm namens Multiplin vertrieben – nichts anderes als eine Raubkopie der englischen Version von Microsoft Multiplan.

Um solchen Raubkopien zu begegnen, versuchten wir schon früh, lokalisierte Produkte in osteuropäischen Ländern in Zusammenarbeit mit dortigen Distributoren zu vermarkten. Schon 1988 erschien in Kooperation mit einer auf den Ungarnhandel spezialisierten österreichischen Firma ein ungarisches Multiplan. Allein, der Markt war nicht zahlungskräftig genug. Das Unternehmen blieb auf den Paketen sitzen. Für Microsoft hat sich diese Lokalisierung nie gerechnet.

Ein größeres Absatzvolumen konnte Microsoft dann 1990 mit einem ersten russischen MS-DOS realisieren. Das russische MS-DOS wurde in großen Stückzahlen sowohl von östlichen als auch von westlichen Hardwareherstellern lizenziert, die PCs in die damalige Sowjetunion lieferten. MS-DOS folgten später lokalisierte russische Versionen von Windows und Works.

Noch wird Osteuropa von München aus betreut. Doch werden in den kommenden Monaten eigenständige Niederlassungen in Ungarn, Rußland, Polen und auf dem Gebiet der heutigen CSFR gegründet werden. Noch sind die Märkte nicht allzu groß; Investitionen in diesen Ländern sind reine Investitionen in die Zukunft. Wichtiger als die Realisierung kurzfristiger Gewinne ist aber auch hier das Engagement von Microsoft im Aufbau von Partnerschaften. Wirkliche Gewinne wird man als Softwarehaus in diesen Ländern erst erzielen können, wenn überhaupt ein PC-Markt mit Händlern, unabhängigen nationalen Softwarehäusern, Hardwareherstellern, Fachmedien, Fachmessen etc. etabliert ist. Am Aufbau dieser Infrastruktur beteiligt sich Microsoft im Rahmen zahlreicher Kooperationen, etwa durch Sponsoring von Messen, Förderung junger Softwareentwickler, Kooperationen mit Verlagshäusern, aber auch durch die Beratung der jeweiligen nationalen Regierungen bei der Definition von Copyright-Gesetzen zum Schutz einheimischer wie auch ausländischer Softwarelieferanten.

So wird die Verantwortung für die Kundenbetreuung in Osteuropa an die neuen Töchter abgegeben werden, so wie die Microsoft GmbH zuvor die Betreuung der Schweiz und Österreichs in einheimische Hände übergeben hat. Freilich bleiben die jungen Microsoft-Niederlassungen mit der Microsoft GmbH ebenso verbunden wie die österreichische Ges.m.b.H. und die schweizerische AG – im Rahmen des Bereichs Mittel- und Osteuropa in der Microsoft Europazentrale.

## Microsoft auf dem Weg ins vereinte Europa

Ich selbst wechselte 1991 vom Geschäftsführer der deutschen GmbH in die Europazentrale. Als Direktor für Mittel- und Osteuropa brauchte ich nicht in das Pariser Büro umzuziehen, sondern konnte in München bleiben. In der Europazentrale bestimmen wir nicht die Tagespolitik der nationalen Niederlassungen. Vielmehr dient das Microsoft European Headquarter (EHQ) primär der Formulierung langfristiger Service- und Vertriebsstrategien für Europa.

Bei Entscheidungen zur Produkt- und Systementwicklung wird Microsoft Europa als gleichwertiger Partner der Microsoft Corporation fungieren. Damit werden die Einflußmöglichkeiten europäischer Anwender auf zukünftiges Produktdesign weiter steigen. Europa macht inzwischen mehr als 50 Prozent des Weltumsatzes der Microsoft Corporation aus. Wäre Microsoft Europa vom Weltkonzern unabhängig, dann wäre Microsoft Europa weltweit das größte PC-Softwarehaus, weit vor den international operierenden Konkurrenzfirmen und auch – mit kleinem Abstand – vor Microsoft USA.

Die Gründung des Europabüros war von Anfang an auf die Vorbereitung des geeinten Europa 1993 ausgerichtet. Es gibt Europabehörden, mit denen zentral zu verhandeln ist, weil diese Behörden normative Gewalt in allen EG-Staaten haben. Ein erstes Beispiel hierfür ist der europäische Gerichtshof, der Regelungen für ein internationales europaweites Copyright-Gesetz erarbeitet hat. So gehörte nicht zufällig der Kampf um Copyright-Regelungen und gegen Raubkopien zu den ersten Verantwortungsbereichen, die weitgehend von den nationalen Niederlassungen auf das EHQ übertragen wurden. Als zum

Beispiel die italienische Niederlassung der deutschen Hoesch AG überführt wurde, mit illegalen Raubkopien zu arbeiten, war mit den Konsequenzen die Microsoft-Europazentrale, nicht die italienische oder deutsche Microsoft-Niederlassung befaßt.

Zahlreiche große Unternehmen operieren europaweit und fordern zentralen Einkauf bei Microsoft oder zumindest Einkaufsmöglichkeiten zu identischen Bedingungen in allen EG-Staaten. Die Harmonisierung der Preis-, Lizenz- und Servicepolitik der einzelnen Niederlassungen gehört deshalb ebenfalls zum Aufgabenbereich der Europazentrale. Die europäische Staatengemeinschaft wird einen geeinten Markt entwickeln, in dem zum Beispiel die heutigen Preisunterschiede für Software nicht mehr notwendig sein werden.

Vor allem bei Produkten wie Windows wird das Schlagwort vom *Gobal Marketing* in jüngster Zeit bei Microsoft viel diskutiert. Als Microsoft USA 1992 zum erstenmal Fernsehwerbung für Windows erfolgreich einsetzte, begannen auch in Europa Überlegungen, Fernsehen als Werbeträger einzusetzen. Das European Headquarter wird aber als aktives Marketinginstrument sicherlich erst dann eingesetzt werden, wenn der Verbrauchermarkt für Computersoftware in Europa ein größeres Maß an Homogenität aufweist.

In Zentraleuropa sind wir in diesem Punkt heute vielleicht schon auf dem richtigen Wege. In der Schweiz, Österreich und Deutschland sind die kulturellen und wirtschaftlichen Verflechtungen so stark, daß hier heute Marketing zum großen Teil länderübergreifend realisiert muß. Aber auch hier entscheiden die nationalen Niederlassungen autonom auf Grund ihrer Markt- und Kundenkenntnisse darüber, ob grenzüberschreitendes Marketing zum Zuge kommen soll oder nicht. Die entscheidende Kompetenz liegt bei den Geschäftsführern von Microsoft in der Schweiz, in Deutschland und in Österreich.

In Mittel- und Osteuropa macht Microsoft heute mehr Umsatz als vor nur fünf Jahren weltweit. In nur neun

Jahren wuchs die Mitarbeiterzahl in dieser Region von 7 auf knapp 600, der Umsatz von 5 Millionen DM auf über 600 Millionen DM. Microsoft hat in dieser Zeit den Softwaremarkt komplett neu definiert. Nicht die mittlere Datentechnik hat das Rennen gemacht, sondern der PC. Nicht die zentrale Datenverarbeitung unter der Kontrolle von wenigen, sondern der Personalcomputer der vielen Millionen Anwender hat sich durchgesetzt. Nicht proprietäre Systeme haben den Markt erobert, sondern einheitliche Industriestandards wie MS-DOS und Windows haben einen neuen Markt geschaffen. Dies konnte Microsoft nur gegen viele Widerstände in Europa durchsetzen, und wahrscheinlich konnte diesen Paradigmenwechsel auch nur ein Unternehmen erzwingen, das wirtschaftlich und kulturell nicht an die klassischen deutschen Verhaltensweisen gebunden war. Doch entstehen heute ein deutscher, ein schweizerischer, ein österreichischer und nicht zuletzt zahlreiche osteuropäische Softwaremärkte mit guten Chancen für einheimische Entwickler gerade auf der Basis der Standards, die Microsoft erst durchgesetzt hat. Microsoft fördert diese Entwicklung nach Kräften, denn Microsoft, wie auch unsere Konkurrenten, werden in den kommenden Jahren prosperieren, weil der Gesamtmarkt für PC-Software wächst. Die Zukunft liegt im Downsizing, in der Durchdringung klassischer Datenverarbeitung durch PCs, und für Microsoft in der Durchsetzung von Windows als integrierender Faktor heterogener DV-Welten. Nach zehn Jahren ungestümen Wachstums vom Brückenkopf einer kleinen, aber prosperierenden US-Firma zur größten einheimischen Softwarefirma sieht sich Microsoft noch immer am Anfang seiner Entwicklung.

## Anhang A

# Die verschiedenen Versionen von DOS

Die Entwicklung von DOS hat mit den Fortschritten im Bereich des Personal Computer Schritt gehalten.

### DOS 1.0

Auf der Grundlage von Tim Pattersons QDOS (Quick and Dirty Operating System) entstand nach beträchtlichen Anpassungen das im August 1981 eingeführte MS-DOS, das Betriebssystem für den ersten Personal Computer von IBM.

### MS-DOS 1.1 und 1.25

Am 17. Mai 1982 brachte Microsoft die Version 1.1 heraus, die in erster Linie auf die neuen PCs mit zwei Diskettenlaufwerken abgestimmt war. In diesen neuen Laufwerken wurde ein doppelseitiges Diskettenformat unterstützt, was die Diskettenkapazität von 160K auf 320K steigerte. Microsoft führte auch MS-DOS 1.25 ein, eine ähnliche Version für IBM-kompatible Computer.

### MS-DOS 2.0

Ende 1982 teilte IBM Microsoft mit, daß als nächster Mikrocomputer der PC XT mit einer 10 Megabyte-Festplatte geplant sei. Dieser neue PC wurde ab März 1983 mit der Version 2.0 ausgeliefert, die 20 000 Codezeilen umfaßte. (Version 1.0 bestand lediglich aus 4000 Zeilen.)

Unter den vielen bei dieser Version eingeführten Neuerungen ragt das System der Dateiverwaltung auf der Festplatte heraus. Wie UNIX unterstützte MS-DOS 2.0 ein hierarchisches Dateisystem, in dem einzelne Verzeichnisse in einer Baumstruktur, ausgehend vom Stamm- oder Root-Directory, angeordnet waren. Der Benutzer konnte jedem Directory einen Namen zuweisen und darin zusammengehörige Dateien und Unterverzeichnisse ablegen. Er konnte also beispielsweise ein Directory namens TEXT erzeugen und dort das Textverarbeitungsprogramm abspeichern. Das Unterverzeichnis TEXT\POST enthielt dann seine gesamte Korrespondenz, Verträge kamen in ein Unterverzeichnis namens TEXT\VERTRAG etc. Dies ermöglichte ihm eine klare Dateiverwaltung auf der Festplatte.

Für das Drucken bot MS-DOS 2.0 auch in begrenztem Umfang Multitasking-Elemente, d.h. der Benutzer konnte in einer Anwendung arbeiten, während eine andere ein Dokument ausdruckte. Während der Mikrosekunden, in denen die aktive Anwendung stillstand, setzte die PRINT-Funktion von MS-DOS den Druck des Dokuments aus der anderen Applikation fort. Die gleiche Methode wurde später in anderen Microsoft-Programmen zur Datenkommunikation ›im Hintergrund‹ während des Ablauf eines anderen Programmteils eingesetzt.

Bis 1983 entfiel nur ein geringer Umsatzanteil von Microsoft auf DOS, und das Projektteam bestand lediglich aus drei oder vier Programmierern. Mit der Einführung von Lotus 1-2-3, das nur auf dem Betriebssystem MS-DOS lief, änderte sich die Situation binnen kurzer Zeit. In nur drei Monaten wurde Lotus 1-2-3 zur meistgekauften PC-Anwendung und zum neuen Tabellenkalkulationsstandard für 16-Bit-Betriebssysteme – wie einst VisiCalc bei den 8-Bit-Systemen. Gleichzeitig nahm die Beliebtheit von DOS schlagartig zu. Als Digital Research im Herbst 1983 die Version CP/M-86 für den PC XT vorstellte, hatte sich MS-DOS bereits fest als Standardbetriebssystem für den PC etabliert.

Im Oktober 1983 erhielt MS-DOS wichtige Unterstützung durch die Digital Equipment Corporation, den zweitgrößten Computerhersteller der Welt. DEC hatte MS-DOS als Betriebssystem für seinen IBM-kompatiblen Rainbow gewählt. Als Grund dafür nannte man den größeren Kommandoumfang von MS-DOS und seine Überlegenheit bei der Diskettenverwaltung.

## MS-DOS 2.11

Einige Kunden von Microsoft bekundeten Interesse an einer DOS-Version mit verbesserter Unterstützung internationaler Zeichensätze. Dazu war eine automatische landesspezifische Anpassung der Datums-, Zahlen- und Währungskonventionen erforderlich. DOS stellte beispielsweise das Datum im amerikanischen Format dar (Monat-Tag-Jahr), während die meisten Länder sich an die Reihenfolge Tag-Monat-Jahr halten. Die DOS-Anzeige 6/2/89 war also für den Amerikaner der 2. Juni 1989, für viele Europäer hingegen der 6. Februar 1989. Außerdem trennte DOS Dezimalstellen durch einen Punkt ab; in vielen europäischen Systemen ist jedoch ein Komma üblich. Diese kleinen Details bereiteten den DOS-Benutzern in Europa großen Ärger, und sie verlangten Versionen mit ihren eigenen Konventionen.

Microsoft trug diesen Wünschen im März 1984 mit MS-DOS 2.11 Rechnung. Diese Version wurde weltweit verkauft und in mehr als 60 Sprachen übersetzt. Nur IBM weigerte sich, sie einzusetzen.

Im Juni 1984 hatten 200 PC-Hersteller MS-DOS bei Microsoft lizenziert.

## MS-DOS 3.0

Bei der nächsten von IBM unterstützten DOS-Version wollte Microsoft Multitasking einführen, aber der Computerriese hatte bereits mit der Entwicklung einer Netzwerkadapterkarte für den PC begonnen und war daher mehr an der Netzwerkfähigkeit interessiert. (In einem

Netzwerk können mehrere miteinander verbundene PCs auf die gleichen Dateien zugreifen und die gleichen Drucker verwenden.)

Im August 1984 führte IBM den PC AT mit dem schnelleren 80286-Mikroprozessor und dem nicht netzwerktauglichen MS-DOS 3.0 ein, das jedoch die 32-Megabyte-Festplatte des AT und die neuen 1,2-Megabyte-Laufwerke für High-Density-Disketten ansprechen konnte. DOS 3.0 enthielt auch die von Microsoft entwickelten Internationalisierungsoptionen. Diesmal hatte sich der Programmumfang im Vergleich zur Version 1.0 verzehnfacht – auf 40 000 Zeilen.

## MS-DOS 3.1

Im November 1984 führte Microsoft diese netzwerkfähige DOS-Version und gleichzeitig auch MS-Net zur Verwaltung der gemeinsamen Dateinutzung und des Anwenderzugriffs auf eine gemeinsame Festplatte ein.

Drei der wichtigsten Anbieter von PC-Netzwerken – Corvus, Ungermann-Bass und 3Com – erklärten sofort ihre Unterstützung für die Version 3.1. Im April 1985 verkündete Novell, der Marktführer auf dem Netzwerksektor, Pläne zur Anpassung seiner Software an den Microsoft-Standard.

Ende 1985 brachte Ashton-Tate dBASE III Plus, die Netzwerkversion der beliebten Datenbankverwaltung dBASE, heraus. dBASE III Plus basierte auf DOS 3.1 und MS-Net und verhalf diesen Programmen somit zu ihrem Status als Netzwerkstandard.

## MS-DOS 3.2

Ab März 1986 unterstützte MS-DOS mit der Version 3.2 3,5-Zoll-Diskettenlaufwerke, wie sie zum Beispiel in tragbaren Rechnern verwendet werden.

## MS-DOS 3.3

Bei der Einführung des PS/2 im April 1987 verkündete IBM offiziell, daß es (in Zusammenarbeit mit Microsoft) das fortschrittlichere Betriebssystem OS/2 und die grafische Benutzerschnittstelle Presentation Manager entwickle. Vor der tatsächlichen Freigabe dieser beiden Softwareprodukte erschien jedoch die Version 3.3, zu deren Pluspunkten die Unterstützung von 32-Megabyte-Festplatten gehörte.

## MS-DOS 4.0

Im Juni 1988 bot MS-DOS 4.0 eine grafische Anwenderschnittstelle mit Mausunterstützung wie Windows. Diese Version wurde größtenteils von IBM gestaltet, wobei die Verbesserung der Benutzerfreundlichkeit im Vordergrund stand.

Ende 1990 entfielen immer noch sage und schreibe 19 Prozent des Jahresumsatzes von Microsoft auf MS-DOS.

## MS-DOS 5.0

Die Version 5 von MS-DOS erschien nach dreijähriger Entwicklungszeit und der umfassendsten Testaktion, der ein PC-Programm jemals unterzogen wurde, im Spätsommer 1991. 7000 sogenannte Beta-Tester testeten das Produkt vorzugsweise in Großunternehmen und Redaktionsstuben an unterschiedlichster Hardware und mit unterschiedlichster Software auf Herz und Nieren. Erst nach diesem umfassenden Praxistest verließen die ersten DOS 5-Pakete die Microsoft-Fabriken in den USA und Irland. Es war das erste Mal, daß Microsoft eine neue Version seines Bestsellers MS-DOS nicht nur an OEMs, also an Hardwarehersteller vertrieb, sondern über Direktvertrieb und Fachhandel als Update-Version auch an die Anwender älterer MS-DOS-Versionen. Bislang mußte ein Anwender von zum Beispiel MS-DOS 3.0 bei Erscheinen der

Version 4.0 darauf hoffen, daß der Hersteller seines PC ihm einen Wechsel auf die neue Version ermöglichen würde. Gab es den Hardwarehersteller nicht mehr – bei zahlreichen Low-Cost-Rechnern vor allem aus dem Fernen Osten ein häufiges Problem –, so konnte nur illegal mit Raubkopien des neuen DOS gearbeitet werden. Bis zur Version 5.0 scheute Microsoft den immensen Testaufwand für Endkundenprodukte aus seiner Betriebssystemsparte. Ein Betriebssystem wie MS-DOS arbeitet ja viel enger mit der Hardware zusammen als beispielsweise ein Anwendungsprogramm wie Word oder Excel. Deshalb kommt es auch häufig zu Problemen beim Einsatz eines neuen Betriebssystems mit Rechnern zumeist kleinerer Hersteller. Microsoft selbst konnte deshalb den reibungslosen Einsatz einer neuen MS-DOS-Version auf allen gängigen PC-Fabrikaten nicht gewährleisten und verschob das Problem stets auf die Hardwarehäuser. Notwendige Anpassungen an eine neue MS-DOS-Version mußten diese an ihren PCs vornehmen. Bei weltweit rund 80 Millionen eingesetzten PCs mit MS-DOS in den Versionen 2.0 bis 4.0 witterte Microsoft jedoch ein lukratives Update-Geschäft beim Vertrieb der neuen Version 5.0 nicht nur an PC-Hersteller, sondern direkt an Endkunden. Und tatsächlich gelang es Microsoft, binnen sechs Monaten weltweit mehr als 6 Millionen MS-DOS 5.0 Update-Pakete zu verkaufen.

Begünstigt wurde das Geschäft mit der Version 5.0 von MS-DOS sicherlich durch den überraschenden Erfolg von Windows 3.0. MS-DOS 5.0 war geradezu für Windows-Entwickler programmiert worden. Windows läuft unter MS-DOS 5.0 wesentlich schneller als unter älteren DOS-Versionen. Mit DOS 5.0 stehen jeder Windows-Anwendung rund 50KB mehr Speicherplatz zur Verfügung als unter DOS 4.0.

Gleichzeitig wurde die Bedieneroberfläche von MS-DOS in der Version 5.0 deutlich verbessert und enger an Windows angeglichen. Zur erweiterten Bedienerführung zählt auch das neue Online-Hilfesystem, das aus Anwendungsprogrammen seit Jahren bekannt war, auf das MS-DOS-Anwender aber immer verzichten mußten. Neu ist auch der Task-Switcher, mit dem man auch ohne Windows zwischen verschiedenen Anwendungsprogrammen, zum Beispiel zwischen Word und Multiplan, hin und her schalten kann. Ausgedient haben zwei Unterprogramme aus frühen MS-DOS-Tagen: der Editor EDLIN, mit dem man einfache Texte auf umständliche Art editieren konnte, und GW BASIC, die mit MS-DOS bislang ausgelieferte Programmiersprache. GW BASIC wurde durch QBASIC ersetzt, einen modernen Interpreter, der Teile des Microsoftprogramms Quick BASIC enthält. Daß die Integration von QBASIC ein geschickter Schachzug ist, um die Millionen von MS-DOS-Anwendern von den beliebten Sprachen des Konkurrenten Borland weg und zum eigenen Microsoft Quick BASIC hin zu lotsen, scheint einleuchtend.

## Anhang B

# Schlüsseldaten in der Geschichte von Microsoft

**1975**

*Januar:* Das Magazin *Popular Electronics* vermeldet die Einführung des Altair von MITS, eines der ersten Mikrocomputerbausätze, der auf dem Intel 8080-Chip basiert.

*Februar:* Paul Allen wird bei MITS vorstellig und zeigt dort Bill Gates' BASIC für den Altair.

*März:* Steve Jobs und Steve Wozniak gründen in Menlo Park, Kalifornien, den Homebrew Computer Club.

*August:* Bill Gates und Paul Allen gründen Microsoft.

*Oktober:* MITS stellte eine Version von Microsoft BASIC für 4K- und 8K-Rechner vor.

*Dezember:* Einführung des Z80-Mikroprozessors, eines 8080-Nachbaus, bei dem bestimmte Merkmale verbessert wurden.

**1976**

*Januar:* Bill Gates hat es satt, daß die Amateurcomputerclubs sein BASIC ungeniert kopieren, und veröffentlicht in einem Mitteilungsblatt für Altair-Benutzer seinen ›Offenen Brief an die Hobbyprogrammierer‹.

*März:* Dave Bunnell veranstaltet die erste World Altair Computer Convention in Albuquerque, New Mexico.

*Juli:* Eine verbesserte Version von Microsoft BASIC

|  |  |
|---|---|
| | wird an angesehene Unternehmen wie General Electric, NCR und Citibank verkauft. |
| *November:* | Computerland eröffnet sein erstes Geschäft im kalifornischen Hayward und wird bald darauf zu einer landesweit operierenden Vertriebskette für PC-Produkte. |
| *Dezember:* | Shugart stellt ein preiswertes 5,25-Zoll-Diskettenlaufwerk vor (390 Dollar). Das erste Textverarbeitungsprogramm für Mikrocomputer ist verfügbar: Electric Pencil von Michael Schrayer. |

**1977**

|  |  |
|---|---|
| *Februar:* | Der erste Laden von Tandy Computer Shack öffnet in Morristown, New Jersey, seine Pforten. |
| *April:* | Auf der ersten West Coast Computer Faire in San Francisco werden der Apple II und der Commodore PET gezeigt. |
| *Mai:* | MITS wird an die Firma Pertec verkauft, die Microsoft das Lizenzvergaberecht für BASIC verweigert. Es kommt zu einem Rechtsstreit. |
| *Juli:* | Microsoft beginnt mit dem Verkauf seiner zweiten Sprache FORTRAN für Personal Computer mit einem 8080-Prozessor (wie zum Beispiel der Altair). |
| *August:* | Tandy bietet in seinen Radio-Shack-Geschäften eigene Computer an. |
| *Herbst:* | Microsoft gewährt Radio Shack und Apple eine Lizenz für BASIC. Microsoft verkauft das erste BASIC-Exemplar in Japan. |
| *Dezember:* | Microsoft gewinnt den Prozeß gegen Pertec und ist nunmehr offiziell berechtigt, anderen Entwicklern eine Lizenz für BASIC zu gewähren. |

Der Jahresumsatz von Microsoft beläuft sich auf 500 000 Dollar. Das Unternehmen besteht aus fünf Mitarbeitern.

**1978**

*April:* Intel führt den schnelleren 16-Bit-Mikroprozessor 8086 mit mehr Speicherkapazität ein.

*Juni:* Microsoft beginnt mit dem Verkauf seiner dritten Sprache COBOL.

*August:* MicroPro stellt WordMaster vor (den Vorgänger von WordStar).

*Herbst:* Microsoft gründet eine Tochtergesellschaft für Fernost und beginnt mit dem Verkauf seiner Produkte in Japan.

*Dezember:* Der Jahresumsatz von Microsoft erreicht die Grenze von einer Million. Microsoft hat 13 Mitarbeiter.

**1979**

*Januar:* Microsoft zieht nach Bellevue im Bundesstaat Washington.

*Mai:* Dan Bricklin und Bob Frankston stellen auf der West Coast Computer Faire die erste Version von VisiCalc vor.

*Juni:* Microsoft richtet eine Einzelhandelsabteilung für den Verkauf an Endbenutzer ein.

Microsoft kündigt bei der National Computer Conference sein BASIC 8086 an.

MicroPro stellt das Textverarbeitungsprogramm WordStar vor, das in den nächsten Jahren zum meistgekauften PC-Programm seiner Art wird.

*August:* Wayne Ratliff entwickelt die Datenbankverwaltung Vulcan, die später in dBASE II umbenannt wird.

Microsoft führt die Programmiersprache Assembler (Microsoft Macro Assembler) für die Mikroprozessoren 8080 und Z80 ein.

*September:* Convergent Technologies beauftragt Microsoft mit der Entwicklung einer FORTRAN-Version für einen 8086-Rechner.

*Dezember:* Bei einem Jahresumsatz von 2,5 Millionen Dollar beschäftigt Microsoft 25 Mitarbeiter.

**1980**

*Februar:* Microsoft erwirbt von Bell Labs die Lizenz für UNIX und beginnt mit der Entwicklung von XENIX, der PC-Version dieses Betriebssystems.

*April:* Tim Patterson beginnt mit der Entwicklung eines Betriebssystems für den 8086-Chip.
Robert Leff und David Wagman gründen Softsel, eine der ersten Software-Vertriebsketten.

*Juni:* Steve Ballmer, ein Collegefreund von Bill Gates, stößt als Assistent der Geschäftsleitung zu Microsoft.
Seagate (ehemals Shugart Technology) kündigt das erste Winchester 5,25-Zoll-Diskettenlaufwerk an.

*August:* IBM besucht Microsoft, und Gates unterzeichnet mit IBM einen Beratungsvertrag für die Entwicklung eines Mikrocomputers.
Microsoft führt die SoftCard für den Apple II ein, mit der CP/M-Software auf diesem Rechner laufen kann. Hal Lashlee und George Tate gründen Software Plus, das später zu Ashton-Tate wird und dBASE anbietet.

*September:* IBM beauftragt Microsoft mit der Programmierung von BASIC, FORTRAN, COBOL und Pascal für den geplanten IBM-Mikrocomputer.
Tim Patterson zeigt Microsoft sein 86-DOS für den 8086-Prozessor.
Microsoft erklärt sich zur Entwicklung des

Betriebssystems für den IBM-PC auf der Grundlage des 86-DOS von Tim Patterson bereit.

Software Publishing bietet die erste Version von pfs:File an. Von diesem sehr einfachen Datenbankmanager werden in den 80er Jahren mehr als eine Million Exemplare verkauft.

*Oktober:* Microsoft erwirbt die Rechte an 86-DOS.

Microsoft unterbreitet IBM ein Angebot über die Entwicklung der vier gewünschten Programmiersprachen und des Betriebssystems.

*November:* Microsoft unterzeichnet den Vertrag mit IBM und erhält den ersten Prototypen des IBM-PC.

*Dezember:* Der Jahresumsatz von Microsoft beträgt 8 Millionen Dollar. Das Unternehmen hat 40 Mitarbeiter.

Apple geht an die Börse. Steve Jobs' Aktienanteil wird auf 165 Millionen Dollar geschätzt, Steve Wozniaks Beteiligung auf 88 Millionen Dollar.

**1981**

*Januar:* dBASE II wird vorgestellt. Dieses Programm wird zum beliebtesten Datenbankmanager der 80er Jahre.

*Februar:* MS-DOS läuft zum erstenmal auf einem Prototypen des IBM-PC.

*März:* Microsoft richtet ein landesweites Vertriebsnetz ein.

*April:* Tim Patterson kommt zu Microsoft.

*Mai:* Xerox stellt die Star-Workstation mit einer innovativen grafischen Benutzeroberfläche, Maus-Unterstützung und Pull-Down-Menüs vor. Später schlägt sich der Einfluß des Star in den Apple-Rechnern Lisa und Macintosh und in Microsoft Windows nieder.

*Juli:* Die ehemalige Personengesellschaft Microsoft (Gesellschafter: Bill Gates und Paul Allen) wird in eine personenbezogene Kapitalgesellschaft umgewandelt und firmiert als Microsoft, Inc. Die Mitarbeiter können nun Gesellschaftsanteile erwerben. Externes Kapital fließt durch den Verkauf einer Beteiligung an Technology Ventures Investors aus Palo Alto, Kalifornien, ins Unternehmen. Gates wird *Executive Vice President* und *Chairman of the Board,* Allen *Executive Vice President.*

*August:* Der IBM-PC wird angekündigt.
Microsoft bringt Version 1.0 von MS-DOS heraus.
Don Estridge wird Leiter des Geschäftsbereichs Personal Computer bei IBM.

*November:* Microsoft zieht in die Geschäftsräume in 10700 Northrup Way, Bellevue, Bundesstaat Washington, und firmiert als Microsoft Corporation.
Microsoft startet mit Apple ein gemeinsames Software-Entwicklungsprojekt für den neuen Macintosh-Computer.

*Dezember:* Der Jahresumsatz von Microsoft erreicht 16 Millionen Dollar. Microsoft beschäftigt 125 Mitarbeiter.

**1982**

*März:* Microsoft stellt FORTRAN für MS-DOS vor.
Zum erstenmal erscheint im Softwareteil der Zeitschrift *InfoWorld* eine Kritik über MS-DOS-Produkte.

*April:* Microsoft gründet in Großbritannien seine erste europäische Tochtergesellschaft.
Mitch Kapor gründet die Lotos Development Corporation, die im Laufe der Jahre zum Erzrivalen von Microsoft wird.

*Frühjahr:* Microsoft führt GW BASIC ein, das anspruchsvolle Grafik unterstützt.
Microsoft stellt COBOL für MS-DOS vor.
IBM bringt das Betriebssystem CP/M-86 von Digital Research für den IBM-PC heraus. CP/M-86 ist der Hauptkonkurrent von MS-DOS.

*Juni:* Freigabe von PC DOS 1.1, das ein doppelseitiges Diskettenformat auf dem IBM-PC unterstützt. Für IBM-Kompatible verkauft Microsoft ein ähnliches Produkt unter der Bezeichnung MS-DOS 1.25.
30 Softwarefirmen bieten inzwischen MS-DOS-Programme an.
Einführung des ersten Nachbaus des IBM-PC, des MPC von Columbia Data Products.

*Juli:* James C. Towne wird *President* der Microsoft Corporation. Bill Gates bleibt *Chairman* und CEO.
Intel führt den 80286-Mikroprozessor ein, der später in den IBM AT eingebaut wird.

*August:* Microsoft stellt sein erstes Tabellenkalkulationsprogramm Multiplan für den Apple II, den Osborne 1, den SuperBrain von Intertec und verschiedene CP/M-Rechner vor.

*November:* Compaq kündigt seinen ersten IBM-kompatiblen PC an, einen ›tragbaren‹ Computer, auf dem MS-DOS-Software läuft. Compaq bricht im ersten Jahr nach seiner Gründung alle Rekorde der amerikanischen Wirtschaftsgeschichte. WordPerfect, ein Textverarbeitungsprogramm für den IBM-PC, kommt auf den Markt. Es rangiert Ende der 80er Jahre in der Textverarbeitung an erster Stelle.
50 PC-Hersteller besitzen nun eine Lizenz für MS-DOS.

*Dezember:* Der Jahresumsatz von Microsoft beläuft sich

1982 auf 34 Millionen Dollar. Microsoft hat inzwischen 200 Beschäftigte.

## 1983

*Januar:* InfoWorld kürt Microsoft Multiplan zur ›Software des Jahres‹ und den IBM-PC zum ›Computer des Jahres‹.
Freigabe des Tabellenkalkulationsprogramms Lotus 1-2-3, das MS-DOS und den PC zum Industriestandard macht.
Apple führt den Lisa-Rechner mit einer Maus und einer grafischen Benutzerschnittstelle ein.
Das Magazin *Time* bildet auf dem Titelblatt einen Personal Computer ab und nennt ihn ›Die Maschine des Jahres‹.

*Februar:* Microsoft gründet eine Tochtergesellschaft in der Bundesrepublik Deutschland.

*März:* IBM kündigt den PC XT mit einer 10 MByte-Festplatte an; Microsoft bringt für diesen Rechner DOS 2.0 heraus.
Microsoft gründet die Verlagsabteilung Microsoft Press.
Lotus 1-2-3 steigt auf Platz 1 der Softsel-Liste und hält diese Position jahrelang.
Radio Shack führt den TRS Model 100 ein, einen der ersten tragbaren Personal Computer, konstruiert von Bill Gates und Kazuhiko Nishi.

*April:* Microsoft stellt Microsoft Word und eine Maus vor.
Microsoft bringt neue 16-Bit-Programmiersprachen für MS-DOS heraus, darunter Pascal, C und BASIC Compiler.
Microsoft führt auch XENIX 3.0 ein, eine neue Version des Mehrbenutzer-Betriebssystems.

*Mai:* John Sculley übernimmt die Führung bei Apple Computer und wird damit Nachfolger von Mike Markkula.
*Juni:* Der millionste Apple-PC rollt vom Band.
*Juli:* Microsoft gründet eine Tochtergesellschaft in Frankreich.
*August:* Jon Shirley löst James Towne als *President* und *Chief Operating Officer* von Microsoft ab.
*Oktober:* Microsoft unterzeichnet mit dem Verlagshaus Simon & Schuster einen Vertrag über die Veröffentlichung und den Vertrieb von Büchern der Microsoft Press.

Microsoft stellt Word 1.1 mit wesentlich mehr Funktionen vor, darunter auch die Option ›Serienbrief‹.

Borland bietet Turbo Pascal per Postversand zu einem extrem günstigen Preis an. Turbo Pascal wird zur beliebtesten Programmiersprache für den PC.

Lotus unterbreitet sein Erstangebot zur Zeichnung von Aktien.

VisiCorp stellt VisiOn vor, eine grafische Benutzeroberfläche für DOS, unter der jedoch nur wenige Programme laufen können. Der Markt zeigt geringes Interesse an diesem Produkt.
*November:* Ankündigung von Microsoft Windows, der grafischen Bedienerführung für DOS. 23 PC-Hersteller unterstützen Windows; allerdings ist IBM nicht darunter.

Ashton-Tate wird zur Publikumsgesellschaft.
*Dezember:* DEC bietet MS-DOS auf dem Rainbow-Computer an.

Compaq geht an die Börse.

Der Jahresumsatz von Microsoft für 1983 beläuft sich auf 69 Millionen Dollar.

Die Belegschaft von Microsoft ist auf 383 Mitarbeiter angewachsen.

## 1984

*Januar:* Apple Computer stellt den Macintosh vor.
Microsoft bietet Multiplan und BASIC für den Macintosh an.

*März:* DOS 2.1 für den wenig erfolgreichen PC Junior wird veröffentlicht.
Microsoft bringt die Version 3.2 seiner Programmiersprachen Pascal und FORTRAN heraus.
Ashton-Tate kündigt Framework an, ein fünf Anwendungen umfassendes integriertes Softwarepaket.
Microsoft stellt DOS 2.11 für den internationalen Markt vor.

*April:* Bill Gates ist auf dem Titelblatt des Magazins *Time* zu sehen.

*Mai:* Einführung von Microsoft Project für Projektmanagement und -planung.
Software-Anbieter und Computerhersteller erhalten die ersten Anwendungsentwicklungswerkzeuge für Windows. Windows selbst ist überfällig.

*Juni:* Microsoft wird zum ersten Softwarehaus mit einem Jahresumsatz von über 100 Millionen Dollar.
Ashton-Tate liefert dBASE III aus.

*Juli:* Im Geschäftsjahr 1984 erreicht der Umsatz von Microsoft 125 Millionen Dollar. Die Zahl der Mitarbeiter ist auf 608 gestiegen.
Über 200 Hersteller besitzen eine Lizenz für MS-DOS.

*August:* IBM führt den PC AT mit 20 MByte-Festplatte ein.
Microsoft stellt zur Unterstützung dieses Rechners DOS 3.0 vor.
Freigabe von Microsoft Chart, einem Grafikprogramm für den IBM-PC und den Macintosh.

*Oktober:* Digital Research bietet GEM an, eine textorientierte Fensterumgebung für DOS. GEM ist ein Konkurrenzprodukt zu Windows, dessen Entwicklung noch immer nicht abgeschlossen ist.

*November:* Microsoft bringt das netzwerkfähige MS-DOS 3.1 heraus.

Die Verkaufszahlen für den Apple II erreichen die Zwei-Millionen-Grenze.

Microsoft führt Word und File für den Macintosh ein.

*Dezember:* Apple hat 250 000 Macintosh-Computer abgesetzt.

NEC beauftragt Microsoft mit der Erstellung der japanischen Version von MS-DOS für seinen PC-9801F. Innerhalb eines Jahres werden 20 000 dieser Rechner verkauft.

**1985**

*Januar:* IBM stellt die textorientierte Fensterumgebung TopView vor.

Paul Allen, der Microsoft 1983 aus gesundheitlichen und persönlichen Gründen verlassen hatte, gründet Asymetrix.

Steve Wood, ein weiterer langjähriger Mitarbeiter von Microsoft, wird sein *Vice President.*

*Februar:* Microsoft bietet Word 2.0 für den PC an, das auch ein Rechtschreibprogramm enthält.

*Mai:* Microsoft kündigt Microsoft Excel an, ein neues Tabellenkalkulationsprogramm für den Macintosh.

*Juni:* Microsoft unterstützt die Lotus/Intel/Microsoft Extended Memory Specification (EMS) zur Erweiterung des adressierbaren Hauptspeichers bei MS-DOS-Rechnern über die 640K-Grenze hinaus.

Umstrukturierung bei Apple. Steve Jobs behält den Titel *Chairman,* muß aber seine Geschäftsführungsbefugnisse abtreten.

*Juli:* Microsoft zählt 910 Mitarbeiter und beziffert seinen Umsatz für das Geschäftsjahr 1985 auf 140 Millionen Dollar.

*August:* IBM und Microsoft unterzeichnen einen Vertrag über die gemeinsame Entwicklung des Betriebssystems für die nächste PC-Generation.

Baubeginn für die neue Microsoft-Zentrale in Redmond, Bundesstaat Washington.

*September:* Steve Jobs verläßt Apple.

Das millionste Exemplar von Multiplan wird verkauft.

Microsoft führt offiziell Excel für den Macintosh ein, das sofort reißenden Absatz findet.

*November:* Microsoft stellt zwei Jahre nach der Erstankündigung von Windows die Version 1.03 vor.

Lotus bringt 1-2-3 2.0 auf den Markt, das Speichererweiterungskarten nach dem LIM-Standard und Arbeitsblätter mit bis zu 4 Millionen Zeichen unterstützt.

*Dezember:* Ashton-Tate liefert den netzwerkfähigen Datenbankmanager dBASE III Plus aus.


**1986**

*Januar:* Microsoft bringt MS-DOS 3.25 heraus.

Richard Bressler und Portia Isaacson werden als neue Direktoren in den *Board* von Microsoft gewählt. In diesem Gremium sitzen außerdem Bill Gates, Jon Shirley und David Marquardt.

Apple führt den MacPlus und den Laserdrucker LaserWriter Plus ein.

*März:* Microsoft geht an die Börse. Die Aktie ist sehr

|            | gefragt. Gates wird der jüngste Milliardär der Welt. |
|---|---|
| *April:*   | Microsoft hat 1200 Mitarbeiter und im Geschäftsjahr 1986 einen Jahresumsatz von 197 Millionen Dollar. |
| *August:*  | Microsoft kündigt Works für den Macintosh an. |
| *September:* | Compaq bietet den Deskpro 386 auf der Basis des neuen Hochleistungsprozessors 80386 an, für den IBM noch keinen Computer vorgestellt hat. Zum erstenmal kommt ein bedeutender Hersteller von IBM-Kompatiblen Big Blue zuvor. |
| *Oktober:* | Microsoft kündigt Word 3.0 für den Macintosh an.<br>Ashton-Tate lieferte das millionste Exemplar von dBASE aus. |

**1987**

| *April:* | IBM stellt seine neue PC-Familie PS/2 vor. Mit dem MCA Bus (Micro Channel Architektur), der sich von den im IBM-PC und AT verwendeten Bussen unterscheidet, setzt sich PS/2 in gewisser Weise von der herkömmlichen Kompatibilität ab.<br>Microsoft und IBM geben bekannt, daß sie gemeinsam für den PC und den PS/2 ein Multitasking-Betriebssystem namens OS/2 entwickeln wollen. |
|---|---|
| *Mai:*  | Microsoft veröffentlicht die für den Macintosh II adaptierte Version Mac Excel 1.04. |
| *Juni:* | Microsoft und 3Com bilden eine strategische Allianz zur gemeinsamen Entwicklung und Distribution des OS/2-Netzwerksystem LAN Manager.<br>Microsoft verkauft seine 500 000ste Maus. |
| *Juli:* | Zum Abschluß des Geschäftsjahres 1987 weist Microsoft 300 Millionen Dollar Umsatz und |

eine Belegschaft von fast 2000 Mitarbeitern aus.

Microsoft übernimmt Forethought, den Anbieter eines Präsentationsgrafikprogramms für den Macintosh namens PowerPoint.

*Oktober:* Die brasilianische Regierung will ein Importverbot für Software einführen, sofern auf dem Inlandsmarkt ein gleichwertiges Produkt verfügbar ist. MS-DOS ist eines der ersten von diesem Gesetzesentwurf betroffenen Programme. Gates bittet die US-Regierung um Vergeltungsmaßnahmen.

*November:* Microsoft führt gleichzeitig Windows 2.0, Windows 386 und die PC-Version von Excel ein.

Microsoft stellt Word 4.0 für den PC und Word 3.0 für den Macintosh vor.

*Dezember:* Die Verkaufszahlen für Windows überschreiten die Marke von einer Million.

Microsoft bringt Version 1.0 des Betriebssystems OS/2 für den PS/2 und andere 80286- und 80386-Rechner heraus.

## 1988

*Januar:* Microsoft, Ashton-Tate und Sybase (ein Anbieter von Minicomputersoftware) bilden eine strategische Allianz, um eine OS/2-Version von SQL Server zur Verwaltung vernetzter Datenbanken auf den Markt zu bringen.

*März:* Apple verklagt Microsoft wegen Windows 2.03 und Hewlett-Packard wegen New Wave.

Microsoft führt die PC-Version von Works mit einem außergewöhnlichen Lernprogramm ein.

*Mai:* Lotus verkündet, der Absatz seiner Tabellenkalkulations-Software habe die 4-Millionen-Grenze überschritten.

*Juli:* Im Geschäftsjahr 1988 erzielt Microsoft einen Umsatz von 590 Millionen Dollar und einen

Gewinn von 123,9 Millionen Dollar. Die Zahl der Mitarbeiter ist auf 2800 gestiegen.

*September:* Compaq kündigt EISA (Extended Industry Standard Architecture) als Alternative zu dem im IBM PS/2 verwendeten MCA-BUS an. Microsoft unterstützt den EISA-Standard.

*Oktober:* Microsoft stellt den OS/2 LAN Manager vor, eine Gemeinschaftsentwicklung mit 3Com zur Verwaltung von PC-Netzwerken.

Fertigstellung des Presentation Manager, einer grafischen Benutzeroberfläche für OS/2, die Windows ähnelt. Die Software-Entwickler können mit der Anwendungsprogrammierung beginnen.

*November:* Von Microsofts Gesamtumsatz entfallen 48 Prozent auf die Vereinigten Staaten.

**1989**

*März:* Microsoft führt Quick Pascal als Konkurrenzprodukt zur verbreitetsten PC-Programmiersprache Turbo Pascal von Borland ein.

*April:* Microsoft beginnt mit der Auslieferung von SQL Server.

*Mai:* Bernard Vergnes wird zum für Europa zuständigen *Vice President* der Microsoft Corporation ernannt.

Microsoft stellt die verbesserte Version Mac Excel 2.2 vor, die nicht mehr auf 1 Megabyte RAM begrenzt ist und Arbeitsblätter mit einem Umfang von bis zu 8 Megabyte verarbeiten kann.

*Juni:* Zwei Jahre nach der Ankündigung in der Presse bringt Lotus 1-2-3/3 heraus.

*Juli:* Microsoft gibt die Ergebnisse für das Geschäftsjahr 1989 bekannt. Der Umsatz liegt bei 803,5 Millionen Dollar, der Gewinn bei 170,5 Millionen Dollar. 55 Prozent des Umsatzes entfallen auf das Ausland. Die Zahl der Beschäftigten steigt weltweit auf 4000.

Microsoft übernimmt das kalifornische Unternehmen Bauer, das auf die Entwicklung von Druckertreibern spezialisiert ist.

*Oktober:* Microsoft bietet Excel für den Presentation Manager an, die erste große Anwendung für die Grafikumgebung der 90er Jahre.

**1990**

*Mai:* Microsoft stellt Windows 3.0 vor und gibt zum Auftakt einer 10-Millionen-Werbekampagne 3 Millionen Dollar für die ›Eröffnungsgala‹ aus.

*Juni:* Nach sechsjähriger Tätigkeit tritt Jon Shirley sein Amt als *President* von Microsoft an den ehemaligen Boeing-Manager Michael Hallman ab.

*Juli:* Microsoft wird zum ersten Softwarehaus mit einem Umsatz von 1 Milliarde Dollar und beschäftigt jetzt 5200 Mitarbeiter.

*November:* Bill Gates hält bei der Herbst-Comdex in Las Vegas die Grundsatzrede und stellt seine Vision für die Zukunft vor: ›*Information at your fingertips*‹.

**1991**

*März:* Die Verkaufszahlen für die Maus erreichen weltweit die Sechs-Millionen-Grenze.

*Mai:* Auf der Industrie- und Handelsausstellung von Windows World in Atlanta kündigt Microsoft das Visual-Basic-Programmiersystem an.

Ein Jahr nach seinem Erscheinen ist Windows 3.0 weltweit in zwölf Sprachen und 24 Ländern erhältlich.

*Juni:* Microsoft kündigt an, daß die Auslieferung von MS-DOS 5.0 unmittelbar bevorsteht.

**1992**

*Februar:* Microsoft kündigt die Schaffung eines *Office of the President* an, das von drei Personen geleitet werden soll. Das Unternehmen nennt drei Zentren mit eigenen strategischen Zielsetzungen: die von Mike Maples geleitete WorldWide Product Group, die von Steve Ballmer angeführte WorldWide Sales and Support Group und die WorldWide Operations Group, der Frank Gaudette vorsteht.

*März:* Microsoft startet seine erste TV-Werbekampagne. Die Spots sollen den Erfolg von Windows und dessen Applikationen steigern.

Michael Hallman tritt als *President* und Vorstandsmitglied zurück und wird statt dessen Berater bei Microsoft. Seine Position wird von dem dreiköpfigen *Office of the President* übernommen, zu dem Steve Ballmer, Frank Gaudette und Mike Maples gehören.

*April:* Microsoft bringt Windows 3.1 mit über 1000 Verbesserungen auf den Markt. Die neue Version löst mit weltweit mehr als einer Million Vorbestellungen eine Rekord-Nachfrage aus.

Microsoft entwickelt Windows for Pen Computing mit der Unterstützung von mehr als 220 Hardware- und Software-Unternehmen.

In dem Prozeß Apple gegen Microsoft und Hewlett Packard entscheidet der Richter zugunsten von Microsoft und Hewlett Packard. Er befindet, daß alle umstrittenen Visual Displays von Windows 2.03 und viele von Windows 3.0 nicht durch das Copyright von Apple geschützt sind.

|           | Die Microsoft Corporation kündigt die Fusion mit Fox Software an. |
|-----------|---|

*Mai:* Sechs Wochen nach Erscheinen sind drei Millionen Kopien von Windows 3.1 ausgeliefert.

*Juni:* Im *Software Magazine* nimmt Microsoft Platz 1 unter den Top 100 der Softwarebranche ein.

Bill Gates nimmt die *National Medal of Technology* von US-Präsident Bush entgegen.

*Oktober:* Windows for Workgroups erscheint.

Microsoft kündigt Musical Instruments an, den ersten Multimedia-Titel, der aus der Zusammenarbeit zwischen Microsoft und Dorling Kindersley in London hervorgegangen ist.

Windows for Workgroups 3.1 wird weltweit ausgeliefert.

*November:* Auslieferung von Video for Windows, das die Kreation und Integration digitaler Videobilder ermöglicht.

Microsoft erklärt, daß Beta-Versionen von Windows NT an Tausende Unternehmen und eine aktualisierte Ausgabe von Win32 SDK an die Entwickler versandt worden seien.

In der Zeitschrift *Computer Reseller News* führt Bill Gates die zehnte Jahresliste der 25 einflußreichsten Geschäftsführer in der PC-Industrie an.

Auf der Herbst-Comdex erklärt Microsoft, daß sein Datenbank-Management-System Access erschienen ist.

Microsoft kündigt FoxPro 2.5 for Windows und FoxPro 2.5 for DOS an.

*Dezember:* Microsoft gründet seine erste eigene Filiale in Rußland: Microsoft AO.

Die Bestellungen von Access überschreiten in den ersten drei Monaten die Grenze von 300 000 Orders – dies ist dreimal so hoch wie ursprünglich erwartet. Anfangsverkäufe von zehn- bis zwanzigtausend Exemplaren pro Monat gelten normalerweise für ein neues Software-Produkt als erfolgreich.

Microsoft liefert die zweite Version von Kit aus, seinem Windows-32-Bit-Development, das nun den Code enthält, mit dem man MIPS-RISC-Systeme entwickeln und diese ebenso benutzen kann wie Hardware für Intel-386- und -486-Prozessoren.

## 1993

*Januar:* Microsoft gilt als weltgrößtes Unternehmen der Computerindustrie, gemessen am Gesamtwert seines Kapitals, einem Maß, das den Marktwert anzeigt.

Microsoft kündigt das Erscheinen von Multimedia Word & Bookshelf, Video und Sound Edition an, wodurch der Umfang der Multimedia-Funktionen des ersten und einzigen, auf CD-ROM verfügbaren Text-Prozessors vergrößert wird.

*Februar:* Die CD-ROM Version von Office for Windows wird ausgeliefert.

*März:* Encarta, die erste Multimedia-Enzyklopädie, die mittels Computer für den Gebrauch am Computer entworfen wurde, wird ausgeliefert.

Microsoft führt Multimedia Viewer Publishing Toolkit 2.0 für Windows ein.

MS-DOS 6.0 wird ausgeliefert.

*April:* Microsoft verkündet, daß das Multimedia-Paket für Windows, eine verbesserte Windows 3.1-Version, ausgeliefert wird.

Die Zahl der lizensierten Benutzer von Windows beläuft sich mittlerweile auf mehr als 25 Millionen, womit es zum populärsten graphischen Betriebssystem weltweit geworden ist.

*Mai:* Intel Corporation und Microsoft Corporation

kündigen ein standardisiertes Verfahren zur Integration von Telefon und PC an, ein neues Patent namens Windows™ Telephony application programming interface (API).

Microsoft® Word 6.0 für MS-DOS® wird gleichzeitig in Australien, Kanada, Deutschland, Großbritannien und den USA angekündigt.

Microsoft® Windows NT™ wird offiziell bei der Windows World Trade Show vorgestellt.

*Juni:* Der Richter entscheidet in der Copyright-Klage von Apple gegen Microsoft und Hewlett Packard zugunsten von Microsoft und beendet damit einen 63 Monate währenden Prozeß.

Microsoft kündigt die Konzeption von ›Microsoft At Work‹ an, das in Zusammenarbeit mit 65 führenden Unternehmen der Telekommunikations-, Bürosystem- und Computerindustrie-Branchen entstehen soll. Die Planung zielt darauf ab, Systeme wie Faxgerät, Kopierer, Drucker, Telefon u. a. miteinander sowie auch mit einem auf Windows basierenden PC zu vernetzen.

Mit mehr als zehn Millionen Anwendern ist Word nun weltweit der populärste Text-Prozessor.

*Juli:* Windows NT und Windows NT Advanced Server werden zur Produktion freigegeben.

*September:* Bei der Auslieferung von Access ist die Millionengrenze überschritten. Von Access wurden im Vorjahr etwa ebenso viele Kopien ausgeliefert wie von allen PC-Datenbankprodukten für MS-DOS und Windows zusammen.

*November:* Microsoft führt MS-DOS 6.2 ein.

Windows for Workgroups 3.11 wird ausgeliefert.

*Dezember:* *Fortune* nennt Microsoft das innovativste Unternehmen, das in den USA tätig sei.
Microsoft kündigt die erste Software speziell für Kinder an: Creative Writer und Fine Artist.

**1994**

*Januar:* Der Verkauf von Windows-Kopien überschreitet die 40-Millionen-Grenze.
*Juni:* ›Chicago‹ tritt in seine Beta-Test-Phase ein.
Microsoft und Stac Electronics unterzeichnen eine umfangreiche Vereinbarung über gegenseitige Lizenznutzung, um den Streit über das Harddisk-Patent zu beenden.
Microsoft schließt den Kauf von Softimage Inc. ab, einem führenden Entwickler von Software für High-Performance-2-D- und 3-D-Computeranimation und -visualisierung.

**1995**

*März:* Bill Gates schließt sich mit den Giganten der Film- und Musikbranche, Steven Spielberg, David Geffen und Jeffrey Katzenberg, in dem Multimedia-Unternehmen Dream Works zusammen.
*Juli:* Nach Schätzung des Magazins *Forbes* ist Gates mit einem Vermögen von 12,9 Milliarden Dollar nunmehr der reichste Mann der Welt. Ererbte Vermögen werden in dieser Klassifizierung nicht berücksichtigt.
*September:* Windows 95 kommt auf den Markt und bricht erneut sämtliche Rekorde im Software-Bereich: Eine Million Exemplare werden binnen vier Tagen verkauft.

# Glossar

## Fachausdrücke

**Anwendung:** Auch Anwendungssoftware oder Applikation genannt. Programme zur Lösung bestimmter Aufgaben wie Buchführung, Textverarbeitung oder Erstellung von Grafiken.

**ASCII:** American Standard Code for Information Interchange. Ein fest definierter Zeichensatz-Standard zur Textdarstellung in einem Computer oder zur Textübertragung zwischen mehreren Rechnern. Mit Hilfe von 255 Codes werden alle Textzeichen und nichtdruckbare Steuerzeichen symbolisiert.

**Assemblercode:** Eine *maschinenorientierte* Programmiersprache, die der Maschinensprache der Hardware am stärksten ähnelt.

**BASIC:** Beginners' All-Purpose Symbolic Instruction Code. BASIC wurde 1964 von John Kemeney und Thomas Kurtz als leicht erlernbare Programmiersprache entwickelt. Da BASIC so einfach ist, wurde es rasch zu einer verbreiteten Programmiersprache für Mikrocomputer.

**Betriebssystem:** Ein für den Betrieb eines Computers wesentliches Programm, das die Datenverwaltung bei Speichereintragungen oder -abrufen definiert und alle grundlegenden Funktionen des Rechners steuert.

**Binärsystem:** Auch Duales System genannt. Ein Zahlensystem, das auf der Grundzahl (Basis) 2 beruht und nur 0 und 1 verwendet. In der Programmierung ist es das am häufigsten eingesetzte Zahlensystem. Vgl. auch *Bit* und *Byte*.

**BIOS:** Basic Input-Output System. Ein Teil bestimmter Betriebssysteme wie CP/M oder DOS, der Treiber und andere Software zur Verwaltung der Peripheriegeräte (zum Beispiel Bildschirm, Diskettenlaufwerk oder Drucker) enthält.

**Bit:** Kurzform für ›binary digit‹. Die kleinste Informationseinheit, die ein Computer speichern kann, ausgedrückt entweder als 0 oder 1. Acht Bit sind ein *Byte*.

**Bug:** Ein Programmfehler, der zu einer Funktionsstörung oder zum ›Absturz‹ (Funktionsuntüchtigkeit) eines Programms oder eines Systems führen kann.

**Bus:** Der Weg, über den Steuersignale intern im Computer übertragen werden. Es handelt sich um elektrische oder elektronische Verbindungen zwischen dem Mikroprozessor und anderer Hardware wie Diskettenlaufwerken, Platinen etc.

**Byte:** Eine Maßeinheit für die Kapazität von Computerspeichern und Platten/Disketten. Ein Byte entspricht acht *Bit* und kann ein ASCII-Zeichen speichern, d. h. eine Zahl, einen Buchstaben oder ein Interpunktionszeichen.

**CD-ROM:** Compact Disk Read-Only Memory. Ein optisches Datenspeicherungsmedium, bei dem Informationen dauerhaft auf Compact Disks (die den für Musik verwendeten CDs ähneln) gespeichert und auf dem Computerbildschirm angezeigt werden. Zu den heute auf CD-ROM verfügbaren Werken gehören u. a. der *Oxford English Dictionary,* die Bibel, verschiedene Nachschlagewerke und kommerzielle Datenbanken.

**CGA:** Color Graphics Adapter, ein 1981 von IBM eingeführter Standard für die Farbdarstellung. Die Verwendung von CGA-Karten ermöglichte Vierfarbdarstellung in einer Auflösung von 320 x 200 Pixel. 1984 wurde CGA durch den hochauflösenden *EGA*-Standard ersetzt.

**Chip:** Umgangssprachliche Bezeichnung für integrierte Schaltkreise. Vgl. *Mikroprozessor.*

**COBOL:** COmmon Business Oriented Language. Eine höhere Programmiersprache für kaufmännische Anwendungen. Seit den 60er Jahren die am häufigsten verwendete Sprache für Großrechner.

**CP/M:** Control Program/Microcomputer. Eines der ersten Betriebssysteme für Personal Computer. Gary Kildall entwickelte CP/M 1974 und gründete ein Jahr später die Firma Digital Research. 1981 war CP/M zum Standardbetriebssystem für PC-Geschäftsanwendungen geworden. Nach der Wahl von MS-DOS als Betriebssystem für den ersten IBM-PC ging der Marktanteil von CP/M in den 80er Jahren deutlich zurück.

**Diskette:** Das verbreitetste magnetische Speicherungsmedium für Personal Computer. Disketten (im Englischen auch ›floppy disks‹ genannt) haben einen Durchmesser von 5,25 oder 3,5 Zoll. Die Diskette selbst besteht aus biegsamem Kunststoff; 3,5-Zoll-Disketten besitzen jedoch eine feste Kunststoffschutzhülle. Anwendungsprogramme werden auf Disketten verkauft, und Anwender speichern ihre Daten auf Diskette. Vgl. *Festplatte*.

**Diskettenlaufwerk:** Eine Mechanismus zum Abruf oder zur Speicherung von Informationen auf Diskette. Ein Computer kann ein oder mehrere eingebaute Diskettenlaufwerke besitzen; ein Diskettenlaufwerk kann als Peripheriegerät angeschlossen sein. Beide Möglichkeiten lassen sich aber auch kombinieren.

**DOS:** Disk Operating System. Ein Oberbegriff, der sich in der Regel auf MS-DOS (von Microsoft) oder PC-DOS (die von IBM adaptierte Version von MS-DOS) bezieht. DOS ist nach wie vor das verbreitetste Betriebssystem für den IBM-PC und die IBM-Kompatiblen.

**EGA:** Enhanced Graphics Adapter. Eine hochauflösendere Grafikkarte als CGA. IBM führte den EGA-Standard Ende 1984 in Verbindung mit den *PC AT* ein. Die EGA-Auflösung beträgt 640 x 350 im 16-Farb-Modus und bietet somit eine beträchtliche Qualitätsverbesserung im Vergleich zu CGA. 1987 wurde EGA vom *VGA*-Standard ersetzt.

**Fenster:** Ein rechteckiges Feld auf dem Bildschirm, in dem zum Beispiel beim Macintosh-Computer oder in

Microsoft Windows ein Dokument angezeigt wird oder eine Anwendung abläuft. Ein Fenster (*window*) kann auch den Inhalt einer Diskette oder Festplatte anzeigen. Der Benutzer kann Fenster öffnen und schließen, ihre Größe verändern und sie auf dem Bildschirm verschieben. Je nach System kann er gleichzeitig mehrere Fenster öffnen, oder die Fenster können sich überschneiden. Das Fensterkonzept wurde ursprünglich von Xerox entwickelt und im Apple Macintosh erstmals kommerziell umgesetzt.

**Fensterumgebung:** Software, die auf einem IBM-PC oder IBM-kompatiblen Rechner beispielsweise den gleichzeitigen Aufruf und Ablauf mehrerer DOS-Programme in verschiedenen *Fenstern* erlaubt.

**Festplatte:** Ein magnetisches Speicherungsmedium aus Metall. Eine Festplatte bietet größere Speicherkapazitäten als eine Diskette und kann in den Computer eingebaut sein oder als Peripheriegerät angeschlossen werden.

**FORTRAN:** FORmula TRANslation. Eine 1956 von John Backus bei IBM entwickelte Programmiersprache, die in erster Linie zur Lösung wissenschaftlicher und mathematischer Aufgaben dient.

**Graphische Benutzeroberfläche:** Auch graphische Benutzerschnittstelle oder Bedienerführung genannt, engl. Graphical User Interface = GUI. Eine Methode zur Bildschirmanzeige von Text und Grafik mit Rasterbildern und -symbolen. Eine textorientierte Schnittstelle dagegen stellt Informationen nur in Form von Zahlen, Buchstaben und Interpunktionszeichen dar. Grafische Benutzeroberflächen sollen im Umgang mit Computern die Erlernbarkeit und den Bedienungskomfort verbessern. Der Apple Macintosh besitzt eine eingebaute grafische Benutzeroberfläche. Bei Microsoft Windows überlagert die grafische Bedienerführung das textorientierte DOS auf dem IBM-PC und IBM-Kompatiblen.

**Hochsprache:** Eine höhere Programmiersprache wie zum Beispiel BASIC, FORTRAN, COBOL oder Pascal, bei der Programmierer Anweisungen zur Steuerung des Computers in einer dem Alltagsenglisch ähnlichen Sprache eingeben. Ein in einer Hochsprache geschriebenes Programm muß kompiliert werden, d. h. die Anweisungen müssen in eine für den Mikroprozessor verständliche Form übersetzt werden.

**Kilobyte (K):** Eine Maßeinheit für die Speicherkapazität eines Rechners. Ein Kilobyte entspricht 1024 ($21^{10}$) *Byte*.

**Kombipack:** Verkauf einer Anwendung zusammen mit einem Computer oder Verkauf von zwei oder mehreren Software-Applikationen im Rahmen einer Sonderaktion. Microsoft Works wurde beispielsweise 1989 zusammen mit dem Amstrad PC verkauft, Microsoft Work für den Macintosh Ende 1990 im Kombipack mit Quicken, einem Buchführungsprogramm für den Privatgebrauch.

**Mainframe:** Jede große EDV-Anlage, in der Regel Großrechner mit hohen Verarbeitungsgeschwindigkeiten und beträchtlicher Speicherkapazität.

**Maschinenorientierte Sprache:** Eine Programmiersprache wie zum Beispiel *Assemblercode,* die einen Schritt über der für der Mikroprozessor verständlichen Maschinensprache liegt. Sie unterscheidet sich stark vom normalen Englisch und erfordert fortgeschrittenes technisches Wissen über die Hardware.

**Maus:** Ein Gerät, das der Benutzer auf einer glatten Oberfläche bewegen kann, um so mit einem Zeiger auf dem Bildschirm an eine gewünschte Stelle zu fahren. Mit dem integrierten Mausknopf kann der Benutzer durch Anklicken den Cursor an der gewünschten Stelle positionieren, eine Datei öffnen oder schließen oder eine Option aus einem Menü auswählen.

**MCA:** Micro Channel Architecture. Ein 32-Bit-Multitasking-Bus, den IBM 1987 zusammen mit seiner Computerfamilie PS/2 vorstellte. Er unterstützt für frühere PC-Modelle gefertigte Erweiterungskarten nicht.

**Megabyte (MB):** Eine Maßeinheit für die Speicherkapazität eines Rechners. Ein Megabyte entspricht 1024 *Kilobyte*.

**Mikroprozessor:** Die Zentraleinheit (Central Processing Unit = CPU) eines Personal Computer. Bei einem Mikroprozessor handelt es sich um einen integrierten Schaltkreis (oder *Chip*) auf der Hauptplatine des Rechners. Mit elektrischen Impulsen steuert er die Operationen des Computers, wie zum Beispiel Aufzeichnung von Daten im Hauptspeicher (beispielsweise Abspeicherung eines Brieftextes oder Summenberechnung in der Kalkulation).

**Modem:** Ein Gerät zur Datenübertragung von einem Computer zum anderen über das Telefonnetz.

**Multitasking:** Eine Methode, mit der Betriebssysteme mehrere Operationen parallel durchführen können. Mit einem Multitasking-System kann der Benutzer gleichzeitig ein Dokument ausdrucken, in einem Tabellenkalkulationsprogramm arbeiten und per Modem Daten empfangen.

**Pascal:** Eine von Nicklas Wirth entwickelte höhere Programmiersprache. Pascal wird in der Informatik häufig für Unterrichtszwecke eingesetzt.

**Pixel:** Kurzform für Picture Element. All die einzelnen Punkte, aus denen sich ein auf dem Monitor angezeigtes Bild zusammensetzt.

**RAM:** Random Access Memory. In aller Regel bezeichnet man mit RAM den Arbeitsspeicher eines Rechners, in dem Informationen vorübergehend gespeichert werden, solange der Benutzer damit arbeitet. Bei Ausschalten des Computers gehen alle nicht zuvor auf Diskette oder Festplatte gespeicherten Informationen im RAM verloren. Der RAM-Speicher kann Anwendungen und vom Benutzer eingegebene Daten enthalten.

**ROM:** Read Only Memory. Festspeicher für Informationen, die der Benutzer nicht verändern kann.

**S-100:** Der Bus-Standard in der PC-Industrie vor Einführung des IBM-PC. Der S-100 hieß auch ›Altair–

Bus‹, da er ursprünglich für diesen Rechner entwickelt wurde.

**Spreadsheet:** Englischer Ausdruck für Tabellenkalkulationsprogramm. Mit Spreadsheets werden vor allem Berechnungen wie Buchhaltungen, statistische Auswertungen und Prognosen durchgeführt. Doch eignen sich zahlreiche Spreadsheet-Programme auch zur Anlage und Bearbeitung von Datenbanken und zur grafischen Aufbereitung von Zahlentabellen. Die erfolgreichsten Spreadsheets waren VisiCalc auf dem Betriebssystem CP/M, Lotus 1-2-3 und Microsoft Multiplan für MS-DOS und Microsoft Excel für Windows.

**Textverarbeitung:** Ein Anwendungsprogramm, das dem Benutzer bei Erstellung, Bearbeitung, Formatierung und Ausdruck von Dokumenten ein hohes Maß an Flexibilität gewährt. Textverarbeitungsprogramme bieten Elemente wie Rechtschreibhilfe, Cutting und Pasting (Ausschneiden und Einfügen) von Textteilen in einem oder mehreren Dokumenten, verschiedene Layout-Optionen etc.

**Vergleichstest:** Eine Testserie, der ein Computersystem oder ein Softwareprogramm unterzogen wird, um seine Leistung im Vergleich zu ähnlichen Systemen oder Programmen zu messen.

**VGA:** Video Graphics Array. Ein Farbgrafikstandard, den IBM 1987 mit dem PS/2 einführte. VGA-Monitore bieten mit 640 x 480 Pixel im 16-Farb-Modus eine sehr hohe Auflösung.

## Personenverzeichnis

**Allen, Paul:** Mitbegründer von Microsoft und seit seiner Kindheit ein enger Freund von Bill Gates. Heute leitet er sein eigenes Software-Unternehmen namens Asymetrix.

**Atkinson, Bill:** Einer der Programmierer aus dem ursprünglichen Apple-Macintosh-Team, der auch die beliebten Programme MacPaint und HyperCard schrieb.

**Ballmer, Steve:** Ein Freund von Bill Gates aus seiner Zeit in Harvard, der 1980 zu Microsoft kam. 1984 wurde ihm die Verantwortung für Systemsoftware übertragen. Seit 1992 als *Senior Vice President* im *Board of Directors* und verantwortlich für Vertrieb, Marketing und Support weltweit.

**Blum, Peter:** Seit 1990 Geschäftsführer der Schweizer Microsoft AG.

**Blumenthal, Jabe:** Microsoft stellte ihn 1982 als Assistenten von Jeff Raikes für das Marketing von Multiplan ein. Er schrieb die Spezifikation für Excel und half bei Design von Works.

**Brainerd, Paul:** *President* der Firma Aldus. Er erfand den Begriff ›Desktop Publishing‹ für PageMaker, eine Anwendungssoftware, die dem Benutzer die Erstellung von Druckdokumenten in professioneller Qualität mit einem PC oder einem Macintosh und einem Laserdrucker erlaubt.

**Bricklin, Dan:** Mitentwickler (neben Bob Frankston) des ersten Tabellenkalkulationsprogramms VisiCalc, das auch als erste PC-Anwendung durchschlagenden Erfolg hatte. 1979 gründete er zusammen mit Frankston die Firma Software Arts. Nach deren Auflösung im Jahre 1985 arbeitete er einige Monate lang als Berater für Lotus und gründete dann eine neue Softwarefirma namens Software Garden.

**Brodie, Richard:** Programmierer, der zusammen mit Charles Simonyi an der ersten Version von Microsoft Word arbeitete.

**Bunnell, David:** Herausgeber eines Mitteilungsblattes für den Altair-Computer. 1983 gründete er die Zeitschrift *PC World.*

**Canion, Rod:** Gründete 1982 die Firma Compaq. Nach nur drei Jahren stand dieses Unternehmen auf der *Fortune-500*-Liste.

**Cole, Ida:** Früher verantwortlich für das Marketing bei

Apple; ab Februar 1985 an der Spitze des Microsoft-Bereichs Geschäftsanwendungen, danach im Marketing. Hat 1992 Microsoft verlassen.

**Estridge, Philip ›Don‹:** Leiter des IBM-PC-Projekts von den Anfangstagen im Jahr 1980 bis zu seinem Tod bei einem Flugzeugabsturz 1985.

**Frankston, Bob:** Mitentwickler (neben Dan Bricklin) von VisiCalc und Mitbegründer der Firma Software Arts. Nach deren Auflösung arbeitete Frankston bei Lotus als Chefwissenschaftler in der Informatikabteilung.

**Fylstra, Dan:** Leiter der Firma Personal Software, die ab 1979 VisiCalc vermarktete. Personal Software firmierte ab 1982 als VisiCorp.

**Gates, Bill:** Mitbegründer, *President* und *CEO* von Microsoft.

**Gaudette, Frank:** *Senior Vice President* und Finanzleiter (CFO) bei Microsoft. Im *Board of Directors* zuständig für Business Operations (Finanzen und Administration). Er war der Hauptakteur bei der Erstausgabe von Microsoft-Aktien.

**Grayson, Paul:** *President* der Firma Micrografx, die Software für Windows entwickelt.

**Haink, Dr. Jochen:** Ab 1988 Vertriebsleiter bei der deutschen Microsoft GmbH, seit 1991 deren Geschäftsführer Sales/Marketing.

**Hallman, Michael:** Von 1990 bis 1992 *President* von Microsoft, der 1990 Jon Shirley ablöste.

**Hertzfeld, Andy:** Hauptentwickler des Betriebssystems für den Macintosh und Schöpfer des Mac-Programms Switcher. Mit Switcher kann der Benutzer mehrere Programme gleichzeitig laufen lassen.

**Jobs, Steve:** Mitbegründer von Apple Computer und Leiter des Macintosh-Projekts. Er verließ Apple 1985, nachdem ihn der *Board of Directors* seiner Geschäftsführungsbefugnisse enthoben hatte. Jobs gründete dann die Firma NeXT Inc., die im Oktober 1988 ihren ersten Computer vorstellte.

**Kapor, Mitch:** Gründer der Lotus Development Corporation. 1986 verließ er Lotus, um sich der künstlichen Intelligenz zu widmen und ein neues Unternehmen zu gründen.

**Kempin, Joachim:** Erster Geschäftsführer der deutschen Microsoft GmbH, seit 1987 bei der Microsoft Corporation als *Vice President* für das OEM-Geschäft verantwortlich.

**Kildall, Gary:** Gründete 1976 Digital Research und entwickelte CP/M, das erste Betriebssystem für Personal Computer.

**Klunder, Doug:** Kam im März 1981 zu Microsoft, um an Multiplan zu arbeiten. Später war er Chefprogrammierer für Excel.

**Lacombe, Michel:** Seit 1991 Direktor Microsoft Süd-/West-Europa, davor ab Mai 1989 Chef von Microsoft Frankreich, davor Marketingleiter.

**Lubow, Miriam:** Eine der ersten Angestellten von Microsoft. 1977 begann sie als Bill Gates' Sekretärin. Sie verließ Microsoft 1990, um für Paul Allen zu arbeiten.

**Manzi, Jim:** Seit 1986 *President* der Lotus Development Corporation.

**Maples, Mike:** *Senior Vice President* für Anwendungsentwicklung im *Board of the President* bei Microsoft. Er ist seit 1988 bei Microsoft und arbeitete vorher bei IBM.

**Markkula, Mike:** Der erste Geldgeber der Firma Apple Computer 1976; er leitete dieses Unternehmens von 1981 bis 1983.

**Millard, William:** Gründer der Ladenkette Computerland.

**Nishi, Kazuhiko:** Japanischer Hobbyprogrammierer, der sich bis 1986 um Microsofts Geschäfte in Japan kümmerte. Chef der Firma ASCII Corporation.

**Olsen, Ken:** Gründer der Digital Equipment Corporation (DEC) und Erfinder des Minicomputers. Mit 30 Prozent Umsatzwachstum in 19 aufeinanderfolgenden Jahren ist DEC nach IBM der zweitgrößte Computerhersteller der Welt. Olsen wurde 1986 von der Zeitschrift *Forbes* zum ›Unternehmer des Jahres‹ gekürt.

**O'Rear, Bob:** Begann 1977 bei Microsoft und ist nunmehr der dienstälteste Mitarbeiter. Er ist gegenwärtig weltweit für die Entwicklung von Tochtergesellschaften zuständig.

**Osborne, Adam:** Gab in den 70er Jahren einige der ersten Bücher über Personal Computer heraus und gründete 1980 die Firma Osborne Computer. Der tragbare Osborne ließ sich anfangs gut verkaufen, doch zwei Jahre nach seiner Einführung mußte das Unternehmen Konkurs anmelden.

**Patterson, Tim:** Schöpfer von QDOS (Quick and Dirty Operating System), dem Vorläufer von Microsoft DOS. 1980 wechselte er von Seattle Computer Products (SCP) zu Microsoft und bearbeitete dort DOS für die IBM-Spezifikation.

**Raikes, Jeff:** Seit 1992 *Senior Vice President* und zuständig für Vertrieb, Marketing und Support bei Microsoft USA. Davor ab 1984 zuständig für das Marketing im Anwendungsbereich von Microsoft. Er verließ Apple 1981 und ging zu Microsoft, wo er zunächst für die Vermarktung von Multiplan und Word zuständig war.

**Raskin, Jef:** Der 31. Mitarbeiter der Firma Apple Computer und ursprünglich Leiter des Macintosh-Projekts.

**Ratliff, C. Wayne:** Entwickelte dBASE II, dBASE III und dBASE III Plus, die erfolgreichen Datenbankmanager von Ashton-Tate.

**Roberts, Ed:** Chef der Firma MITS, die 1975 den Altair, einen der ersten Mikrocomputer, herstellte.

**Rosen, Ben:** Risikokapitalgeber, der in Lotus, Compaq, Quarterdeck und Borland investierte.

**Sachs, Jonathan:** Mitentwickler des Tabellenkalkulationsprogramms Lotus 1-2-3.

**Salmutter, Egon:** Seit 1991 Geschäftsführer der Microsoft Ges.m.b.H. in Österreich.

**Sams, Jack:** Mitarbeiter im IBM-Ausschuß für das Projekt Chess, das der Entwicklung des IBM-PC dienen sollte.

**Sculley, John:** Seit 1983 *CEO* von Apple Computer.

**Shirley, Jon:** *President* von Microsoft von 1983 bis 1990. Bevor er zu Microsoft ging, arbeitete er 25 Jahre lang bei Tandy.

**Simonyi, Charles:** Programmierer, den Microsoft 1980 engagierte. Der ehemaliger Mitarbeiter des Xerox PARC war Leiter der Entwicklungsteams für Multiplan, Word und Excel.

**Sinclair, Clive:** Englischer Lord, Schöpfer des Z80, des ersten preiswerten Personal Computer.

**Slade, Mike:** Bei Microsoft Marketingleiter für Excel und andere Microsoft-Software.

**Towne, James:** *President* von Microsoft von Juli 1982 bis Juni 1983.

**Vergnes, Bernard:** Seit Mai 1989 *President* (Europa) der Microsoft Corporation. Von 1983 bis 1989 leitete er die französische Niederlassung von Microsoft, wo er Multiplan und anderen Microsoft-Produkten zu beeindruckenden Erfolgen verhalf.

**Warnock, John:** Schöpfer von PostScript und Gründer der Firma Adobe.

**Wedell, Christian:** Seit 1991 Direktor von Microsoft Zentraleuropa (Deutschland, Österreich, Schweiz und Osteuropa), davor 1987–1991 Geschäftsführer der deutschen Microsoft GmbH, davor bei Microsoft Deutschland verantwortlich u. a. für Marketing und Vertrieb.

**Wigginton, Randy:** Autor von MacWrite, dem Tabellenkalkulationsprogramm, das anfangs im Kombipack mit dem Macintosh verkauft wurde. Er schrieb auch das von Ashton-Tate vertriebene Tabellenkalkulationsprogramm Full Impact.

**Wozniak, Steve:** Mitbegründer von Apple (neben Steve Jobs) und Konstrukteur des ersten Apple-Computers.

## Produkte

**Altair:** Einer der ersten Mikrocomputer. Die Firma MITS verkaufte ihn als Bausatz über das Magazin *Popular*

*Electronics.* Bill Gates und Paul Allen schrieben das erste BASIC für diesen PC.

**Compaq 386:** Ein im September 1986 eingeführter IBM-kompatibler Rechner. Er war der erste PC eines bedeutenden Herstellers mit dem Intel 80386-Mikroprozessor. Compaq kam damit dem Konkurrenzmodell von IBM über sechs Monate zuvor.

**Compaq Portable:** 1982 vorgestellter tragbarer Rechner mit den Fähigkeiten eines IBM-PC. Er war ein durchschlagender Erfolg.

**dBASE:** Eine Datenbankverwaltung der Firma Ashton-Tate. In den 80er Jahren wurde dBASE mit 2,5 Millionen Exemplaren zum Spitzenreiter in seiner Kategorie.

**DESQview:** Eine Fensterumgebung von Quarterdeck, in der mehrere DOS-Programme gleichzeitig laufen können.

**Excel:** Tabellenkalkulationsprogramm von Microsoft. Nach seiner Ersteinführung im September 1985 wurde es rasch zur meistgekauften Software für den Macintosh. Die im November 1988 vorgestellte Windows-Version war ebenfalls sofort ein Erfolg und ist zur Zeit Marktführer unter den Tabellenkalkulationsprogrammen in Deutschland.

**Framework:** Ein integriertes Softwarepaket, das Robert Carr entwickelte und Ashton-Tate Ende 1984 auf den Markt brachte. Es verwendet eine Art Fenstertechnik. Die Fenster, in denen man verschiedene Dokumentarten bearbeiten kann, heißen hier ›Rahmen‹ oder ›frames‹.

**GEM:** Eine grafikorientierte Fensterumgebung von Digital Research. GEM verwendet überlappende Fenster, doch kann darin nur jeweils eine Applikation laufen.

**IBM-PC (Personal Computer):** Der erste von IBM vorgestellte Personal Computer. Er basierte auf dem Intel 8088-Mikroprozessor und wurde mit dem Betriebssystem MS-DOS verkauft.

**IBM-PC AT:** Das Nachfolgemodell des IBM-PC. Der im August 1984 eingeführte AT verwendete einen Intel

80286-Mikroprozessor und den neuen EGA-Grafikstandard.

**Jazz:** Ein Mitte 1985 von der Lotus Development Corporation vorgestelltes integriertes Softwarepaket für den Macintosh. Es enthielt ein Tabellenkalkulationsprogramm, eine Datenbank, Textverarbeitung, Grafik und ein Kommunikationsmodul.

**Lotus 1-2-3:** Ein leistungsstarkes Tabellenkalkulationsprogramm der Lotus Development Corporation, das zum Standard in seiner Kategorie und zum weltweit meistverkauften Softwareprogramm in der Geschichte der Personal Computer wurde.

**Multiplan:** Microsofts erstes Tabellenkalkulationsprogramm, das auf nahezu allen PC-Betriebssystemen lief. In den USA erreichte es nur mäßige Verkaufszahlen; in Deutschland dagegen war es sehr erfolgreich.

**New Wave:** Ein von Hewlett-Packard entwickeltes Programm zur Erweiterung der Fähigkeiten von Microsoft Windows. 1988 verklagte Apple Computer Hewlett-Packard wegen New Wave mit der Begründung, daß sein Aussehen und seine Funktionsweise (›*look and feel*‹) dem Macintosh zu ähnlich sei.

**OS/2:** Ein Betriebssystem, das Microsoft und IBM gemeinsam für die neue PC-Generation von IBM entwickelten. Es war Gegenstand einiger Differenzen zwischen diesen beiden Firmen.

**Presentation Manager:** Die grafische Benutzeroberfläche, die Microsoft und IBM gemeinsam für OS/2 entwickelten.

**PS/2:** Eine PC-Familie, die IBM im April 1987 vorstellte. Das äußere Erscheinungsbild war weitaus eleganter als bei früheren Modellen. Der PS/2 stellte mit seinem MCA-Bus, der Erweiterungskarten für frühere PCs nicht unterstützte, einen Bruch zur traditionellen Architektur des IBM-PC dar.

**SoftCard:** Eine von Microsoft für den Apple II entwickelte Karte. Mit der 1980 eingeführten SoftCard konnten auf dem Apple II Programme laufen, die für das Betriebssystem CP/M geschrieben waren.

**Symphony:** Ein integriertes Softwarepaket für den PC, das Lotus Ende 1984 vorstellte.

**TopView:** Eine textorientierte Benutzerschnittstelle von IBM, die über DOS installiert wurde. TopView wurde im April 1985 eingeführt, im Juni 1987 aber aufgrund seines mangelnden Erfolgs vom Markt genommen.

**Turbo Pascal:** Die verbreitetste Programmiersprache für PCs. Anbieter ist die Firma Borland.

**VisiCalc:** Das erste Tabellenkalkulationsprogramm. VisiCalc war das Werk von Dan Bricklin und Bob Frankston und wurde von der Firma VisiCorp (ehemals Personal Software) vermarktet. Es war so erfolgreich, daß viele Kunden sich eigens für diese Anwendung einen Apple II kauften. Später wurde VisiCalc auf den IBM-PC portiert. Das Programm ließ sich gut verkaufen, bis Lotus 1-2-3 1983 den Markt eroberte. Insgesamt wurden 500 000 Exemplare abgesetzt.

**VisiOn:** Eine grafische Mehrfensterumgebung. Das im November 1983 vorgestellte VisiOn war kein großer Erfolg, da es DOS-Standardprogramme nicht unterstützte: Dieser Nachfragemangel führte zum Konkurs der VisiCorp.

**Windows:** Ein von Microsoft entwickeltes Softwareprodukt, das unter MS-DOS im Grafikmodus läuft und dem Benutzer die gleichzeitige Verwendung mehrerer Programme in jeweils eigenen *Fenstern* (›windows‹) erlaubt. Unter Windows sieht die PC-Benutzeroberfläche ähnlich aus wie die Bedienerschnittstelle des Macintosh. 1988 verklagte Apple Computer Microsoft mit der Begründung, daß das Aussehen und die Funktionsweise von Windows (›*look and feel*‹) dem Macintosh zu ähnlich sei. 1991 war Windows das meistverkaufte Softwareprogramm nach MS-DOS.

**Word:** Eigentlich Microsoft Word. In Deutschland in der Version für MS-DOS und Microsoft Windows seit 1987 das meistverkaufte PC-Anwendungsprogramm.

**WordPerfect:** Das meistverkaufte Textverarbeitungsprogramm in den USA. In Deutschland liegt der Marktanteil unter 10 Prozent. Anbieter ist die WordPerfect Corporation.

**WordStar:** Ein Textverarbeitungsprogramm, das MicroPro International (jetzt WordStar International) 1979 einführte. Es wurde rasch zur Staranwendung auf CP/M-Rechnern.

**Works:** Ein integriertes Softwarepaket von Microsoft, das auf Computerneulinge zugeschnitten ist. Es enthält ein hilfreiches Online-Lernprogramm.

**XENIX:** Eine beliebte, von Microsoft verfaßte Version des UNIX-Multiuser-Betriebssystems.

## Unternehmen

**Adobe:** Anbieter der PostScript-Sprache für Desktop Publishing. Der Apple LaserWriter verwendete als erster Laserdrucker PostScript.

**Apple Computer:** Der Hauptkonkurrent von IBM unter den PC-Herstellern. Apple produziert so populäre Produktfamilien wie den Apple II oder den Macintosh.

**Ashton-Tate:** Anbieter von dBASE, dem meistgekauften Datenbankmanager. Wurde 1991 von Borland aufgekauft.

**Commodore:** Bedeutender kanadischer Computerhersteller, gegründet 1958. 1976 kaufte Commodore den Mikroprozessorproduzenten MOS Technology auf und begann mit der Herstellung von Personal Computern. Zu seiner Produktpalette gehörten Rechner wie der PET 2001, der C64, der C218 und der Amiga sowie auch etliche IBM-Kompatible.

**Compaq:** Ein für seine tragbaren Rechner und seine IBM-kompatiblen Geräte bekannter Computerhersteller.

**Computerland:** Der erste landesweit tätige Händler von PC-Produkten in den Vereinigten Staaten. William Millard gründete dieses Unternehmen im September 1986.

**DEC:** Die 1957 gegründete Digital Equipment Corporation stellt Mainframes und Minicomputer her. Sie bot beispielsweise den PDP-10 und den PDP-11 an, auf denen Bill Gates und Paul Allen auf der High School und in der Anfangszeit von Microsoft arbeiteten.

**Digital Research:** Anbieter des Betriebssystems CP/M; gegründet 1975 von Gary Kildall. Wurde 1991 vom Netzwerkmarktführer Novell übernommen.

**IBM:** International Business Machines Corporation. Der weltweit führende Computerhersteller.

**Lotus Development Corporation:** Dieses von Mitch Kapor gegründete Unternehmen verkauft das höchst erfolgreiche Tabellenkalkulationsprogramm 1-2-3. Zwischen 1984 und 1986 war Lotus weltweit die Nummer 1 unter den Softwarehäusern, bevor es gegenüber Microsoft an Boden verlor.

**Micrografx:** 1984 gegründetes Softwarehaus, das sich auf Programme für Microsoft Windows spezialisiert hat. Im Juli 1985 brachte Micrografx die erste Windows-Anwendung In-A-Vision heraus.

**MicroPro International Corporation:** Anbieter des Textverarbeitungsprogramms WordStar, das in den frühen 80er Jahren auf der Beliebtheitsskala ganz oben rangierte. 1989 firmierte das Unternehmen als WordStar International.

**Microsoft:** Der weltweit führende Anbieter von PC-Software.

**Novell:** Als Anbieter zahlreicher Produkte der Reihe Netware Marktführer im Bereich PC-Netzwerkbetriebssysteme. 1991 übernahm Novell den Microsoft-Konkurrenten und einstigen CP/M-Entwickler Digital Research, dessen MS-DOS-Klon DR-DOS von Novell weiterentwickelt wird.

**Softsel:** Software-Großhändler, der für seine wöchentliche ›Hot List‹ der Programm-Bestseller bekannt ist.

**Software Arts:** Hersteller des ersten Tabellenkalkulationsprogramms VisiCalc. Software Arts wurde 1979 von Dan Bricklin und Bob Frankston gegründet.

**Software Publishing Corporation (SPC):** Auf anwenderfreundliche MS-DOS-Programme spezialisierte Softwarefirma. Zu seinen Verkaufsschlagern gehören pfs:Write und Harvard Graphics.

**Tandy:** Computerhersteller, dessen Tochtergesellschaft Radio Shack 1977 auf den PC-Markt vorstieß.

**Toshiba:** Japanischer Computerhersteller, der sich 1985 auf tragbare IBM-Kompatible spezialisierte.

**VisiCorp:** Vertriebsfirma für das Tabellenkalkulationsprogramm VisiCalc; hieß ursprünglich Personal Software und wurde von Dan Fylstra geleitet.

**WordPerfect Corporation:** In Utah ansässiges Softwarehaus, das für sein erfolgreiches Textverarbeitungsprogramm WordPerfect bekannt ist.

**Zenith:** Hersteller von Fernsehgeräten, der sich Anfang der 80er Jahre den Personal Computern zuwandte. Vor seiner Übernahme durch die französische Firma Bull (1989) war Zenith einer der wichtigsten Anbieter von tragbaren PCs.

# Register

ACE 324
Acht-Bit-Chip 96-97
80386 266
Acorn 109
Adobe Systems 201, 432
Aiken Computer Laboratory, Harvard 50
Akers, John 325-326, 328, 333
Aldus Page Maker 192
Alex. Brown & Sons 290, 292, 294, 297
Allen, Paul 30, 32-42, 48-56, 57, 61, 65, 66, 67, 68, 75, 76-77, 93-96, 98, 100-102, 108, 113-115, 150, 286, 288-289, 290, 342, 396, 406, 423
- Streit um BASIC 76
- bei Honeywell 41
- und Konzen, Neil 101
- zu MS-DOS 132
- und Patterson, Tim 98
- und Roberts, Ed 52-54
Alsop, Stewart 193, 253
Altair 46-51
- BASIC und 51-56
- DiskBASIC 57-58
- Konferenz 61-62
- MITS Mobile Caravan 59
- Speicherkarten 58
Alto-Rechner 152, 199-200
Amdahl 143
American Airlines 280
Amiga 376
Amstrad 266
Anwendung 412
Anwendungssoftware 82-83
Apple Computer 24, 45, 93, 324-325, 432. *Siehe auch* Apple II; Lisa
- Betriebssystem 82
- in Europa 163-164
- zum IBM PC 129-130
- Lisa 151
- Macintosh 24, 197, 377
- Microsoft und 81
- Lizenzvertrag von 1985 261, 263
- Prozeß wegen der grafischen Benutzerschnittstelle 259-265
- Prozeß wegen Windows 259-265, 327, 341
Apple I 79
Apple II 78-81
- Einführung des 79
- Grafiken und 135
- Multiplan für 157, 160, 164
- SoftCard für den 100-101
- Umsatz 1983 207
- VisiCalc auf dem 148, 157
Apple III 206
Apple IV 204
Apple Laser Writers 192, 237
AppleDOS 205
AppleWriter 182
Apricot, GEM und 256
Arthur Andersen 271, 276
ASCII Company 86
- Abwerben von 91
ASCII 417
- Bits und 97
*ASCII* 86
Ashton, Alan 184
Ashton-Tate 162, 201, 214, 232, 241, 269, 329, 340, 353, 378, 432. *Siehe auch* Framework; dBASE IV
- Aktienemission 288
- 1986 287
- Windows und 242, 257
Assembler
- 8080 174
- für den Altair 50, 56
- Assemblersprache 30-31
- Definition 417
- für Lotus 1-2-3 159
- für Tabellenkalkulationsprogramm 147, 150
Asymetrix 286, 406
AT & T 144
- PC 6300 138

435

- UNIX-Betriebssystem  113
- und Windows  257
Atari 80  148
Atari  143, 376
- Betriebssystem  82
- GEM und  256, 257
Atkinson, Bill  202, 208, 209, 423-424
Ausländische Mitarbeiter  307

B20, Multiplan Version 1.1 auf dem  160
Baby Blue  136
Backus, John  415
Ballmer, Steve  42, 102, 108, 115, 118, 124, 126, 152, 172, 243, 247, 250, 254, 262, 276-277, 294, 306, 317, 320, 321, 323, 329, 342, 399, 424
BASF  377
BASIC 6502  77, 101
BASIC E  77
BASIC. *Siehe auch* Microsoft BASIC.
- für den 8086  97-99
- auf dem Altair  49-56
- Entstehung von  49
- Definition  417
- für IBM  109, 111
- Intel 8008 und  38
- Intel 8080 und  42
- MOS Technology 6502-Chip und  66
- Piraterie  58-61
- Streit um  76
- für den TRS-80  78
- Übersetzung der Handbücher  164
- Verkauf von  64-65
- Weiterentwicklungen von  82
Bastian, Bruce  184, 322
Bauer  411
Befehle, BASIC  82-83
Bell, Jack  193
Bellevue, Robert  204
Ben Rosen Conference 1981  203
Betriebssystem  81-83
- Definition  417
Binärsystem  97, 417
BIOS  85, 417
- MS-DOS und  118
- Probleme mit  122
Bits  47, 96-97, 418
Blum, Peter  383, 424
Blumenthal, Jabe  211, 214, 216, 217, 218, 220, 223-224, 424
Boeing  271, 280
Boemeke, Jens  363
Borland  24, 282, 321, 324, 329, 340, 353, 370, 404

Brainerd, Paul  424
Bravo  152
Bressler, Richard  407
Bricklin, Dan  146-149, 158, 161-162, 398, 424, 425, 431
Brodie, Richard  176, 424
BSP Krug  370
Buchführung bei Microsoft  172
Bug  418
Buli  164
Bunnell, David  60, 61, 178, 179, 396, 424
Burroughs
- B20, Multiplan Version 1.1 auf dem  160
- und Windows  243
Bus  418
- für den 8086  98
*Business Computer Systems*  180, 181
*Business Software*  277
Businessland  276
*BYTE*
- zum Apple II  80
- zum IBM PC  129
Bytes  47, 418

C-Sprache  205
- Tabellenkalkulationsprogramm in C  151
Cable Howse & Ragen  290
Canion, Rod  138, 332-333, 424
Cannavino, Jim  316, 320, 321, 328, 340
Canon, MS-DOS und  136
Carr, Robert  201, 214, 429
Cary, Frank  105, 106
CD-ROM  337, 418
CeBIT  374, 384
CfM, *siehe* Computertechnik für Manager
CGA (Color Graphics Adapter)  418
Chip  418
Christian, Kaare  191
Chu, Albert  65
Citibank  64
Clinton, Bill  342
COBOL  35, 65, 82
- CP/M für  85
- Definition  418-419
- für IBM  111
cobra Adress  369
Coca-Cola Foods  280
Cole, Ida  247, 424-425

Columbia Data Products, VP 138
Comdex Frühjahr 1985 226, 252
Comdex Herbst 1982 159, 239
Comdex Herbst 1983 138
Comdex Herbst 1989 316
Comdex Herbst 1991 332
Comdex Herbst 1992 343
Commodore 64 160, 363
Commodore PET 78, 79, 80
– VisiCalc auf dem 148
Commodore 432
– Betriebssystem 82
– GEM und 256
– MS-DOS und 136
Compaq Deskpro 386 266
Compaq Portable 138, 429
Compaq 24, 324, 332–333, 376, 432
– und 80386 266
– Compaq DOS 134
– EGA-Bildschirm 256
– EISA 269
– und IBM PC AT-Standard 287
– PC 138
– Windows und 240, 243
– Windows Excel für den 277
Compusystems, MS-DOS und 136
Computer Associates, SuperCalc und 150
Computer Center Corporation (CCC) 31–34
*Computer Letter* zu Lotus 278
Computerland 129, 432
Computertechnik für Manager 371
Computer 2000 370
Concurrent CP/M-86 139
Control Data Corporation 29
– Cybernet 33–34
– Mainframe 149
– Verkauf von VisiOn an 246
Convergent Technologies 109, 153
– und Windows 257
Couch, John 202, 206
Courtney, Mike 118
CP/M 82, 83–85, 363, 364
– Apple II und 100–101
– Definition 419
– IBM und 111–112
– MS-DOS gegen 131, 135–136
– SuperCalc 150
– WordStar und 174
CP/M-86 112, 131, 133, 171
CPT, Schreibautomaten 173
Cromemco 61
Cutler, David 328
Cybernet 33

Daimler-Benz 375, 377
Data General 170
– und Windows 243, 257
Datapoint, Tabellenkalkulationsprogramme für 150, 160
Datapro, Untersuchung von 1986 270
Dataquest 162, 186, 231
dBASE II 162
dBASE III Plus 269
dBASE III 257
dBASE IV 280, 340
dBASE 23, 329, 353, 429
– MS-DOS-Version 132
– TopView und 245
DDB Needham 367
DEC 29, 45, 170, 332, 343, 365, 433
– DEC PDP-10 30–32
– IBM-Kompatible 137
– Microsoft und 65
– Programmfehler im PDP-10 31–33, 39
– Programmiererfahrung 35
– Rainbow-100 160, 365
– TRW und 39–41
– Umgehung des Sicherheitssystems 33
– VisiOn und 245
– und Windows 243, 257
Deloitte Haskins & Sells 280
Dell 266, 333
Demo-Disketten 177-179
DESQ 240, 245, 249
DESQview 245, 429
Digital Equipment Corporation (DEC). *Siehe* DEC
Digital Research 84, 163, 170, 245–246, 250–251, 364–365, 433. *Siehe auch* GEM
– Concurrent CP/M-86 139
– CP/M-86 139
– IBM und 111–112
– Kampf mit MS-DOS 131, 133, 135–136
– Trennung von 113
DiskBASIC 57–58, 83
Diskette, Definition 419
Diskettenlaufwerk, Definition 419
Dobkin, Eric 296–297
Dompier, Steve 47–48
DOS. *Siehe auch* MS-DOS
– Definition 419
Dougall, William 28
Dow Jones News 128
Doyle Dane Bernbach 177
*Dr. Dobbs Journal* 17, 84, 298

3Com 152, 201
Drucker. *Siehe* Laserdrucker
- Treiber 237
Druckertreiber 237-238
Dvorak, John 253-254
Dyson, Esther 248

Eagle und Windows 243
Easy Writer 128
EDLIN 395
EGA-Karte 256, 287, 419
EISA-Gruppe 269, 410
Electric Pencil 397
Electronic Paper-Projekt 150-153
Elektromodul 383
Elektronisches Tabellenkalkulationsprogramm. *Siehe* Tabellenkalkulationsprogramme
Emissionsprospekt für Microsoft 293, 294
Engelbart, Douglas 198-199
Epson
- GEM und 256
- Matrix-Drucker 237
Ericson 365
Esber, Ed 329, 359
Escher, Christopher 263
Estridge, Philip ›Don‹ 115-116, 122, 131, 156, 313, 401, 425
Ethernet 201
Eubanks, Gordon 77
Europa
- Multiplan in Europa 163-167
- Übersetzung der BASIC-Handbücher 164
European Headquarter 386-387
Evans, George 198
Evans, Kent 32, 34, 36
Excel 167, 213, 367, 429. *Siehe auch* Windows Excel
- Einführung von 222-227, 275-277
- Entwicklung für den PC 271-273
- Erfolg von 229-231
- Ideen zu 211-213
- Steve Jobs zu 219-220
- für den Macintosh 215-218
- Preisvergabe 1985 288
- Version von 232
- Werbung für 227-229

Fairchild Semiconductor 93
Federal Trade Commission (FTC) 322-323, 327, 344-345

Fenster 175, 419-420
- Idee 198
Fensterumgebung 420
Festplatte 168
- Definition 420
- für VisiOn 244
Flashinski, Lou 120
*Forbes* 248, 342
Forethought 258, 409
FORTRAN 36, 65-66, 77, 82, 83
- 8086-Version von 109
- CP/M für 85
- Definition 420
- Einführung durch Microsoft 82-83
- für IBM 111
- IMSAI und 78
*Fortune*, Gates in 291, 330
Fortune Corporation 150
FoxPro 340
Fox-Software 329-330, 340
Framework 201, 214, 215, 241, 429
Frankston, Bob 147, 158, 161, 398, 424, 425, 431
Fred, Programmiersprache 214
French, Melinda 305
Full Impact 209, 232
Furukawa, Susumu 91
Future Computing 133, 137, 168, 230
Fylstra, Dan 147, 148, 158, 161, 425

Gates, Mary 19, 27, 66, 117, 312
Gates, William Henry III. (Bill) 13-21, 27-28, 303-305
- in Harvard 41-42
- Lebensweise 298-302
- Persönlichkeit 347-355
Gates, William Henry, Jr. 27, 66, 77
Gaudette, Frank 290-297, 425
GEM 151, 246, 250, 256, 376, 377, 429
- Prozeß gegen Apple 259
General Electric 64
Geschäftsgrafik 159
GNAT Computers 84
Go 322, 331-332
Gold, Tony 133
Goldman Sachs 229, 290-292, 294
- Aktienkurs und 296-297
- Treffen mit 291-292
Grafik
- IBM PC und 135
- Interface Manager und 238
Grayson, Paul 258, 425
Grafische Benutzerschnittstelle 198

438

- Definition 420
- Jobs, Steve und 202-203

Greenberg, Bob 67
Grid und Windows 257


Haink, Dr. Jochen 379-380, 425
Hallerman, Mel 123
Hallman, Michael 411, 425
Hambrecht & Quist 290
Hanson, Rowland 177, 178
Harbers, Jeff 211, 215, 271, 272, 273, 302, 303, 307
Harrington, Pat 121
Harvard 41-42
- Aiken Computer Laboratory 50

Heckel, Paul 151, 153
Hertzfeld, Andy 204, 219, 425
Hewlett Packard Laser Jet-Drucker 183, 237
Hewlett-Packard 45, 65, 93, 170, 260-261, 263
- IBM und 112, 137
- New Wave 260-261
- VisiCalc und 148
- und Windows 243
- Wozniak, Steve bei 79

Hitachi
- Flüssigkristallanzeige 89-90
- MS-DOS und 136
- National Advances Systems und 144

Hochsprachen 82, 420-421
Hoesch AG 387
Homebrew Computer Club 45, 48, 79, 396
- und MITS Mobile Caravan 59

Honeywell 41, 170
- und Windows 257

Hyperion, Windows und 243
Hypertext 61


IBM Family Assistant 245
IBM PC AT 429
- Farbmonitor 256
- Einführung des 287
- Windows Excel für den 275

IBM PC XT 168, 257
- Farbmonitor 256

IBM PC 19, 24, 429
- IBM-Kompatible 137-139, 266, 364-365
- Intel-Mikroprozessor im 144
- Multiplan und 157
- 1983 168-169
- RAM von 125
- Software für den 131
- Software-Entwicklung 134
- VisiCalc auf dem 148
- WordStar für den 174

IBM 18, 19, 45, 433. *Siehe auch* OS/2; Presentation Manager; Top-View
- Beziehung zu Microsoft 313-334
- Control Data Corporation und 29
- Hardware-Probleme 120-124
- Projekt Chess 105-124
- PS/2 268-269, 314, 430
- Qualitätstests 106, 125
- TopView 240, 241, 257
- VisiOn 243
- Windows und 243, 267-269
- Zusammenarbeit mit Microsoft 115-127

Ikonen 197
- Star und 200

IMSAI 78, 174
- 8080-Rechner 61
- Digital Research und 84

In-A-Vision 258
Inamori, Kazuo 89
*Inc.,* 288
Industry Standard Architecture (ISA) 266
InfoCorp 162, 232
- Umfrage 182
- zu WordPerfect 185

Information at Your Fingertips 335-337
Information Sciences 35
Informix 232
*InfoWorld* 126, 183, 267
- zu Excel 226, 230, 231
- zu Macintosh Word 190-191, 193
- zu MS-DOS 133, 135
- zu Multiplan 158
- Vaporware 249
- Vergleich Windows und GEM/Top View 256
- bei der Windows-Party 253

Integrierte Programme 215
Intel 93, 364
- und der IBM-PC 144
- ISIS 82
- MS-DOS und 136
- und Windows 257

Intel 80386 266
Intel 4004 37, 83, 96
Intel 8008 37-38, 84, 96
Intel 8080 42, 84, 96
- Altair und 49-50

- MITS und 46, 47
Intel 8086 96–100
Interface Manager 238
- Gestaltung des 238–241
Isaacson, Portia 407
ISIS 82
ITT
- und IBM-Kompatible 137
- und der IBM-PC AT-Standard 287
- und Windows 243


Jazz 215, 430
- Apples Unterstützung für 218–219
- Kritik an 229
- Verspätung von 221
- Demonstration von 217
JB3000, Multiplan Version 1.1 auf dem 160
Jobs, Steve 45, 79–80, 197–198, 202–204, 207–208, 210, 218–219, 222, 224–225, 226, 267, 287–288, 330–332, 396, 407, 425
Joystick 123, 125


Kahn, Philippe 329, 330, 352, 353
Kapor, Mitch 158–159, 162, 217, 221, 222, 242, 288, 401, 425–426, 433
Kassettenlaufwerk 125
Kassar, Ray 108
Kay, Alan 199, 201
Kaypro 287
Kemeney, John G. 49, 417
Kempin, Joachim 164, 361, 368, 376, 379, 426
Kenwood Group 279
Kildall, Gary 83–85, 111–112, 131–132, 419, 426, 433
Kilobyte 421
Klunder, Doug 156, 157, 164, 211, 212, 213, 214, 215, 216–217, 219–221, 232, 426
Kombipack 421
Konferenz für Informationssysteme und -technologie 262
Konzen, Neil 101, 123, 135, 205, 236, 247–248, 251, 252
Kurtz, Thomas E. 49, 417
Kyocera Corporation 89–90


Lacombe, Michel 426
Lakeside Programming Group 32
Lakeside School 22, 29–31, 35–36

Lammers, Susan 202
LAN-Manager 408, 410
Lanier-Schreibautomat 173
Larson, Chris 100
Laserdrucker. *Siehe* Hewlett-Packard Laser Jet-Drucker
- Laser Writers 192, 237
- Microsoft Word und 176
- Post Script-Sprachen 201
LaserWriters 192, 237
Lashlee, Hal 399
Léanord 164
Leff, Robert 399
Lernprogramm
- für Word 182, 183
Level II BASIC 78
Liddle, David 199, 201
*Life Insurance Selling* 181
LifeBoat Associates 84–85, 99
- zum IBM-PC 133–134
Lisa 151, 201, 202, 206–207
- Desktop des 241
Logitech 322
Lotus 1-2-3 23, 158–163, 166, 169, 211, 369, 430
- Angriff auf 269–271
- Einführung von 136
- Macintosh-Version von 275
- Makros 212
- Marktanteil 1986 162
- und Multiplan 160–161
- Windows Excel und 271–273, 280–283
- Windows-Version von 257
- Win-Win-Kampagne 280
Lotus 1-2-3/3 273
- Verzögerung von 280–282
- Einführung von 282
Lotus 1-2-3/G 320
Lotus Development Corporation 18, 24, 136, 138, 139, 158, 169, 313, 317, 321, 324, 378, 433. *Siehe auch* Jazz; Symphony
- *Computer Letter* über 278
- Microsoft an der Spitze 273–274
- Modern Jazz 275
- 1986 287
- Windows und 242, 257
Lowe, Bill 106, 115, 268, 313–316, 330
Lubow, Miriam 26, 27, 94–95, 144–145, 426
- Freundschaft mit Gates 67–74
- Umzug nach Seattle 119–120

*MACazine* 190
MacBASIC 207, 210
MacGregor, Scott 243, 248
Machrone, Bill 255
Macintosh 151, 197-210, 324, 376-377
- Entwicklung des 202-204
- Excel für den 215-218
- 512K 216
- Einführung des 208-210
- Lotus 1-2-3 für den 275
- Microsoft Word auf dem 189-193
- Multiplan für den 205
- WordPerfect für den 193
MacPaint 208, 209
Mac Plus 192, 229
*MacWorld* 193, 232
MacWrite 189-191, 208, 209
Magnuson Computer Systems 143
Mainframe, Definition 421
Makro-Rekorder 367
Makros 212, 220, 229
- in Windows Excel 272
Malloy, Tom 201
Management by Objectives 381
Mannesmann 361
Manufacturers Hanover Trust 276
Manzi, Jim 222, 231, 316, 350, 426
Maples, Mike 306, 426
Maremaa, Tom 226
Maritz, Paul 349
Markkula, Mike 80, 129, 404, 426
Markt & Technik 370
Marquardt, David 288, 289, 407
Martin, Eff 291-292, 295, 296
Maschinenorientierte Sprache 421
Mathews, Bob 156, 211
Mathews, Mark 151
Maus 175-176
- Definition 421
- für Multiplan Version 2.0 166
- Verwendung der 197, 199
MCA-Bus 269
- Definition 416
McDonald, Marc 65, 67, 73, 95
McEwen, Dorothy 111-112
McGovern-Nixon-Wahlkampf 39
McNealy 324
Megabyte 97, 421-422
Menüs in Multiplan 153-156
Metcalfe, Bob 152, 201
*Micro Software Today* 257, 259
Micrografx 258, 322, 433
MicroPro International Corporation 174, 362, 433

- zu DESQ 245
- und Windows 257
Microsoft BASIC 55, 365-366
- 1983 171
- für Tandy 78
Microsoft Chart 139, 210, 367
Microsoft Consulting 373
Microsoft File 210
Microsoft Multiplan. *Siehe* Multiplan
Microsoft System Journal 373
Microsoft Word 23, 139, 168-193, 431-432
- in Deutschland 165, 186-188, 367, 369, 378
- Laserdrucker und 176
- für den Macintosh 189-193
- Marketingstrategie für 178
- Marktanteil 1986 269-270
- Vor- und Nachteile von 180-181
- Version 1.1 182
- Version 1.15 182
- Version 2.0 182-184
- Version 3.0 für den Macintosh 192-193
- Version 4.0 375
- Windows-Version 378
Microsoft
- und Apple 81, 210
- Beziehung zu IBM 313-334
- Emissionsprospekt für 293, 294
- Firmengeschichte 396-411
- erstes Büro von 65
- erstes Jahr 57-66
- Gang an die Börse 288-297
- Gründung von 54-55
- Jahresumsatz 1979 100
- 1986 287-288
- 1991 330
- 1992 340-342
- überholt Lotus 273-274
- Unternehmensphilosophie 305
- Zusammenarbeit mit IBM 115-127
Microsoft Europa 341, 386
Mikroprozessoren, Definition 422
Millard, Williams 426, 432
Mitarbeiter von Microsoft 305, 307-308
MITS (Micro Instrumentation und Telemetry Systems) 42, 46, 61, 62
- und Microsoft 55
- Mobile Caravan 59
- Übernahme durch Pertec 76
Modem, Definition 422
Modular Computer Systems 361
Modern Jazz 275

*Money* 144
Morgan Stanley 290
MOS Technology 6502 79
– und BASIC 65
Motorola 6800 65, 364
Motorola 68000 203, 209
MS-DOS
– CP/M gegen 135–136
– Durchbruch von 128–139
– Entwicklung von 117–120
– in Europa 163–164, 363, 365
– Vormachtstellung von 137, 317
– Interface Manager für 238
– 1983 168
– Osborne-Rechner und 144
– Version 3.0 243–244
– Versionen von 389–395
MS-Net 392
MSWord. *Siehe* Microsoft Word
Multimedia 335–339
Multi-Tool Word 175–177
Multiplan 23, 139, 146, 151, 175, 367, 430
– in Europa 163–167, 361, 363, 385
– Einführung von 156–158
– japanische Version von 160
– gegen Lotus 1-2-3 160–161, 162–163
– für den Macintosh 205, 210
– Menüs in 153–156
– Version 1.1 für den IBM-PC 160
– Version 2.0 166
– Version 3.0 166
Multiplin 384
Multitasking
– Concurrent CP/M-86 139
– Definition 422


National Advanced Systems 143
National Computer Conference 1979 99, 148
National Panasonic 160
National Semiconductor 364
NCR 64, 365
– und Windows 257
NEC
– IBM-Kompatible 137
– MS-DOS und 136
– Nishi und 88–89
– PC 8001 88
– tragbare Mikrocomputer 90
Nelson, Ted 61
Netzwerke 201, 373, 391–392
– Windows und 343

Neukom, William 262–263, 292, 293, 294, 296
New Wave 261, 425
Newell, Gabe 251
NeXT 287
Nikora, Leo 248
Nishi, Kazuhiko 86–92, 113–114, 171, 270, 426
– bei der National Computer Conference 1979 100
– und tragbare Computer 89–90
– Trennung von Gates 90–92
Nixdorf 364
Nixon-McGovern-Wahlkampf 39
Norman, Dave 276
North Star Computers 85
– BASIC 77
Norton, John 40
Norton, Peter 249, 253
Novell 321, 343, 373, 433
Noyce, Robert 93
NLS-Rechner 199


O'Brien, Mark 215
O'Rear, Bob 74–75, 99, 118, 120–124, 427
– in Europa 163–164, 360–361
Odyssey 211–213
OEM-Geschäft 361, 379
Offene Briefe an die Amateurprogrammierer
– erster Brief 60
– zweiter Brief 62–64
Office Vision 201
Oki, Scott 362, 383
Olivetti
– IBM-kompatible PCs 137
– tragbare Mikrocomputer 90
– und Windows 257
Olsen, Ken 29, 426
Olympia 364
Opel, John 105, 106, 116
OS/2 269, 313–321, 325, 326, 340–342, 430
– 3.0 324, 328
– Windows oder 316–319
Osborne, Adam 144, 427
Osborne, David 50
Osborne-Computer 144, 150
– Multiplan Version 1.1. auf dem 160


p-code 205
Pacific Northwest Bell 280

PageMaker 192–193, 255
Paint 250
Panasonic, MS-DOS und 136
Pascal 82
- Definition 417
- für IBM 111
Paßwort für den PDP-10 33
Patterson, Tim 98–99, 114, 118–119, 123, 132, 137, 389, 399, 400, 427
*PC Magazine*
- zu Macintosh Word 191
- zu Microsoft Word 180, 183, 288
- Preis für ›Herausragende, technische Leistungen‹ 268, 279
- Windows 288
- bei der Party für 253
- Windows Excel 278
- zu Write 255
*PC Products* 248
*PC Week*
- zur Glaubwürdigkeit von Microsoft 248, 327
- zu TopView 249
- zu Windows 255
- Excel für Windows 278
*PC World* 154–155
- Demo-Disketten von Microsoft Word in der 177–179
- Maus und Flugsimulator 288
- zu Microsoft Word 180, 181
- zu Windows 255
- Umfrage zu Lotus 1-2-3 280
PC-DOS 133, 134
Peachtree Software Inc. 128
- und Windows 242
Pearlstein, Keye Donna 227
Peat, Marwick, Main & Co. 231
Peddle, Chuck 79
*Performance Review* 380
*Personal Computer Age* 181
*Personal Computing*
- zu Windows 248
- zu Word für den Macintosh 192–193
Personal Digital Assistant 338–339
Personal Software Inc. 116, 128, 147, 148, 158
Pertec 62, 76, 77, 78
PET. *Siehe* Commodore PET
Pfeiffer, Eckehard 376
pfs:File 257
pfs:Write 182, 257
Philips 137
Pink 328
Piraterie 58–61, 62–64

Pixel 422
*Popular Electronics* 45, 46
Porsche 15
PostScript 192, 201
Powerpoint 409
Presentation Manager 268, 269, 315, 320, 430
- Windows Excel und der 271
Processor Technology 61–62, 82
- CP/M und 85
Procter & Gamble 102, 280
Programm Information Files (PIF) 252–253
*Programmers at Work* (Lammers) 202
Programmfehler. *Siehe* Bug.
Projekt Chess 105–127
- Estride, Don und 115–116
PS/2-Rechner 268–269, 425
PT-DOS 82


QDOS 114, 389
Quarterdeck 240, 245
- Überleben von 249
Quattro 282–283
QuickDraw 203
Quick Pascal 410


Raburn, Vern 302
*Radio Electronics* 45
Radio Shack Model 100 90
Radio Shack. *Siehe* Tandy/Radio Shack
Raikes, Jeff 157, 164, 177, 178, 184, 196, 211, 212, 220, 229, 239, 276, 349, 422
Rainbow-100 160
RAM (Random Access Memory) 47, 422
- auf dem IBM-PC 125
Raskin, Jef 201, 202, 203, 422
Ratliff, C. Wayne 398, 427
Reagan, Ronald 143, 146
Rechtschreibprogramm 182, 183
Redmond, Washington, Campus 306–307
Reiswig, Lee 329
Roach, John 78, 129
Roberts, Ed 42, 46, 47, 49–56, 59, 61–62, 65, 76–77, 427
Robertson Colman & Stephens 290
Robotron 384
Rolm 144
ROM (Read-Only Memory) 417
Rosen, Ben 138, 148, 159, 333, 427

Rosenthal, Peter 143
Rothschild Unterberg Towbin, L.F. 290
Rowe, Ken 121
Rubinstein, Seymour 173–174


S-100-Computer 129, 422–423
Sachs, Jonathan 159, 169, 427
Salmutter, Egon 383, 427
Sams, Jack 106–111, 427
Sanyo
– MBC 550 138
– MS-DOS und 136
SB-86 134
Schrayer Michael 397
Schwarzer, Richter William 262–263
SCP, MS-DOS und 118–119, 136
Sculley John 206, 207, 218, 225, 261, 275, 324–325, 404, 427
Sears, Roebuck & Co. 129
Seattle Computer Products 98, 114
– Entwicklung von MS-DOS und 118–119
*Seattle Post-Intelligencer* 183, 184
Seattle, Umzug nach 93–102
Securities and Exchange Commission 289, 294
*Sentinel Star* 180
Serienbrief-Funktion 182
Sevin Rosen Management 159
*Seybold Outlook on Professional Computing* 230
*Seybold*-Bericht zu Microsoft Word 180
Seymour, Jim 255, 278
Shidler McBroom Gates and Lucas 292, 294
Shirley, Jon 90, 171–173, 179, 223, 246, 247, 257, 259, 289, 290, 292, 294, 295, 297, 404, 407, 411, 425, 428
Shockley, William 93
Shugart-Diskettenlaufwerk 58, 397
– CP/M und das 84
Sicherheitsmaßnahmen von IBM beim Projekt Chess 117–118, 123–124
Siemens AG 360–361, 364, 367, 379–380
Silicon Valley, Kalifornien 93–94
Simonyi, Charles 142, 151–156, 159, 161, 164, 175, 176, 177, 199, 203, 204, 205–206, 211, 213, 239, 308, 349, 424, 428
Sinclair, Clive 428
Sinclair, Lord David 163

Sinclair-Computer 163
Sirius, MS-DOS und 136, 365
Sketchpad 198
Slade, Mike 217, 223, 304, 428
Smalltalk 199, 202
Smith Barney 290
*Softalk*
– zu Microsoft Word 176, 180
– zu WordStar 175
SoftCard,
– für den Apple II 100–101, 136, 430–431
Softech Microsystems, UCSD p-System 133
Softsel 185, 399, 428
Software Arts 147, 148–149, 158, 162–163, 169, 433
– VisiCalc und 246
– und Windows 242
Software Bus 86 134
*Software Digest*
– zu Lotus 1-2-3 280
– zu Lotus 1-2-3/3 282
Software Garden 162
*Software Industry Bulletin* 278–279
Software Publishers Association 288
Software Publishing Corporation (SPC) 182, 434
– und Windows 242, 257
*Software Review* 157
Sokol, Dan 59
Sorcim 150
Sord, MS-DOS und 136
Source, The 128
Space Invaders 143
Sperry Univac, PC 138
Spreadsheets 423. *Siehe auch* Tabellenkalkulationsprogramme
SQL-Server 409, 410
Stanford Research Institute (SRI) 198
Star Workstation 200
Stephens, Anne 28
Stevens, Mark 48
Stuerwald, Dave 123
Sugar, Alan 266
Sun Microsystems 296–297, 324
SuperCalc 150
Sutherland, Ivan 198
Switcher 219
– mit Excel 227
Symantec 77
Symphony 215, 227, 229, 431
– integrierte Software und 241

T/Maker 258
Tabellenkalkulationsprogramme. *Siehe auch* Excel; Multiplan; VisiCalc
- Aufstieg von 143, 166-167
- Full Impact 209
- Lotus 1-2-3 136
Taligent 328
Tandy/Radio Shack 78, 172, 434
- erstes Geschäft 397
- GEM und 256
- zum IBM-PC 129
- Shirley, Jon von 171-172
- tragbare Computer 90
- TRS-80 74, 78
- TRS-80 2000 138
- Windows und 240, 243
Tate, George 399
Taylor, Jared 278
Taylor, Mark 252
Taylorix 364
Technologien der Zukunft 337-339
Tecmar, MS-DOS und 136
Tektronix 146
Televideo 170
Tesler, Larry 199, 201, 202, 203
Texas Instruments 46, 280
- BASIC und 76
- GEM und 256
- IBM-Kompatible 137, 287
- MS-DOS und 136
- TI99 150
- und Windows 243
Textverarbeitung 173, 423
TI99 159
- Multiplan Version 1.1 für den 160
Tiny BASIC 77
TopView 240, 241, 244, 245, 249, 431
- Ankündigung von 249
- Grafikversion von 256
- Werbung für 245
Toshiba 434
- MS-DOS und 136
Towne, James C. 146, 171, 402, 404, 428
Traf-O-Data 36-39, 41, 48-50
Tragbare Computer 89-90
- Compaq 138
Tramiel, Jack 79
Trower, Tandy 250
TRS-100 171
TRS-80 74, 78, 79
- VisiCalc auf dem 148
TRW 39-41
Turbo Pascal 299, 404, 410, 431
Turner, Hall und Funk 274

UCSD p-System 132
Umstrukturierung von Microsoft 247-248
United Airlines 280
UNIX 150, 244, 360-361, 363, 373
- Multiplan Version 1.1 auf 160
- Betriebssystem 113
- VisiOn und 245
Ural II 151
US-Arbeitsministerium 281
US-Börsenaufsichtsbehörde 289
US-Bundesbehörde für Wasserwirtschaft 281


Vaporware 249
VAX, VisiOn und 245
Vector International 163
Vendex Corporation 136
Venture Holdings 248
Vergleichstest 423
Vergnes, Bernard 341, 361, 410, 428
VGA (Video Graphics Array) 269, 423
Victor 163, 365
- MS-DOS und 136
VisiCalc 80, 116, 143, 162, 169, 174, 212, 245, 368, 431
- erstes Tabellenkalkulationsprogramm 146-149
- IBM-PC und 128
- Rechte an 246
- Marktanteil von 157-158
- Untergang von 161-162
VisiCorp 158-159, 161-162, 239, 240, 243, 244-245, 246, 362, 434. *Siehe auch* VisiCalc; VisiOn
VisiGraph 245
VisiOn 162, 239, 240, 241, 243-244, 431
- Enttäuschung über 244
- IBM und 245
- Marktanteil von 246
Visiotext-Schreibautomat 173
VisiPlot 158
VisiTrend 158
VisiWord 245
Volkswagen AG 382
Vorschaufunktion 192, 218


Wagman, David 399
Walker, Richter Vaughn 263-265, 341
*Wall Street Journal* 128-129, 207
- zum Streit zwischen Apple und Microsoft 259-260

Wang
- IBM-Kompatible 137
- MS-DOS und 136
- Multiplan Version 1.1. auf dem 160
- Wang PC 138
- und Windows 243
- Schreibautomat 173
Warnock, John 201, 428
Watanabe, Kazuya 88
Wedell, Christian 428
Weiland, Rick 32, 34, 65, 67
West Coast Computer Faire
- Apple II auf der 79
- PET auf der 79
West Coast Computer Faire 1979 148
Widmer, Emil 370
Wigginton, Randy 209, 428
Winblad, Ann 301, 304
Win-Win-Kampagne 280
Windows Excel 216, 266–283
- Entwicklung von 271–273
- Verkaufsförderung für 279–283
- Reaktionen zu 277–279
- Einführung von 275–277
- zweite Kampagne für 281
Windows NT 328
Windows 23, 151, 237–265, 431.
*Siehe auch* Excel für Windows
- Ankündigung von 241–243
- Namensfindung 239–240
- 1989 315
- gegen OS/2 316–319
- Party für 253–254
- Prozeß gegen Apple 259–265
- Anerkennung von 255
- Ablehnung von 255–258
- Kurswechsel bei 247–248
- Version 3.0 309–312, 319–321
- Version 3.1 340–341
- Verspätung von 244, 246
Wingz 232
Wirth Nicklas 417
Wood, Steve 65, 67, 68, 69, 77, 95, 145, 304, 406
Wood. *Siehe* Microsoft Word

WordMaster 174
WordPerfect Corporation 184, 322
Word Perfect, 18, 23, 24, 184–186, 432, 434
- Macintosh-Version 193
- für OS/2 320
- Windows und 320
WordStar 23, 173–176, 369, 432
- MS-DOS-Version 132
- 1984 182
Works 432
Wortzählfunktion 183
Wozniak, Steve 45, 79, 207, 222, 396, 428
Write 250
WYSIWYG (What You See is What You Get)
- Interface Manager und 239
- mit Mausunterstützung 152


XENIX 244, 360, 363, 364, 432
Xerox 24
- Alto-Computer 152, 199–200
Xerox 820 160
Xerox PARC 151–152, 199–201, 202


Yates Ventures 170
Young, Jeffrey S. 208


Z80-Mikroprozessor 100
Zachman, William 327
Zenith 434
- und der IBM-PC AT Standard 287
- MS-DOS und 134, 136
- Tabellenkalkulationsprogramme für 150
- Windows und 240, 243, 257
- ZDOS 134
Zilog 361
Zilog Z80 65, 361
Z-Nix 322

*David T. Kearns, David A. Nadler*
**Xerox aus der Asche**
Niedergang und Wiederaufstieg einer Weltfirma
1993. 288 Seiten
ISBN 3-593-34819-5

Das ist die spannende Geschichte des Großunternehmens Xerox, jener berühmten Firma, deren Name hierzulande lange Zeit synonym für das Kopieren stand.
Die Autoren berichten auf persönliche, offene und selbstkritische Weise über das Entstehen, den Aufstieg, den Niedergang und den Wiederaufstieg des Giganten.

»...ist eine Geschichte von Propheten mit Ehre – der Personen, die die Qualitäts-Revolution anzettelten, die Xerox umwandelte und wieder in die Weltklasse zurückführte. Aus den unter Schmerzen gewonnenen Erfahrungen haben die Autoren Lehren gezogen, die freimütig dargestellt und sehr wertvoll sind.«

*John F. Akers, IBM*

**Campus Verlag · Frankfurt/New York**

HEYNE BÜCHER

# Grundwissen Management

Das grundlegende Fachwissen für alle Unternehmensbereiche in kompakter, verständlicher Darstellung.

Hans-Hermann Stück
**Grundwissen Kalkulation**
*Für Einzelhandel, Handwerk und Industriebetrieb. Mit vielen Beispielen zum Selbststudium*
22/117

Hans-Hermann Stück
**Buchführungstraining**
*Integrierte Lernschritte zur raschen und gründlichen Aneignung von Buchführungskenntnissen*
22/164

Ernst Obermaier
**Grundwissen Werbung**
*Marktchancen erkennen – Zielgruppen optimal ansprechen – Budgets bestimmen – Erfolge kontrollieren*
22/203

Raimund Berger/
Wolfgang Borkel
**Grundwissen Betriebsorganisation**
*Mit zahlreichen Beispielen und Checklisten für die Praxis*
22/207

Hans-Georg Lettau
**Grundwissen Marketing**
*Marktforschung und -planung, Produkt und Preis, Verkauf und Vertrieb, Werbung und PR*
22/218

Günther Krüger
**Grundwissen praktische Betriebswirtschaft**
*Abläufe und Strukturen im Unternehmen*
22/227

René Klaus Grosjean
**Handbuch Geldbeschaffung**
*Finanzierungsalternativen – Erfolgreiche Kreditverhandlungen – Leasing – Sponsoring*
22/301

Hans-Hermann Stück
**Grundwissen Steuern**
*Alles Wissenswerte für das Gespräch mit dem Steuerberater bzw. Finanzamt.*
22/305

Wilhelm Heyne Verlag
München